漢語方言論稿

遠藤光暁

漢語方言論稿

目　次

方言の記述

成都方言の声調 3
桂林・貴陽・宜良方言の声調 16
Aspirates and tones in the Shaoyang dialect of Chinese 33
邵陽方言の声調 34
杭州方言の音韻体系 45

方言の通時的考察

粤語変音の起源 81
河北省・遼寧省・山東省に於ける声調の地理分布と変遷 93
北方方言における声調調類分岐のタイプについて 119
中国語諸方言から帰納した声調調値変化の方向性 130
北京語“er”の来歴 131
粤語咸摂一等牙喉音の主母音について 137
獲嘉方言の変韻とそれに関連する音変化の相対的順序 149
襄垣方言における母音韻尾の鼻音韻尾への変化過程 153

音韻学

P3696の第10・12・13片について 157
在欧のいくつかの中国語音韻史資料について 161
Formal Characteristics of the Different Versions of the Ch'ie-yun 181
《重刊老乞大諺解》牙喉音字顎化的条件・附パリにある朝鮮資料 182

中国語学者の伝記・追悼文

現代中国語学の創始者カールグレンの生涯と学問 193
中国の言語地理学の父・グロータース神父 202
橋本萬太郎教授の足跡〈附〉“粤語とタイ語の関係”の検討 207
『橋本萬太郎著作集』「あとがき」 228
辻伸久先生の思い出 230

その他

（書評）Nicole Revel, Le riz en Asie du Sud-Est［東南アジアにおける稲］…… 235

『中国における言語地理と人文・自然地理』「研究活動の概要」…… 246

中国語と日本語＜音韻＞：音節言語とモーラ言語 …… 250

北京語と“普通話” …… 254

中国語の言語習得と言語障害研究文献目録 …… 264

中国語発音教育に関するメモ …… 274

ヨーロッパ諸国の図書館 …… 287

縦組

北京からパリへ—ヨーロッパ中国語学の旅 …… 370

ヤーホントフ教授を訪ねて …… 331

朱徳熙先生のいくつかのこと …… 327

『橋本萬太郎紀念中国語学論集』刊行に至る道のり …… 324

『橋本萬太郎著作集』刊行開始と言語類型地理論シンポジウム …… 321

石畳と闇の街・プラハ …… 317

プラハの春—口語中国語の声調・ストレス・リズム国際ワークショップ参加報告 …… 316

（書評）地の利を生かした実験音声学—林燾・王理嘉等著『北京語音実験録』…… 312

（書評）S. R. ラムゼイ『中国の諸言語』…… 311

（書評）待望の『華夷訳語』研究書：丁鋒著『琉漢対音与明代官話音研究』…… 309

（書評）高田時雄編『東洋学の系譜(欧米篇)』…… 306

（書評）日本の中国語学の現在：神奈川大学中国語学科編『現代中国語学への視座』 303

一九九九年読書アンケート …… 299

失われた漢字音を復元する——声調調値の推定を例として …… 298

アジア留学の現状と課題 …… 290

遠藤光暁著作分類目録 …… 373

あとがき …… 379

方言の記述

均社論叢13号（1983年5月京都）

成都方言の声調

遠藤　光暁

1.はじめに

この論文では，西南官話に分類される四川省成都方言の単字調と二字組・三字組の調値を主に記述・紹介する。その他，栄昌・大足・重慶（以上四川省），武昌（湖北省），および鄭州・開封（河南省）等の地点の単字調と二字組の調値も同時に記録したので，その概略を附録に記す。調査は筆者が1983年1月から2月にかけてそれぞれの地を旅行した際に行なった。調査時間は成都ではのべ10時間程度，その他の地点ではたかだか2時間程度である。インフォーマントはすべて20才前後の青年であり，もし各地で声調に関して世代差が存在するとしたら，青年層のみを反映することとなろう。また調査表は普通話の語彙の中からそれぞれの地点でも通用しているだろうと判断した単語をあらかじめ排列したものであって，現地の方言語彙を相当数収集した上で変調規則を帰納したのではない。だから，調査表の範囲内で得られた規則が他の場合にもすべて働らくのか，別の規則や規則化できない個別的な変調があるのかどうかについては確言することができない。又調査表の語彙の中には，例えば「老鼠」のように現地では標準語的な地位をもっており，日常普通に使う単語は「耗子」であるという場合もある。このように，この度の調査は必ずしも充分なものではないが，得られた範囲内での結果の中には従来の記述と少し異なる点や今まで報告されていない点があるので，ここに中間報告として発表しておくことも全く無意味ではないと思う。

声調の記述にあたって特に留意した点は，ピッチの高低パターンをできる限り精確に把握するよう努めると共に，各声調に伴なう長さ・強さ・喉頭化の有無・母音の音色などの音声特徴も注意して観察したことである。この態度は，平山1974に啓発されたものである。北京方言の声調については内外の多くの学者の研究の蓄積によって，かなり細かな点まで明らかにされているが，それに相当するだけの記述が中国語諸方言についてなされれば，声調の共時論的な理解や通時論的な比較研究に対して貢献する所が大きいであろう。筆者の今回の記述はもとより北京語のそれに及ぶべくもないが，不充分な点は今後の研究に期したい。

なお，声母と韻母については，詳しく観察する時間がなく，同音字表を作成して音韻対立を過不足なく把握したわけではないので，音声記述としての信頼度が劣ることを御承知されたい。

何涛氏（成都方言）をはじめとする各地の発音協力者は貴重な時間をさいて単調な質問に忍耐強く答えて下さった。また平山久雄先生・岩田礼氏・平田昌司氏からは有益なコメントをいただき，参考文献の利用についても御世話になった。ここに厚く御礼申し上げる。

2.単字調

成都方言のインフォーマントは男性で，1962年生まれ，3才まで四川省雅安県，その後は成都市内に居住している。氏の個人言語を小文では成都方言と称する。

成都方言の1字で発音した場合の声調調値とその他の特徴は次の通り(表1)：

名称	中古音	例字	調値	長さ	喉頭化	強さ
1声	清平	诗sɿ	˧˥ 35:	普通	——	漸強＜
2声	濁平;入声	时sɿ	˧˩ 31:	普通	末尾で弱い喉頭化	漸強＜
3声	清·次濁上	使sɿ	˥˧ 53:	短	——	漸弱＞
4声	去;全濁上	是sɿ	˨˩˧ 213:	長	中間でかなり強い喉頭化	漸弱＞

表1
成都方言単字調

声調の名称は普通話とほぼ対応するようにつけた。中古音との対応は，舒声については北方語全般と同じく，入声は普通話の影響によると思われるものを除くと一律に陽平に合流しており，西南官話の典型的な特徴を示す。[1]

各声調は高低パターンの音声的類似という点から見ると，高低と昇降の二次元からなる枠組に次のように配置することができる：

	昇	降
高	˧˥(1声)	˥˧(3声)
低	˨˩˧(4声)	˧˩(2声)

高昇調(1声)と低(降)昇調(4声)の弁別には，高低パターンの他に喉頭化や長さ(1声＝普通：4声＝長)が関与している。成都方言の4声は調型や長さの点で北京方言の3声に類似するが，更に音節の中間の音高曲折点に喉頭の緊張を伴なう点でも類似している。その喉頭緊張の程度は北京よりも強く，母音の喉頭化した音色を明瞭に聴きとることができるが，連雲港方言の1声[2]やベトナム語(ハノイ方言)の跌声(giọng ngã)のように音節の中間で声門閉鎖が起こるという程度には強くない。この喉頭化は4声を特徴づける不可欠の要素であるらしく，ピッチパターン等その他の音声特徴が同じままでも，喉頭化をさせずに模倣するとインフォーマントには4声らしく聞こえないようである。

高降調(3声)と低降調(2声)の弁別に主に関与しているのは発端高度の違いであり，末尾高度の違いはさほど重要ではないように思われる。調査当初3声を北京の4声と同じく[˥˩ 51:]と記述し，そう模倣していたが，インフォーマントはその発音を矯正しなかった。しかし後に更に他の声調と対比した上でくりかえし観察した結果，下降の程度が北京ほどはげしくなく，末尾高度が1声や2声の発端高度や4声の末尾高度とほぼ同じであることが判明し，[˥˧ 53:]に改ためた次第である。一方，2声の方は筆者が北京の4声の習慣を脱しきれず発端高度を高く発音しすぎるのでしばしば訂正された。その他の特徴としては，3声が短かめに発音される点と，2声の末尾に弱い喉頭化が起こる点が挙げられる。

強さについては，ここでは音響的な意味においてではなく，調音に関する特徴を指す。[3]音響的には一般に他の条件が同じであればピッチが高いほど音量も大になるが，生理的には筋肉活動の強さと音高の関係はそれほど単線的ではない。音高を左右する要因は主に喉頭調節と呼気圧であるが，喉頭においては音高を上げる筋肉と下げる筋肉との二種が拮抗しつつ音高の昇降を制御しているものと予想される。[4] 図式化して言えば，高音を出す際は音高を上げる筋肉が活動し，下げる筋肉の活動は抑制され，低音を出す際はその逆になるであろう。また音高を低下させる場合，音高を上げる筋肉を弛緩させる消極的な方式と，下げる筋肉を活動させる積極的な方式とがあり得る。音高を上昇させる場合も同様である。このように，音響的効果が同じであっても調音様式が同じであるとは限らず，それが共時論的な解釈に際しても通時的な変化に際しても影響を及ぼす可能性があることから，調音器官（特に喉頭筋肉）緊張度の強弱も記述することが望ましいのである。ただし，主観的な方法ではただ喉頭等の緊張が全体として強いか弱いかを観察できるだけであり，音高を上げる筋肉と下げる筋肉の活動を区別して把握するためには実験音声学的研究を行なう必要がある。

さて，成都方言の［sɿ］と［tɕi］について各声調の強さを観察した結果，音節の発端での強さは各声調間で目立った差はないが，1・2声が最後まで強さを持続しているのに対して3・4声は末尾が弱まる。この違いを表1では「漸強＜」・「漸弱＞」と表示した。[5] この強さの特徴は調値と関係しているものと思われる。1声・2声はピッチを中域から上昇させる（1声）か下降させる（2声）際に筋肉を積極的に活動させるために音節末尾まで強さが持続されるのであり，3声・4声は高域（3声）或は低域（4声）から筋肉を弛緩させることによって中域にピッチをもどす方式によっているので末尾の弱まりが見られるのである，と説明することができる。一般的に言って，成都方言のように，中域から高低域への移行は筋肉の積極的活動によって，高低域から中域への移行は筋肉の弛緩によって実現されるのが自然であろう。[6]

この他，母音の音色が声調によって変る音節がある。偶然気づいた例では，“憂由有”（以上1～3声）が［iu］，“幼”（4声）が［iou］と発音される。ただし，これらは意識的に発音した場合違いが明らかであるが，無意識に発音した場合にはゆれがあるようである。

従来の主な記述を参考のために下に記す（表2）:

資　料	1声	2声	3声	4声
楊1951	45:	21:	42:	24:
Chang 1958	35:	31:	42:	213:
甄1958	55:	31:	53:	213:
四川大学1960	55:	21:	53:	213:
Malmqvist 1962	45:	21:	53:	213:

表2
従来の成都方言
単字調の記述

Chang1958は調値を大層細密に記述しており（表では概略を5度制に翻訳した），4声に伴なうcreaky voiceにもふれている。Malmqvist1962は4声が声門収縮あるいは声門閉鎖を伴なうことを報じ，更に各声調を発音する際の調音器官の強さを，1声crescendo，2声levelかdiminuendo，3声diminuendo，4声diminuendo-crescendoと精密に記述しており，参考価値の高い極めてすぐれた論文である。

3.二字組

二字組の調値と調査語彙を下に記す。Chang 1958とMalmqvist1962の記述も該当する箇所を引用し，比較に供する（表3）：

声調	調値	Chang	Malmqvist	調査語彙
1 1	˧˥ 35:˦˦44:	˧˥ ˦˦	[45:33]	乌龟 vu k'ui 花边 xuA b̥iæ̃ 西瓜 ɕi g̊uA 书包 su b̥AU
1 2	˧˥ 35:˧˩ 31:	˧˥ ˨˩	[45:21]	金鱼 tɕin jyi 樱桃 jin t'AU 芝麻 tsɿ mA 花瓶 xuA p'in
1 3	˧˥ 35:˥˧ 53:	˧˥ ˥˧	[45:31]	松鼠 soŋ su 班长 b̥æ̃ tsAŋ 歌手 g̊ɔ səu 思想 sɿ ɕiAŋ
1 4	˧˥ 35:˩˩ 11:	˧˥ ˩˩	[45:12]	安静 ŋæ̃ tɕin 鸡蛋 tɕi d̥æ̃ 书架 su tɕiA 车站 ts'ɛ tsæ̃
2 1	˧˧33:˦˦44:	˨˩ ˦˦	[21:33]	熊猫 ɕyŋ mAU 兰花 næ̃ xuA 荷花 xɔ xuA 牙膏 jA g̊AU
2 2	˧˧33:˧˩ 31:	˨˩ ˨˩	[21:21]	绵羊 mbiæ̃jiAŋ 农民 noŋ mbin 鱼船 jyi ts'uæ̃ 明年 mbin niæ̃
2 3	˧˧33:˥˧ 53:	˨˩ ˥˧	[21:53]	苹果 p'in g̊ɔ 竹笋 tsu sen 梅雨 mei jyi 油井 jiu tɕin
2 4	˧˧33:˩˩ 11:	˨˩ ˩˩	[21:12]	桃树 t'AU su 棉布 miæ̃ b̥u 同志 t'oŋ tsɿ 绿豆 ndu d̥əu
3 1	˥˥55:˦˦44:	˥˧˥ ˦˦	[55:33]	酒杯 tɕiu b̥ei 小刀 ɕiAU d̥AU 火车 xɔ ts'ɛ 老师 lAU sɿ
3 2	˥˥55:˧˩ 31:	˥˧˥ ˨˩	[55:21]	水牛 sui niu 口红 k'əu xoŋ 草莓 ts'AU mei 码头 mA t'əu
3 3	˥˥55:˥˧ 53:	˥˧˥ ˥˧	[55:31]	老鼠 lAU su 小腿 ɕiAU t'ui 老酒 lAU tɕiu 手表 səu b̥iAU
3 4	˥˥55:˩˩ 11:	˥˧˥ ˩˩	[55:12]	伙伴 xɔ b̥æ̃ 领带 lin d̥Ai 枣树 tsAU su 手套 səu t'AU
4 1	˨˩˧213:˦˦44:	˨˩˧ ˧˥	[213:33]	菜刀 ts'Ai d̥AU 睡衣 sui ji 四川 sɿ ts'uæ̃ 电车 d̥iæ̃ ts'ɛ
4 2	˨˩˧213:˧˩ 31:	˨˩˧ ˨˩	[213:21]	象棋 ɕiAŋ tɕ'i 二胡 er fu 杏仁 xen zen 后年 xəu niæ̃
4 3	˨˩˧213:˥˧ 53:	˨˩˧ ˥˧	[213:53]	地板 d̥i b̥æ̃ 戒指 tɕiAi tsɿ 大腿 d̥A t'ui 上午 sAŋ vu
4 4	˨˩˧213:˩˩ 11:	˨˩˧ ˩˩	[213:12]	现在 ɕiæ̃ tsAi 后院 xəu yæ̃ 傲慢 ŋAU mæ̃ 少将 sAU tɕiAŋ

表3　二字組の調値

調査語彙は表3に列挙したのが全てで，各組合わせはいずれも同一の調値で発音され，例外は見いだされなかった。

調値以外の特徴について言うと，長さは各声調間に大きな差は認められず，第1字と第2字の差異も耳では確かめられない。強さは，第1字については各声調とも発端から末尾まで一様の強さが持続され，第2字については1声と4声は音節全体がやや弱く発音され，2声と3声は音節の最後まで強さが保たれるけれども，全体的には各声調とも第1字が強く，第2字がやや弱めに発音される。（なお軽声の問題は6.でとりあげる。）喉頭化は，2声が第2字の位置で末尾に単字調と同じ程度に起こり，4声が第1字の位置で単字調と同じ程度に起こり，第2字の位置ではあまり顕著ではないが聴きとれる程度には起こる。その他の場合には喉頭化はとりたてて観察されない。

以上に挙げた変調についてもChang 1958やMalmqvist 1962との間に多少の出入があるが，これは或いは成都方言の内部差異を反映するものであろうか。Malmqvist 1962によると，表3に掲げたタイプの変調は，ストレスが強＋弱の場合に起こるもので，弱＋強の組合わせの場合は第1字目で1声が[44:]，3声が[55:]に交替し，他はほぼ単字調と同じであるという。弱＋強の組合わせとして挙げられている例はいずれも「動詞＋目的語あるいは補語」という文法構成になっている。また，重疊形では別のタイプの変調が起こる。このタイプは従来から広く知られており，その変調規則は，甄1958や袁等1960によると，第二字目が，1声の場合不変，2声・4声の場合1声に変わり，3声の場合2声に変わるといい，Chang 1958やMalmqvist 1962によると，第二字目が，1・2・4声の場合[33:]に，3声の場合[31:]に変わるという。

4.三字組

三字組の調値（Chang 1958とMalmqvist 1962の記述も含む）と調査語彙は表4の通り。長さについては，第1字を規準とすると第2字はそれよりやや短かく，第3字は第1字よりやや長い。第1字の4声は同じ位置の他の声調よりやや長く，第3字の3声は同じ位置の他の声調よりやや短かい。強さについては，第1字を規準とすると，第2字はそれよりやや弱く，第3字は1・4声では音節全体が第2字と同じかやや弱く発音され，2・3声では第2字と同じ程度の強さが音節末まで持続される。喉頭化については，4声が第1字で単字調と同じ程度の喉頭緊張を伴ない，第3字ではやや弱く，第2字ではかなり弱い。2声は第3字で末尾に単字調と同じ程度の軽微な喉頭化を伴なう。

調査語彙の中に例外的と見做される例がある。2字目で変調が起ると期待される所実際には起らない例は：131思想家sɿ˧˥ ɕiaŋ˥˧˥ tɕia˥，334水彩画sui˥ tsʻai˥˧˥ xua˩，431妇产科fu˨˩˧ tsʻæ˥˧˥ ɡ̊o˥，432自己人tsɿ˨˩˧ tɕi˥˧˥ zen˨˩，421自行车tsɿ˨˩˧ ɕin˨˩˦ tsʻɛ˥，421夜来香iɛ˨˩˧ lai˨˩˦ ɕiaŋ˥，424俱乐部tɕy˨˩˧ lo˨˩˦ b̥u˩ などがあり，3字目で変調が起ると期待される所実際には起らない例は：224目的地mu˧ d̥i˧ d̥i˨˩˧，234防水布faŋ˧ sui˥ b̥u˨˩˧，244调味料tʻiau˧ wei˩ liau˨˩˧，314点心铺d̥iæ˥ ɕin˥ pʻu˨˩˧，344礼拜四li˥ b̥ai˩ sɿ˨˩˧ などがある。これらは，3音節で一つのアクセント素を担わずに，二音節＋一音節と把握されたために生じたものであろう。しかし，例えば“思想家”の“家”は単字調の˥ではなく˧になっており，“目的地”の“的”は二字組末位の˨˩ではなく˧になっていることから，完全に別の変調単位に分かれているわけでもない。このような変調の起こり方の違いを条件づけているものは音節の結合の程度の違いであろう。この方言では規則上生じうる変調が，i.両側の音節で生じる，ii.片側の音節で生じる，iii.全く生じない，という三つの場合に応じて，音節の結合の程度がi.密ii.中iii.疏の少くとも三段階に区別されるであろう。この結合の疏密の程度と統辞構造の階層や単語の内部構造の可透視性とは一定の関係があるものと思われる。3.で引用したMalmqvist 1962に報告されている弱＋強のストレスパターンで生じるタイプの変調も実は強弱アクセントが条件になっているのではなく，音節結合の疎密あるいは変調単位のある階層が条件になっていると解釈される可能性がある。

5.声調交替の規則

単字調・二字組・三字組で現われる各声調はその置かれた位置に応じて一定の調値が現われる。今，単字調の調値を「単独形」，二字組・三字組の第一字に現われる調値を「頭

表4　三字組の調値

声　調	調　　値	Chang 1958	Malmqvist 1962	調　査　語　彙
1 1 1	˧˥ 35:˥˥55:˦˦44:	˧˥ ˦˦ ˦˦	[45:33:33]	収音机 sau in tɕi　鸡冠花 tɕi ɡ̥uæ̃ xuA
1 1 2	˧˥ 35:˥˥55:˧˩ 31:	˧˥ ˦˦ ˨˩	[45:33:21]	金刚石 tɕin ɡ̥Aŋ sɿ　秋刀鱼 tɕʻiu d̥Au jyi
1 1 3	˧˥ 35:˥˥55:˥˧ 53:	˧˥ ˦˦ ˧˩	[45:33:31]	天花板 tʻiæ̃ xuA b̥æ̃
1 1 4	˧˥ 35:˥˥55:˩˩11:	˧˥ ˦˦ ˩˨	[45:33:12]	芭蕉树 b̥A tɕiAu su　樱花树 in xuA su
1 2 1	˧˥ 35:˧˧33:˦˦44:	˧˥ ˨˩ ˦˦	[45:21:33]	猫头鹰 mAu tʻəu in　山茶花 sæ̃ tsʻA xuA
1 2 2	˧˥ 35:˧˧33:˧˩ 31:	˧˥ ˨˩ ˨˩	[45:21:21]	芝麻油 tsɿ mA iu
1 2 3	˧˥ 35:˧˧33:˥˧ 53:	˧˥ ˨˩ ˧˩	[45:21:53]	仙人掌 ɕiæ̃ zen tsAŋ　高梁酒 ɡ̥Au liAŋ tɕiu
1 2 4	˧˥ 35:˧˧33:˩˩11:	˧˥ ˨˩ ˩˨	[45:21:12]	天然气 tʻiæ̃ zæ̃ tɕʻi　番茄酱 fæ̃ tɕʻyɛ tɕiAŋ
1 3 1	˧˥ 35:˥˧ 53:˦˦44:	˧˥ ˥˧ ˦˦	[45:53:33]	思想家 sɿ ɕiAŋ tɕiA
1 3 2	˧˥ 35:˥˥55:˧˩ 31:	˧˥ ˥˧ ˨˩	[45:53:21]	君子兰 tɕyn tsɿ læ̃　双眼皮 suAŋ iæ̃ pʻi
1 3 3	˧˥ 35:˥˥55:˥˧ 53:	˧˥ ˥˧ ˧˩	[45:53:31]	新手表 ɕin sau b̥iAu
1 3 4	˧˥ 35:˥˥55:˩˩11:	˧˥ ˥˧ ˩˨	[45:53:12]	钟表店 tsoŋ b̥iAu d̥iæ̃　终点站 tsoŋ d̥iæ̃ tsæ̃
1 4 1	˧˥ 35:˩˩11:˦˦44:	˧˥ ˩˨ ˦˦	[45:11:33]	鸡蛋羹 tɕi d̥æ̃ ɡ̥Au　歌唱家 ɡ̥ɔ tsʻAŋ tɕiA
1 4 2	˧˥ 35:˩˩11:˧˩ 31:	˧˥ ˩˨ ˨˩	[45:11:21]	司令员 sɿ liŋ yæ̃　机器人 tɕi tɕʻi zen
1 4 3	˧˥ 35:˩˩11:˥˧ 53:	˧˥ ˩˨ ˧˩	[45:11:53]	温度表 wen d̥u b̥iAu
1 4 4	˧˥ 35:˩˩11:˩˩11:	˧˥ ˩˨ ˩˨	[45:11:12]	招待会 tsAu d̥Ai xui　三面镜 sæ̃ miæ̃ tɕin
2 1 1	˧˧33:˦˦44:˦˦44:	˨˩ ˧˥ ˦˦	[21:45:33]	蒲公英 pʻu ɡ̥oŋ in　郁金香 y tɕin ɕiAŋ
2 1 2	˧˧33:˦˦44:˧˩ 31:	˨˩ ˧˥ ˨˩	[21:45:21]	连衣裙 liæ̃ i tɕʻyn
2 1 3	˧˧33:˦˦44:˥˧ 53:	˨˩ ˧˥ ˧˩	[21:45:31]	图书馆 tʻu su ɡ̥uæ̃　无花果 vu xuA ɡ̥ɔ
2 1 4	˧˧33:˦˦44:˩˩11:	˨˩ ˧˥ ˩˨	[21:45:12]	合欢树 xɔ xuæ̃ su　林荫道 lin in d̥Au
2 2 1	˧˧33:˧˧33:˦˦44:	˨˩ ˨˩ ˦˦	[21:21:33]	峨眉山 ɔ mei sæ̃　百合花 b̥ɛ xɔ xuA
2 2 2	˧˧33:˧˧33:˧˩ 31:	˨˩ ˨˩ ˨˩	[21:21:21]	夹竹桃 tɕiA tsu tʻAu　农作物 noŋ tsɔ vu
2 2 3	˧˧33:˧˧33:˥˧ 53:	˨˩ ˨˩ ˧˩	[21:21:53]	百灵鸟 b̥ɛ lin niAu　茅台酒 mAu tʻAi tɕiu
2 2 4	˧˧33:˧˧33:˩˩11:	˨˩ ˨˩ ˩˨	[21:21:12]	常绿树 sAŋ lu su
2 3 1	˧˧33:˥˥55:˦˦44:	˨˩ ˥˥ ˦˦	[21:55:33]	白眼珠 b̥ɛ jiæ̃ tsu
2 3 2	˧˧33:˥˥55:˧˩ 31:	˨˩ ˥˥ ˨˩	[21:55:21]	长颈鹿 tsʻAŋ tɕin lu　萤火虫 yiŋ xɔ tsʻoŋ
2 3 3	˧˧33:˥˥55:˥˧ 53:	˨˩ ˥˥ ˧˩	[21:55:31]	疗养所 liAu iAŋ sɔ　熬小米 ŋAu ɕiAu mi
2 3 4	˧˧33:˥˥55:˩˩11:	˨˩ ˥˥ ˩˨	[21:55:12]	出版社 tsʻu b̥æ̃ sɛ
2 4 1	˧˧33:˩˩11:˦˦44:	˨˩ ˩˨ ˧˥	[21:11:33]	文化宫 wen fA ɡ̥oŋ　棉布衣 miæ̃ b̥u ji
2 4 2	˧˧33:˩˩11:˧˩ 31:	˨˩ ˩˨ ˨˩	[21:11:21]	头盖骨 tʻəu ɡ̥Ai ɡ̥u　裁判员 tsʻAi pʻæ̃ yæ̃
2 4 3	˧˧33:˩˩11:˥˧ 53:	˨˩ ˩˨ ˧˩	[21:11:53]	雷阵雨 lui tsen yi　笔记本 b̥i tɕi b̥en
2 4 4	˧˧33:˩˩11:˩˩11:	˨˩ ˩˨ ˩˨	[21:11:12]	明信片 miŋ ɕin pʻiæ̃

声　調	調　　値	Chang 1958	Malmqvist 1962	調　査　語　彙
3 1 1	˥ 55 : ˦ 44 : ˦ 33 :	˥ ˦ ˦	[55 : 33 : 33]	洗衣机 ɕi ji tɕi　闪光灯 sæ̃ g̊uᴀŋ d̥əŋ
3 1 2	˥ 55 : ˦ 44 : ˧˩ 31 :	˥ ˦ ˧˩	[55 : 33 : 21]	口香糖 kʻəu ɕiᴀŋ tʻᴀŋ 手风琴 səu fəŋ tɕʻin
3 1 3	˥ 55 : ˦ 44 : ˥˧ 53 :	˥ ˦ ˥˧	[55 : 33 : 31]	洗衣粉 ɕi ji fen　指挥着 tsɿ xui tsɛ
3 1 4	˥ 55 : ˦ 44 : ˩ 11 :	˥ ˦ ˩˨	[55 : 33 : 12]	卷心菜 tɕyæ̃ ɕin tsʻᴀi
3 2 1	˥ 55 : ˧ 33 : ˦ 44 :	˥ ˧˩ ˦	[55 : 21 : 33]	小学生 ɕiᴀu ɕio sen 美人蕉 mei zen tɕiᴀu
3 2 2	˥ 55 : ˧ 33 : ˧˩ 31 :	˥ ˧˩ ˧˩	[55 : 21 : 21]	眼睫毛 iæ̃ tɕʻiɛ mᴀu 水龙头 sui loŋ tʻəu
3 2 3	˥ 55 : ˧ 33 : ˥˧ 53 :	˥ ˧˩ ˥˧	[55 : 21 : 53]	洗发粉 ɕi fᴀ fen　理发馆 li fᴀ g̊uæ̃
3 2 4	˥ 55 : ˧ 33 : ˩ 11 :	˥ ˧˩ ˩˨	[55 : 21 : 12]	老百姓 lᴀu b̥ɛ ɕin　枕头套 tsen tʻəu tʻᴀu
3 3 1	˥ 55 : ˥ 55 : ˦ 44 :	˥ ˥˧ ˦	[55 : 53 : 33]	紫水晶 tsɿ sui tɕin 好老师 xᴀu lᴀu sɿ
3 3 2	˥ 55 : ˥ 55 : ˧˩ 31 :	˥ ˥˧ ˧˩	[55 : 53 : 21]	暖水瓶 luæ̃ sui pʻin
3 3 3	˥ 55 : ˥ 55 : ˥˧ 53 :	˥ ˥˧ ˥˧	[55 : 53 : 31]	小老鼠 ɕiᴀu lᴀu su　好手表 xᴀu səu b̥iᴀu
3 3 4	˥ 55 : ˥ 55 : ˩ 11 :	˥ ˥˧ ˩˨	[55 : 53 : 12]	展览会 tsæ̃ læ̃ xui
3 4 1	˥ 55 : ˩ 11 : ˦ 44 :	˥ ˩ ˦	[55 : 11 : 33]	打字机 d̥ᴀ tsɿ tɕi
3 4 2	˥ 55 : ˩ 11 : ˧˩ 31 :	˥ ˩ ˧˩	[55 : 11 : 21]	写字台 ɕiɛ tsɿ tʻᴀi 警卫员 tɕin wei yæ̃
3 4 3	˥ 55 : ˩ 11 : ˥˧ 53 :	˥ ˩ ˥˧	[55 : 11 : 53]	领事馆 lin sɿ g̊uæ̃　小饭碗 ɕiᴀu fæ̃ wæ̃
3 4 4	˥ 55 : ˩ 11 : ˨˩˧ 213 :	˥ ˩ ˩˨	[55 : 11 : 12]	礼拜四 li b̥ᴀi sɿ
4 1 1	˨˩˧ 213 : ˦ 44 : ˦ 44 :	˨˩˧ ˦˥ ˦	[213 : 45 : 33]	杜鹃花 d̥u tɕuæ̃ xuᴀ 凤仙花 fəŋ ɕiæ̃ xuᴀ
4 1 2	˨˩˧ 213 : ˦ 44 : ˧˩ 31 :	˨˩˧ ˦˥ ˧˩	[213 : 45 : 21]	办公室 b̥æ̃ g̊oŋ sɿ　建军节 tɕiæ̃ tɕyn tɕiɛ
4 1 3	˨˩˧ 213 : ˦ 44 : ˥˧ 53 :	˨˩˧ ˦˥ ˥˧	[213 : 45 : 31]	暴风雨 b̥ᴀu fəŋ yi　绍兴酒 sᴀu ɕin tɕiu
4 1 4	˨˩˧ 213 : ˦ 44 : ˩ 11 :	˨˩˧ ˦˥ ˩˨	[213 : 45 : 12]	印花布 in xuᴀ b̥u　电车站 d̥iæ̃ tsʻɛ tsæ̃
4 2 1	˨˩˧ 213 : ˧˩ 31 : ˦ 44 :	˨˩˧ ˧˩ ˦	[213 : 21 : 33]	自行车 tsɿ ɕin tsʻɛ 夜来香 iɛ lᴀi ɕiᴀŋ
4 2 2	˨˩˧ 213 : ˧ 33 : ˧˩ 31 :	˨˩˧ ˧˩ ˧˩	[213 : 21 : 21]	大明年 d̥ᴀ min niæ̃
4 2 3	˨˩˧ 213 : ˧ 33 : ˥˧ 53 :	˨˩˧ ˧˩ ˥˧	[213 : 21 : 53]	布谷鸟 b̥u g̊u niᴀu 副食品 fu sɿ pʻin
4 2 4	˨˩˧ 213 : ˧ 33 : ˩ 11 :	˨˩˧ ˧˩ ˩˨	[213 : 21 : 12]	贺年片 xɔ niæ̃ piæ̃
4 3 1	˨˩˧ 213 : ˥ 55 : ˦ 44 :	˨˩˧ ˥ ˦	[213 : 55 : 33]	大酒杯 d̥ᴀ tɕiu b̥ei
4 3 2	˨˩˧ 213 : ˥ 55 : ˧˩ 31 :	˨˩˧ ˥ ˧˩	[213 : 55 : 21]	夜想曲 iɛ ɕiᴀŋ tɕʻio
4 3 3	˨˩˧ 213 : ˥ 55 : ˥˧ 53 :	˨˩˧ ˥ ˥˧	[213 : 55 : 31]	大姆指 d̥ᴀ mu tsɿ 半导体 b̥æ̃ d̥ᴀu tʻi
4 3 4	˨˩˧ 213 : ˥ 55 : ˩ 11 :	˨˩˧ ˥ ˩˨	[213 : 55 : 12]	大枣树 d̥ᴀ tsᴀu su　地板上 d̥i b̥æ̃ sᴀŋ
4 4 1	˨˩˧ 213 : ˩ 11 : ˦ 44 :	˨˩˧ ˩ ˦	[213 : 11 : 33]	照象机 tsᴀu ɕiᴀŋ tɕi
4 4 2	˨˩˧ 213 : ˩ 11 : ˧˩ 31 :	˨˩˧ ˩ ˧˩	[213 : 11 : 21]	计算尺 tɕi suæ̃ tsʻɿ 售票员 səu pʻiᴀu yæ̃
4 4 3	˨˩˧ 213 : ˩ 11 : ˥˧ 53 :	˨˩˧ ˩ ˥˧	[213 : 11 : 53]	刺绣品 tsʻɿ ɕiu pʻin 纪念馆 tɕi niæ̃ g̊uæ̃
4 4 4	˨˩˧ 213 : ˩ 11 : ˩ 11 :	˨˩˧ ˩ ˩˨	[213 : 11 : 12]	问事处 wen sɿ tsʻu

位形」，三字組の第二字に現われる調値を「中位形」，二字組の第二字と三字組の第三字に現われる調値を「末位形」と呼ぶと，成都方言の声調交替の状況は次のようにまとめられる（表5）：

	単独形	頭位形	中位形	末位形
1声	35:	35:	44: 1声の後で 55:	44: 3+1の後で 33:
2声	31:	33:	33:	31:
3声	53:	55:	55:	53:
4声	213:	213:	11:	11:

表5
声調交替の規則

1声と4声では頭位形と非頭位形が異なった形になり，2声と3声では末位形と非末位形が異なった形になる。又，単独形は，北京方言や厦門方言のように一律に末位形と同一であるわけではなく，1声と4声は頭位形と同じく，2声と3声は末位形と同じである。このような声調交替の状況は，従来の「本調」・「変調」（又逆に所謂「変調」が「本調」で，所謂「本調」が「変調」であるとする考え方も）という記述法では処理することができないユニークなものである。

変調の果たす功用に，文節の境界あるいは文節のまとまり（両者は表裏一体をなす）を表示する機能がある。成都方言では，1声と4声の頭位形は文節の開始を表示し，2声と3声の末位形は文節の結尾を表示する。また，1声と4声の非頭位形は前にある要素に接続して同一文節をなすことを表示し，2声と3声の非末位形は更に別の要素が後続することを表示している。単独形はそれ自体が一つの文節の開始でありかつ結尾であるが，語形からは1声と4声では開始であることが明示され，2声と3声では結尾であることが明示されている。この点から見ても成都方言の変調は興味深いものである。

Chang 1958とMalmqvist 1962の声調交替の状況は次の通り（表6）：

	単独形		頭位形		中位形		末位形	
	Chang	Malmqvist	Chang	Malmqvist	Chang	Malmqvist	Chang	Malmqvist
1声	˦˥	45	˦˥	45	˧ 1·3声の後 ˦˥ 2·4声の後	33 45	˧ ˦˥(2/3+4の後)	33
2声	˨˩	21	˨˩	21	˨˩	21	˨˩	21
3声	˥˧	53	˥	55	˥˧ 1·3声の後 ˥ 2·4声の後	53 55	˥˧	31(1·3声の後) 53(2·4声の後)
4声	˨˩˧	213	˨˩˧	213	˩	11	˨˩˩	12

表6
Chang 1958と
Malmqvist 1962
の記述

筆者の記述した成都方言と異なる主な点は，2声が声調交替を起こさないこと，1声と3声の中位形が1・3声の後では末位形と同じくなること，Malmqvist 1962の小方言では3声の末位形が1・3声の後では[31:]，2・4声の後では[53:]となること，4声の末位形がChang 1958では[211:]，Malmqvist 1962では[12:]となること等である。

6.軽声の問題

北京方言では軽声となる「子」・「的」・「了」等は筆者の調査した成都方言では完全な2声ないし3声で発音される（表7参照）。

成都方言の声調

	調値	Chang	Malmqvist	調査語彙
1＋子	˧˥ 35:˧˩ 31:		[45:2]	包子 bau ts1 狮子 s1 ts1 梳子 su ts1 杯子 bei ts1
2＋子	˧˩˧ 33:˥˧ 53:		[21:1]	孩子 xai ts1 裙子 tɕ'yn ts1 蚊子 wen ts1 桔子 tɕyi ts1
3＋子	˥˧˥ 55:˧˩ 31:		[55:2]	领子 lin ts1 椅子 ji ts1 饺子 tɕiau ts1 嫂子 sau ts1
4＋子	˨˩˧ 213:˥˧ 53:		[213:1]	裤子 k'u ts1 帽子 mau ts1 柿子 s1 ts1 妹子 mei ts1
1＋的	˧˥ 35:˧˩ 31:	˧˥ ˥	[45:4]	他的 t'a di 飞的 fei di
2＋的	˧˩˧ 33:˧˩ 31:	˧˩ ˧	[21:1]	吃的 ts'1 di 填的 t'iæ̃ di
3＋的	˥˧˥ 55:˧˩ 31:	˥˧˥ ˥	[55:4]	我的 ŋo di 好的 xau di
4＋的	˨˩˧ 213:˧˩ 31:	˨˩˧ ˧	[213:3]	卖的 mai di 用的 yoŋ di
1＋了	˧˥ 35:˥˧ 53:			多了 do liau 穿了 ts'uæ̃ liau 脏了 tsaŋ liau 抽了 ts'əu liau
2＋了	˧˩˧ 33:˥˧ 53:			脱了 t'o liau 爬了 p'a liau 来了 lai liau 滑了 xua liau
3＋了	˥˧˥ 55:˥˧ 53:			好了 xau liau 跑了 p'au liau 打了 da liau 喊了 xæ̃ liau
4＋了	˨˩˧ 213:˥˧ 53:			看了 k'æ̃ liau 大了 da liau 戴了 dai liau 去了 tɕ'y liau

表7 「子・的・了」の調値

「子」は1・3声の後では2声で発音され，2・4声の後では3声で発音される。調査当初軽声が存在するという仮定の下で他の組合せとの対立を聴きわけようとしてどうしても違いが発見できずにいたが，インフォーマントに分類してもらった所上のような結果になり，そのような前提で再び聴くと確かにそうであることが確認された。念のためミニマルペアーをさがそうとしたが，思いついた一対「报纸：刨子」はどちらも[bau˧˥ts1˥˧]で同音であるとのことであった。「的」・「了」([liau˥˧]と[lo˧˩][7])は前字の声調にかかわりなく一定の声調で発音される。

Chang 1958とMalmqvist 1962の報告した小方言では軽声が存在し，やはり1・3声の後と2・4声の後では違った音形になるという(表7所引を参照)。

袁等1960(41頁)には，

“輕声在西南方言里就不那么重要了。北京話必須区別“本事”(重重，“电影本事”)和“本事”(重輕，“他本事不小”)，“練習”(重重，“交了練習”)和“練習”(重輕，“練習写字”；四川話里它們却无語音区別，辨义完全靠上下文和語言环境。四川話里語助詞、連詞等等都不念輕声。”

とあり，筆者の記述した成都方言の状況と共通する。(但し四川語の中でも附録Cでふれる重慶方言には軽声が存在する。)

7. おわりに

本稿では成都方言の声調交替の共時的な状況を描写することに主力を注いだが，更に通時的な研究を行なって，現在のような声調交替の生じた原因を説明する必要がある。その際に再構される古調値は西南官話声調史の中で重要な位置を占めることとなろう。

1983年4月25日　北京にて

注

(1) 楊1951，289頁によると，成都市内の老派と城外では入声が保存されており，新派では入声が陽平に合流するという。

(2) 岩田礼氏のAA研における報告（「連雲港市方言の変調と軽声」，1981年6月18日）において流された録音の印象に基づく。Iwata & Imagawa 1982では，機械測定の結果1声の基本周波数が音節の途中で一旦とぎれることが明らかにされており，それが声門閉鎖によるものだと解釈されている。

(3) 両者の区別と後者を採る理由については平山1974，87-8頁参照。

(4) 澤島1982によると，輪状甲状筋が音高を上昇させる機能を主に担っていることは知られているが，音高を下降させる生理的機構はまだ充分には明らかにされていないという。このパラグラフで述べることは現段階ではあくまでも予想にすぎないが，今後の研究のためのたたき台として書いておく。

(5) 1・2声の状況を「漸強」と表現することには問題があるが，調査の時点では強さの特徴を二種類区別しただけであり，更に細かく把握することが望ましい。またこれらの強さの特徴が他の母音や音節構造でどう現われるかについても観察する必要がある。Malmqvist 1962，141-42頁にはすでにこの2点を考慮に入れた描写がなされている。

(6) しかし例えば同じ[31:]であっても，附録Dで述べる武昌方言の3声は中域から低域への移行が筋肉の弛緩によって実現されるように見うけられる。

(7) 成都では[líau˥˧]の他に[lɔ˨˩]（「罗」と同音）という語形があり，前の声調にかかわりなく一律に2声で発音される。[líau˥˧]と[lɔ˨˩]の違いは，前者が地方語放送で使われるややあらたまったスタイルの語形で，後者は口語で普通に使う語形であること；また，「我吃了$_1$饭了$_2$」という文で，i. líau˥˧, lɔ˨˩；ii. lɔ˨˩, líau˥˧； iii. lɔ˨˩, lɔ˨˩という組合わせは成り立つが，両方の位置にlíau˥˧を使う（即ち*iv. líau˥˧, líau˥˧）ことはできないという。

附録

以下の地点での調査語彙は，表3と表7の「子」の各四語のうち始めの二語である。但し鄭州と開封では入声の派入条件が西南官話とは異なり，また軽声で読まれる語彙もあるので適宜入れかえた。

A.栄昌方言

インフォーマントは男性，1962年生まれであり，調査は大足県で行なった。単字調は表A1の通りであるが，空欄については記録がない。四川大学1960の記述では，1声55・2声21・3声42・4声214となっている。二字組は表A2の通りである。「子」は一律3声で発音される。

成都方言の声調

名称	中古音	例字	調値	長さ	喉頭化	強さ
1声	清平	诗s1	˧˥ 35:			<
2声	濁平;入声	时s1	˧˩ 31:			<
3声	清·次濁上	使s1	˥˧ 53:			>
4声	去;全濁上	是s1	˨˩˧ 213:	長	中間で成都より弱い喉頭化	>

← 表A1

→ 表A2

前字＼後字	1声 ˧˥	2声 ˧˩	3声 ˥˧	4声 ˨˩˧
1声 ˧˥	˧˥ ˧˥˥	˧˥ ˧˩	˧˥ ˥˧	˧˥ ˨˩˩
2声 ˧˩	˧˩˧ ˧˥	˧˩˧ ˧˩	˧˩˧ ˥˧	˧˩˧ ˨˩˩
3声 ˥˧	˥˧˥ ˧˥˧	˥˧˥ ˧˩	˥˧˥ ˥˧	˥˧˥ ˨˩˩
4声 ˨˩˧	˨˩˩ ˧˥˥	˨˩˧ ˧˩	˨˩˧ ˥˧	˨˩˧ ˨˩˩

B.大足方言

インフォーマントは女性，1972年生まれ，6才まで龍水，それ以後は大足県城に居住している。単字調は表B1の通りであるが，調値以外の音声特徴は観察する時間がなかった。四川大学1960の記述では，1声55・2声21・3声42・4声214となっている。二字組は表B2の通りである。「子」は一律3声で発音される。

名称	中古音	例字	調値
1声	清平	诗s1	˧˥ 35:
2声	濁平;入声	時s1	˧˩ 31:
3声	清·次濁上	使s1	˥˧ 53:
4声	去;全濁上	是s1	˨˩˧ 213:

← 表B1

→ 表B2

前字＼後字	1声 ˧˥	2声 ˧˩	3声 ˥˧	4声 ˨˩˧
1声 ˧˥	˧˥ ˧˥˥	˧˥ ˧˩	˧˥ ˥˧	˧˥ ˨˩˩
2声 ˧˩	˧˩˧ ˧˥	˧˩˧ ˧˩	˧˩˧ ˥˧	˧˩˧ ˨˩˩
3声 ˥˧	˥˧˥ ˧˥˧	˥˧˥ ˧˩	˥˧˥ ˥˧	˥˧˥ ˨˩˩
4声 ˨˩˧	˨˩˩ ˧˥	˨˩˧ ˧˩	˨˩˧ ˥˧	˨˩˧ ˨˩˩

C.重慶方言

インフォーマントは女性，1963年生まれで，1980年から82年にかけて成都で就学した他は重慶市内に居住している。単字調は表C1の通り。四川大学1960の記述では，1声55・2声21・3声42・4声214となっている。二字組は表C2の通りである。「子」は3声と同じ調型だが，短かく軽く発音される。

名称	中古音	例字	調値	長さ	喉頭化	強さ
1声	清平	诗s1	˧˥ 35:		——	<
2声	濁平;入声	时s1	˧˩ 31:		末尾に弱い喉頭化	<
3声	清·次濁上	使s1	˥˧ 53:		——	>
4声	去;全濁上	是s1	˨˩˧ 213	長	なし	>

表C1

前字＼後字	1声 ˧˥	2声 ˧˩	3声 ˥˧	4声 ˨˩˧	"子" ˥˧
1声 ˧˥	˧˥ ˧˥˥	˧˥ ˧˩	˧˥ ˥˧	˧˥ ˨˩˩	˧˥ ˥˧
2声 ˧˩	˧˩˧ ˧˥˧	˧˩˧ ˧˩	˧˩˧ ˥˧	˧˩˧ ˨˩˩	˧˩˧ ˥˧
3声 ˥˧	˥˧˥ ˧˥˧	˥˧˥ ˧˩	˥˧˥ ˥˧	˥˧˥ ˨˩˩	˥˧˥ ˥˧
4声 ˨˩˧	˨˩˩ ˧˥˧	˨˩˧ ˧˩	˨˩˧ ˥˧	˨˩˧ ˨˩˩	˨˩˧ ˥˧

表C2

D.武昌方言

インフォーマントは男性，1961年生まれで，出生以来武昌市内に居住している。なお調査は漢口で行なった。単字調は表D1の通り。趙等1948の記述では，1声55・2声213・

3声42・4声25となっている。また2声は他の字と連なると˩˩にになりやすいという。ちなみに同書の漢口の記述は，1声45・2声213・3声42・4声35である。朱1980の記述では，1声55・2声213・3声42・4声35となっている。二字組は表D2の通り。3声の変調が高平調で成都等と類似する点が注目される。2声は第一字の位置では単字調より短かく発音される。朱1981の記述によると，声調交替は起こらず，また軽声は一律に[·˧ 3:]で発音されることになっている。

名称	中古音	例字	調値	長さ	強さ
1声	清平	诗s1	˦˥ 45:	普通	<
2声	濁平;入声	时s1	˩˩˨ 112:	長	>
3声	清·次濁上	使s1	˧˩ 31:	普通	>
4声	去;全濁上	是s1	˨˦ 24:	普通	<

前字＼後字	1声 ˦˥	2声 ˩˩˨	3声 ˧˩	4声 ˨˦	"子"
1声 ˦˥	˦˥ ˦˥	˦˥ ˩˩˨	˦˥ ˧˩	˦˥ ˨˦	˦˥ ·˧
2声 ˩˩˨	˩˨ ˦˥	˩˨ ˩˩˨	˩˨ ˧˩	˩˨ ˨˦	˩˩˨ ·˨
3声 ˧˩	˥ ˦˥	˥ ˩˩˨	˥ ˧˩	˥ ˨˦	˥ ·˨
4声 ˨˦	˨˦ ˦˥	˨˦ ˩˩˨	˨˦ ˧˩	˨˦ ˨˦	˨˦ ·˧

表D1

表D2

E.鄭州方言

インフォーマントは女性，1964年生まれで，出生以来鄭州市内に居住している。単字調は表E1の通り。長さと喉頭化については特に目立った特徴はない。任1959によると，1声13・2声42・3声54・去声31となっている。二字組は表E2の通りである。

名称	中古音	例字	調値	強さ
1声	清平;清·次濁入	诗ʂʅ	˧˦ 34:	<
2声	濁平;全濁入	时ʂʅ	˥˧ 53:	<
3声	清·次濁上	使ʂʅ	˥˥ 55:	>
4声	去;全濁上	是ʂʅ	˧˩ 31:	>

表E1

前字＼後字	1声 ˧˦	2声 ˥˧	3声 ˥˥	4声 ˧˩	"子"
1声 ˧˦	˧˦ ˧˦	˧˦ ˥˧	˧˦ ˥˥	˧˦ ˧˩	˧˦ ˥˧
2声 ˥˧	˥˧ ˧˦	˦˥ ˥˧	˥˧ ˥˥	˥˧ ˧˩	˥˧ ·˨
3声 ˥˥	˥˥ ˧˦	˥˥ ˥˧	˥˥ ˥˥	˥˥ ˧˩	˥˥ ·˨
4声 ˧˩	˧˩ ˧˦	˧˩ ˥˧	˧˩ ˥˥	˩˧ ˧˩	˧˩ ·˨

表E2

F.開封方言

インフォーマントは男性，1959年生まれ，4才まで鄭州，その後は開封市内に居住している。単字調は表F1の通り。調値以外の特徴は観察する時間がなかった。任1959によると，1声24・2声41・3声55・4声31となっている。二字組は表F2の通りである。

成都方言の声調

名称	中古音	例字	調値
1声	清平；清·次濁入	诗氵乙	˧˦ 34:
2声	濁平；全濁入	时氵乙	˥˨ 52:
3声	清·次濁上	使氵乙	˥ 55:
4声	去；全濁上	是氵乙	˨˩˧ 213:

表F1

前字＼後字	1声 ˧˦	2声 ˥˨	3声 ˥	4声 ˨˩˧	"子"
1声 ˧˦	˧˦ ˧˦	˧˦ ˥˨	˧˦ ˥	˧˦ ˨˩˧	˧˦ ˥
2声 ˥˨	˥˨ ˧˦	˥˨˥ ˥˨	˥˨ ˥	˥˨ ˨˩˧	˥˨ ˧˦
3声 ˥	˥ ˧˦	˥ ˥˨	˥˧ ˥	˥ ˨˩˧	˥ ˧
4声 ˨˩˧	˨˩˥ ˧˦	˨˩˧ ˥˨	˨˩˥ ˥	˨˩˦ ˨˩˧	˨˩˥ ˦

表F2

文献

Chang, Nien-chuang T.1958. "Tones and Intonation in the Chengtu Dialect (Szechuan, China)", Phonetica, 2, 59-85.

平山久雄1974.「北京語の声調体系」,『言語の科学』,第5号, 85-96頁。

Iwata, Ray & Hiroshi Imagawa.1982. "An Acoustic Study of Tone, Tone Sandhi and Neutral Tone in Lian-yun-gang (连云港) Dialect of Chinese", Ann.Bull.RILP, No.16, 37-50.

Malmqvist, Göran.1959. "A Note on two Szech'uanese Dialects", Studia Serica Bernhard Karlgren Dedicata, 92-97.

_______1962. "Studies in Western Mandarin Phonology", BMFEA, 34, 129-92.

任均泽1959.「河南方言詞汇(續)」,『方言与普通話集刊』,第六本, 102-9頁。

澤島政行1982.「喉頭の機能と音声言語」,『東京医学』, 第89巻第1/2号,31-45頁。

四川大学1960.「四川方言音系」,『四川大学学报』, 1960年第3期, 1-123頁。

楊時逢1951.「成都音系略記」,『史語集刊』, 23, 289-302頁。

袁家驊等1960.『漢語方言概要』, 北京, 文字改革出版社。

趙元任等1948.『湖北方言調査報告』, 上海, 商務印書館。

甄尚靈1958.「成都語音的初步研究」,『四川大学学报』, 1958年第1期, 1-30頁。

朱建颂1980.「武汉方言单音词汇释」,『方言』, 1980年, 75-80页; 144-46页。

_______1981.「武汉方言词汇」,『方言』, 1981年, 73-80页; 156-60页; 225-40页。

Tones of the Chengdu dialect

Mitsuaki ENDO (Graduate School, University of Tokyo)

In this paper the author has described tonal features of the Chengdu dialect such as pitch pattern, length, intensity and glottalization etc. These features are described in mono-, di- and tri- syllabic environments. There are also brief descriptions of tones in the dialects of Rongchang, Dazu, Chongqing (Sichuan province); Wuchang (Hubei province); Zhengzhou, Kaifeng (Henan province) to be found in the appendix.

均社論叢15号（1984年12月京都）

桂林・貴陽・宜良方言の声調

遠藤　光暁

1. はじめに

本稿では遠藤1983に引き続き西南官話に属する3つの方言，桂林（広西壮族自治区）・貴陽（貴州省）・宜良（雲南省）の単字調と二・三字組での変調状況を報告する。全般的に言うと，桂林は武昌とやや似た変調をし，貴陽と宜良は成都等の四川方言と調値と交替条件の比較的類似した変調をするが，細部はそれぞれ独自の特徴を示している。尚，同時に雲南省西双版納傣語の一方言の音系の簡単な記述を行なったが，些か興味深い点があるので，附録に記しておく。

調査は筆者が1984年1月～2月にそれぞれの地を旅行した際に行なった。調査表には，『方言調査字表』のx－xii頁と遠藤1983の表3・表4（一部補充）・表7（一部削除）を使用し，現地では単字調と二字組の記述と『字表』の同音字の記録を行ない，その他は録音に基づいて北京で整理した。何分旅行中の片手間なので，話者はそこで宿泊したホテルの服務員（ほとんど例外なく若い人で，又女性が多い）にお願いし，調査時間もたかだか2時間程度にすぎず，得られた結果がそこの方言の全体から見てどの程度の代表性があるかはわからない。また現われた範囲内の言語事実をできるだけ精確に把握しようとは努めたが，話者が不自然な発話をしても気づかなかったり，記述の際の聞き誤まりなどによる不備が避け難くあるであろうことをお断りしておく。

各地の話者が貴重な時間をさいて調査のお相手をして下さったことに感謝する。

2. 桂林方言

桂林方言の話者は1963年生まれで，桂林市内に出生以来居住しており，桂林方言の他に普通話と広州話ができるという。

まず，桂林方言の声母と韻母を簡略表記で示す。

この桂林方言には声母が少なくとも下の18種ある：

p：	布别倍饱	t：	到夺第斗	ts：	祖主僧招	tɕ：	节经杰举	k：	贵过介官
p‘：	怕盘爬匹	t‘：	太同条铁	ts‘：	仓潮从处	tɕ‘：	桥趣丘全	k‘：	开葵口抗
f：	飞胡冯费			s：	生散书税	ɕ：	线修玄虚	x：	化灰红厚
m：	门妹母木	l：	路吕年难	z：	日认然入			ɸ：	岸耳以若

これらの声母のうち，(1) p, t, k 等の無気音の系列は普通 tense であるが，時に北京の如く lax になることがある（例えば“第”[ᵈdi ˨˩]）；(2) l は時に [n ～ l̃] になることがある；(3) z は単純な[z]ではなく，[ɹ]の音色を帯びた[z]である。[1)]

他の報告との異同を述べると，易1956では，l と n が区別され，ŋ が存在し，上の z にあたる声母がiになっている。杨1964では，ŋがありzがない。

筆者の調査した範囲で現われた韻母は下の33種ある：

ɿ：資日　A：爬辣　ɤ：耳蛇　æɛ：开介　ei：倍贵　aɔ：烧糟　ou：收斗
i：地以　iA：架夹　ie：姐野　iaɔ：条焦　iu：流丘
u：故出　uA：花化　uɔ：河过　uæɛ：怪帅　ui：桂税
y：雨去　yɵ：药若　ye：月确

ɑ̃：胆三　en：门庚　aŋ：党桑　oŋ：东翁
iɛ̃：廉减　in：心灵　iaŋ：良枪　ioŋ：胸穷
uɑ̃：官短　uᵊn：温横　uaŋ：床光
yɛ̃：权元　yᶦn：云琼

これらの韻母のうち，(1) yは時に[yᶦ]となる；(2) uɔの介音uは短かく，[ᵘɔ]の如く発音される；(3) ie，yeの主母音は時に[E～ɛ]と開くことがある；(4) æɛ,uæɛの主母音と韻尾の動程は大変短かく，時に[æ̞ɛ～æ～ɛ]の如く発音される；(5) aɔ,iaɔの主母音と韻尾の動程も短かく，時に[ɑ̝ɔ～ɔ]の如くなるが，iaɔは又逆に[iAɔ]とはっきり三重母音となることもある；(6)鼻母音の系列は韻尾nの音色をやや持っており，成都方言のような完全な鼻母音ではない；(7) aŋ,iaŋ,uaŋの主母音はやや前よりで，精密表記では[ɑ̟]となる。

易1956と杨1964には上記の他にもう一種韻母が存在する。易1956では「入辱狱域肉育」が“iu丨X”となっていて，「由有又」等の“iou丨又”と区別され，杨1964では「欲育辱肉」が“iu”となっていて，「犹由友又」等の“iou”とは区別されている。“iu”となる字はすべて古入声に由来する陽平である。筆者の調査した範囲に出てきた字では，「入」は[zu˨˩]，「欲」は[y˨˩]と読まれ，このような韻母は存在しなかった。

単字調は次の通り：

名称	中古音	例字	調値	強さ[2)]
1声	清平	诗s1	˧ 33:	漸弱 >
2声	濁平；入声	时s1	˨˩ 21:	漸強 <
3声	清・次濁上	使s1	˥˨ 52:	漸強 <
4声	去；全濁上	是s1	˨˦ 24:	漸強 <

表1　桂林方言の単字調

長さと喉頭化については顕著な特徴が見られなかった。

易1956は，1声33，2声31，3声34，4声314としており，3声が中昇調になっている点は特異である。杨1964は，1声33，2声21，3声54，4声214とし，“阴平调比33略高，但不到44。去声是个屈折调，调值是214，21这一段很短，不细听就可能听不出来，14这一段却很长。（因此也有人把这个调记成35或24。）”と言っているが，4声は筆者の調査した話者の発音でもなるほど発端でやや短かい時間その高度を続けた後でおもむろに上昇するが，このような調形はふつう“35:”と記述される北京方言の2声にも見られる程度のものであり，これを214と表記するのは大げさであるように思われる。袁等1960（321頁）は，

表2　桂林・貴陽・宜良の二字組

調類	桂林	貴陽	宜良	調　査　語　彙
1 1	˧ 33:˧ 33:	˧˥ 35:˦˦ 44:	˧ 33:˧ 33:	乌龟 u$_{v}$ kui, ^{v}u kui, u$_{v}$ kui. 花边 xuᴀ piɛ̃, xuᴀ piɛn, xua piɛ̃.① 西瓜 ɕi kuᴀ, ɕi kuᴀ, ɕi kua. 书包 su paɔ, su pᴀu, su pao.
1 2	˧ 33:˨˩ 21:	˧˥ 35:˨˩ 21:	˧˧˥ 35:˧˩ 31:	金鱼 tɕin y^{ɪ}, tɕin i, tɕin iⱼ. 樱桃 in tʻaɔ, in tʻᴀu②, in tʻao.③ 芝麻 tsɿ mᴀ, tsɿ mᴀ, tsɿ ma③. 花瓶 xuᴀ pʻin, xuᴀ pʻin, xua pʻin.
1 3	˧ 33:˥˨ 52:	˧˥ 35:˥˧ 53:	˧˧˥ 35:˥˨ 52:	松鼠 soŋ su, soŋ su, soŋ tsʻu. 班长 pã tsaŋ, pan tsaŋ, pᴀ̃ tsᴀ̃. 歌手 k^{u}ɔ sou, kɔ səu, kɔ səu. 思想 sɿ ɕiaŋ, sɿ ɕiᴀŋ, sɿ ɕiᴀ̃.
1 4	˧ 33:˨˦ 24:	˧˥ 35:˩˩ 11:	˧˧˥ 35:˩˩ 11:	安静 ã tɕin, an tɕin, ᴀ̃ tɕin. 鸡蛋 tɕi tã, tɕi tan, tɕi tᴀ̃. 书架 su tɕiᴀ, su tɕiᴀ, su tɕia. 车站 tsʻɤ tsã, tsʻe tsan, tsʻɛ tsᴀ̃.
2 1	˨˨ 22:˧ 33:	˨˩ 21:˦˦ 44:	˧˩ 31:˧ 33:	熊猫 ɕioŋ maɔ, ɕyoŋ mᴀu, ɕioŋ mao. 兰花 lã xuᴀ, lan xuᴀ, lᴀ̃ xua. 荷花 x^{u}ɔ xuᴀ, xɔ xuᴀ, xɔ xua. 牙膏 iᴀ kaɔ, iᴀ kᴀu, ia kao.
2 2	˨˨ 22:˨˩ 21:	˨˨ 22:˨˩ 21:	˧˩ 31:˧˩ 31:	绵羊 miɛ̃ iaŋ, m^{b}iɛn iᴀŋ, miɛ̃ iᴀ̃. 农民 loŋ min, l^{d}oŋ min, noŋ min. 鱼船 y tsʻuã, y tsʻuan, i tsʻuᴀ̃. 明年 min niɛ̃, m^{b}in ȵiɛn, min ȵiɛ̃.④
2 3	˨˨ 22:˥˨ 52:	˨˨ 22:˦˨ 42:	˧˩ 31:˥˨ 52:	苹果 pʻin k^{u}ɔ, pʻin kɔ, pʻin kɔ^{u}. 竹笋 tsu sen, tsu sen, tsu su^{ə}n. 梅雨 mei y^{ɪ}, m^{b}ei i, mei iⱼ. 油井 iou tɕin, iəu tɕin, iu tɕin.
2 4	˨˨ 22:˨˦ 24:	˨˩ 21:˩˩ 11:	˧˩ 31:˩˩ 11:	桃树 tʻaɔ su, tʻᴀu su, tʻao su⑤. 棉布 miɛ̃ pu, m^{b}iɛn pu, miɛ̃ pu. 同志 tʻoŋ tsɿ, tʻoŋ tsɿ, tʻoŋ tsɿ. 绿豆 lu tou, l^{d}u təu, lu təu.
3 1	˥˥ 55:˧ 33:	˥˥ 55:˦˦ 44:	˥˥ 55:˧ 33:	酒杯 tɕiu pei, tɕiu pei, tɕiu pei. 小刀 ɕiaɔ taɔ, ɕiᴀu tᴀu, ɕiao tao. 火车 x^{u}ɔ tsʻɤ, xɔ tsʻe, xɔ tsʻᴀːi⑥. 老师 laɔ sɿ, lᴀu sɿ, lao sɿ.
3 2	˥˥ 55:˨˩ 21:	˥˥ 55:˨˩ 21:	˥˥ 55:˧˩ 31:	水牛 sui liu, sui liu, sui ȵiu. 口红 kʻou xoŋ, kʻəu xoŋ, kʻəu xo^{u}ŋ. 草莓 tsʻaɔ mei, tsʻᴀu mei, tsʻao mei. 码头 mᴀ tʻou, mᴀ tʻəu, ma tʻəu.
3 3	˥˥ 55:˥˨ 52:	˥˥ 55:˥˧ 53:	˥˥ 55:˥˨ 52:	老鼠 laɔ su, lᴀu su, lao tsʻu. 小腿 ɕiaɔ tʻei, ɕiᴀu tʻui, ɕiao tʻui. 老酒 laɔ tɕiu, lᴀu tɕiu, lao tɕiu. 手表 sou piaɔ, səu piᴀu, səu piao.
3 4	˥˥ 55:˨˦ 24:	˥˥ 55:˩˩ 11:	˥˥ 55:˩˩ 11:	伙伴 x^{u}ɔ pã, xɔ pan, xɔ pᴀ̃. 领带 lin tæɛ, lin tᴀi, lin tɛ. 枣树 tsaɔ su, tsᴀu su, tsao su. 手套 sou tʻaɔ, səu tʻᴀu, səu tʻao.
4 1	˨˦ 24:˧ 33:	˨˩˧ 213:˦˦ 44:	˨˩˨ 212:˧ 33:	菜刀 tsʻæɛ taɔ, tsʻᴀi tᴀu, tsʻɛ tao. 睡衣 su^{e}i i, sui i, sui iⱼ. 四川 sɿ tʃʻuã, sɿ tsʻuan, sɿ tsʻuᴀ̃. 电车 tiɛ̃ tsʻɤ, tiɛn tsʻe, tiɛ̃ tsʻᴀi.
4 2	˨˦ 24:˨˩ 21:	˨˩˧ 213:˨˩ 21:	˨˩˨ 212:˧˩ 31:	象棋 ɕiaŋ tɕʻi, ɕiᴀŋ tɕʻi, ɕiᴀ̃ tɕʻi. 二胡 ɤ fu, ɐ^{ɹ} fu, ɐ fu. 杏仁 ɕin in, ɕin zen, ɕin zen. 后年 xou liɛ̃, xəu ȵiɛn, xəu ȵiɛ̃.⑦
4 3	˨˦ 24:˥˨ 52:	˨˩˧ 213:˦˨ 42:	˨˩˨ 212:˥˨ 52:	地板 ti pã, ti pan, ti pᴀ̃. 戒指 kæɛ tsɿ, tɕie tsɿ, tɕie tsɿ. 大腿 tᴀ tʻei, tᴀ tʻui, ta tʻui. 上午 saŋ u$_{v}$, saŋ ^{v}u, sᴀ̃ u$_{v}$.
4 4	˨˦ 24:˨˦ 24:	˨˩˧ 213:˩˩ 11:	˨˩˨ 212:˩˩ 11:	现在 ɕiɛ̃ tsæɛ, ɕiɛn tsᴀi, ɕiɛ̃ tsɛ. 后院 xou yɛ̃, xəu yɛn, xəu iɛ̃. 傲慢 aɔ mã, ᴀu man, ao mᴀ̃. 少将 saɔ tɕiaŋ, sᴀu tɕiᴀŋ, sao tɕiᴀ̃.

表3　桂林・貴陽・宜良の第2字が助詞である二字組

	桂林	貴陽	宜良	調　査　語　彙
1 子	˧ 33: ˥˨ 52:	˧˥ 35: ˦˨ 42:	˧˥ 35: ˥˨ 52:	包子 paɔ tsɿ, pᴀu tsɿ, pao tsɿ. 狮子 sɿ tsɿ, sɿ tsɿ, sɿ tsɿ.
2 子	˨ 22: ˥˨ 52:	˨ 22: ˦˨ 42:	˧˩ 31: ˥˨ 52:	孩子 xæɛ tsɿ, xᴀi tsɿ, xɛ tsɿ. 裙子 tɕʻyn tsɿ, tɕʻyn tsɿ, tɕʻin tsɿ.
3 子	˥ 55: ˥˨ 52:	˥ 55: ˥˧ 53:	——	领子 lin tsɿ, lin tsɿ, ——①. 椅子 i tsɿ, i tsɿ, i tsɿ②.
4 子	˨˦ 24: ˥˨ 52:	˨˩˧ 213: ˦˨ 42:	˨˩˨ 212: ˥˨ 52:	裤子 kʻu tsɿ, kʻu tsɿ, kʻu tsɿ. 帽子 maɔ tsɿ, mᴀu tsɿ, mao tsɿ.
1 了	˧ 33: ˥˨ 52:	˧˥ 35: ˦˨ 42:	˧˥ 35: ˥˨ 52:	多了 tᵘɔ liaɔ, tɔ liᴀu, tɔ liao. 穿了 tsʻuã liaɔ, tsʻuan liᴀu, tsʻuᴀ̃ liao.
2 了	˨ 22: ˥˨ 52:	˨ 22: ˦˨ 42:	˧˩ 31: ˥˨ 52:	脱了 tʻᵘɔ liaɔ, tʻɔ liᴀu, tʻɔ liao. 爬了 pʻᴀ liaɔ, pʻᴀ liᴀu, pʻa liao.
3 了	˥ 55: ˥˨ 52:	˥ 55: ˥˧ 53:	˥ 55: ˥˨ 52:	好了 xaɔ liaɔ, xᴀu liᴀu, xao liao. 跑了 pʻaɔ liaɔ, pʻᴀu liᴀu, pʻao liao.
4 了	˨˦ 24: ˥˨ 52:	˨˩˧ 213: ˦˨ 42:	˨˩˨ 212: ˥˨ 52:	看了 kʻã liaɔ, kʻan liᴀu, kʻᴀ̃ liao. 大了 tᴀ liaɔ, tᴀ liᴀu, ta liao.
1 的	˧ 33: ˧ 33:	˧˥ 35: ˦ 44:	˧ 33: ˧ 33:	他的 tʻᴀ di, tʻᴀ di, tʻa də. 飞的 fei di, fei di, fei də.
2 的	˨ 22: ˧ 33:	˨˩ 21: ˦ 44:	˧˩ 31: ˧ 33:	吃的 tsʻɿ di, tsʻɿ di, tsʻɿ də. 填的 tʻiɛ̃ di, tʻiɛn di③, tʻiɛ̃ də.
3 的	˥ 55: ˧ 33:	˥ 55: ˦ 44:	˥ 55: ˧ 33:	我的 ᵘɔ di, ɔ di, ᵘɔ də. 好的 xaɔ di, xᴀu di, xao də.
4 的	˨˦ 24: ˧ 33:	˨˩˧ 213: ˦ 44:	˨˩˨ 212: ˧ 33:	卖的 mæɛ di, mᴀi di, mɛ də. 用的 ioŋ di, yoŋ di, ioŋ də.

表2・3・4.1～.4に対する注記（例外的な調値に読む場合，＊を左肩につけて示す。）

表2　①＊˧˥˧。②＊˧˥˦。③＊˧˧。"桃","麻"を単字で読んでもらったら，どちらも1声33:で読んだ。④＊˧˩˧。⑤1回目は˧˥˩と読んだが，問い直すと˧˩˩と発音しなおした。⑥"车"の昆明方言的な音形はtsʻə˧。⑦＊˨˩˧˧。

表3　①宜良方言では"领子"という言い方はなく，"领lin˥˨"と言う。②＊˦˧。③録音ではまず˧˥˦と言い，すぐに˧˩˦と訂正している。

表4.1　①いずれも始めの2字が˧˥˦˥45:－で読まれる。②＊˧˥˧˥˧˩。③＊˧˥˧˥˥˨。④2つ共˧˥˧˦・121と同じく読まれた。

表4.2　①話者がこれは何かとたずねたので"yụjīnxiāng"だと助け舟を出した所，˨˦˦˥˦˥4̣11と発音したが，これは臨時に普通話との対応から割り出した発音であろう。②＊˧˧˧。③"蒲̣公英"は3地点とも"3̣11"で発音される（桂林˥˧˧，貴陽˥˦˥˦˥，宜良˥˧˧）。因みに北京にもpụ̌gōngyīngと発音する話者がおり，恐らく百姓読みで"浦"と同じ発音になったのであろう。④録音では第1回目に˧˥˧…と言いかけてすぐに˧˧˩と言い直している。⑤＊˧˧˧˩。⑥＊˧˧˥˨。⑦＊˧˧˩˩。⑧＊˥˨˩˧˩。⑨＊˦˥˨˧˩。

表4.3　①貴陽方言では"眼眨毛"iɛn˥ tsᴀ˨ mᴀu˨˩と言うそうである。cf.杨1982，155页，"[iã˦˨ tsa˨˩ mɔ˨˩ 眼眨毛] 睫毛"。

表4.4　①＊˨˦˧˦。②＊˨˦˧˥˨。③＊˨˦˦˧˩。④＊˨˩˨˦˥˨。⑤＊˨˦˥˨˩。⑥"计算机̣ tɕi˨˦ suã˨˦ tɕi˧"と話者は読んだ。⑦"售货员"と話者は読んだが，これも442である。

表4.1 桂林・貴陽・宜良の三字組（第1字1声）

調類	桂林	貴陽	宜良	調査語彙
111	33: 33: 33:	35: 55: 55:	33: 33: 33:	收音机 sou in tɕi, səu in tɕi, səu in tɕi. 鸡冠花 tɕi kuã xuᴀ, tɕi kuan xuᴀ①, tɕi kuᴀ̃ xua.
112	33: 33: 21:	35: 55: 21:	33: 35: 31:	金刚石 tɕin kaŋ sɿ, tɕin kaŋ sɿ, tɕin kᴀ̃ sɿ. 秋刀鱼 tɕʻiu taɔ yᶦ, tɕʻiu tᴀu y①, tɕʻiu tao i.
113	33: 33: 52:	35: 55: 53:	33: 33: 52:	天花板 tʻiɛ̃ xuᴀ pã, tʻiɛn xuᴀ pan①, tʻiɛ̃ xua pᴀ̃. 秧歌舞 iaŋ kᵘɔ uᵥ, iᴀŋ kɔ uᵥ, iᴀ̃ kɔ uᵥ.
114	33: 33: 24:	35: 55: 11:	33: 33: 11:	芭蕉树 pᴀ tɕiaɔ su, pᴀ tɕiᴀu su, pa tɕiao su. 樱花树 in xuᴀ su, in xuᴀ su, in xua su.
121	33: 22: 33:	35: 22: 44:	35: 22: 33:	猫头鹰 miaɔ tʻou in, mᴀu tʻəu in, mao tʻəu in. 山茶花 sã tsʻᴀ xuᴀ, san tsʻᴀ xuᴀ, sᴀ̃ tsʻa xua.
122	33: 22: 21:	35: 22: 21:	35: 22: 31:	芝麻油 tsɿ mᴀ iou, tsɿ mᴀ iəu, tsɿ ma iu②. 天文台 tʻiɛ̃ uen tʻæɛ, tʻiɛn uen tʻᴀi, tʻiɛ̃ uen tʻɛ.
123	33: 22: 52:	35: 22: 42:	35: 22: 52:	仙人掌 ɕiɛ̃ in tsaŋ, ɕiɛn zen tsaŋ, ɕiɛ̃ zen tsᴀ̃. 高粱酒 kaɔ liaŋ tɕiu, kᴀu liᴀŋ tɕiu, kao liᴀ̃ tɕiu③.
124	33: 22: 24:	35: 22: 11:	35: 22: 11:	天然气 tʻiɛ̃ zã tɕʻi, tʻiɛn zan tɕʻi, tʻiɛ̃ zᴀ̃ tɕʻi. 番茄酱 fã tɕʻie tɕiaŋ, fan tɕʻie tɕiᴀŋ, fᴀ̃ tɕʻie tɕiᴀ̃.
131	33: 55: 33:	――	35: 53: 33:	思想家 sɿ ɕiaŋ tɕiᴀ, sɿ ɕiᴀŋ tɕiᴀ④, sɿ ɕiᴀ̃ tɕia. 申请书 sen tɕʻin su, sen tɕʻin su④, sen tɕʻin su.
132	33: 55: 21:	35: 53: 21:	35: 53: 31:	君子兰 tɕyn tsɿ lã, tɕyn tsɿ lan, tɕin tsɿ lᴀ̃. 双眼皮 suaŋ iɛ̃ pʻi, suaŋ iɛn pʻi, suᴀ̃ iɛ̃ pʻi.
133	33: 55: 52:	35: 55: 53:	35: 55: 52:	新手表 ɕin sou piaɔ, ɕin səu piᴀu, ɕin səu piao. 千里马 tɕʻiɛ̃ li mᴀ, tɕʻiɛn li mᴀ, tɕʻiɛ̃ li ma.
134	33: 55: 24:	35: 53: 11:	35: 53: 11:	钟表店 tsoŋ piaɔ tiɛ̃, tsoŋ piᴀu tiɛn, tsoŋ piao tiɛ̃. 终点站 tsoŋ tiɛ̃ tsã, tsoŋ tiɛn tsan, tsoŋ tiɛ̃ tsᴀ̃.
141	33: 24: 33:	35: 11: 44:	35: 212: 33:	鸡蛋糕 tɕi tã kaɔ, tɕi tan kᴀu, tɕi tᴀ̃ kao. 歌唱家 kᵘɔ tsʻaŋ tɕiᴀ, kɔ tsʻaŋ tɕiᴀ, kɔ tsʻᴀ̃ tɕia.
142	33: 24: 21:	35: 11: 21:	35: 11: 31:	司令员 sɿ lin yɛ̃, sɿ lin yɛn, sɿ lin yɛ̃. 机器人 tɕi tɕʻi in, tɕi tɕʻi zen, tɕi tɕʻi zen.
143	33: 24: 52:	35: 11: 42:	35: 11: 52:	温度表 uen tu piaɔ, uen tu piᴀu, uen tu piao. 招待所 tsaɔ tæɛ sᵘɔ, tsᴀu tᴀi sɔ, tsao tɛ sɔ.
144	33: 24: 24:	35: 11: 11:	35: 11: 11:	招待会 tsaɔ tæɛ xui, tsᴀu tᴀi xui, tsao tɛ xui. 三面镜 sã miɛ̃ tɕin, san miɛn tɕin, sᴀ̃ miɛ̃ tɕin.

表4.2　桂林・貴陽・宜良の三字組（第1字2声）

調類	桂林	貴陽	宜良	調査語彙
2 1 1	˨22:˧33:˧33:	——	——	郁金香 y tɕin ɕiaŋ, y tɕin ɕiᴀŋ①, iu tɕin ɕiᴀ̃②. (蒲公英③ pʻu koŋ in, pʻu koŋ in, pʻu koŋ in.)
2 1 2	˨22:˧33:˨˩21:	˨22:˧˥35:˨˩21:	˧˩31:˧˥35:˧˩31:	连衣裙 liɛ̃ i tɕʻyn, liɛn i tɕʻyn, liɛ̃ i tɕʻin. 文工团 uen koŋ tʻuã, uen koŋ tʻuan, ven koŋ tʻuᴀ̃.
2 1 3	˨22:˧33:˥˨52:	˨22:˧˥35:˥˧53:	˧˩31:˧˥35:˥˨52:	图书馆 tʻu su kuã, tʻu su kuan, tʻu su kuᴀ̃. 无花果 uᵥ xuᴀ kᵘɔ, u xuᴀ kɔ, u xua kɔᵘ.
2 1 4	˨22:˧33:˨˦24:	˨22:˧˥35:˩11:	˧˩31:˧˥35:˩11:	合欢树 xᵘɔ xuã su, xɔ xuan su, xɔ xuᴀ̃ su. 林荫道 lin in taɔ, lin in tᴀu, lin in tao.
2 2 1	˨22:˨22:˧33:	˨22:˨22:˧˥35:	˧˩31:˧˩31:˧33:	峨眉山 ᵘɔ mei sã, ɔ mei san, ɔ mei sᴀ̃. 百合花 pɤ xᵘɔ xuᴀ, pe xɔ xuᴀ, pə xɔ xua.
2 2 2	˨22:˨22:˨˩21:	˨22:˨22:˨˩21:	˧˩31:˧˩31:˧˩31:	夹竹桃 tɕiᴀ tsu tʻaɔ, tɕiᴀ tsu tʻᴀu, tɕia tsu tʻao. 农作物 loŋ tsuɔ uᵥ, nᵈoŋ tsɔ u④, noŋ tsuɔ uᵥ⑤.
2 2 3	˨22:˨22:˥˨52:	˨22:˨22:˦˨42:	˧˩31:˧˩31:˥˨52:	百灵鸟 pɤ lin ȵiaɔ, pe lin ȵiᴀu, pə lin ȵiao⑥. 茅台酒 maɔ tʻæɛ tɕiu, mᴀu tʻᴀi tɕiu, mao tʻɛ tɕiu.
2 2 4	˨22:˨22:˨˦24:	˨22:˨˩21:˩11:	˧˩31:˧˩31:˩11:	常绿树 tsʻaŋ lu su, tsʻaŋ lu su, tsʻᴀ̃ lu su. 人民币 zen min pi, zen min pi, zen min pi⑦.
2 3 1	˨22:˥55:˧33:	˨22:˥55:˥55:	˨22:˥55:˧33:	白眼珠 pɤ iɛ̃ tsu, pe iɛn tsu, pə iɛ̃ tsu. 娘子军 liaŋ tsɿ tɕyn, liᴀŋ tsɿ tɕin, ȵiᴀ̃ tsɿ tɕin.
2 3 2	˨22:˥55:˨˩21:	˨22:˥55:˨˩21:	——	长颈鹿 tsʻaŋ tɕin l̃u, tsʻaŋ tɕin l̃u, tsʻᴀ̃ tɕin lu⑧. 萤火虫 in xᵘɔ tsʻoŋ, in xɔ tsʻoŋ, in xɔ tsʻoŋ⑨.
2 3 3	˨22:˥55:˥˨52:	˨22:˥55:˥˧53:	˨22:˥55:˥˨52:	疗养所 liaɔ iaŋ sᵘɔ, liᴀu iᴀŋ sɔ, liao iᴀ̃ sɔ. 熬小米 aɔ ɕiaɔ mi, ᴀu ɕiᴀu mi, ao ɕiao mi.
2 3 4	˨22:˥55:˨˦24:	˨22:˥55:˩11:	˨22:˥˧53:˩11:	出版社 tsʻu pã sɤ, tsʻu pan se, tsʻu pᴀ̃ sə. 男子汉 nã tsɿ xã, lan tsɿ xan, nᴀ̃ tsɿ xᴀ̃.
2 4 1	˨22:˨˦24:˧33:	˨˩21:˩˧13:˦44:	˧˩31:˩11:˧33:	文化宫 uen xuᴀ koŋ, uen xuᴀ koŋ, uen xua koŋ. 棉布衣 miɛ̃ pu i, mᵇiɛn pu i, miɛ̃ pu i.
2 4 2	˨22:˨˦24:˨˩21:	˨˩21:˩˧13:˨˩21:	˧˩31:˨˩˨212:˧˩31:	头盖骨 tʻou kæɛ ku, tʻəu kᴀi ku, tʻəu kɛ ku. 裁判员 tsʻæɛ pʻã yɛ̃, tsʻᴀi pʻan yɛn, tsʻɛ pʻᴀ̃ yɛ̃.
2 4 3	˨22:˨˦24:˥˨52:	˨˩21:˩˧13:˦˨42:	˧˩31:˨˩˨212:˥˨52:	雷阵雨 lei tsen yᴵ, lui tsen y, lui tsen i. 笔记本 pi tɕi pen, pi tɕi pen, pi tɕi pen.
2 4 4	˨22:˨˦24:˨˦24:	˨˩21:˩˧13:˩11:	˧˩31:˩11:˩11:	明信片 min ɕin pʻiɛ̃, mᵇin ɕin pʻiɛn, min ɕin pʻiɛ̃. 形象化 ɕin ɕiaŋ xuᴀ, ɕin ɕiᴀŋ xuᴀ, ɕin ɕiᴀ̃ xua.

表4.3　桂林・貴陽・宜良の声調（第1字3声）

調類	桂林	貴陽	宜良	調査語彙
3 1 1	˥55:˧33:˧33:	˥55:˥55:˥55:	˥55:˧33:˧33:	洗衣机 ɕi i tɕi, ɕi i tɕi, ɕi i tɕi. 闪光灯 sã kuaŋ ten, san kuaŋ ten, sÃ kuÃ ten.
3 1 2	˥55:˧33:˨˩21:	˥55:˧˥35:˨˩21:	˥55:˧˥35:˧˩31:	口香糖 kʻou ɕiaŋ tʻaŋ, kʻəu ɕiAŋ tʻaŋ, kʻəu ɕiÃ tʻÃ. 手风琴 sou foŋ tɕʻin, səu foŋ tɕʻin, səu foŋ tɕʻin.
3 1 3	˥55:˧33:˥˨52:	˥55:˥55:˥˧53:	˥55:˧˥35:˥˨52:	洗衣粉 ɕi i fen, ɕi i fen, ɕi i fen. 指挥者 tsɿ fei tsɤ, tsɿ xui tse, tsɿ xui tsə.
3 1 4	˥55:˧33:˨˦24:	˥55:˧˥35:˩11:	˥55:˧˥35:˩11:	卷心菜 tɕyɛ̃ ɕin tsʻæɛ, tɕyɛn ɕin tsʻAi, tɕiɛ̃ ɕin tsʻɛ. 表兄弟 piaɔ ɕioŋ ti, piAu ɕyoŋ ti, piao ɕioŋ ti.
3 2 1	˥55:˨22:˧33:	˥55:˨22:˦44:	˥55:˨22:˧33:	小学生 ɕiaɔ ɕyɵ sen, ɕiAu ɕiɔ sen, ɕiao ɕiɵ sen. 美人蕉 mei in tɕiaɔ, mei zen tɕiAu, mei zen tɕiao.
3 2 2	˥55:˨22:˨˩21:	˥55:˨22:˨˩21:	˥55:˨22:˧˩31:	眼睫毛 iɛ̃ tɕie maɔ, iɛn tɕie mAu①, iɛ̃ tɕie mao. 水龙头 sui loŋ tʻou, sui loŋ tʻəu, sui loŋ tʻəu.
3 2 3	˥55:˨22:˥˨52:	˥55:˨22:˦˨42:	˥55:˨22:˥˨52:	洗发粉 ɕi fA fen, ɕi fA fen, ɕi fa fen. 理发馆 li fA kuã, li fA kuan, li fa kuÃ.
3 2 4	˥55:˨22:˨˦24:	˥55:˨22:˩11:	˥55:˨22:˩11:	老百姓 laɔ pɤ ɕin, lAu pe ɕin, lao pə ɕin. 枕头套 tsen tʻou tʻaɔ, tsen tʻəu tʻAu, tsen tʻəu tʻao.
3 3 1	˥55:˥55:˧33:	˥55:˥55:˥55:	˥55:˥˧53:˧33:	紫水晶 tsɿ sui tɕin, tsɿ sui tɕin, tsɿ sui tɕin. 好老师 xaɔ laɔ sɿ, xAu lAu sɿ, xao lao sɿ.
3 3 2	˥55:˥55:˨˩21:	˥55:˥˧53:˨˩21:	˥55:˥˧53:˧˩31:	暖水瓶 luã sui pʻin, nuan sui pʻin, nuÃ sui pʻin. 洗脸盆 ɕi liɛ̃ pʻen, ɕi liɛn pʻen, ɕi liɛ̃ pʻen.
3 3 3	˥55:˥55:˥˨52:	˥55:˥55:˥˧53:	˥55:˥55:˥˨52:	小老鼠 ɕiaɔ laɔ su, ɕiAu lAu su, ɕiao lao tsʻu. 好手表 xaɔ sou piaɔ, xAu səu piAu, xao səu piao.
3 3 4	˥55:˥55:˨˦24:	˥55:˥˧53:˩11:	˥55:˥˧53:˩11:	展览会 tsã lã xui, tsan lan xui, tsÃ lÃ xui. 许可证 ɕy kʻɤ tsen, ɕy kʻɔ tsen, ɕi kʻɔ tsen.
3 4 1	˥55:˨˦24:˧33:	˥55:˩11:˦44:	˥55:˩11:˧33:	打字机 tA tsɿ tɕi, tA tsɿ tɕi, ta tsɿ tɕi. 保证书 paɔ tsen su, pAu tsen su, pao tsen su.
3 4 2	˥55:˨˦24:˨˩21:	˥55:˩11:˨˩21:	˥55:˨˩˨212:˧˩31:	写字台 ɕie tsɿ tʻæɛ, ɕie tsɿ tʻAi, ɕie tsɿ tʻɛ. 警卫员 tɕin uei yɛ̃, tɕin uei yɛn, tɕin uei yɛ̃.
3 4 3	˥55:˨˦24:˥˨52:	˥55:˩11:˦˨42:	˥55:˨˩˨212:˥˨52:	领事馆 lin sɿ kuã, lin sɿ kuan, lin sɿ kuÃ. 小饭碗 ɕiaɔ fã uã, ɕiAu fan uan, ɕiao fÃ uÃ.
3 4 4	˥55:˨˦24:˨˦24:	˥55:˩11:˩11:	˥55:˨˩˨212:˩11:	礼拜四 li pæɛ sɿ, li pAi sɿ, li pɛ sɿ. 马后炮 mA xou pʻaɔ, mA xəu pʻAu, ma xəu pʻao.

表4.4　桂林・貴陽・宜良の三字組（第1字4声）

調類	桂林	貴陽	宜良	調査語彙
411	24:33:33:	213:55:55:	212:33:33:	杜鹃花 tu tɕyɛ̃ xuᴀ, tu tɕyɛn xuᴀ, tu tɕiɛ̃ xua. 凤仙花 foŋ ɕiɛ̃ xuᴀ, foŋ ɕiɛn xuᴀ, poŋ ɕiɛ̃ xua.
412	24:33:21:	213:55:21:	212:33:31:	办公室 pã koŋ sɿ, pan koŋ sɿ, pᴀ̃ koŋ sɿ. 建军节 tɕiɛ̃ tɕyn tɕie, tɕiɛn tɕyn tɕie, tɕiɛ̃ tɕin tɕie
413	24:33:52:	213:55:53:	212:33:52:	暴风雨 paɔ foŋ yᶦ, pᴀu foŋ i, pao foŋ i. 绍兴酒 saɔ ɕin tɕiu, sᴀu ɕin tɕiu, sao ɕin tɕiu.
414	24:33:24:	213:55:11:	212:33:11:	印花布 in xuᴀ pu, in xuᴀ pu, in xua pu. 电车站 tiɛ̃ tsʻɤ tsã, tiɛn tsʻe tsan, tiɛ̃ tsʻə tsᴀ̃.
421	24:22:33:	213:22:44:	213:22:33:	自行车 tsɿ ɕin tsʻɤ, tsɿ ɕin tsʻe, tsɿ ɕin tsʻᴀi. 夜来香 ie læɛ ɕiaŋ, ie lᴀi ɕiᴀŋ, ie lɛ ɕiᴀ̃.
422	24:22:21:	213:22:21:	213:22:31:	大明年 tᴀ min niɛ̃, tᴀ min ȵiɛn, ta min ȵiɛ̃. 太平洋 tʻæɛ pʻin iaŋ, tʻᴀi pʻin iᴀŋ, tʻɛ pʻin iᴀ̃.
423	24:22:52:	213:22:42:	213:22:52:	布谷鸟 pu ku liaɔ, pu ku ȵiᴀu, pu ku ȵiao. 副食品 fu sɿ pʻin, fu sɿ pʻin, fu sɿ pʻin.
424	24:22:24:	――	213:31:11:	贺年片 xᵘɔ liɛ̃ pʻiɛ̃, xɔ ȵiɛn pʻiɛn,① xɔ ȵiɛ̃ pʻiɛ̃. 过年货 kᵘɔ liɛ̃ xᵘɔ, kɔ ȵiɛn xɔ,② kɔ ȵiɛ̃ xɔ.
431	24:55:33:	213:55:55:	212:55:33:	大酒杯 tᴀ tɕiu pei, tᴀ tɕiu pei, ta tɕiu pei. 救火车 tɕiu xᵘɔ tsʻɤ, tɕiu xɔ tsʻe, tɕiu xɔ tsʻᴀi.
432	24:55:21:	213:55:21:	212:55:31:	夜想曲 ie ɕiaŋ tɕʻy, ie ɕiᴀŋ tɕʻy, ie ɕiᴀ̃ tɕʻiu. 大扫除 tᴀ saɔ tsʻu, tᴀ sᴀu tsʻu, ta sao tsʻu.
433	24:55:52:	213:55:53:	――	大姆指 tᴀ mu tsɿ, tᴀ mu tsɿ, ta mu tsɿ.③ 半导体 pã taɔ tʻi, pan tᴀu tʻi, pᴀ̃ tao tʻi.④
434	24:55:24:	213:55:11:	212:55:11:	大枣树 tᴀ tsaɔ su, tᴀ tsᴀu su, ta tsao su. 地板上 ti pã saŋ, ti pan saŋ,⑤ ti pᴀ̃ sᴀ̃.
441	24:24:33:	213:13:44:	212:212:33:	照象机 tsaɔ ɕiaŋ tɕi, tsᴀu ɕiᴀŋ tɕi, tsao ɕiᴀ̃ tɕi. 意见箱 i tɕiɛ̃ ɕiaŋ, i tɕiɛn ɕiᴀŋ, i tɕiɛ̃ ɕiᴀ̃.
442	24:24:21:	213:13:21:	212:212:31:	计算尺 ――⑥, tɕi suan tsʻɿ, tɕi suᴀ̃ tɕi. 售票员 sou pʻiaɔ yɛ̃, səu pʻiᴀu yɛn, səu xɔ iɛ̃.⑦
443	24:24:52:	213:13:42:	212:212:52:	刺绣品 tsʻɿ ɕiu pʻin, tsʻɿ ɕiu pʻin, tsʻɿ ɕiu pʻin. 纪念馆 tɕi liɛ̃ kuã, tɕi ȵiɛn kuan, tɕi ȵiɛ̃ kuᴀ̃.
444	24:24:24:	213:13:11:	212:11:11:	问事处 uen sɿ tsʻu, uen sɿ tsʻu, uen sɿ tsʻu. 重要性 tsoŋ iaɔ ɕin, tsoŋ iᴀu ɕin, tsoŋ iao ɕin.

1声44，2声21，3声54，4声213としている。

二字組における声調調値は表2[3]の通り。表3は軽声で読まれる可能性のある助詞との組みあわせであるが，"子"と"了"は3声，"的"は1声で読まれ，軽声は存在しない。三字組における声調調値は表4.1～.4の通り。この桂林方言における声調交替の状況をまとめると表5のようになるが，要するに2声と3声が非末位の位置でそれぞれ22:,55:に交替するという単純明快な規則である。

	単独形	頭位形	中位形	末位形
1声	33:	33:	33:	33:
2声	21:	22:	22:	21:
3声	52:	55:	55:	52:
4声	24:	24:	24:	24:

表5　桂林方言の声調交替状況

杨1982には殆ど変調している例がなく，散発的に数語が個別的な変調をしているのみである。また，軽声で読まれる語として語気詞の"po·l 啵"や"na·l 了"が見えるが，"-子"は3声になっている。杨1982に表5のような声調交替が見られないのは客観的な言語事実を反映している可能性の他に，記述者の主観的な理由による可能性もなくはない。杨1964・1982では3声を54:と表記しているので，もし非末位で実際には55:となっていたとしても小さな差として変調と認めない態度も有り得る。2声についても同様である。

3.貴陽方言

貴陽方言の話者は1964年生まれで，貴陽市内中心部で生まれ育ち，数年前より貴陽市南郊15kmにある花溪で働らいており，貴陽方言の他に普通話を話す。父母は共に湖南省邵陽市の出身である由だが，幼時より貴陽方言のみを使っていたという。なお調査も花溪で行なった。

まず声母は次の18種が見られた：

p：	布别保伴	t：	道夺第党	ts：	糟主资站	tɕ：	杰节架紧	k：	贵国怪刮
pʻ：	伯盘爬瓶	tʻ：	太同桃腿	tsʻ：	仓潮虫粗	tɕʻ：	秋旗全桥	kʻ：	开葵口看
f：	飞冯胡饭			s：	扇苏诗蛇	ɕ：	修玄虚心	x：	灰红话河
m：	门木母民	n：	难路吕严	z：	若软闰然			ø：	闻运而远

これらのうち，(1)mとnは成都方言等と同じく口音化の傾向があり，時に[ᵐb～mᵇ]や[ⁿd～nᵈ～ˡd～ld～ɲ]等と発音されるが，その口音化の程度は変動が激しい。(2)zはほぼ純粋な[z]である。(3)"口"は[kʻəu˥˧]の他往々にして口蓋化して[kʲʻiəu˥˧]と発音される。(4)ゼロ声母は特に開口呼の前で喉門閉鎖音[ʔ-]として現われることが多いが，[ʔ-]を伴なわず母音で始まる場合もある。

汪1981では，上の18種の他にŋ-が存在する。この声母ŋの更に詳しい分布状況が涂1982(229頁)に出ている。

韻母は次の34種が見られた：

ɿ：資日　ᴀ：爬辣　e：蛇北　ɔ：河李　ᴀi：蓋太　ei：妹で　ᴀu：保烧　əu：斗丑
i：以地　iᴀ：架夹　ie：野姐　iɔ：药学　iᴀu：条焦　iu：流休
u：故出　uᴀ：花话　ue：国　uᴀi：怪帅　ui：税灰
y：雨虚

---

an：胆三　en：根硬　aŋ：党桑　oŋ：翁东　ɚ：二耳
iɛn：间衔　in：林星　iaŋ：良枪
uan：短酸　u^{ə}n：温横　uaŋ：光床
yɛn：权圆　yn：云群　yoŋ：穷胸

これらのうち，(1) y と yn の主母音は二重母音[y^{ɪ}]のように発音されることがある。(2) e と ue の主母音はやや後よりで，精密表記では[e̠]となる。(3) əu の主母音は時にやや前よりになり[ə̟u]となる。(4) 韻尾-n は安定しており，鼻母音化しない。

汪1981では，撮口呼がなく，それらが皆相応する斉歯呼に合流している。又，汪1981には"iu"という韻母がある。涂1982はそれらに対して何の異も唱えていない。汪1981・涂1982はかなり本格的な調査に基づいたもののようであり，恐らくそちらの方が典型的な貴陽方言の体系なのであろう。

単字調は次の通り：

名称	中古音	例字	調値	喉頭化	長さ	強さ
1声	清平	诗sɿ	˧˥ 35:	—	中	一様—
2声	濁平；入声	时sɿ	˨˩ 21:	末尾，弱	中	漸強＜
3声	清・次濁上	使sɿ	˦˨ 42:	—	中	漸弱＞
4声	去；全濁上	是sɿ	˨˩˧ 213:	中間，やや強	やや長	漸強漸弱＜＞

表6

2声と3声の調値はかなり接近しているが，高低の他に動程の長(3声)・短(2声)も弁別に関与しているだろう。4声は音節の中間で成都程度のやや強い喉頭化が起こり，2声も末尾でかなり弱い喉頭化が見られる。長さは各声調間に目立った差はないが，4声がやや長いと言える。強さは音節の開始部は各声調とも同じ位の強さであるが，1声では音節末尾までほぼその強さが保たれ，2声では末尾がやや強くなり，3声では音高がゆるやかに下がるにつれ段々と弱まって末尾ではやや弱く終わり，4声は音節の中間に強さの重点があり，そこから末尾まではゆるやかに弱化する。

他の報告の記述を紹介すると，貴州省教育庁1959では1声55:，2声31:，3声42:，4声24:とするが，4声については北京の2声を貴陽の4声で模倣するように勧めると同時にその際"升得不直，似乎是先微微地下降后再上升"となる欠点があると言うから，やはり一種の降昇調であることを認めているようである。汪1981では，1声55:，2声21:，3声53:，4声24:としている。涂1982では，汪1981の1声と2声の調値は襲うが，3声を42:，4声を13:としている。これらと表6の調値を対照すると，2・3・4声の差異はさほど大きくなく恐らく表記法の違いに由るのではないかと思われるが，1声は他の報告では全て高平調55:

になっており，この話者の高昇調35:とはかなり差があり，又筆者の記述した話者の方言では3声が非末位の大部分の位置で高平調55:になるので，1声が高平調55:である方言では3声の声調交替がどうなっているか，といった疑問が生ずる。そこで貴陽市中心部の街頭で“贵阳人”かどうか確かめた上で，老・中・青・幼年各1人に“诗歌”と“好人”をどう読むかたずねてみた。その結果：

“诗歌”　高平＋高平……老・中・幼，高昇＋高平……青，

“好人”　高平＋低降……老・中・青・幼

という答えを得た。ごく大雑把な記録ではあるが，この2例において，1声を位置にかかわりなく高平で読む派が存在する一方，頭位で高昇調・末位で高平調で読むという筆者の記述した話者と同じように発音する派も存在することがわかる。ただ，3声はこの4人ともやはり頭位で高平調になっているが，この高平調と1声の高平調が同じなのか区別されるのかまでは確認することのできなかったのが残念である。

2・3字組における声調交替状況は表2・3・4.1～.4に見えるが，相当複雑である。それをまとめると表7・8・9の如くなる：

	単独形	頭位形	中位形	末位形
1声	35:	35:	55:／35: cf. 表8	44①
2声	21:	21:／22:②	22③	21:
3声	42:	55:	55:／53: cf. 表9	42:（2・4声の後） 53:（1・3声の後）
4声	213:	213:	13:（2・4声の後） 11:（1・3声の後）	11:

① 3字組の1・3声の後では55:，221では35:，その他は44:。

② 4声と2字組の1声の前では21:，2・3声と3字組の1声の前では22:。

③ 224では21:，その他は22:。

←表7　貴陽の声調交替概況

↓表8　貴陽1声中位形

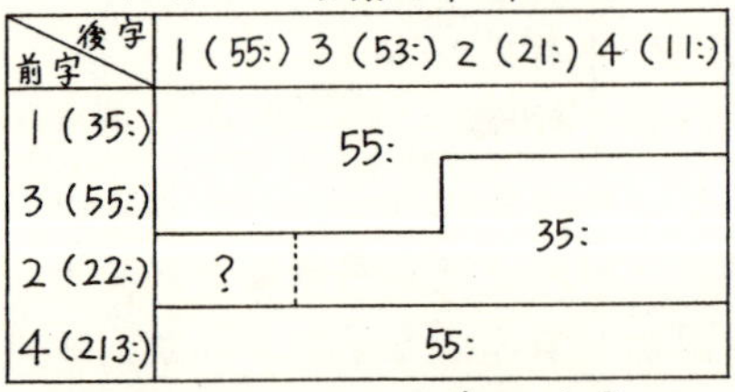

後字
前字
1（55:）3（53:）2（21:）4（11:）
1（35:）
3（55:）
2（22:）
4（213:）
55:
35:
?
55:

↓表9　貴陽3声中位形

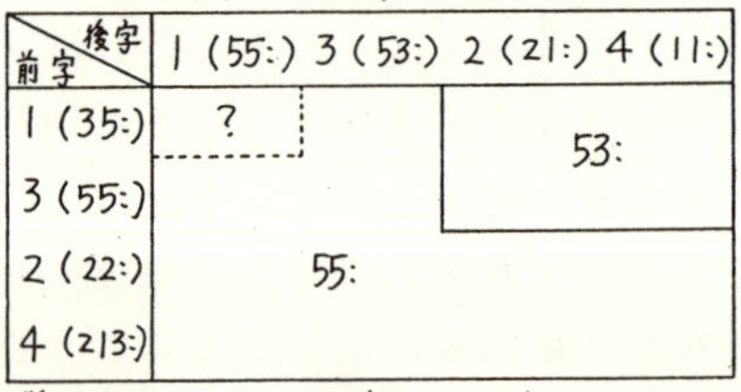

後字
前字
1（55:）3（53:）2（21:）4（11:）
1（35:）
3（55:）
2（22:）
4（213:）
?
53:
55:

4声の喉頭化は，2・3字組を通じ，末位では単独形と同じ程度，中位ではやや弱く，頭位ではやや強く起こる。但し中位と末位では2・4声の後ろに来た場合更に弱くなる。これは2・4声は低いので，その後に続いた時はさほど音高を低下させる喉頭の筋肉を働かせなくとも4声の低い調値を実現させることができるためであろう。

長さについて言うと，2字組では1字目がやや長く2字目がやや短かく，3字組では1字目が中位の長さ，2字目がやや短かく，3字目がやや長い。

強さは，2・3字組共，後ろに行くに従ってゆるやかに弱くなって行くようであるが，末位字が2・4声の場合調音努力が最後まで保たれ，1・3字の場合最後がゆるむかのようである。

汪1981と涂1982では，強弱アクセントが条件になっていると思われるタイプの変調だけが記述されており，上記のような変調は全く起らないことになっている。

4.宜良方言

宜良は昆明の西，直線距離で50km程の所にあり，住民は殆どが漢族であるという。宜良方言の話者は1961年生まれで，出生以来宜良に居住し，そこでは普段は当地の方言，学校では普通話を使っていたといい，1979年以来路南（宜良の南西20km程の所に位置する）で就業しており，そこで昆明方言を使うようになったという。ここで記述したのは宜良方言であるが，普通話や昆明方言的な特徴も混ざっているかもしれない。なお調査は路南で行なった。

宜良方言の声母は次の19種見られた：

p：布别步北	t：到道夺打	ts：糟招祖直	tɕ：杰精经节	k：贵跪割故
pʻ：伯盘爬片	tʻ：太同踢铁	tsʻ：仓昌从虫	tɕʻ：秋丘齐旗	kʻ：开葵可口
m：门木妹母	n：难怒女年	s：税散扇书	ɕ：修休旋虚	x：灰红化合
f：飞冯胡符	l：兰路吕连	z：日闰若认		ø：闻严岸运

このうち，(1) m と n は脱鼻音化して[m^b]，[n^d]になることがある。(2) z は純粋な[z]であることと[ɹ]の音色を帯びることがある。(3)ゼロ声母は，開口呼では声門閉鎖音が現われることがあり，斉歯呼では[j]で現われ，合口呼では[ʋ～v]で現われる。

韻母は少なくとも次の29種ある：

ɿ：资支	a：爬辣	ə：蛇耳	ɔ：河过	ɛ：盖介	Ai：车	ei：倍费
i：第雨	ia：架夹	ie：姐月	iɵ：药约			
u：故绿	ua：花刮		uø：官	uɛ：怪帅		ui：桂吕

---

ao：饱桃	əu：斗丑	Ã：胆党		en：根耕	oŋ：翁东
iao：条焦	iu：流郁	iÃ：讲良	iɛ̃：间远	in：心星	ioŋ：胸穷
		uÃ：酸床		uə̃n：温船	

このうち，(1) i と u は摩擦音を伴ない[i_j]，[u_v]のように発音される。(2) ə はやや前よりで，精密表記では[ə̟]となる。(3) ɔ は時に[$ɔ^u$]となる。(4) əu は時に[ɐu]に近く発音される。(5) Ã，iÃ の主母音はやや前よりで，uÃ の主母音はやや奥よりで，精密表記ではそれぞれ[Ã̟]，[iÃ̟]，[uÃ̠]となる。(6)韻尾-n は長く明瞭に発音される。この他，“舌”は[sə̟ʔ˧]と発音されたが，古入声字で声門閉鎖音を伴なうのはこの一字のみであった。また，この方言では，雲南方言全般と同じく“y-”が“i-”に合流しているが，“欲”は[y˨˩]，“园”は[yɛ̃˨˩]と発音された。これは普通話の影響によるものかもしれない。

単字調は次の通り：

名称	中古音	例字	調値	喉頭化	長さ	強さ
1声	清平	诗s1	˧ 33:	——	中	漸弱＞
2声	濁平；入声	时s1	˧˩ 31:	——	やや短	漸強＜
3声	清・次濁上	使s1	˥˨ 52:	——	短	一様一
4声	去；全濁上	是s1	˨˩ 21:	中間かなり強	やや長	漸強＜

表10　宜良単字調

この方言には3つの降調があるが，2声と3声は発端高度と動程の違いによって，2声と4声はそれらの他4声の著しい喉頭化によって弁別される。4声の喉頭化は成都より激しく，完全な声門閉鎖音に近い。また4声を担う音節では，声母が朝鮮語の濃音の如くなり，又無気音の系列は声母の末尾が有声化し，母音はcreaky voiceで発せられる。なお4声は単字調の位置でも時に212:乃至213:のように発音されることがある。長さは大きな隔りはないが，細かく言うと表10に示したように聞こえる。又強さは，1声は発端から末尾までゆるやかに弱まり，2声は積極的に音高を引き下げ，音節末尾に至るまでかなり力がこめられているようであり，3声は速かに音高が下げられるが，音節末尾ではさほど力が加えられておらず，かと言って弱化もしておらず，4声は大変力がこめられているようであり，その努力は最後に至るまでゆるまない。但し，212:や213:になった場合は後の上昇部分はゆるむ過程であるように感じられる。

楊1969では，1声44，2声42，3声53，4声21となっている。

2・3字組における声調交替状況は表2・3・4.1〜.4に示す通りだが，まず2字組までについては表11の如く整理される：

	単独形	頭位形	末位形
1声	33:	33:（1声の前） 35:（その他）	33:
2声	31:	31:	31:
3声	52:	55:	52:
4声	21:	212:	11:

表11　宜良二字組声調交替概況

3字組については，末位形は2字組と同様，頭位形は2声が3声の前で22:となり4声が2声の前で213:となる他は2字組と同じだが，問題は中位形である。これを図示すると表12〜15の如くなるが，ここから単純な規則性を読みとることは困難である：

<table>
<tr><th>前字＼後字</th><th>1 (33:)</th><th>2 (31:)</th><th>3 (52:)</th><th>4 (11:)</th></tr>
<tr><td>1 (33:)</td><td>33:</td><td></td><td colspan="2">33:</td></tr>
<tr><td>2 (31:)</td><td>?</td><td colspan="3" rowspan="2">35:</td></tr>
<tr><td>3 (55:)</td><td></td></tr>
<tr><td>4 (212:)</td><td colspan="4">33:</td></tr>
</table>

表12　宜良1声中位形

<table>
<tr><th>前字＼後字</th><th>1 (33:)</th><th>2 (31:)</th><th>3 (52:)</th><th>4 (11:)</th></tr>
<tr><td>1 (35:)</td><td colspan="4">22:</td></tr>
<tr><td>2 (31:)</td><td colspan="4">31:</td></tr>
<tr><td>3 (55:)</td><td colspan="3" rowspan="2">22:</td><td></td></tr>
<tr><td>4 (213:)</td><td>31:</td></tr>
</table>

表13　宜良2声中位形

<table>
<tr><th>前字＼後字</th><th>1 (33:)</th><th>2 (31:)</th><th>3 (52:)</th><th>4 (11:)</th></tr>
<tr><td>1 (35:)</td><td colspan="2">53:</td><td rowspan="3">55:</td><td rowspan="3">53:</td></tr>
<tr><td>2 (22:)</td><td>55:</td><td>?</td></tr>
<tr><td>3 (55:)</td><td colspan="2">53:</td></tr>
<tr><td>4 (212:)</td><td colspan="2">55:</td><td>?</td><td>55:</td></tr>
</table>

表14　宜良3声中位形

<table>
<tr><th>前字＼後字</th><th>1 (33:)</th><th>2 (31:)</th><th>3 (52:)</th><th>4 (11:)</th></tr>
<tr><td>1 (35:)</td><td>212:</td><td colspan="3">11:</td></tr>
<tr><td>2 (31:)</td><td rowspan="2">11:</td><td colspan="2" rowspan="2">212:</td><td></td></tr>
<tr><td>3 (55:)</td><td></td></tr>
<tr><td>4 (212:)</td><td colspan="3"></td><td>11:</td></tr>
</table>

表15　宜良4声中位形

4声の喉頭化については，貴陽方言と同じく，末位では単独形と同じ程度，中位ではそれよりやや弱く，頭位ではやや強く起こる。頭位・中位共に4声でも喉頭化は共に起こり，共に中凹調で実現する。珍しい方言である。長さは，2・3字組共，位置による差はあまり観察されないが，時に早口で言った場合，やはり2字組では1字目がやや長く2字目がやや短かく，3字目では1字目が中程度の長さ，2字目がやや短かく，3字目がやや長い。強さは，2・3字組共，後ろに行くに従ってゆるやかに弱くなる傾向がある。

5.おわりに

西南官話の声調交替について本稿と遠藤1983でその分布地域に散在する8地点の状況を記述したが，地域の広さから言ってまだ大雑把な概観ができたに過ぎないのであろう。特に，四川省岷江沿いと貴州省の北部に連なる地域と雲南省に点在する入声を保存している方言の変調状況を現在の所知るすべがないのは極めて残念である。今後の調査が期待される。

1984年3月20日　北京にて

附録：西双版納傣語の音系

傅等1956によると，西双版納傣語には3つの方言区があるというが，ここで報告するのは自治州府たる景洪を代表とするグループに属する孟腊（景洪南東約100kmに位置する）の一方言である。話者は1959年生まれで，1978年に景洪に来る以前は孟腊にいたという。孟腊では傣族が主に居住しているが，他に少数の漢族と愛尼族もいるそうである。小・中学校では漢語で教育が行なわれているという。なお調査は景洪で行なった。調査表は巫等1981の“语音”部分の挙例（ローマ字と新傣文で書かれている）をそのまま使った。以下では，同書の音標（景洪方言に基づく），筆者の観察による音標，漢語による意味，の順に記していく。

まず声母は以下の通り：

p	pa:¹[pʼA:˥] 鱼，pi:⁴[pʼi:˧˩˧] 胖	ph	pha:¹[pʻA:˥] 岩石，phai⁵[pʻAi·˧] 百姓
b	ba:n³[bA:ɳ˩˧] 村子，baŋ⁴kθt²[*bAŋ˥kʼɯ:t˥˧]发生	m	ma:¹[mA:˥] 狗，ma:⁴[mA:˧˩˧] 来
f	fa:¹[fA:˥] 墙，fa:⁶[fA:˩] 天	v	va:n¹[ᵛvA:ɳ˥] 甜，van⁴[veɳ·˧˩˧] 天、日
t	ta:¹[tʼA:˥] 眼，ta:⁴[tʼA:˧˩˧] 涂	th	tha:³[tʻA:˩˧] 等待，thɔ:⁴[tʻɔ:˧˩˧] 舒服
d	di:¹[ɖi:˥] 好，dɔ:⁴[ɖɔ:˧˩˧] 吧（语气词）	n	na:¹[ɳA:˥] 厚，na:⁴[ɳA:˧˩˧] 田
l	la:³[lA:˩˧] 晚，la:⁴[lA:˧˩˧] 驴	ts	tsa:¹[tsʼA:˥] 说，tsu:⁵[tsʼu:˧] 每
s	su:¹[sʼu:˥] 你们，sa:i⁴[sʼA·i˧˩˧] 沙	j	ja:¹[ʲiA:˥] 药，ja:⁴[jiA:˧˩˧] 遇、碰
k	ka:¹[kʼA:˥] 乌鸦，ka:⁴[kʼA:˧˩˧] 枷	kv	kva:ŋ¹[k̫ʼu̯A:ŋ˥] 鹿，kvɛu⁴[*k̫ʼiɐu˧˩˧]（亮）汪汪
x	xa:¹[xA:˥] 腿，xa:⁴[xA:˧˩˧] 茅草	xv	xva:¹[x̫oA:˥] 右，xva:i⁴[x̫oA:i˧˩˧] 水牛
ŋ	ŋau¹[*ŋɐu·˧˩˧] 蓖麻，ŋa:⁴[ŋA:˧˩˧] 芝麻	h	ha:¹[hA:˥] 我，hA:⁴[hA:˧˩˧] 我(俩)
ʔ	ʔai¹[ʔɐi·˥] 咳嗽，ʔa:m⁴[ʔA:m˧˩˧] 奇怪		

無気音の系列 pʼ，tʼ，kʼ，tsʼ，sʼ は同時に軽い喉頭化を伴なう。有声摩擦音 v，j は1声（陰調）ではやや摩擦が弱く，4声（陽調）ではやや摩擦が強い。[4)] 舌尖音の系列では ɖ- と ɳ- がそり舌音であるが，それと並行する無声音 tʼ-，tʻ- ではそのような傾向は明らかではない。傅等1956（228頁）には“〔d〕可自由变读为〔ɖ〕”とあるが，ɳ- にはふれられて

いない。巫等1981のkv，xvのvは唇歯音ではなく唇音化を表わす旨注記がある。この方言はxとhが対立している珍しい体系であるが，その差は調音点だけでなく，摩擦の強（x）弱（h）にも表われている。＊をつけたものはこの話者が字を読みまちがえた（新傣文は読みづらいのか，よく読み慣れていないのか，字を読む際一寸時間がかかった）か景洪と孟腊の方言差を示すものであろう。

次は単母音：

a	ka^1[k'ɐʔ˥]	朽	i	mi^1[mɪʔ˥]	黴触	e	pe^1[p'e̞ʔ˥]	湿	ɛ	pɛ^1[p'ɛ̞·˥]	谄媚
a:	ka:^{1}[k'ʌ:˦]	乌鸦	i:	mi:^{1}[mʲi:˦]	熊	e:	pe:^{1}[pʲe:˦]	绕线架	ɛ:	pɛ:^{1}[pʲɛ:˦]	檀木
u	tu^1[t'u·˥]	粗壮	o	to^1[t'o̞·˥]	诱	ɔ	kɔ^1[k'ɔ:˥]	岛	y	ky^1[k'ɯ·˥]	吻
u:	tu:^{1}[t'u:˦]	我们	o:	to:^{1}[t'o:˦]	身体	ɔ:	kɔ:^{1}[k'ɔ̝:˦]	棵（量词）	y:	ky:^{1}[k'ɯ̝:˦]	牛笼头
ə	pə^1[p'ə·˥]	湿									
ə:	pə:^{5}[p'ə̝:˦]	因为									

傣語の母音体系はなかなか微妙で，広狭が4段階区別され，又母音の長短が対立するという。巫等1981には"短元音后面不带韵尾的时候，都带一个喉塞音ʔ。"とあるが，この話者の方言ではそう明快にいかず，a・i・eの短母音は皆明瞭な声門閉鎖音-ʔをもつが，その他の母音ではそうではなかった。-ʔを伴なう場合は短促であるが，その他の場合，長さの差は明確でなく，たとえばtu^{1}はtu:^{1}の4分の3位の長さはあり，時には長さの差がないとしか思えない（例えばkɔ^{1}とkɔ:^{1}）こともある。又，巫1981では同じく1声とされているが，「短母音」と「長母音」とでは音高が違い，「短母音」の方は1声に組み入れられている入声と共に55:と発音され，「長母音」の方は普通の1声44:で発音される。又細かく言うと調音点の違いもあり，高低の軸では「短母音」の方がやや内側よりになり，前後の軸では「長母音」の方がやや前よりになる傾向が見られる。又前舌母音の場合，「長母音」の前の声母は弱い口蓋化をするが，「短母音」の前ではそれが起らないかごく軽微である。

複母音の例：

ai	pai^1[p'ɐi˦]	去	a:i	ta:i^1[t'ʌ:i̯˦]	死	ui	kui^{1}kui^1[k'ui̯˦k'ui̯˦]	痛哭声	oi	koi^3[k'o:i̯˧˥]	芭蕉
ɔi	sɔi^4[ʃɔ·i̯˧]	切	yi	kyi^1[k'ɯ:i̯˦]	纤维	əi	kəŋ^{2}kəi^1[k'əŋ˧˥k'ə:i̯˧˥]	躬腰	au	tau^1[t'ɐu˦]	炉灰
a:u	sa:u^1[sʌ:u̯˦]	姑娘	iu	kiu^1[kʲi̯u:˦]	竹皮	eu	keu^1[kʲi̯əu̯˦]	喧哗	ɛu	kɛu^1[kʲi̯ɛu̯˦]	越南人
əu	səu^2[*səu̯˦]	赶鸡声									

aとa:の長短の対立は音韻的であるが，その他の音韻対立を成さない場合でも母音の音声的な長短の別がある。主母音が長母音である場合韻尾は弱く短かく，主母音が短母音である場合韻尾は強く長めに発音される。

子音韻尾を伴なった韻母：

	-ŋ		-ɳ		-m		-k		-t		-p	
a	naŋ^1[ɳɐŋ˦]	皮	kan^1[k'ɐɳ˦]	相互	kam^1[k'ɐm˦]	握	lak^1[lɐk˥]	聪明[5)]	kat^1[k'ɐt˥]	冷	tap^1[t'ɐp˥]	肝
a:	ka:ŋ^1[kʌ:ŋ˦]	中间	ta:n^3[t'ʌ:ɳ˩]	说	ta:m^1[t'ʌ:m˦]	按照	ma:k^2[mʌ:k˧˥]	果	pha:t^2[p'ʌ:t˧˥]	溅	ha:p^2[hʌ:p˧˥]	挑

i	liŋ^{4}[lɪŋ˦˩]猴	lin^{6}[lɪɳ˩]舌	tim^{1}[tʼim˥]满	ʔik^{2}[ʔiːk˧˥]再	tit^{1}[tʼɪʈ˥]贴	sip^{1}[ʃip˥]十
e	teŋ^{5}[tʼi̯eːŋ˧]正中	pen^{2}[ɓi̯eːɳ˧˥]变化	xem^{1}[xi̯eːm˧]缺少	lek^{1}[lek˥]铁	pet^{1}[peʈ˥]鸭	jep^{1}[ʔiep˥]缝
ɛ	dɛŋ^{1}[di̯ɛːŋ˥]红	xɛn^{1}[xi̯ɛːɳ˥]臂	tɛm^{3}[tʼɛːm˩˧]写	lɛk^{5}[li̯ɛːk˧]换	pɛt^{2}[pʼi̯ɛːʈ˧˥]八	xɛp^{1}[xi̯ɛp˥]鞋
u	nuŋ^{5}[ɳoŋ˧]穿	kun^{4}[kʼuɳ˦˩]人	num^{2}[ɳom˧˥]年青	tsuk^{5}[tʃok˧]棕树	sut^{1}[ʃoʈ˥]顶端	kup^{1}[kʼop˥]草帽
o	koŋ^{1}[kʼoːŋ˥]空	non^{2}[*ɳuːɳ˦˩]柔软	som^{3}[s~ʃoːm˩˧]卧室	lok^{5}[loːk˧]世界	not^{2}[ɳoːʈ˧˥]胡须	hop^{5}[hoːp˧]画
ɔ	kɔŋ^{1}[kʼɔːŋ˥]鼓	sɔn^{1}[ʃɔːɳ˥]教	tsɔm^{4}[tʃɔːm˦˩]跟随	ʔɔk^{2}[ʔɔːk˧˥]出	xɔt^{2}[xɔːʈ˧˥]结	tɔp^{2}[tʼɔːp˧˥]回答
y	nyŋ^{5}[ɳɯŋ˧]一	xyn^{3}[xɯɳ˩˧]上	xym^{4}[xɯm˦˩]复盖	xyk^{5}[xɯk˥]坎子	xyt^{5}[xɯʈ˥]磨擦	syp^{5}[sɯp˥]连接
ə	xəŋ^{5}[xəːŋ˧]工具	dən^{1}[dəːɳ˥]月	xəm^{1}[xəːm˥]羞怯	tsək^{5}[tʃək˥]绳	lət^{5}[*ləːʈ˧˥]血	ʔəp^{5}[ʔəːp˧˥]盒

ここでも，a とaː の音韻的な対立の他に，音声的な長短の別がある。韻尾-ɳ，-ʈ が存在する珍しい体系である。

声調は表16の通り：

巫等1981				遠藤			
调类	调序	调值	举例	調値	喉頭化	長さ	強さ
阴平	1	˥ 55	xaː^{1} 下肢	˦ 44:	——	中	漸弱 >
阴去	2	˧˥ 35	xaː^{2} 烤笆	˧˥ 35:	——	やや長	漸強 <
阴上	3	˩˧ 13	xaː^{3} 奴隶	˩˩˧ 113:	中間で北京と同じ程度	やや長	~~漸強~~漸弱 <>
阳平	4	˦˩ 41	xaː^{4} 茅草	˦˨ 42:	——	やや短	漸弱 >
阳去	5	˧ 33	xaː^{5} 枝叉	˧ 33:	——	中	漸弱 >
阳上	6	˩ 11	xaː^{6} 诽谤	˩ 11:	末尾で弱い喉頭化	やや短	漸強 <

表16
傣語（孟腊）の声調

上記の他，巫等1981で1声とされる入声と短母音の単母音音節は音声的には[55:]と発音されるが，これらが共に／1声／という声調素をなすと解釈することは可能であろう。[6)]

注

1）この他，ŋ-が存在する可能性がある。表2に見える“安静”の“安”は現地でのノートには始め“ŋ-”の声母を記録し後で消しているから，第1回目の発話では“ŋ-”があったようである。それを話者がすぐに言い直し，その後“ŋ-”は現われていない。もし話者が“ŋ-”を“土”であると考えているとしたら，普段はそれを発音していたとしても余所者に対しては“ŋ-”を落とした“きれいな”発音をしてみせるという可能性もなくはない。

2）本稿全体を通じ，“強さ”は音響－物理的な意味ではなく，調音の側からみた主観的・生理的な意味で使う。

3）表2・3・4.1～.4を通じ，調査語彙の欄ではそれぞれの語彙項目のあとで桂林，貴陽，宜良の順に注音を並べる。この表記は時に本文中に示してある声母や韻母よりも実際の音声に近く標音してあることがあるが，これは徹底したものではない。

4）ついでながら，漢語部陽方言にも類似した発音傾向があり，この方言のゼロ声母は陰調ではゆるやかな声立てで始まるが，陽調では呼に応じて弱い有声摩擦音（開口呼ではɦ-，合口呼ではv-，斉歯呼ではj-，撮口呼ではɥ-）がつく。北京方言にもかってこのような状態があったと考えると，"栄"等の*iuŋ陽平が現代ʐuŋ陽平と反映される音節に合流したことが，陽調によって濁摩擦音を帯びた結果として理解できる。

5）漢語広州方言の[lɛ:k˥]"聡明"と同源である可能性がある。

6）漢語広州方言の入声も相応の舒声と音高が同じである（上陰入5:—上陰平55:，下陰入33:—陰去33:，陽入2:,22:—陽去22:）と従来はされているが，筆者の機械測定（但し香港粤語に対するもの，於東大医学部音声研，1981年，未発表）によると，各入声（特に上陰入）はそれに相応する舒声よりピッチが高いという結果が出ている。更に聴覚によりその差が感知できるかどうか確認する必要があるが，傣語と広州方言の例は細かな観察をせぬうちに入声の調値を舒声に現われた調値の範囲内だけに限定して決定しようとするととり逃してしまう言語事実があり得ることを示唆している。

文献

遠藤光暁1983.「成都方言の声調」,『均社論叢』，第13号，26-38頁。

傅懋勣、刀世勳、童瑋、刀忠强1956.「云南省西双版納允景洪傣語的音位系統」,『語言研究』，1956年第1期，223-64頁。

貴州省教育庁1959.『貴州人学习普通话手册』[适用地区为贵阳市等11个地点.]，贵阳，貴州人民出版社。

涂光禄1982.「对«贵阳方言的语音系统»一文的几点意见」,『方言』，1982年第3期，229-33頁。

汪平1981.「贵阳方言的语音系统」,『方言』，1981年第2期，122-30頁。

巫凌云、张秋生1981.『西双版纳傣语文概况』，昆明，云南民族出版社。

易熙吾1956.『桂林话普通话对应规律』，南宁，广西人民出版社。

杨焕典1964.「桂林语音」,『中国语文』，1964年第6期，454-62，444頁。

＿＿＿1982.「桂林方言词汇」,『方言』，1982年第2期，146-55頁。

楊時逢1969.『雲南方言調査報告（漢語部分）』，台北，中央研究院。

袁家骅等1960.『汉语方言概要』，北京，文字改革出版社。

Tones in the dialects of Guilin, Guiyang and Yiliang

Mitsuaki ENDO (Graduate School, University of Tokyo)

This paper is a descriptive study of tone sandhi in the dialects of Guilin (Guangxi Zhuang autonomous region), Guiyang (Guizhou province) and Yiliang (Yunnan province), all of which belong to South-western Mandarin. Some notes on phonology of the Tai language in Sipshuang-panna (Yunnan province) are included in the appendix.

ENDŌ Mitsuaki: Aspirates and Tones in the Shaoyang Dialect of Chinese.

Shaoyang city is located in the southwest part of Hunan province, China. The Shaoyang dialect retains the voiced initials originated from Quanzhuo of Ancient Chinese (hereafter abbreviated to AC), so that it is classified as a so-called Lao-Xiang dialect. In this dialect, voiceless aspirated initial consonants play a role in the splitting of tones, which is a rare type of tonal change among Chinese dialects. The correspondances of tones between AC and the Shaoyang dialect can be seen in the following table:

<table>
<tr><th>Tones of AC
Initials of AC</th><th>Ping</th><th>Shang</th><th>Qu</th><th>Ru</th></tr>
<tr><td>Quanqing</td><td rowspan="2">1 [55] - - - - - - - - -
1′</td><td rowspan="3">3 [33~31]
*</td><td>4 [24]</td><td rowspan="4">6 [23]
***</td></tr>
<tr><td>Ciqing</td><td></td></tr>
<tr><td>Cizhuo</td><td rowspan="2">2 [12]</td><td>4 **</td></tr>
<tr><td>Quangzhuo</td><td colspan="2">5 [113]</td></tr>
</table>

* The two values of the 3rd tone are free variations.

** Modern nasals fall under the 4th tone, modern voiced fricatives under the 5th tone.

*** The Ru tone is without final consonants like -p, -t, -k or -ʔ, and is not especially short.

Ping tone and Qu tone are affected by voiceless aspirates coming from the Ciqing of AC. Qu tone, in the case of aspirates, merged into the 5th tone, the lower Qu tone.. The manifestations of Ping tone, in the case of aspirates ("1′" in the table), vary according to the informants. The informants A (male, born in 1919) pronounced it as [45], the informant B (male, born in 1934) as [44], when uttering without special attention. The informants A and B in careful utterances, and the informant C (male, born in 1955) didn't reveal this deviation.

Tonal changes conditioned by initial aspirates are also found in the Chinese dialects of Wujiang, Liyang (both in Jiangsu province), Jiaxing (in Zhejiang province) and Nanchang (in Jiangxi province), etc. Moreover, Miao-Yao and Kam-Tai languages also show a number of rather complicated and impressive examples of this phenomenon.[1] In these languages, tones with aspirates are often lower than those with voiceless unaspirates, especially at the beginning of a syllable. Aspirates have potential effects to lower the pitch of tone.

1. See, for example, Kun Chang, "The Reconstruction of Proto-Miao-Yao Tones," *BIHB* 44:4, 1972, 566-7.

Ballard a) pointed out that aspirates won't necessarily produce high tones, b) wondered if there were any Miao-Yao connection, and c) questioned the origin of the tone sandhi. Endō repeated his negative view on the Miao-Yao connection, though he pointed out that the Shaoyang is inhabited by the Miao people. I. Ōta quoted R. Koono's paper which mentioned the change from *ci-qing* to voiced initials, and pointed out that certain *go-on* pronunciations included voiced initials from *ci-qing*, such as 妥 *da*, 土 *do*, etc.; he wondered if all of this required us to assume a substratum. Shintani remarked that an aspirate could produce a low tone; aspirates do not intrinsically have anything to do with the upper and lower distiction of tones, the main point consisting in the marked vs. unmarked relationship. Hashimoto pointed out the unnatural tonal distribution, namely five tones out of seven are rising, and wondered if an elaboration in the phonological interpretation was in need.

邵陽方言の声調

遠　藤　光　暁
（東京大学大学院）

本文描述湖南省邵阳市方言的单字调和两字组的变调情况。单字调在作者调查的三位发音人之间有较大的差异：发音人甲有阴平、阳平、上声、阴去、阳去五个调类，发音人乙和丙除了这些之外还有入声。看来这种保留独立入声的类型就是典型的邵阳市区方言。两字组变调在发音人之间虽略有差异，但都以轻重音为条件分两种格式，即非轻声变调和轻声变调。轻声变调又以第2字声调的来源分两类。此外，文中还简单地谈到邵阳方言声调的音位解释问题，认为上述调类（发音人甲五类，发音人乙、丙六类）都构成独立的调位。

1. はじめに
2. 話者について
3. 声母と韻母
4. 話者甲の声調
 4.1. 単字調
 4.2. 二字組
5. 話者乙の声調
6. 話者丙の声調
7. 音韻論的解釈について
8. おわりに

1. はじめに

ここに記述・紹介するのは湖南省邵陽市内の方言における単字調と二字組の変調状況である。邵陽方言は中古の全濁音声母に対応する有声音を有しており，袁等1960の定義に従うと老湘語に分類される。

調査は北京大学中文系漢語専業80級の教学実習の一環として1983年6月から7月にかけて現地において行なった。初めの3週間は当時学部3年生の2人の学生とともに一人の話者（話者甲）について，『方言調査字表(1981年版)』，変調，語彙，簡単な文法事項，短かい文章，などの項目を調査した。その後一週間前後筆者が単独でもう2人の話者（話者乙，丙）について『字表』と変調の記述を行なった。この論文では主に変調状況について報告するが，その他の点についても順次公にしたいと希望している。

筆者がこの方言調査をなすにあたって，直接的には忍耐強く調査の御相手をして下さった話者の方々と引率の先生方や学生諸君，間接的には北京大学と邵陽地区教育局や邵陽師範学校などの関係者各位に大変お世話になった。御名前を一人ひとり挙げることは控えるが，ここに深い謝意を表したい。

2. 話者について

今回の調査で主に記述したのは話者甲[1]である。氏は男性で1934年生まれ，原籍は邵陽市西区である。父母は邵陽市内の人であり，祖父母は邵陽市の北10km程にある新邵の人だという。幼少期は邵陽市内で過ごし，13—15才の時に昆明市で就学，1950—52年まで長沙市で兵役につき，52年から62年まで新邵で教師をし，それ以後は邵陽市東区で小学校の国語教師をしておられる。調査当初は氏の方言が“純粋”な邵陽市区方言であるとの想定をしていたが，調査が進むと他のグループの調査していた邵陽市区方言と相違があることが明らかになった。その最大の点は氏の方言では独立の入声が存在せず他の舒声に合流しているかの観を呈する2) ことにある。地元の邵陽師範学校の先生によると，独立の入声を保存している方が典型的な邵陽市区方言であるという。話者甲は新邵に10年程居住しているが，他のグループが調査していた新邵方言と入声の合流状況（かなり複雑で，単純な分化条件を見いだすことが困難である）を照合してみた所ほぼ一致するので，この点については氏の個人言語が新邵方言の影響を受けている可能性が強いであろう3)。こうしてみると他の点についても邵陽市区方言以外の特徴が混入している恐れもある。ここでは調査を最も詳しく行なったという理由で話者甲の記述結果を主に報告するが，それが典型的な邵陽市区方言であると考えているわけではない。

話者乙は男性で1919年生まれ，原籍は邵陽市東門口（市の中央部に位置する）で，抗日戦争の頃に湖南省西部に一年間避難していた他は原籍地に居住しておられる。父母・祖父母を始めとして4－5代は邵陽市の人であるという。氏は学校で行政職をしておられたが，現在は退職されている。言語歴から見ると，邵陽市区方言の典型的な話者と考えてさしつかえないであろう。

話者丙は男性で1955年生まれ，原籍は邵陽市邵新街（やはり市の中央部）で，出生以来原籍地に居住しておられ，父母も邵陽市区の人であるという。現在中学で国語の教師をしておられる。氏も言語歴から見て，邵陽市区方言の典型的な話者と考えてさしつかえないであろう。現に話者乙と丙の音韻体系はほぼ一致するのである。ちなみに偶然のことであったが，話者乙と丙の間には親属関係があるという。

3. 声母と韻母

声母と韻母については，話者甲・乙・丙の間の出入は少ない。ここでは話者甲のものを下に掲げるが，詳しい音声描写や音韻論的解釈，話者甲・乙・丙の間の差異などについては別稿で報告したい。

声母：

p 布百　p‘怕別　b 步爬　m门麻　f 飞蜂　v 胡闻　t 对夺　t‘太天　d 道田　n(l)兰吕　k 官古　k‘开跪　g 葵共　ŋ 安硬　x 化灰　ɤ 红话　ts 祖招　ts‘仓初　dz从锄　s 苏生　z 认日　tɕ精主　tɕ‘趣旋　dʑ齐权　ȵ 女严　ɕ 休书　ʑ 若润　ø 午以欲耳

韻母：

ɿ 资日	a 爬辣	e 耳色	o 河母
i 地急	ia 架雅	ie 姐野	io 药赂
u 故绿	ua花刮	ue国或	
y 雨出	ya□①	ye靴月	
ai 盖太	ei 倍微	au饱桃	eu斗收
		iau条笑	ieu流就
uai怪帅	uei桂灰		
an胆间	en根庚	aŋ党昌	oŋ红翁
ian检严	in紧灵	iaŋ讲良	ioŋ胸戎
uan短官	uen魂横	uaŋ光床	
yan权圆	yn云琼		

m̩□②　ŋ̍□③

① “扔”の意の方言詞。
② “□妈”で“妈妈”の意。
③ 否定詞，“不”にあたる。

4. 話者甲の声調

4.1. 単字調

話者甲の単字調は表1の通りである。

この方言は昇調が多く，殊に陰去と陽去は聴覚印象が接近していて，聴取に苦労した。陰去はより精密に表記すると［²24：］とでもすべきもので，発端の部分がやや長く，陰去［113：］と音形がかなり似ている。陰去と陽

表1　話者甲の単字調

調　類	中　古　音	例　字		調　値	長　さ	強　さ
陰　平	清平，入一部	诗	sɿ	55：	短	一様一
陽　平	濁平	时	zɿ	12：	長	漸弱＞
上　声	清・次濁上，入一部	使	sɿ	33：～31：	中	漸弱＞
陰　去	全清・次濁[4] 去，入大部	试	sɿ	24：	中	漸強＜
陽　去	全濁上，次清・全濁・次濁[4] 去，入一部	事	zɿ	113：	長	漸強＜

去は声母に関して完全な相補分布をなすので，実際には声母に着目すれば去声の陰・陽調を判定できるのだが，調査進行中は相補分布の例外が存在する可能性を考慮してあくまでも調値に基づいて同定した。筆者の経験では，まず第1に発端高度の持続時間が陽去の方がより長く，音節の3分の2程度あり，その後で速やかに上昇する点と，第2に末尾高度が陰去の方がより高い点に着目すると弁別が容易のようである。又，陽平も昇調で，特に陽去に類似しているが，上昇幅が小さいことと，音高の移行がゆるやかであることで区別することができる。

上声は時に［33:］，時に［31:］で発音される。［31:］はより精密には［331:］とでもすべきもので，音節の末尾が調音努力の弱まりとともに意図的でなしに降下するかのようである。全く同じ上声字であっても何度か発音してもらうと［33:］になったり［31:］になったりするが，話者には違う調値を発音しているという意識が全くないようであり，両異音の出現を規定する音声条件はないかの如くであった。上声の［33:］調値と陰平［55:］は共に平板調なので，一音節だけで発音された場合は判断に迷うことが多かったが，両者を対比しつつ発音してもらうと音高が明らかに違うことがわかった。

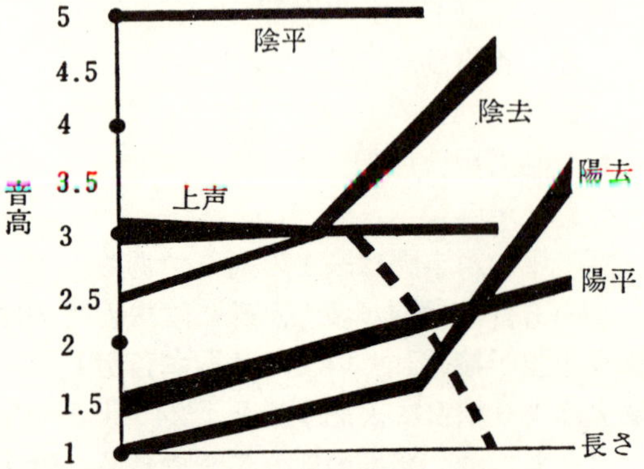

図1　話者甲単字調の図式的表示

各声調間の音高の相対的関係や一つの声調の音高移行の幅を対比すると，5度制では充分に細部を描写できないように感じられたので，試みに0.5の尺度も入れて9度制で図1のように記述してみた（但し図中の線の太さは強さを表わす)。

表1では5度制で表示する際に5度制にのらない分を0.5づつ低く見積っているが，これを高く見積って，陰平55:，陽平23:，上声33:～31:，陰去35:，陽去114: と表記することもできる。ちなみに，楊1974（551頁）は，陰平 55，陽平 11，上声 42，陰去35，陽去14（簡式では24)，入声33とし，李1957（5-6頁）は，陰平55，陽平13，上声31，陰去35，陽去324，入声 33 とするが，この2つの記述と表1の記述の食い違いを図1に照してみると，5度制にうまくのらない分を切り上げるか切り捨てるかの違いによるものがあるように見える。

長さについては表1・図1に示した通りだが，声調の附随特徴としての音節の長さの主な担い手は主母音であるようで，例えば韻母 an，ai，uei はそれぞれ各声調に応じて表2の如き音声実現を見せる：

表2　声調の長さと韻母の音声実現

声　調	音節長	an	ai	uei
陰　平	短	[a^n]	[ʌe]	[uɪ]
上声・陰去	中	[a$^{\cdot n}$]	[ʌ·e]	[u^{e}ɪ]
陽平・陽去	長	[aː^n]	[ʌːe]	[ueɪ]

強さは，ここでは調音の側から見た主観的・生理的な強さを指すが，表1・図1に示した通りである。

この他，表1には挙げなかったが，陰平が音節末尾に極く軽微な声門閉鎖音を伴なうこともあることを付言しておく。その他の声調には特に喉頭調音の特徴を持ったものはなかった。

又，陰平のうち有気音声母を持つものは，55:よりやや低く発音されて44:の如くなることがあるが，更にくりかえし何度か同韻母で同部位の無気音声母を持つ音節と対比しつつ発音してもらうと違いがなくなり，55:で発音されるようであった。

4.2.　二字組

次に2字組における変調状況を述べるが，その前にまず強弱アクセントについてふれておく必要がある。

話者甲の方言では，2字組に関して次の3種のアクセント型があるとみられる：

a 型：{○○́}
b 型：{○́○}
c 型：{○́○^{0}}

但し，{　}はアクセント素の境界，○は音節，ˊはアクセント核，^{0}は軽声を表わす。

第1音節の長さは3つの型ともほぼ同じだが，第2音節はa型では特に長く強調して読まれ，b型では第1音節よりやや短かく，c型では特に短かく軽く発音される。a型を持つのは調査した範囲内では動賓構造の形式に限られる。その他は大部分がc型になり，b型をもつ語は少ない。つまり，話者甲にあっては大部分の語が「軽声化」しているといえるのである[5)]。

a型とb型をもつ2字組で一つのタイプの変調が起るが，これを非軽声変調と名付け，c型で起る変調を軽声変調と呼ぶことにする。

非軽声の二字組の全ての組合わせは表3の通り：

表3　非軽声の二字組変調状況

第1字＼第2字	陰　平 55:	陽　平 12:	上声33:～31:	陰　去 24:	陽　去113:
陰　平　55:	**44**:　55:	55:　12:	55:　31:	55:　24:	55:　113:
陽　平　12:	12:～**11**:　55:	12:　12:	**22**:　31:	12:　24:	12:　113:
上声33:～31:	33:～31:　55:	33:～31:　12:	**22**:　31:	33:～31:　24:	33:～31:113:
陰　去　24:	24:　55:	24:　12:	24:　31:	24:　**13**:	24:　113:
陽　去　113:	**112**:　55:	**24**:　12:	**112**:　31:	**24**:　**13**:	**24**:　113:

表3の中で調値がゴシック体のものが交替の起るものである。

声調交替の結果同じ音声パターンをもつようになる組合わせは，⑴［22:31:］陽平＋上声，上声＋上声；⑵［24:12:］陰去＋陽平，陽去＋陽平；⑶［24:13:］陰去＋陰去，陽去＋陰去；⑷［24:113:］陰去＋陽去，陽去＋陽去，の4種ある。但し，調査が周到でなかったため，最小語対立を捜して話者に同音であるか否かを判断してもらうことができなかった。故にこれらが調類の合併を伴なった音韻的な交替であるかどうか確定できないことを遺憾とする。

調類の合併をもたらさない音声的交替は次の通り：⑴陰平は陰平の前で［44:］に交替する；⑵陽平は陰平の前で時に［11:］に交替す

ることがある；(3)上声は末位では必ず[31:]の方の異音が現われる；(4)陰去は陰去と陽去の後で（陽去[113:]とは異なった）[13:]に交替する；(5)陽去は陰平と上声の前で[112:]に交替する。

下に非軽声二字組の例を少数挙げるが，変調の調査表を記述する際は調値だけを記述するように指導されていたので，声母と韻母はいま同音字表に基づいて書き入れる[6]：

	a 型	b 型
陰平＋陰平	搬家pan tɕia	高低kau ti
〃 ＋陽平	开门k‘ai men	猪皮tɕy bi
〃 ＋上声	生火sen xo	三本san pen
〃 ＋陰去	通信t‘oŋ ɕin	——
〃 ＋陽去	修道ɕieu dau	轻重tɕ‘in dzoŋ
陽平＋陰平	骑车dʑi ts‘e	平安bin ŋan
〃 ＋陽平	盛油dzen ieu	油瓶ieu bin
〃 ＋上声	行礼ʑin ni	年底ȵian ti
〃 ＋陰去	迷路mi nu	难过nan ko
〃 ＋陽去	无罪vu dzui	——
上声＋陰平	点灯tian ten	——
〃 ＋陽平	有钱ieu dʑian	九年tɕieu ȵian
〃 ＋上声	养狗iaŋ keu	——
〃 ＋陰去	写信ɕie ɕin	五位u uei
〃 ＋陽去	补课pu k‘o	晚饭van van
陰去＋陰平	绣花ɕieu xua	细心ɕi ɕin
〃 ＋陽平	过年ko ȵian	嫩芽nen ia
〃 ＋上声	卖米mai mi	细雨ɕi y
〃 ＋陰去	送信soŋ ɕin	外债uai tsaɨ
〃 ＋陽去	漏气leu tɕ‘i	附近fu dʑin
陽去＋陰平	看书k‘an ɕy	树根ʑy ken
〃 ＋陽平	坐船dzo dʑyan	自由zɿ ieu
〃 ＋上声	忘本vaŋ pen	大雨da y
〃 ＋陰去	上当zaŋ taŋ	后悔ɤeu xueɨ
〃 ＋陽去	犯罪van dzui	互助vu dzu

c型で起る軽声変調には二種のパターンがある（表4）：

表4　軽声変調

第　1　字	i　類		ii　類	
陰　平　55:	55:	21:	55:	5:
陽　平　12:	12:	31:	11:	4:
上声33:～31:	33:	1:	33:	4:
陰　去　24:	24:	21:	22:	4:
陽　去　113:	113:	31:	11:	4:

i類とii類の出現を条件づけるのは第2字の声調の来源である。即ち，第2字が陰平・陽平・上声・陽去の一部から来た場合はi類のパターンになり，第2字が陰去と陽去の大部分から来た場合はii類のパターンになる。

まずi類の例を挙げると：

第1字	パターン	第2字の来源	挙	例
陰　平	[55:21:]	陰平	交通 tɕiau t‘oŋ	飞机 fei tɕi
		陽平	青年 tɕ‘in ȵian	花瓶 xua bin
		上声	修改 ɕieu kai	仙女 ɕian ȵy
		陽去	干净 kan dʑin	三块 san k‘uai
陽　平	[12:31:]	陰平	棉衣 mian i	长江 dzaŋ tɕiaŋ
		陽平	人民 zen min	油瓶 ieu bin
		上声	门口 men k‘eu	红枣 ɤoŋ tsau
		陽去	平淡 bin dan	棉被 mian bi
上　声	[33: 1:]	陰平	火车 xo ts‘e	老师 lau sɿ
		陽平	水牛 suei ȵieu	免除 mian dʑy
		上声	老虎 lau fu	可以 k‘o i
		陽去	冷汗 len ɤan	九倍 tɕieu bei

陰　去	[24:21:]	陰平	背心 pei ɕin	外交 uai tɕiau
		陽平	少年 sau ȵian	内外 nuei uai
		上声	梦想 moŋ ɕiaŋ	面粉 mian fen
		陽去	炸弾 tsa dan	四号 sɿ ɤau
陽　去	[113:31:]	陰平	电灯 dian ten	杏花 ɤen xua
		陽平	后门 ɤeu men	坏人 ɤuai zen
		上声	号码 ɤau ma	大小 da ɕiau
		陽去	动静 doŋ dʑin	现在 ʑian dzai

i 類では，第1字は変調が起らず，第2字は第1字の声調に応じて［31:，21:，1:］が現われるが，これらは北京の軽声程度に短かく弱く発音される。［31:，21:］は注意せずにいるとそれぞれ［3:，2:］のように聞こえるが，細かく観察すると末尾が下降していることがわかる。これらは上声［31:］の弱まった形である可能性がある。

ii 類の例を挙げると：

第1字	パターン	第2字の来源	挙	例
陰　平	[55: 5:]	陰去	相信 ɕiaŋ ɕin	医院 i yan
		陽去	功课 koŋ k‘o	包办 pau ban
陽　平	[11: 4:]	陰去	原料 yan liau	能干 nen kan
		陽去	邮票 ieu p‘iau	咸菜 ɤan ts‘ai
上　声	[33: 4:]	陰去	广告 kuaŋ kau	表面 piau mian
		陽去	韮菜 tɕiu ts‘ai	保护 pau vu
陰　去	[22: 4:]	陰去	世界 sɿ kai	命令 min lin
		陽去	对象 tuei dʑiaŋ	运动 yn doŋ
陽　去	[11: 4:]	陰去	饭店 van tian	限制 ɤan tsɿ
		陽去	创造 ts‘uaŋ dzau	近视 dʑin zɿ

ii 類では，第1字がそれぞれ元の単字調の発端高度と同じ高さの平板調に交替する。その結果，第1字が陽平と陽去の組合わせは同じパターンになるように観察されるが，しかしここでも最小語対立によって音類の合併することを確認していないため，最終的な断を下すことができない。

第2字はかなり弱く短かく発音されるが，i 類の第2字や北京方言の軽声よりはやや長く強い。高さは陰平の後では［5:］，その他の声調の後では［4:］となるが，これらは陰平［55:］の弱まった形であると解釈される可能性がある。

ここで問題になるのは，第2字が陽去に由来する軽声の語彙で，大部分は ii 類になるが，一部 i 類になるものがあり，それらの間には音声的な条件を見出し難い。参考のために上に挙げなかった例を更に一定数追加しておこう（表音を省略）：

第1字陰平　i 類：鸡蛋，枪弾，三号。ii 類：青菜，单裤，车票，安静，招待，忠厚，公社，优待，天地，军队，帮助。

第1字陽平　i 類：强盗，桃树。ii 類：棉裤，煤矿，年限，零件，劳动，严重，模范，流动，年画，文字，麻袋，油画，牛痘，援助，窑洞，瓷器，芹菜，期限，行动，沉重，条件，权限，蚕豆，图画，黄豆，田地，防备，隆重，名字。

第1字上声　i類：九块，九号，早饭，子弹，五块，冷淡，五倍，米饭，五号。ii類：手套，早稻，鼓动，改造，指导，享受，主动，口号，草地，准备，拥护，晚稻，领导，懒惰，母校，野菜，武器，忍受，武士，引导，野地，伟大。

第1字陰去　i類：四块，肺病，梦话，胃病，电话。ii類：干部，变动，震动，政治，孝顺，外套，院士，内部，外部，卫士，用度，茂盛，内地，误会，夜校，现象，贵重。

第1字陽去　i類：炮弹，道士，后代，杏树。ii類：次序，破坏，淡菜，士气，罝犯，暴动，限度，社会，部队，代替，大炮，调动，护士，调度，舅父，地道。

但し上の挙例はいずれも変調調査表中の語彙から採ったものなので，文章語的な"硬い"語が多い。しかし口語的な方言語彙についても上の傾向は変らず，大部分がii類で発音されて少数がi類になる。大雑把な傾向について言うと，i類になる二字組は第1字と第2字の結合がやや臨時的で，さしかえが可能であるものが多いように見うけられる。

5.　話者乙の声調

話者乙の単字調は表5の通り：

表5　話者乙の単字調

調類	中古音	例字	調値	長さ	強さ	喉頭化
陰平	清平	诗 sı	55:	短	一様	—
陽平	濁平	时 zı	12:	中	一様	—
上声	清・次濁上	使 sı	33:～332:	中	漸弱	—
陰去	全清・次濁[4] 去，入一部	试 sı	24:	中	漸強	—
陽去	全濁上，次清・全濁・次濁[4] 去，入一部	事 zı	113:	長	漸強	有
入声	入声大部	识 sı	23:	中	一様	—

この方言の入声は -p，-t，-k や -ʔ 等の韻尾を伴なわず，又短促でもなく，舒声と同じ音声的資格を持った調類である。入声の調値を［23:］と表記しておいたが，上昇の幅はあまり大きくなく，前掲の図1で言えば2.5から3までの動程しかない。

陰平は，有気音声母の音節で［45:］の如く発音されることがあるが，無気音声母字と対比しつつ何度かくりかえし発音してもらうと普通の［55:］の如く発音される。

上声は，音節の2/3位の所で弱化していく傾向があり，時にそれに伴なって［332:］のようにやや降下することがある。

陽去は，音節の中間で北京方言の3声より

表6　話者乙の非軽声2字組

第1字＼第2字	陰平 55:	陽平 12:	上声 33:	陰去 24:	陽去113:	入声 23:
陰平 55:	**44**: 55:	55: 12:	55: **31**:	55: 24:	55:113:	55: 23:
陽平 12:	**11**: 55:	12: 12:	**22**: **31**:	12: 24:	12:113:	12: 23:
上声 33:	33: 55:	33: 12:	**22**: **31**:	33: 24:	33:113:	33: 23:
陰去 24:	24: 55:	24: 12:	24: **31**:	24: 24:	24:113:	24: 23:
陽去113:	**112**: 55:	**24**: 12:	**112**: **31**:	**24**: **13**:	**24**:113:	**24**: 23:
入声 23:	23: 55:	23: 12:	23: **31**:	23: **13**:	23:113:	23: 23:

やや弱い喉頭化が起こる。

その他の点は，話者甲と大きな差がない。

二字組の非軽声の組合せは表6の通り。

これを話者甲（表3）と比べると，入声を除いてはほぼ同一であるが，陽去が第1字では単字調よりも顕著な喉頭化を起こし，第2字では単字調と同じ程度の喉頭化を起こす。そのため陽去の調値は陽平・陰去・陽去・入声の前で［24:］に交替するが，喉頭化を伴なうのでその特徴を持たない陰去［24:］とは区別される。

入声は第1字・第2字共に単字調と同じく［23:］で現われる。

なお表6では第1字の上声に［33:］のみを表示しておいたが，［332:］になることもある。

軽声変調はやはりi・ii類の2つに分れる（表7）：

表7　話者乙の軽声変調

第1字		i類	ii類
陰平	55:	55: 21:	55: 5:
陽平	12:	12: 31:	11: 4:
上声	33:	33: 1:	33: 4:
陰去	24:	24: 21:	22: 4:
陽去	113:	113: 31:	11: 4:
入声	23:	23: 31:	33: 4:

i類は第2字が陰平・陽平・上声と陽去・入声の一部分に由来する場合に起こり，ii類は第2字が陰去と陽去・入声の大部分に由来する場合に起こる。また入声のii類は上声と同じ［33:4:］というパターンになる。

なお，調査当初話者乙は殆どすべての語彙を非軽声で読み，あたかも軽声変調が存在しないかの観を呈していたが，語を文中に入れて発音してもらったりしているうちにやはり軽声変調が存在することが明らかになった。この方言では軽声変調がobligatoryなものではなく，場合によっては粒読みして本調で発音することも可能であることを示している。

6.　話者丙の声調

話者丙の単字調は表5に示した話者乙のものとほぼ同じであるが，陽去の喉頭化は北京方言の3声よりも強く，かなり目立った特徴である。

二字組の非軽声は表6に示した話者乙のものとほぼ同じであるが，陽去の喉頭化が第1字では単字調よりも強く起こり，第2字では単字調と同じ程度に起こる。

軽声変調のii類は表7に示した話者乙のものとほぼ同じであるが，第1字が陽去の場合に（第1字に）喉頭化が起こるばかりでなく，第1字が陽平の場合も同様に喉頭化が起こる。話者甲・乙にあっても，ii類の第1字が陽去のものと陽平のものは同じく［11:4:］というパターンになるが，第1字の調値［11:］は陽去の単字調［113:］や陽平の単字調［12:］とは異なる音形であるから，どちらの声調がどちらに交替したのか決定することができない。しかし，話者丙にあっては，喉頭化が陽去に固有の特徴であるから，ii類で現われる喉頭化を伴なった［11:］は陽去の変体であると考えられ，陽平はii類では陽去に交替するというように言うことができるだろう。

話者甲・乙のi類に対応する組合せは話者丙ではやや複雑な様相を呈する（表8）。

第2字が上声に由来し第1字が陽平・陽去・入声である場合第2字が［31:］となり，その他の声調に由来する第2字［21:］とは区別され，又第2字が陰平で第1字が陰去・陽去である場合第2字が［5:］となり，他の場合の［21:］とは区別される。これらの場合の第2字は弱く発音されるが，調値は非軽声と同じである。

話者甲・乙のi類では失なわれている第2字のもとの声調の対立を，話者丙では部分的に保っている。話者丙は3人の中で最も若いが，この点に関しては相対的に古い段階を反映していると言えよう。

表8　話者丙の軽声変調 i 類

第1字 ＼ 第2字の来源	陰平	陽平	上声	陽去 少	入声 少
陰　平　55:	55: 31:				
陽　平　12:	12: 21:		12: 31:	12: 21:	
上　声　33:	33:1:～331:1:				
陰　去　24:	24: 5:	24: 21:			
陽　去　113:	113: 5:	113: 21:	113: 31:	113: 21:	
入　声　23:	23: 21:		23: 31:	23: 21:	

7.　音韻論的解釈について

筆者は先に邵陽方言の単字調と声母の関係について発表したことがあったが，その際に橋本萬太郎教授が，この方言には上昇調が多すぎて不自然であり，もっとことなった音韻論的解釈が必要であろうという旨の意見を述べられた（Endo 1984 とその討論の部分を参照）。それに触発されて，ここでその際詳述できなかった点を補充し，些か卑見を記しておきたいと思う。

まず，音声的には上昇調が多いというのは——もし筆者の記述が誤まっていないとしたら——客観的事実であるので，それを改めるわけにはいかない。ある鋭敏な音声的感覚をもった学者が同じ方言を，陰平55:，陽平22:，上声31:，陰去35:，陽去24:，入声33: と表記した。このような声調体系であればさほど不自然な印象を与えないであろう。しかし実際の音相は図1に示したように観察され，筆者としては能う限り音声実質に密着した記述をしたいと心がけているので，記述の段階で音声細部の角を削ることをせず，不自然なら不自然なままに描写しようと試みたのである。

次に，前章までに記述した調類が音韻論的に見ていくつの声調素に該当すると解釈するかの問題がある。

邵陽方言の声母と声調の結合関係は次のような分布を示す（表9）[7]：

表9　邵陽方言の声母と声調の結合関係

声母 ＼ 声調	陰平	陽平	上声	陰去	陽去	入声
p　t　ts　tɕ　k　f　s　ɕ　x	+	−	+	+	−	+
pʻ　tʻ　tsʻ　tɕʻ　kʻ	+	−	+	−	+	+
m　n　ȵ　ŋ　ø	(+)	+	+	+	−	+
v　z　ʑ	−	+	+	−	+	+
b　d　dz　dʑ　g　ɣ	−	+	−	−	+	−

これによると，陰去と陽去が声母に関して相補分布をなすことがわかる。又，陰平と陽平もほぼ相補分布をなしているが，鼻音声母の系列で例えば「妈」ma 陰平：「麻」ma 陽平の如き対が少数ながら存在する。これらの対をもし呉語の如く例えば m'- : mɦ- のように二系列の声母がある[8]と考えて声母の対立に帰してしまうことができれば，陰平と陽平にも相補分布が存在することになる。そこで，陰調と陽調は音韻論的な対立をなさないと解

釈する可能性が生ずる。

しかし，(1)陰平［55:］と陽平［12:］の音価は離れすぎており，もしこれらが一つの声調素に該当すると解釈すると何故このような異音が両者の中間の他の声調をとびこえて実現するのかを共時論的に説明することが困難であること；(2)この方言では無声有気音の系列が去声では陽去になるのに対して平声では陽平にならないので，陰平と陽平，陰去と陽去の出現を条件づける音声条件が異なり，陰陽調の出現を声母から規定しようとするとかえって複雑なことになってしまうこと；(3)更に重要な点は，二字組の変調，特に軽声変調ii類で，第1字が陽平と陽去である組合せが同一の音形になり，それに対する陰平や陰去がそれらとは異なる音形になる現象は，平声・去声の陰陽調を解消したのでは定式化できないこと，等によってやはり陰平・陽平・陰去・陽去がそれぞれ独立した声調素であると認めた方がよいと筆者は考えている。これら以外の上声と入声はそれぞれ他の声調と最小語対立を持つため，結局話者甲については/陰平/・/陽平/・/上声/・/陰去/・/陽去/の5つの声調素，話者乙・丙については，更に/入声/をつけ加えた6つの声調素を立てることになる。

ここで，これらの声調素がいかなる弁別特徴を持つと考えられるかが更に問題になるが，この点については筆者は未だ定見を持っていない。分析の結果，音声的には上昇する調値を持つ声調素の中には上昇が弁別的でないと解釈されるものもあるかもしれない。しかし現在の筆者には，話者が実際どのようにしてこのような声調体系を認知しているのかについてリアルな理解を得る方にむしろ強い興味をひかれる。

8.　おわりに

今回の調査は筆者の経験も浅く，時間的な制約等もあって，まだまだ初歩的なものに過ぎない。再び直接邵陽方言を調査する機会は近い将来には恐らくないであろうから，特に現地の学者や直接邵陽方言に接する機会のある学者の指正を乞いたい。又，音韻論的解釈もまだ不徹底であり，弁別特徴が何であるか，声調交替を律している規則が何であるか等々に関する分析は今後の課題として残される。

（1984年6月9日　北京にて）

〈注〉

1) 本稿の話者甲，乙，丙を Endo 1984では，informant B, A, C と呼んでいる。
2) この点は調査に問題があり，一部分の入声は保存されていて独立の調類をなしているという可能性も皆無ではない。
3) しかし新邵方言で対立がなくなっている音韻特徴を話者甲が区別していることもあるので，その影響は全面的なものではない。
4) 現代邵陽方言で鼻音になっているものは陰去になり，有声摩擦音になっているものは陽去になる。
5) 下の挙例では，他の方言で軽声になることの多い「-子」「-头」等を第2字とする語彙を挙げないが，むろんそれらの語もc型になっている。
6) 但し，声母 v, z, ʑ, ɣ は語中で弱化するか脱落するが，挙例中ではそれを表示しない。その他の声母と韻母は特に目立った音声交替を示さないが，第1字の陽去が陰去［24:］に交替する際の濁声母の音声実現を記述していないのは重大な誤脱である。
7) 但し話者甲では入声が存在しないようであり，話者乙，丙ではʑが存在しないので，それぞれの場合に応じて表から除く必要がある。
8) 調査当時はこのような問題意識をもって観察していないので断定はしかねるが，邵陽方言では呉語（例えば杭州方言）ほど明瞭な声母の音価の違いがないようである。

文献目録

Endo, Mitsuaki 1984. "Aspirates and tones in the Shaoyang dialect of Chinese", Proceedings of the 31st International Congress of Human Sciences in Asia and North Africa, 821-2. Tokyo : the Tōhō Gakkai.

李仲平1957.『邵阳人怎样学习普通话』。长沙：湖南人民出版社。

楊時逢1974.『湖南方言調査報告』。台北：中央研究院。

袁家骅等1960.『汉语方言概要』。北京：文字改革出版社。

均社論叢１６号（１９８９年９月京都）

杭州方言の音韻体系

遠藤　光暁

１．はじめに

この報告では杭州市内方言の音声を記述し，それに対して音韻論的解釈を与え，最後に同音字表を付す。

調査は私が文部省の派遣で北京大学に留学中に杭州市内で行ない，1984年６月から７月にかけての約一ヶ月半ほどの期間中に次のような項目を記述した：1.『方言調査字表』による単字音の記述と同音字表の作成。2.同音字表の確認，声調交替規則の帰納。3.プリンストン大学『方言詞彙調査手冊』による語彙の記述。4.倉石武四郎『ラテン化新文字による中国語初級教本』会話部分の杭州方言訳。

インフォーマントはまず，張宝珠女史，1926年生（調査当時58歳），退職小学教師，杭州市下城区に生れ育ち，祖父以前の代から杭州に住んでおり，父母も杭州人であるが，ご主人は紹興人の由で，杭州市内方言のほか普通話と紹興方言を話す。張先生には第一項目のお相手をして頂いたが，都合により，第二項目以降は二人目の葉光言女史に交替した。葉女史は，1926年生（調査当時59歳），退職小学教師，杭州市下城区に生れ育ち，他の土地に長期間出たことはない。父母・祖父母・ご主人ともに杭州市下城区の人である。杭州市内方言のほかは普通話を話す。言語歴はほとんど申し分なく，発音も明瞭であり，こちらの意図もよく理解され，結局調査時間も葉女史の方がはるかに長くなったので，この報告では特にことわらない限り葉女史の個人言語を基準とし，これを杭州方言と称する。

それまで杭州方言の報告は私の知る限りでは，民国の趙元任『現代呉語的研究』（清華学校研究院，1928年），1950年代の方言普査（『浙江方音集』，1959年として知られる），文革後の鮑士傑の報告（「杭州方言略説」『杭州師範学院学報』1980年第２期など）があった。その後，傅国通等の『浙江呉語分区』（『語言学年刊』第３期，1985年）が出され，また秋谷裕幸氏が「杭州方言資料会話篇 (1)(2)(3)」（『開篇』2,3,4,1986，1987年），「杭州方言訳稿その１ ― 明珠（上） ― 」（『早稲田大学語学教育研究所紀要』33，1986年）などで陸続と記述を進めておられる。私の調査結果は趙元任のものに近く，老派の状況を反映しているものと思われる。その他の報告では，鼻母音の口母音への合流や入声韻母内の合流などが様々な程度に見られ，現代杭州方言で起こりつつある音韻変化を反映するものとして興味深い。

2．声母

杭州方言には次のような声母がある：

	喉頭化無声音	有気音	有声音	喉頭化鼻音等	濁有気鼻音等	無声摩擦音	有声摩擦音
両唇音	p'巴比	ph批普	pɦ皮部	m'米猛	mɦ迷夢		
唇歯音						f 飛否	v 味扶
歯音	t'低打	th梯兎	tɦ地台	n'你努	nɦ泥奴		
歯音				l'礼拉	lɦ例路		
歯茎音	ts'早章	tsh草廠	tsɦ潮丈			s 嫂商	sɦ饒譲
硬口蓋音	tɕ'階講	tɕh腔丘	tɕɦ橋邪	ȵ'鳥仰	ȵɦ繞農	ɕ 小訓	
軟口蓋音	k'果該	kh庫考	kɦ葵狂	ŋ'我額	ŋɦ呆蛾	x 火漢	
声門音				ʔ 野窩	ɦ 何混		
半母音					j 夜 ɥ魚		

まず，有声閉鎖音・破擦音・摩擦音は単独または語頭の位置では声母の持続部の前半が無声で後半から有声となり，出わたりに[ɦ] が入り，韻母はbreathy voice として実現される。声母の持続部が完全に無声音となることもある（ことにsɦ）。しかし語中では完全な有声音[b,d,dz,dʑ,g,v,z] として実現する。

喉頭化鼻音・側面音は軽い喉頭化を伴いcreaky voiceで発音され，濁有気鼻音・側面音は持続部と出わたりがbreathy voice で発音される。これは喉頭化無声音と有声音（例えば[p']と[pɦ]）の対立と並行したものである。ただし，語中では両者の差異がなくなり，ともに普通の[m,n,l,ȵ,ŋ] となる。ɦ,j,ɥ とʔは語中では失われ，当該音節は母音で開始する。

pは[pu]という音節では時に両唇が二三回振動してふるえ音となることがある。

nとȵには，n'i 52:‘你’：ȵ'i 52: ɕiẽ 22:‘□線’「針」という最少語対立がある。n'i は詳しく言うと [nȵi]のように出わたりが口蓋化しており，音価が ȵ'iにかなり近いが，声母の開始部分に注意すると舌尖音n：舌面音ȵの違いがあることが認められた。私の観察によるとnとȵは単韻母iの前という環境のみで対立し，その他の場合には韻母に応じてnかȵのいずれか一方のみが現われる。i（‘你’の一語のみ），iY，iŋ，ieʔ の前および非拗音の前ではn，i（‘你’以外），ia，iɛ，iaŋ，iẽ，iɐʔ，ioŋ，y，yõ，yŋ，yoʔ の前ではȵが現れる。介音yの前では必ずȵ，介音iでは主母音が低めの場合はȵ，高めの場合はnという傾向が見出だされる。

3．韻母

杭州方言には次のような韻母がある：

ɿ 四池	i 比夜	u 布五	ʮ 書如	y 居魚
A 巴打	iA 家雅	uA 花瓦	A 抓耍	
ɛ 才愛	iɛ 階也	uɛ 怪外	ɛ 率衰	
ɔ 包号	iɔ 挑要			
o^{u} 母何				
eI 走后		uI 亀委	$ʮ^{ə}I$ 車蛇	
φ 勾口	iφ 糾有			
æ̃ 単暗	iẽ 田煙	uæ̃ 摜		
		uõ 団玩	ʮõ 専然	yõ 犬員
eŋ 等恩	Iŋ 丁引	$u^{ə}ŋ$ 棍温	$ʮ^{ə}ŋ$ 準孫	$y^{I}ŋ$ 訓允
Aŋ 厰杭	iAŋ 講羊	uAŋ 広黄	ʮAŋ 庄賞	
$o^{u}ŋ$ 東紅	ioŋ 兄勇			
ɐʔ 八合	iɐʔ 脚押	uɐʔ 豁滑		
əʔ 鉢十	ieʔ 接一	uəʔ 骨活	ʮəʔ 説熱	yeʔ 掘月
oʔ 北獲				yoʔ 吃域
ɐ̢l 児二				
m̩ [m̩ 33: mA 45:]姆媽				
n̩ [n̩ 45: ȵiAŋ 52:]姆娘				

単韻母-uは[^{ə}u]の如く発音されることが多いが，音節vu（‘扶’など）では［vv̩］と発音される。ʮはɿに対する円唇の舌尖母音。ɛとɔの系列は時に［æɛ］［ɒɔ］の如くわずかな動程を伴って発音される。ɔの系列は［ɒ］の如く発音されることも多い。o^{u}，eIの韻尾は微弱である。uIはゼロ声母では［$u^{ə}$I］の如く発音される。iφは[iY]に近くな

ることもある。鼻母音の系列は特にiẽでは鼻音成分がかなり弱くなり[ie˜] の如くなる場合がある。韻尾ŋは特にAの後では閉鎖が弱く，［ɣ̃］と表記してもよい。oʔの主母音は[o̞] である。yoʔ の介音は i に近く聞こえることもあり，またyəʔ と発音されることもある。ẹɭ は母音もそり舌で，韻尾はそり舌の側面音である。‘児’の音価については第4節でふれる。m̩はsoʔ 3: pA 45: m̩ 52: ‘叔□姆’「兄弟の妻」のように後ろに声母m-がない位置にも現われる。

4．声調

声調は次の通り：

1	陰平	334:	詩衣撈
2	陽平	23:	時移労
3	上声	52:	死野老
4	陰去	45:	四意
5	陽去	113:	是夜帽
6	陰入	4:	失一摸
7	陽入	$\underline{23}$:	十葉木

陽去は音節の中間に北京語の３声と同じ程度の弱い喉頭化を伴なう。陰去の動程は一度よりも長く，もし６の尺度も使えるならば 46:とでもしたいところである。陽平は223:に近いが，陽去と比べると上昇の程度はコンスタントなので，23: とした。陰平・陽平・陰去・陽去は時に末尾が下降することがある。

二音節以上の組合わせにおいては，他の呉方言のように広用式と窄用式の別がある。まず広用式は第１音節に強ストレスがあり，単音節の場合と同じ程度の強さと長さをもつが，第２音節以下はそれと比べると相対的に弱く短く発音される。杭州方言の大部分の単語や修飾構造などからなる句はこのタイプになる。広用式ではふつう第一音節の声調によって音調型が決まり，第二音節以下は固有の声調を顕現しない：

第一音節	二音節	三音節	四音節
陰平①	33: 45:	33: 45: 52:	33: 45: 52: 22:
〃 ②	33: 52:		
陽平①	22: 45:	22: 45: 52:	22: 45: 52: 22:
〃 ②	22: 34:	22: 33: 45:	22: 33: 45: 52:

陽平③	22: 52:		
上声	52: 22:	52: 22: 22:	52: 22: 22: 22:
陰去	45: 52:	45: 52: 22:	45: 52: 22: 22:
陽去	113: 52:	113: 52: 22:	113: 52: 22: 22:

挙例：陰平①. 荒山xuAŋ sæ̃, 沙泥sA ȵi , 山頂sæ̃ tiŋ , 金桂tɕiŋ kui, 桑樹sʮAŋ zʮ ; 鶏冠花tɕi kuõ xuA , 青南瓜tɕhiŋ næ̃ kuA, 干面粉kæ̃ miẽ feŋ ; 芭蕉葉子pA tɕiɔ ieʔ tsɿ, 芝麻香蕉tsɿ mA ɕiAŋ tɕiɔ ;金鋼鑽戒指児tɕiŋ kAŋ tsuõ tɕiɛ tsɿ ɕə̣ɭ.

陰平②. 花粉xuA feŋ . （陰平①の発音もあり）

陽平①. 雄猪jioŋ tsʮ , 潮流dzɔ liɸ, 蘋果biŋ ku, 芹菜dʑiŋ tshɛ, 蚕豆dzæ̃dei; 含羞草ɦæ̃ ɕiɸ tshɔ , 黄南瓜ɦuAŋ næ̃ kuA; 淘米干水dɔ mi kæ̃ sʮi.

陽平②. 娘家ȵiAŋ tɕiA , 農民noŋ miŋ , 麻子mA tsɿ, 涼快liAŋ khuɛ, 時候zɿ ei ; 芙蓉花ɦu ioŋ xuA, 蒲公英bu koŋ iŋ ;紅皮甘蔗ɦoŋ bi kæ̃ tsɿ.

陽平③. 人体zeŋ t'i .

上声. 海湾 xɛ uõ , 紫銅tsɿ doŋ , 海島 xɛ tɔ , 米醋mi tshu , 早飯tsɔ væ̃ ; 紫羅蘭tsɿ lo læ̃, 老南瓜lɔ næ̃ kuA ; 老虎鉗児lɔ xu dziẽ ɐɭ.

陰去. 菜蔬 tshɛ sʮ , 桂皮kui bi, 褲襠khu tAŋ , 芥菜 tɕiɛ tshɛ, 菜地 tshɛ di ; 怕痒花phA iAŋ xuA （含羞草）; 桂花年糕kui xuA niẽ kɔ .

陽去. 汗衫ɦæ̃ sæ̃ , 旱田ɦæ̃ diẽ , 地板di pæ̃, 大蒜dA suõ, 大象dA dʑiAŋ; 大頭魚doᵘdei y（おたまじゃくし）; 大仙菩薩dA ciẽ bu sɐʔ （きつね）.

入声については状況がやや複雑でまだ確認したい点があるので，ここでは触れない。

二音節の陰平①，陽平①，陽平②および三音節の陽平②は，末尾に下降を伴うことがある。

陰平②と陽平③は第二音節が上声の場合に限って現われる。しかし第二音節が上声であると必ずこのような型をとるわけではなく，ふつうの①の型に発音されることもある。この二つの型の出現を条件づける音韻的環境はあまりはっきりせず，全く同じ語が両方の型で発音されることもある。二つの音節の結合がやや臨時的な場合や意識的に二つの音節をはっきりと発音しようとした場合に陰平②・陽平③の型となる（即ち第二音節の上声が顕現する）傾向があるように思われる。この陰平②・陽平③に相当する三音節以上の型は二音節の型に22: が任意数ついたものであろうが，まだ調査記録整理の途上のため未確認である。

陽平では，第二音節が陰去相当の①の型と第二音節が陰平相当の②の型がある。この二つの型の出現を条件づける音韻環境はやはり明らかではない。‘茶杯’のように二つの型を共にもつものと，‘平安’のように②の型しかもたないものがある。インフォーマントは二音節でも陽平①と陽平②を別の型として認識している。三音節以上では陽平②の型は音調の推移が陽平①よりも一音節分だけ遅れることになる。

ちなみに私には二音節以下に現れる上昇調の識別が困難で，陰平①と陽平①②の第二音節が34: であるのか，45: であるのか判断に苦しんだが，葉光言女史の判断では陰平①の後の上昇調は単音節の陰去と同定され，陽平の後の上昇調は上述の二種があるとのことだった。張宝珠女史の発音では陰平の後の上昇調は34: であるように私には聞こえたが，個人差があるのかもしれない。

また単字音を記述する際には，声調が中古音と不規則な対応を示す字が続出して，大いに当惑した。これは，インフォーマントがその場で想起した単語から字音を切出してくるためで，その字が第一音節にあるときはよいが，第二音節以下にあるものを切出してくると固有の声調を示さないことによる。そこで，多音節における声調の行動を把握した後で，不規則な声調を示す字はそれが第一音節に現われる単語について再確認したところ規則的な声調が得られた。しかし，第一音節に現われることのない形態素については固有の声調を得ることができなかった。

なお，第一音節にあっても声調が中古音と不規則な対応を示すものがある。例えば，꜀鞏固，꜀以前；꜂漂亮，꜂憲法，꜂帝など。これは普通話的な語彙に多く，普通話の上声[214:]を杭州の陰平声[334:]，普通話の去声[51:] を杭州の上声[52:] で受入れたものであろう。

窄用式は動賓構造や主述構造に見られ，広用式の前に一音節の弱い音節がついた形になる。その第一音節が陰平・上声・陰去である場合は，これらの対立が失われて共に[33:～32:]に発音される。ただし，これは必ずそうなるわけではなく，殊に上声は固有の声調で発音されることが多い。同じ条件下で，陽平は[22:] ，陽去は[112:]，陰入は[3:]，陽入は[2:]のようにやや弱まった調値になるが，陽平と陽去が同音になることはない。

5．‘－児’の音価

‘児’は単独では[ɦẹɭ 23:]と発音される（ただしɐの下の点はソリ舌化を表わす）。‘児’は杭州方言でも北京方言と同じく接尾辞として使われるが，その際の音価はその直前の音節に応じて次のようになる：

-A, -ɔの後 [ɐɭ] 笋干渣～[sʮ̍ən 52: kæ̃ 22: tsA 22: ～ 22:]，蝦～[ɕiA 33: ～ 45:]，花～[xuA 33:～ 45:]，泡～ [phɔ 45: ～ 52:] ，鳥～ [ȵiɔ 52:～ 22:]

-u, -εの後 [əɭ] 兎～[thu 45:～ 52:]，蛾～[ɦoᵘ 22:～ 45:]，袋～[dε 113:～ 52:]，鞋～ [jiε 22:～ 45:]，筷～[khuε 45: ～ 52:]

ɿ, ʮ, i, y, ɸ, -Iの後 [ɾɭ～ɾəɭ] 紙～[tsɿ 52:～ 22:]，蕊～[zʮ 52:～ 22:]，茄～[dʑi 22: ～ 45:]，豆～[deI 113: ～ 52:]，塊～[khuᵉI 45: ～ 52:]，鈎～[kɸ 33:～ 45:]

æ̃, -Aŋの後 [ɐ̃ɭ] 杆～[kæ̃ 52:～ 22:]，魚網～ [y 22: mAŋ 45: ～ 52:]，漿～[tɕiAŋ 33:～ 45:]

eŋ, iŋ, oᵘŋ の後 [ŋəɭ]（ゆっくり発音した場合），[Ṽɭ]（はやく発音した場合）：

洞～[doŋ 113: ŋəɭ 52:][dõɭ 113:]，瓢羹～ [biɔ 22: keŋ 45: ŋəɭ 52:] [biɔ 22: kə̃ɭ 34:]，春餅～ [tshʮ̍ən 33: piŋ 45: ŋəɭ 52:，tshʮ̍ən 33: pĩɾɭ 34:]

ieʔ の後 [-ɾɭ] 樹葉～[zʮ 113: iɾɭ 52:]

その他のʔの後 [-ɭ] 核～[ɦɐɭ 23:]，鴨～[iɐɭ 52:]，刷～ [sʮɐɭ 52:]，镯～[dʑyəɭ 23:]，精肉～[tɕiŋ 33: zoɭ 45:]

韻尾-ʔの音節に‘－児’がつくと，その音節の-ʔは脱落してそのかわりに-ɭないし -ɾɭが韻尾となり一つの音節に融合する。eŋ, iŋ, oᵘŋ などの中主母音の後の‘－児’も速く発音された場合には前の音節と融合する。

また，前の音節がɿ, ʮ, i, y, ɸ, -Iなどの高母音でおわったり，一つの音節に融合した結果-ɭの直前の母音が i になった場合には-ɭの前に弾き音ɾ がつく。これは高前母音では舌尖が歯茎よりも前に位置し，しかもかなり歯茎に近接しているため，舌尖がソリ舌韻尾-ɭの位置に移行する経路で歯茎にぶつかるためだと考えられる。前舌母音だとやや舌位の低いiẽやεの後でもこのような弾き音を伴うことがある。例えば，線～[ɕiẽ 45: ɾəɭ 52:]，帯～[tε 45: ɾɭ 52:] などのように。またこのような特徴は接尾辞の‘－児’に限られるわけではなく，ɐɭ という音節全般にみられる発音傾向で，例えば，偶爾[eI 52: ɾəɭ 22:]，第二[di 113: ɾɭ 52:](ただし念入りに発音して，第と二が別の単位に分れるときは

[di 113: əɭ 113:]), 俯首帖耳[fu 45: seI 52: thiɾɭ45:] のようになる。

6．声韻調の結合関係と音韻論的解釈

ここで，以上で見てきた声母・韻母・声調の結合関係を検討し，その上で音韻論的解釈を行なう。

まず声母の清濁と声調の陰陽について。単音節の環境では次のような分布をなす：

	平去入陰調	上声	平去入陽調
喉頭化無声音（p'など）	＋	＋	－
有気音（phなど）	＋	＋	－
有声音（pɦなど）	－	－	＋
喉頭化鼻音等（m'など）	（＋）	＋	－
濁有気鼻音等（mɦなど）	－	－	＋
無声摩擦音(fなど）	＋	＋	－
有声摩擦音(vなど）	－	＋	＋

声調について見ると，平去入声の陰陽調は相補分布をなす。しかし，二音節以上の連続においては，陽平②は陰平と異なる音調型を示す。また，動賓構造を構成する一音節動詞では，陰平・上声・陰去が同音になることがあるのに陽平・陽去は同音にならない。この二つの現象を説明するには陰調と陽調を別の声調素と認めたほうがよい。なお，上声は陽調とは対立しないが，陰調に準ずる性質をもつ。

声母について見ると，有声音は喉頭化無声音や有気音と相補分布をなす。しかし語中では陰陽調の対立がないので喉頭化無声音や有気音と同じ環境に現われることになるから，独立の音素と認める必要がある。

喉頭化鼻音等と濁有気鼻音等も相補分布をなす。ただし，喉頭化鼻音等は主に上声に現われ，その他は陰平と陰入にごく少数見られるのみである。例えば，陰平のl'ɔ 334: 捞（cf. lɦɔ 23: 劳），陰入のm'oʔ 4: 摸（cf. mɦoʔ 23: 木）など。この両系列は語中では対立しないので，一つの系列／m，n，l，（ȵ），ŋ，φ／にまとめられる。陰調で喉頭化を伴うのは，高いピッチを出すために声帯が緊張しているためで，陽調で濁有気を伴うのは低いピッチを出すために声帯がゆるんでいて声門が一部分開くためだと説明される。同様に，喉頭化無声音の喉頭化も陰調に附随する特徴とし，弁別特徴とは認めない。即ち，[p']などを/p/ などとする。

無声摩擦音と有声摩擦音は上声で対立するので，別の音素と認められる。

次に，声母と介音との結合関係は次の通り：

	−φ	−i	−u	−ʮ	−y
両唇音（p'など）	＋	＋	＋	−	−
唇歯音（fなど）	＋	＋	＋	−	−
歯音（t'など）	＋	＋	＋	−	−
歯茎音(ts'など)	＋	−	−	＋	−
硬口蓋音(tɕ'など)	−	＋	−	−	＋
軟口蓋音（k'など）	＋	−	＋	−	−
声門音（ʔ，ɦ）	＋	−	＋	−	−
半母音（j，ɥ）	−	＋	−	−	＋

ɿ，i，u，ʮ，yが単独で韻母をなす時は上とやや違った点があるので，別に検討することにしたい。

まず，-yは硬口蓋音と半母音-ɥの後にのみ現われ，-uはその環境には現われない。もし硬口蓋音と半母音-ɥが独立の音素をなすと見做せば，[-y]は[-u]とともに/-u/と解釈される可能性がある。ただその場合，硬口蓋声母が共時的に奥舌母音を前舌母音に変えるだけの同化力があるかどうかが問題になる。ここではただ可能性だけを示唆しておき，さしあたっては[-y]が単独の音素/-y/をなすものと考えておく。

次に，ʮ介音は歯茎音に限って現われ，介音-i，-u，-yと相補分布をなす。ここでは，円唇性と音色から言って/-u/と解釈し，舌尖声母の同化によって舌尖母音[-ʮ]として音声実現するものと見做す。ただし，/-y/と解釈する可能性もありうるが，介音/-y/をもつ韻母は分布が限られていて，歯茎音と結合する場合だけのために韻母をいくつか多く認めなければならなくなるので，今は採らない。

単韻母では，[ɿ]は歯茎音にのみ現われ，[i] はその環境には現われない。そこで，両者を/i/ と認め，[ɿ]は舌尖声母の調音が韻母までもちこされて舌尖母音となったものと説明する。また，[ʮ]も歯茎音にのみ現われるが，単韻母では[ᵊu]も歯茎音と結合するから，/u/ と解釈することはできない。そこで，[ɿ]を/i/ と解釈するのと平行して，[ʮ]を/y/ と解釈する。調音的には同じく前舌であり，やはり舌尖声母の同化によって舌尖母音[ʮ]となったものと説明できる。

声母の側では，まず声門音と半母音が相補分布をなす。ʔとɦは -φと-uの前のみに現われる。両者が対立しないことは既に述べた。j は-iの前のみに現われ，ɥ は-yの前のみに現われる。これらをゼロ声母／φ／と見做す。

硬口蓋音は歯茎音・軟硬口蓋音の両者と相補分布をなし，どちらと同じ音素をなすかが問題となる。まずȵについては，歯茎音には鼻音がなく，第２節で述べたように歯音のnとも対立するから，軟口蓋音のŋとともに/ŋ/ をなすものと考える他はない。[tɕ', tɕh, dʑ, ɕ] は，もし/tsi-//tsy-/等と解釈すると単韻母で[tsɿ][tsʮ]と衝突する。無論，[ɿ][ʮ]を独立の音素と認めて/ɿ//ʮ/とすれば衝突は起こらないが，そうすると/ɿ//ʮ/という母音は単韻母にしか現われず，不均衡な体系となる。つまり，

[tsɿ]	[tɕi]	[tsʮ]	[tɕy]
/tsɿ/	/tsi/	/tsʮ/	/tsy/

一方，/ki-//ky-/等と解釈するとそのような問題はない：

/tsi/	/ki/	/tsy/	/ky/

また，さきにȵを軟口蓋音/ŋ/ と解釈したが，それとも平行することになる。他，舌尖の状態について言うと，tɕはapicalである点でk と共通し，dorsalであるtsとは異なる。

ここで問題になるのは，音声学的説明である。tsなどは破擦音であるから，それが口蓋化すればそのままtɕなどになるが，閉鎖音であるkなどは口蓋化するとtɕなどになるであろうか。そもそも硬口蓋は歯茎の末端部の後ろで急にくぼんだ位置にあり，完全な閉鎖を作りにくい場所である。そこで，軟口蓋閉鎖音が口蓋化によって調音点が硬口蓋に前移すると破擦音となることはありうるものと考える。

以上により，杭州方言の声母は次のような音素からなるものと見られる：

／p	ph	b	m	f	v
t	th	d	n	l	
ts	tsh	dz	s	z	
k	kh	g	ŋ	x	φ／

なお，杭州方言では他の中国語諸方言と同じく，有気音の系列やts，dzなどは音素結合ではなく単一の単位としてふるまう。

韻母については，母音音素として/a, e, o, i, u, y/ の六種を認め，次頁の表のように解釈するのがよかろう（表中では音素記号には//を略す）。

[eI]は両唇音，唇歯音，歯音，歯茎音，およびx，ʑ，ɦの後にのみ現われ，［φ］は舌根閉鎖音k, kh, gの後にのみ現われて相補分布をなすため，［φ］を/ei/と解釈する可能

i[i,ɿ]　u[u]　y[y,ɥ]	
a[A]　ia[iA]　ua[uA,ɥA] e[ɛ]　ie[iɛ]　ue[uɛ,ɥɛ] o[ɔ]　io[iɔ]	aʔ[ɐʔ]　iaʔ[iɐʔ]　uaʔ[uɐʔ] eʔ[əʔ]　ieʔ[ieʔ]　ueʔ[uəʔ, ɥəʔ]　yeʔ[yeʔ] oʔ[oʔ]　yoʔ[yoʔ]
ei[eI]　uei[u^{ə}I, ɥ^{ə}I] eu [ϕ]ieu[iϕ] ou[o^{u}]	
ã[æ̃]　uã[uæ̃] iẽ[iẽ] uõ[uõ,ɥõ]　yõ[yõ]	aŋ[iAŋ]　iaŋ[iAŋ]　uaŋ[uAŋ,ɥAŋ] eŋ[eŋ]　ieŋ[Iŋ]　ueŋ[u^{ə}ŋ, ɥ^{ə}ŋ]　yeŋ[y^{I}ŋ] oŋ[o^{u}ŋ]　ioŋ[ioŋ]

性も考えられる。しかし，/ei/が上の環境でなぜ［ϕ］となるかの共時的な音声学的説明を与えることは困難であるから，別の音素に該当するものとした（［ϕ］を/eu/，[iϕ]を/ieu/ とする解釈は秋谷裕幸氏の提案による）。

鼻母音の系列のうち［æ̃, uæ̃］は/ẽ, uẽ/とも解釈しうる。ここでは，[æ̃]の後の‘児’が[Aŋ]などの後と同じく低母音の［ɐ̃］となることに基づき，/ã, uã/とした。張宝珠女史の発音では［ɛ̃, iɛ̃, uɛ̃］となるから，こちらの場合は/ẽ, iẽ, uẽ/ と解釈される。

声調のなす音韻論的体系については第４節で記述した範囲内の事実に基づいてそのおおよその輪郭を素描しておきたい。

各声調のパターンを見渡すと，何音節の場合でも平声は「平調＋昇調＋降調」，去声は「昇調＋降調」，上声は「降調」が現われ，いったん降調が現われると後はすべて低平調となる。この三つのパターンも結局は「平昇降」あるいは「中高低」という基本音調に還元される。この基本音調をすべて具現した型が平声であり，第一要素を省略した型が去声で，第二要素までを省略した型が上声である。

去声では一音節，陰平・陽平①では二音節，陽平②では三音節以下の場合に末尾に自由変異として下降調が加わることがあった。これは音節数が少ないために実現できなかった基本音調が顕現したものと考えられる。そして，何音節の連続であってもそれ全体の音調は第一音節の調類によって決定されるから，各声調を特徴づける性質は単音節の声調にすべて含まれていなければならない。そこで，単音節で平・去声が伴う末尾の下降調は，音韻論的にも重要な特徴だと認められる。

さて，「平昇降」あるいは「中高低」という基本音調があって，平・上・去声の違いがそのどこから始まるかというタイミングの問題だとすると，声調の弁別特徴としては一種類の核を認め，その位置を指定するだけでよい。即ち，

	一音節	二音節	三音節	四音節
平声	/○/	/○○/	/○○○/	/○○○○/
上声	/'○/	/'○○/	/'○○○/	/'○○○○/
去声	/○'/	/○' ○/	/○' ○○/	/○' ○○○/

平声は基本音調がそのまま現われるので無標とする。上声と去声は基本音調「平昇降」ないし「中高低」の頂点の位置を核/'/ として表示する。上声は下降調から始まるので，第一音節の頭に核があるものと解釈する。去声は第一音節が上昇調で，第二音節に下降調が現われ，第一音節の末尾が頂点となるので，そこに核があるものと解釈する。何音節の連続でも弁別特徴は第一音節のみに含まれる。

なお，小文では陰陽調を声調素として対立するものと考えるので，陽調に対して低起の特徴/˪/ を立てる（陽平/˪○/ ，陽去/˪○'/）。上声に陽調が存在しない点は，低起の特徴と核/'/ が矛盾する性質のものなので同一の位置では両立し得ないのだと説明できる。

窄用式においては，第１音節が弱く発音され調値が[33:～32:]となる場合があるが，これは声の積極的な上げ下げを伴わない中性的な音調であり，弱音節にあって上声や去声の核が消去された結果，無標項が現れたものと見なされる。

杭州方言のすべての形態素は本来みな声調をもつが，広用式の第二音節以下に位置すると固有の声調は抑制され，第一音節の声調に支配される。ただし，第一音節が平声で第二音節が上声の場合，即ち陰平②と陽平③では第二音節の上声がそのまま現われ，例外的である。これは第一音節が平声で核がなく，第二音節の上声の頭部の核が顕現しやすい条件にあるためだと説明されよう。このような型の存在は平声を無核とし，上声が頭部に核をもつとする解釈をかえって支持するものである。

［謝辞］　この調査にあたりお世話になった葉光言・張宝珠両先生，北京大学・同中文系留学生工作弁公室，浙江省教育庁外事処，浙江美術学院外事弁公室，ほか内外の師友に深く感謝申上げる。

杭州方言同音字表

凡例

この同音字表では実際の音価がわかりやすいよう音声表記に近い記号を使うが，一部で音韻表記を加味する。声母では[m']と[mɦ]の系列をmなどにまとめる。ʔ，ɦ，j，ɥ はφにまとめる。また有気音はʻで表わす。表ではp，pʻ，b，m，f，v，t，tʻ，d，n，l，ts，tsʻ，dz，s，z，tɕ，tɕʻ，dʑ，ȵ，ɕ，k，kʻ，g，ŋ，x，φの順に並べる。韻母ではʮ介音をu介音の韻母にまとめる。配列順序は，ɿ，ʮ，i，u，y，A，iA，uA，ɛ，iɛ，uɛ，ɔ，iɔ，ei，φ，ui，ou，iφ，æ̃，iẽ，uæ̃，uõ，yõ，eŋ，iŋ，ueŋ，yŋ，Aŋ，iAŋ，uAŋ，oŋ，ioŋ，aʔ，iaʔ，uaʔ，əʔ，ieʔ，uəʔ，yeʔ，oʔ，yoʔ，ɐl，m̩，n̩の通り。声調は陰平１，陽平２，上声３，陰去４，陽去５，陰入６，陽入７とする。漢字は簡体字を主とするが，意味を区別するのに必要な場合は繁体字を使うこともある。漢字のない場合は□で代用し，その後に意味を［ ］で囲って示す。語によって発音の違う場合は［ ］のなかにその語を示して区別する。第二音節以降にしか現われず固有の声調が求められない字は，語中にある形を表に記す。その際その語を｛｝内に示し，かつ第一音節の声調も表示する。口語音には漢字の下に線を一本引き，文語音には二本線を引く。口語音と文語音の区別がしにくい破音字には漢字の右下に１，２などの数字をつけて区別する。

ɿ

ts　１）知蜘支枝肢资姿咨脂兹滋之芝　３）紫纸旨指子止趾址滞［停～］梓
　４）制製智至

tsʻ　１）雌疵痴嗤耻［可～，无～］　３）此　４）刺翅次齿侈｛奢～｝耻［～辱］

dz　２）池驰瓷迟慈磁辞祠持词　５）苎［～麻］滞［～销］稚痔治

s　１）斯撕施私师狮司丝思诗尸　３）死矢始　４）世势赐四肆使

z　２）匙时鲥　５）誓逝是氏豉［豆～］自示视嗜似祀巳士仕柿市侍字伺寺饲

ʮ

ts　1）猪诸诛蛛株朱硃珠殊车〔～马炮〕　3）煮主注〔～意〕举，〔～办〕

4）驻註著蛀铸注〔～射〕

tsʻ　1）□〔～～儿，‘蟋蟀’〕　3）褚〔姓〕暑鼠处取娶

dz　2）厨徐除渠瞿　5）住柱

s　1）梳疏书舒输〔～赢〕

z　2）如儒　3）蕊〔～头〕乳汝　4）薯｛番～，红～｝　5）竖树

i

p　1）屄　3）比臂　4）闭秘庇陛

pʻ　1）批披　3）譬　4）屁

b　2）皮疲脾琵　5）敝弊币毙被避鄙痹

m　1）□〔小孩吃得很慢〕　2）迷弥觅眉　3）米尾

f　1）非飞妃匪〔～徒〕　3）翡榧　4）废肺费痱〔～子〕

v　2）维惟唯肥微　3）尾　5）未味谜〔～儿〕

t　1）低爹　3）底抵帝

tʻ　1）梯　3）体　4）替涕〔鼻～〕剃屉〔抽～〕

d　2）堤题提蹄啼　5）弟第递地

n　2）泥倪宜〔适～〕仪尼疑拟　3）你　5）艺谊义议腻

l　2）犁黎离篱梨狸　3）礼厘李里裏理鲤　5）例厉励丽隶荔利痢吏

tɕ　1）鸡饥肌几〔茶～〕机讥基　3）姐挤几〔～个〕　4）祭际借济剂计继系〔～鞋带〕寄季既己｛自～｝，〔天干〕纪计稽｛滑～｝，〔姓〕几〔～乎〕冀鲫

tɕʻ　1）妻溪欺　3）启企起砌岂　4）契器弃气汽且〔而～〕去

dʑ　2）齐脐奇骑其棋期旗茄斜　5）荠技妓祈忌谢

ȵ　3）□〔～线，‘针’〕

ɕ　1）西栖犀牺希稀熙嬉些　3）写洗喜　4）细婿系〔连～〕係戏

ɸ　1）倚伊衣依医暋以〔～前〕　2）移姨饴携夷爷宜〔便～〕　3）野已椅

4）忆亿意毅已〔～经〕以〔～为〕蚁｛蚂～｝　5）夜易〔交～，容～〕肄〔～业〕异

u

p　3）补谱佈　4）布

pʻ　1）铺［～设］　3）普浦　4）铺［～子］破

b　2）蒲菩婆　5）部簿步埠捕

f　1）夫肤敷俘孵麸　3）府［～绸］腑｛肺～｝甫斧　4）富副付赋傅赴讣脯｛胸～｝俘府［～上］俯辅

v　2）扶抚芙

t　3）赌妒躲堵肚［～子，‘猪肚’］

tʻ　3）土妥　4）吐［～痰］兔唾

d　5）镀

n　2）奴　3）努　5）怒

l　1）罗［～嗦］　2）庐炉芦鸬驴　3）鲁橹卤裸虏｛俘～｝卵［鱼子］5）路赂露鹭

ts　1）租　3）祖组阻左佐

tsʻ　1）粗初搓莝　3）措楚

dz　2）锄

s　1）苏酥蓑梭疏　3）数［动词］锁琐　4）素诉塑蔬数［名词］漱唆｛罗～｝嗽

k　1）锅戈蜗姑孤　3）果裹古股鼓故［～事］固估　5）过雇顾故

kʻ　1）枯箍　3）苦　4）库裤

x　3）火伙虎浒斧　4）货

ɸ　1）乌巫诬　2）吴吾蜈梧胡湖狐壶葫胡［～须］舞无　3）五伍午武　4）污坞［梅家～，杭州地名］鹉［鹦～］　5）卧祸户沪互护务雾贺误悟戊妇负阜父腐侮附符

y

tɕ　1）居拘　4）据锯句举$_2$［～手］

tɕʻ　1）蛆趋枢区驱　4）趣去

dʑ　5）序叙绪署巨拒距聚俱具惧储渠

ȵ　3）女

ɕ　1）靴墟虚嘘须鬚需　3）许输｛运～｝　4）絮｛绵～｝恕｛宽～｝

ɸ　1）淤宇于［姓］　2）鱼渔余馀愚虞娱吁迂盂榆逾　3）雨羽语椅　4）芋　5）御禦与誉预豫禹愈遇寓喻裕愉于

a

p　1）巴芭疤　3）把　4）霸坝爸

pʻ　4）怕帕

b　2）爬耙［～子，～地］　4）琶｛琵～｝杷｛枇～｝　5）罢稗

m　1）蚂马［～马虎虎］　2）麻麻［～痹］　3）马码　4）妈｛姆～｝　5）骂

t　3）打

tʻ　1）他

d　5）大

n　2）拿挪

l　1）拉　3）哪　5）□［‘在’］

ts　1）渣　4）炸诈榨蔗｛甘～｝

tsʻ　1）叉杈差［～别］钗　3）□［‘撕’］　4）岔

dz　2）茶搽查　4）楂｛山～｝　5）□［‘泻肚子’］

s　1）沙纱洒傻　3）耍$_1$　4）啥

k　4）尬｛尴～｝

kʻ　1）揩　3）卡［～片］咖［～啡］□［‘卡在嗓子里’］

g　4）茄｛番～｝

x　1）蛤［～蟆］

ia

tɕ　1）家加嘉傢佳　3）假［真～］　4）假［放～］架驾嫁稼价

dʑ　2）邪瘸斜　4）茄｛番～｝

ȵ　3）□［‘沾上’］

ɕ　1）虾［鱼～］　3）写$_2$　4）泻卸

ɸ　1）丫　2）霞耶　3）雅哑亚$_1$鸦［～片，～雀无声］厦｛大～｝　4）亚$_2$

5）厦〔～门〕下〔底～，～降〕夏〔姓，春～〕

ua

ts　1）抓爪

s　3）耍$_2$

k　1）瓜　3）寡　4）挂卦

kʿ　4）跨夸垮

x　1）花　4）化

ɸ　1）划〔～船〕蛙洼　2）华〔～山，姓〕铧桦　3）瓦〔名词〕　5）画话

ɛ

p　3）摆　4）拜

pʿ　4）派

b　2）排牌排〔筏〕　5）败

m　2）埋　3）买　5）卖

t　4）戴带

tʿ　1）胎　4）态太泰苔〔舌～〕

d　2）台苔抬　5）待怠代袋贷

n　1）奶〔～奶，‘乳汁’〕　3）乃　4）奶〔～奶，‘祖母’〕　5）耐奈

l　2）来　5）赖癞

ts　1）灾斋栽　3）再宰载　4）债者〔或～〕

tsʿ　1）猜差〔出～〕　3）彩采睬灿　4）菜蔡

dz　2）才材财裁纔豺柴　5）在寨

s　1）腮鳃筛　4）晒赛$_1$

k　1）该　3）改概溉〔灌～〕　4）盖丐

kʿ　1）开凯〔～旋〕慨〔慷～〕　3）慨凯〔～歌〕

g　5）□〔‘靠’〕

ŋ　2）呆〔～子，～板〕

x　3）海

ϕ　1）哀　2）孩　4）爱艾　5）亥碍害

iɛ

tɕ　1）阶街皆　3）解　4）介界芥疥届戒

tɕʻ　1）揩　3）楷

dʑ　5）懈

ɕ　3）蟹

ϕ　1）挨［‘推’］　2）鞋涯崖埃　3）也矮　4）械｛机～｝

uɛ

s　1）衰摔　4）率［～领］赛帅

k　1）乖　3）拐　4）怪

kʻ　4）快筷蒯

ϕ　1）歪　2）怀槐淮　5）外坏

ɔ

p　1）包胞　3）保堡宝饱　4）报豹爆［烹调方法］

pʻ　1）抛　4）泡炮

b　2）袍跑　5）抱暴鲍刨［～地］爆［～炸］刨［～子］雹曝瀑

m　1）□［～豆儿，‘婴儿’］　2）毛茅猫锚矛　3）卯　5）冒帽貌

t　1）刀　3）祷岛倒［打～］　4）到倒［～水］

tʻ　1）滔叨　3）讨　4）套

d　2）掏桃逃淘陶　4）萄｛葡～｝涛｛波～｝　5）道稻盗导

n　1）挠［～头皮］　3）脑恼　5）闹

l　1）捞　2）劳牢涝唠　3）老

ts　1）遭糟找昭朝［今～］招沼［～气］　3）早枣澡蚤｛跳～｝　4）灶罩照

tsʻ　1）操抄超　3）草钞［～票］炒吵　4）糙［～米］躁

dz　2）曹槽朝［～代］潮韶　5）赵兆召邵

s　1）梢捎烧稍潲［～进来］臊　3）扫［～地］嫂少［多～］　4）扫［～帚］少［～年］潲［～雨］

z　2）饶挠［百折不～］　3）扰　5）皂造绍

k　1）高膏篙羔糕蒿　3）稿搞　4）告

kʻ　3）考　4）靠烤

g　2）□［‘～し终る’］

ŋ　2）熬　5）傲

x　1）□［‘火腿臭’］蒿［～菜］　3）好［～坏，～客］　4）耗

φ　1）坳袄{绵～}　2）豪壕毫　3）□［‘掰手指’］　4）袄$_1${绵～}懊奥　5）浩号傲

iɔ

p　1）彪膘［肥～］标　3）表表［钟～］　4）□［‘不要’的合音］

pʻ　1）飘　3）漂［～亮，～白］　4）票

b　2）瓢嫖

m　2）苗描渺　3）秒藐［～视］　5）庙妙谬

t　1）刁雕貂　4）钓吊

tʻ　1）挑　4）跳粜

d　2）条调［～和］　5）掉调［音～，～动］

l　2）燎廖疗$_2$［～效］　3）了了［～解］　5）疗$_1$［～养］料

tɕ　1）交郊胶教［～书］狡焦蕉椒骄娇浇缴　3）饺绞搅　4）较觉［睡～］叫

tɕʻ　1）敲锹俏　3）巧

dʑ　2）巢樵瞧乔侨桥荞剿　5）轿

ɲ　3）鸟　5）绕［围～］

ɕ　1）消宵霄硝销嚣萧箫　3）小晓　4）孝酵笑鞘［刀～］

φ　1）妖邀腰要［～求］吆幺　2）摇淆谣窑姚尧　3）咬侥　4）舀要［想～］　5）效校［学～］耀鹞［～鹰］

e i

p　1）蓖［～麻］杯碑卑彼$_2$［～德大帝］悲　4）贝辈背彼$_1$［～此］

pʻ　1）胚丕　3）剖｛解～｝　4）沛配

b　2）培陪赔裴　5）倍佩背［～诵］焙备婢

m　2）梅枚媒煤楣霉谋眉媚　3）每美　5）妹昧茂贸

f　3）否

v　2）浮　5）负

t　1）堆兜　3）斗抖　4）对斗［～争］

tʻ　1）推偷　3）腿透［～明］　4）退透褪

d　2）头投　5）队兑豆逗

n　5）内

l　2）雷楼　3）搂累［～积］篓屡垒　4）儡｛傀～｝　5）漏陋缕类泪累［连～］

ts　1）邹周舟州洲昼　3）走帚　4）奏皱咒纣

tsʻ　1）抽　3）丑醜　4）臭

dz　1）宙｛宇～｝　2）绸稠筹仇酬骤愁柔揉

s　1）搜飕馊收　3）手首守兽叟　4）瘦

z　5）受寿授

x　3）吼　4）□［‘虹’］

ϕ　1）欧瓯　2）侯喉猴　3）藕偶呕　5）后厚後候

ϕ

k　1）勾钩沟构购　3）狗　4）够

kʻ　3）口　4）扣寇

g　2）□［‘衣服缩’］

u i

tʻ　3）腿

ts　1）遮追　3）最嘴　4）醉赘

tsʻ　1）车［马～］催崔吹炊　4）脆翠

dz　2）随垂锤谁槌髓　5）社射罪坠骤锐睡瑞粹隧穗蕊［花～］

s　1）赊虽绥尿奢　3）捨水　4）碎税舍岁赦

z　2）蛇

k　1）规龟轨归　3）鬼诡　4）会［～计］刽桂桧贵闺癸

kʻ　1）盔魁傀［～儡］亏奎　4）块

g　2）葵溃　5）跪愧柜

x　1）恢灰贿挥辉徽　3）毁悔　4）晦

ɸ　1）煨萎［买卖～］威　2）桅回茴危违围为［～非作歹］　3）委伟慰
4）喂　5）汇会［开～，～不～］绘卫惠慧为［～什么］伪魏讳纬谓蝟彙
畏位

oᵘ

p　1）波菠颇玻跛簸

b　5）薄［～荷］

m　2）魔磨［～刀］摩模［～子，～范］摹　3）某亩牡母拇　5）暮慕墓募
幕

t　1）多都［～城，～是］　3）都［～去，～好］朵

d　2）驮［～起来］徒屠途涂图鸵　5）惰杜肚［腹～，鱼～］度渡

n　4）喏［叹词，ほら］

l　2）罗锣箩螺腡骡　3）□［‘收拢’］

ts　4）做

tsʻ　4）锉错醋础｛基～｝

dz　5）坐座助

s　3）所

k　1）歌哥　4）个［～人］

kʻ　1）科窠棵颗　3）可　4）课

ŋ　2）蛾鹅俄　3）我　5）饿

x　1）呼　3）荷｛薄～｝乎$_1$｛几～｝

ɸ　1）窝　2）河何荷［～花］和［～气］蛾鹅俄　3）乎$_2$｛几～｝　5）饿

iφ

t　1）丢

n　2）牛　3）纽扭

l　2）流刘留榴硫琉　3）吕旅虑柳履缕　5）溜滤

tɕ　1）纠　3）酒久九韭灸　4）救究鸠{斑～}

tɕʻ　1）丘秋[～天，～千]

dz　2）求球囚　5）臼舅就袖旧柩柚

ɕ　1）休修羞　4）嗅秀绣锈朽宿{星～}

φ　1）幽忧优悠　2）尤邮由油游犹　3）有友又酉$_2$　4）幼　5）酉$_1$诱右佑

æ̃

p　1）班斑颁扳般　3）板版　4）扮

pʻ　1）攀　4）盼瓣襻[～儿，纽～儿]

b　2）爿　5）办

m　1）蛮[‘很’]　2）蛮　5）慢漫蔓迈

f　1）翻番　3）反　4）泛贩

v　2）凡烦矾繁帆　3）晚　4）范範犯饭万

t　1）耽担[～任]丹单[～独]旦{元～}　3）胆掸旦　4）担[～子]

tʻ　1）贪坍滩摊　3）毯坦　4）探炭叹

d　2）潭谭谈痰檀弹[～琴]诞　5）淡但弹[子～]蛋

n　2）南男难[～易，患～]

l　2）揽兰拦栏篮榄{橄～}　3）懒　4）览{展～}　5）滥缆烂

ts　1）簪　3）斩　4）蘸赞濽[‘溅’]盏{一～}

tsʻ　1）参[～加]搀惨$_1$　3）产铲惨$_2$[～然]　4）餐

dz　2）蚕惭谗馋残　5）暂站[‘立’，车～]赚栈绽[破～]

s　1）三杉衫珊山删　3）散[鞋带～了]伞　4）散疝撒[～种]

k　1）甘柑泔尴[～尬]干肝竿乾间[灶头～]　3）感敢橄杆秆[稻～]擀[～面]赶幹

kʻ　1）铅[～笔，～丝]　3）砍堪{不～设想}刊　4）看[～守，～见]嵌坎{门～}勘[～探]舰{兵～}

x　1）蚶［～子］罕$_2$［～闻］　4）喊汉罕［～见，～有］

ø　1）安鞍按$_1$庵　2）含函衔寒韩　4）暗案按$_2$［～语］　5）撼憾旱岸汗焊翰

iẽ

p　1）鞭编边蝙遍｛一～｝箯　3）扁匾　4）变遍［～身］

pʻ　1）偏篇　4）骗遍［～地］片

b　2）便［～宜］　5）辨辩便［方～］辫

m　2）绵棉眠　3）免勉缅　5）面麵

t　1）掂［～掇］颠　3）点典　4）店

tʻ　1）添天　3）舔掭［～笔］

d　2）甜田填佃　5）电殿奠垫

l　2）廉镰帘连联怜莲恋［～爱］　3）脸　5）练炼殓

tɕ　1）监尖坚兼搛艰间［空～］奸煎肩　3）减碱检襇柬拣剪茧趼毽［～子］简笺｛信～｝涧｛九溪十八～，杭州地名｝间［～断］　4）剑简［～直］箭建饯荐鉴见楝

tɕʻ　1）籤签谦迁千牵铅歼　3）浅遣舰　4）欠歉

dʑ　2）潜钳钱乾［～坤］掮前全泉键　5）渐俭践件贱羡健旋镟

ȵ　1）粘［～米，～贴］研碾　2）阎严年岩　5）验念

ɕ　1）仙鲜轩先宣喧　3）险癣显选宪［～法］献［～花］　4）苋［～菜］线

ø　1）淹阉烟嫌蔫［食物不新鲜，褪色］腌　2）咸咸［～菜］炎盐檐闲颜涎言贤弦沿　3）眼演　4）雁晏堰燕咽宴掩厌砚　5）陷馅艳焰限谚现县

uæ̃

k　4）掼［‘扔’］

uõ

p　1）搬　4）半

pʻ　1）潘　4）判

b　2）盘　5）伴拌绊扳

m　2）瞒馒　3）满

t　1）端　3）短　4）断［决～］锻

tʻ　4）□［‘脱落’］

d　2）团糰　5）断［～绝］段缎

n　3）暖

l　3）卵［～丸儿，‘睾丸’］　5）乱

ts　1）沾钻［动词］专砖展$_{1}$［～览］　3）转［～眼］　4）瞻占展$_{2}$［～开］
战颤钻转［～螺丝］

tsʻ　1）窜氽川穿喘篡［～夺］　4）串

dz　2）传［～达，～记］椽　5）缠

s　1）酸拴闩　3）陕闪煽［～动］　4）扇算蒜扇［～风］

z　2）然燃蝉禅冉船　3）染　5）善膳单［姓］篆

k　1）官棺观［参～，寺～］冠［～军］关　3）管馆　4）贯灌罐惯

kʻ　1）宽款$_{2}$［～待］　3）款$_{1}$

g　2）环

x　1）欢　4）唤焕宦□［‘甩’］

ɸ　1）弯湾　2）玩顽还［～原，～有］腕｛手～头｝　3）豌豌［～豆］缓
皖碗挽宛　5）换幻患

yõ

tɕ　1）捐　3）捲　4）眷卷绢

tɕʻ　1）圈［圆～，猪～］　3）券犬　4）劝

dʑ　2）拳权颧［～骨］　5）倦

ȵ　3）软染

ɕ　4）楦［鞋～］

ɸ　1）冤　2）圆员缘元原源袁园援玄悬渊　3）远阮　4）怨　5）院愿

eŋ

p　1）奔　3）本

p' 1）喷［～水，～嚏］烹　3）喷［～香］

b　2）盆　5）笨

m　1）闷［～声不响，天气～］　2）门盟　5）闷［天气～］

f　1）分纷　3）芬粉愤［～怒］奋　4）粪

v　2）焚坟文纹蚊闻　5）份问璺［裂～］

t　1）敦墩登灯蹲　3）等　4）顿扽瞪凳

t' 1）吞

d　2）屯豚饨腾誊藤疼澄　5）臀囤盾钝邓

n　2）能　5）嫩

l　2）仑伦沦轮　3）冷　5）论

ts　1）针珍真诊肫［～肝］曾［姓］增憎征蒸争筝静贞侦正［～月］　3）枕疹振$_2$［～作］整　4）镇证症正政振$_1$［～兴］

ts'　1）称［～呼］参［～差］逞趁［～机，～早］　3）□［～答答，撒娇的样子］　4）秤

dz　1）塍｛田～｝　2）沉陈尘臣存曾［～经］层乘承丞仍呈程成城诚盛［～满了］惩橙澄$_1$　5）阵剩郑盛［兴～］赠

s　1）森参［人～］深身申伸僧升生牲笙声　3）沈审婶省［～长，节～］　4）胜［～任，～败］圣

z　2）壬神辰晨人仁唇绳　5）葚［桑～］甚任纫刃认韧

k　1）跟根更粳庚羹耕耿梗埂｛田～｝　4）更

k'　3）垦恳啃肯

ŋ　5）硬

x　3）很亨

ϕ　1）恩　2）痕恒衡　5）恨

iŋ

p　1）宾槟冰兵殡　3）禀秉饼并［动词，～拢来，合～］鬓彬［～～有礼］丙　4）柄

p'　1）拼　3）品聘［～请］　4）姘

b　2）贫凭平坪评瓶屏萍频　5）病并

m　2）民明名萌鸣铭　3）闽悯皲皿　5）命

tʻ　1）听厅　2）艇｛潜水～｝　3）挺

d　2）亭停廷庭蜓　5）锭定

n　2）任［姓］吟银宁凝迎$_2$［菩萨～会］壬　5）宁［～可］吝另

l　1）拎　2）林淋临邻麟磷陵凌菱灵零铃伶翎　3）领岭　5）令另

tɕ　1）今金襟津巾筋茎京荆惊精晶睛经锦$_2$［～鸡］　3）紧锦$_1$［～旗，～上添花］谨景井颈竟［～然］　4）浸禁［～止，～不住］进晋俊浚［～河］警敬镜径锦$_3$［～标］境竟

tɕʻ　1）亲清轻青蜻钦$_2$［～差大臣］倾　3）请卿｛国务～｝　4）庆顷侵寝揿［‘按’］亲［～家］钦$_1$［～佩，～仰］

dʑ　2）寻琴禽擒秦勤芹循巡情晴鲸　5）尽近竞静靖净仅劲

ɕ　1）心辛新薪欣兴［～旺］星腥　3）醒擤省［～悟］荀［～子］迅$_2$鲜｛挑～｝　4）信讯兴｛高～｝性姓迅$_1$

ɸ　1）音阴荫因姻殷应［～当］鹰莺鹦樱婴缨尹荫窨［～井］　2）萤淫寅行［～为，品～］蝇迎盈赢形型营颖　3）饮引隐影　4）饮［～马］印熨应［～付］映泅　5）幸杏

u e ŋ

ts　1）尊遵　3）准準

tsʻ　1）村椿春蛏［～子］　3）蠢　4）寸

s　1）孙狲　3）损笋榫　4）渗逊舜

z　2）纯醇莼　3）忍　5）肾顺润闰慎

k　3）滚　4）棍

kʻ　1）昆崑坤　3）捆困［～境，～难］　4）困［～苦］

x　1）昏婚荤

ɸ　1）温瘟　2）魂浑馄　3）稳　5）混

y ŋ

tɕ　1）均钧君军　3）窘菌

dʑ　2）群裙琼旬　5）郡

ȵ　3）吮

ɕ　1）熏勋薰　4）殉训

ɸ　2）匀云雲　3）允吮　5）韵运晕孕

aŋ

p　1）帮浜　3）榜绑邦［～交］　4）谤｛诽～｝

p'　4）胖

b　2）旁庞螃彭膨防　5）棒蚌碰

m　2）忙芒茫盲虻　3）莽蟒

f　1）方芳妨　3）纺仿彷访　4）放肪｛脂～｝

v　2）房防忘［～记］亡　3）网　5）妄望

t　1）当［～时，～作］　3）党挡　4）当［典～］

t'　1）汤　3）倘躺　4）烫趟

d　2）堂棠唐螳糖塘　5）荡

n　2）囊瓤

l　2）郎廊狼螂　5）朗浪

ts　1）赃脏张章樟　3）长［生～］涨掌　4）帐账胀障瘴仗［打～］

ts'　1）仓苍疮昌菖撑窗　3）厂畅倡［～议］创　4）唱掌［椅子～儿］

dz　2）藏［隐～］长［～短］肠场常偿　5）藏［西～］脏丈杖

z　2）尝瓤　4）裳｛衣～｝　5）尚上［～山，～面］壤嚷让

k　1）冈岗刚纲钢缸扛［两个人抬东西］豇［～豆］　3）港［～口］　4）杠哽

k'　1）康糠坑扛［一个人抬东西］　2）炕｛火～｝　3）慷抗　4）囥［～起来，‘贮藏’］

g　5）□［‘卡在嗓子里’］

ŋ　5）硬

x　1）夯

ɸ　1）肮［～脏］　2）行［银～，～列］航杭　5）项

iaŋ

l　2）良凉量［动词］粮粱粱　3）两［～个，几～几钱］　4）辆｛车～｝5）亮谅量

tɕ　1）将［～来］浆疆僵薑缰江　3）蒋奖桨讲姜　4）酱将［大～］降［下～］

tɕʻ　1）枪腔　2）强｛勉～｝　3）抢

dʑ　2）墙详祥强　5）象像橡匠

ȵ　2）娘　3）仰　5）酿让

ɕ　1）相［互～］箱厢湘镶香乡　3）想鲞响向₂［～往］饷　4）晌［～午］相享向₁

ɸ　1）央秧殃　2）羊洋烊杨阳扬疡降［投～］　3）养痒　5）巷样

uaŋ

ts　1）庄装桩　4）葬壮

tsʻ　1）窗　3）闯

dz　2）床　5）状撞

s　1）桑丧［～失］霜双孀商伤　3）爽赏嗓

k　1）光　3）广　4）逛

kʻ　1）匡筐　4）旷矿况₁｛情～｝

g　2）狂

x　1）荒慌　3）谎晃况［～且］　4）况₂｛情～｝

ɸ　1）汪　2）黄簧皇蝗王横［～直］　3）枉往　5）旺横［～财］

oŋ

p　1）崩

pʻ　1）碰　3）捧

b　2）朋蓬篷棚

m　2）蒙　3）猛懵［～懂］　5）孟梦

f　1）风枫疯丰讽封峰蜂锋　4）□［‘污垢’］□［‘脏’］

v　2）冯逢缝［～衣服］　5）凤缝［一条～］奉

t　1）东冬　3）董懂　4）冻栋

tʻ　1）通捅　3）桶统　4）痛

d　2）同铜桐筒童瞳洞［～房］　5）动洞$_1$

n　2）侬［上海话］戎脓绒［～毛］农　5）糯

l　2）笼聋隆龙　3）拢垄　5）弄

ts　1）棕鬃［马～］宗中［当～］忠终踪钟盅锺纵　3）总综种［～类］肿
4）粽中［～毒］众种［～树］

tsʻ　1）聪匆葱囱充从［～容］冲舂　3）宠

dz　2）丛虫崇从重［～复］茸　5）仲重［轻～］诵颂

s　1）松　4）送宋

k　1）公工蚣攻功弓躬宫恭巩［～固］汞｛红～｝　3）拱　4）供［～给，～养］贡

kʻ　1）空［～虚］　3）孔控恐　4）空［～缺］

g　5）共

x　1）轰烘　3）哄［～骗，起～］

φ　1）翁瓮　2）虹弘宏红洪鸿

ioŋ

dʑ　2）穷

ȵ　2）绒浓农

ɕ　1）兄胸凶兇　4）嗅

φ　2）荣熊雄融容蓉熔庸　3）永泳咏雍拥勇甬［～道］涌壅　5）用

aʔ

p　6）八百柏伯檗［黄～］

pʻ　6）泼迫拍$_1$魄擘［用手～开］泊

b　7）拔勃钹

m　7）抹袜$_1$没［沉～，～有］陌麦脉

f　6）法发［头～，出～］

v　7）乏袜$_2$

t　6）答搭

tʻ　6）塔塌濑［水～］榻

d　7）踏达

n　6）那　7）纳捺

l　6）□［～答木，‘最后’］□［‘那’］　7）腊蜡镴辣瘌肋勒劣$_2$

ts　6）扎［用针～］眨扎［捆］酌窄摘

tsʻ　6）插擦察拆策册

dz　7）杂什［～物］着

s　6）萨杀瑟栅

z　7）闸若石铡弱

k　6）合［十～一升］蛤［～蜊］鸽割葛格革隔

kʻ　6）磕渴刻［时～，用刀～］克客咳叩［～头］

g　7）轧夹搿

ŋ　7）额

x　6）吓喝喝［～采］黑赫

ɸ　6）阿［～胶，～哥］　7）合盒核［审～］骇

iaʔ

l　7）猎略掠

tɕ　6）袷甲脚觉［～得，～悟］

tɕʻ　6）雀鹊却恰

dʑ　7）爵嚼

ȵ　7）虐疟捏匿笠

ɕ　6）瞎削辖

ɸ　6）鸭押压约抑　7）狭峡洽协药钥岳狱乐学跃

uaʔ

s　6）刷$_2$

k　6）刮刮括

x　6）豁

ɸ　6）挖　7）滑猾划

eʔ

p　6）钵拔不

m　7）末沫默

f　6）勿

v　7）佛物

t　6）得德

d　7）突特

l　7）肋劣

ts　6）折［～叠，～断，弄～了］褶执汁哲浙质则织职责只炙

ts'　6）彻撤测赤斥尺出侧

dz　7）侄秩贼殖植直值涉泽择宅

s　6）摄涩湿设失室塞色啬识式饰适释

z　7）十拾入舌实日食蚀蛰［惊～］

k　6）□［'这'］

ɸ　6）蔼扼

ieʔ

p　6）鳖笔毕必逼碧璧壁秕憋［闷］

p'　6）撇匹僻劈辟

b　7）别［区～，离～］弼枇［～杷］鼻憋［～气］

m　6）□［'用螺丝刀拧'］　7）灭篾［竹～］密蜜

t　6）跌的滴嫡

t'　6）帖贴铁踢剔

d　7）叠碟牒蝶谍笛敌狄籴

n　7）业孽逆聂镊

l　7）立粒列裂烈栗律率力历曆

tɕ　6）接急级给揭节结洁吉即戟积迹脊绩击激髻

tɕ'　6）妾劫怯缉［～鞋底］辑泣切［～开］七漆讫戚

dʑ　7）捷集习袭及杰截绝疾极剧〔戏～，～烈〕籍藉〔狼～〕席夕寂

ɕ　6）胁吸薛泄歇蝎屑〔木～〕雪悉膝戌息熄媳惜昔锡析

φ　6）揖〔作～〕噎乙一益隘　7）叶页逸亦译液腋

ueʔ

ts　6）卒

s　6）涮说虱刷$_2$

z　7）热术〔白～〕術述

k　6）骨

kʻ　6）阔扩

φ　6）□〔～杀，‘溺’〕□〔‘家’，「いえ」〕　7）活核$_2$

yeʔ

tɕ　6）决诀桔菊厥

tɕʻ　6）缺屈曲

dʑ　7）掘倔逐轴局镯

ɕ　6）血恤蓄畜〔～牧〕

φ　7）悦阅月越日粤穴欲〔食～〕玉狱浴

oʔ

p　6）博剥驳北卜

pʻ　6）朴扑仆〔～倒〕拍$_2$〔～照相〕

b　7）薄仆

m　6）摸　7）莫膜寞墨木目穆牧

f　6）福幅蝠复〔～杂，～兴〕腹覆釜

v　7）缚服伏

t　6）笃督陡啄

tʻ　6）脱託托秃蜕

d　7）夺踱独读毒铎

n　7）□〔语气词〕

l　7）落烙骆洛络乐鹿禄六陆绿录

ts　6）作卓桌捉竹筑祝粥足烛嘱

tsʻ　6）撮戳畜〔～生〕促触

dz　7）昨浊族俗续赎蜀属

s　6）蟀索速肃宿缩叔粟束

z　7）凿勺熟淑肉琢

k　6）个〔一～〕各阁搁郭角榖谷

kʻ　6）廓哭酷壳

x　6）忽郝霍

ϕ　6）恶〔可～，善～〕握屋　7）获沃鄂鹤

yoʔ

tɕ　6）角$_2$□〔‘这’〕

tɕʻ　6）确吃乞缺$_2$

ȵ　7）玉〔～蜀黍，‘玉米’〕□〔‘揉’〕

ϕ　6）郁育　7）域疫役浴玉〔～米〕

al

ϕ　2）儿而　3）耳饵｛诱～｝　4）二贰

m̩

1）姆〔～妈，‘妈妈’〕　3）姆｛叔巴～，‘妯娌’｝

n̩

4）姆〔～娘〕

方言の通事的考察

粤語変音の起源

遠　藤　光　暁

1．はじめに

粤語は主に広東省・広西壮族自治区に分布する中国語の一大方言群であり，その中では広州方言が代表的地位にある。

広州方言には声調交替によってある特定の意味が表わされる現象があり，その際に現れる声調を伝統的に「変音」と呼んでいる。例えば「糖」[tʻɔːŋ] は元の声調である陽平［21：］では「砂糖」という意味だが，声調が「変音」［25：］になると「飴」という意味になる。この交替は音声的に条件づけられたものではなく，個別の語に起こり特定の意味を伴う形態論的な性質のものである。

類似現象は粤語諸方言のうち博白・信宜・玉林・容県・台山・増城などにも見られる。しかし，他の多くの中国語方言には変音が存在しないから，なぜ粤語には変音があるのかが問題となる。小文では粤語の変音の歴史的起源を求め，そこから現代への変化過程を跡づけてみたい。

2．広州方言の変音の性質

まず，粤語の中で最も記述が進んでいる広州方言の状況を見よう。

広州方言の声調は Chao 1947 によると陰平55：，53：，陽平21：，陰上35：，陽上23：，陰去33：，陽去22：，上陰入5：，下陰入33：，陽入2：，22：と記述されている。私は陰上は始点が陽上の始点や陽去と同じで，24：であり，陰平の下降調は52：だと考える。(1) 以下ではこの修正を加えた調値を用いる。このうち陰平はふつう下降調だが，後ろに陰平または上陰入（つまり5：で始まる声調）が続く場合には高平調になる。即ち，52：＋52：→55：＋52：，52：＋5：→55：＋5：。

さて，変音には高平変音と上昇変音の二種類がある。高平変音は，Chao 1947 (p. 34) は陰平の高平調と同じ55：としているが，黄1940，饒1981などは陰平の高平調よりもやや高いとする。高平変音は主に陰平に由来するが，上の連読変調規則にあてはまらない場合でも現れ，陰平下降調と対立をなすので，独立の声調素とすべきである。(2) ほか，陰平以外の声調が高平変音に交替することもあるが，この高平変音は来源も意味も異なるので，区別して取扱った方がよかろう。

上昇変音は Hashimoto 1972 や李 1978 のように陰上と同じだとされることが多いが，両者が異なるとする記述もある。Chao 1947 (pp. 34-35) は上昇変音が長い上昇調［25：］だとし，陰平と上陰入以外の声調は上昇変音に交替しうるが，陰上［35：］（私見では［24：］）は音価が類似しているため上昇変音になることが少ないという。また，陰去［33：］からの上昇変音を長い［35：］と発音する人も少数いるという。これに対して Barnett 1950 (p. 741) は陰上が上昇変音となることもあるといい，普通の陰上は滑らかに上昇するが，陰上に由来する上昇変音は始めが長く引伸ばされその後で速やかに上昇すると図示している。Whitaker 1956 (pp. 193-194) は上昇変音をもとの声調の終わりに5：がついたものとし，それぞれ335：，225：，105：のように標記している。Kao 1971 (p. 82, p. 100)も，上昇変音は低い音域で長くとどまり，やや下降することすらあり，この上昇する前の部分に強めと母音の引伸しを伴うという。(3)

これによるなら，高平変音は52：を55：に変え，上昇変音はその声調の末尾を最高の高さ5：まで上昇させることであるから，変音の音声的特徴は音節の末尾を5：にすることだと概括される。すると変音は形態論的には book-sのような付加的形態素と考えられ，そこで Chao 1959 などは変音を一種の語尾だとしている。一方，高平変音が陰平の高平調と，上昇変音が陰上とそれぞれ同じ音価をもつとしたら，変音は feet (← foot) のような交替的形態素だということになる。この二つのタイプは，記述者の主観の相違だけによるものではなく，広州方言の内部にこのような異なった派が客観的に存在する可能性がある。

広州方言の変音の用法については，黄1940, Chao 1947, Whitaker 1955, 宗1964, 張1969, Hashimoto 1972, Kam 1977, 饒等1981などが詳しく記述している。ここではその代表的な用法を他の方言との比較の便も考慮して次のように分類する：(4)

A．名詞（多音節名詞ではふつう最後の音節が変音になる）

1．指小（小さいもの・愛らしいもの・なじみ深いものなどを表わす）
"眼鏡*" (cf. "望遠鏡"), "馬車°" (cf. "火車"), "女*"「娘」(cf. "女"「女」), "男人*"「夫」(cf. "男人"「男」), "郵局*" (cf. "当局") など。この項目に属する単語は大変多いが，変音となるか否かは語彙的習慣によって決まっており，派生規則は見出せない。変音になると「女」→「娘」，「男」→「夫」のように意味が特定化されることも少なくない。

2．軽視したニュアンスを付与する
"横門*"「通用門」(cf. "大門"「正門」), "靚°仔"「遊び人」(cf. "靚"「きれいな」)など。

3．呼称
a．"亜"＋姓　"亜陳*", "亜葉*", "亜張°" など。
b．"亜"＋排行　"亜二*", "亜五*", "亜三°" など。
c．"亜"＋名前の最後の字　"亜芳°", "亜雲*" など。

B．名詞化

1．動詞＋変音→名詞　"話"「話す」→ "話*"「話し」
2．形容詞＋変音→名詞　"黄"「黄色い」→ "黄*"「卵の黄味」
3．量詞＋変音→名詞　"架"「量詞」→ "架*"「枠組」

C．形容詞

1．単音節：形° (逆の意味になる。但し "㗎甘" など別の要素が必要)
"㗎甘長°"「こんなに短い」，"㗎甘大°"「こんなに小さい」など。
2．重ね型：形＋形*＋"地" (やや〜)
"紅紅*地"「やや赤い」，"熱熱*地"「やや熱い」など。
3．重ね型：形*＋形 (とても〜)
"紅*紅"「とても赤い」，"圓*圓"「まんまるの」など。
4．重ね型：形＋形*→副詞
"漫漫*"「ゆっくりと」，"新新°"「新しく」など。

D．動詞

1．重ね型（ちょっと〜する）
"吹°吹"「ちょっと吹く」，"坐*坐"「ちょっと座る」など。
2．完了を示す
"去*"「行った」，"食*"「食べた」など。

以上を通覧するとわかるように，名詞に関する変音の用法は北京方言の接尾辞"児"とよく一致する。A 1については，Chao 1959 は100語程度を調べたうち60％位が広州・北京で同じ語根に付くという。(5) A 2については，北京にも例えば"小官児"のように軽視のニュアンスを付加する用法がある。A 3については，北京でもaに相当する"小劉児""小董児"，bに相当する"小三児""小五児"，cに相当する"小文児""小秀児"などの用法がある。Bの名詞化は，北京の"児"の主な機能の一つでもある (Chao 1968, pp. 231 - 237 参照)。ほか，C 4 (形＋形*→副詞) は北京でも第2音節が児化する。

しかし，広州方言の変音と北京方言の“児”とは音声相が極めて異なるから，このままであれば同じ機能をもつ別の語に過ぎないということになろう。だが，広州方言も含む粤語の変音が意味的に“児”に類似するだけでなく，歴史的にも正に“児”に由来することを示す徴証がある。(6)

3．博白方言の変音

その手がかりは広西の博白方言に見られる。王1928によると博白方言の声調は次の通り：(7)

陰 平	5553	陰 上	3333	陰 去	4--2	急陰入	444	緩陰入	3333
陽 平	2342	陽 上	2223	陽 去	2111	急陽入	222	緩陽入	2223

更に北京の陽平にほぼ類似する「変調」が一種あり（調値は35：のような高昇調と考えてよかろう），「幼少」の意味を表わすという（即ち変音のことである）。

博白方言の変音の用法は広州方言とほぼ同じである (Wang 1932, pp. 71-78 による)：

A 1．指小（博白では“小さい～”という意味を明瞭に付け加える）
“猫” meo 陰平「猫」→ meo 変音「子猫」，“弟” t‘ae 陽上「弟」→t‘ae 変音「小さな弟」など。

A 2．軽視 “伯” pak 緩陰入「伯父」→“村頭阿伯” paŋ 変音「田舎者」（王1928，1563頁の例）

A 3．呼称 a．“阿王” a 陰上 uaŋ 変音，
b．“阿二” a 陰上 nin 変音

C 2．「ちょっと～」“細細” sae 陰去 sae 変音，“狭狭” kiep 緩陽入 kiem 変音

C 3．「とても～」“短短” tun 変音 tun 陰上，“熱熱” nit 変音 nit 緩陽入

C 4．“好好行” hœu 陰上 hœu 変音 haŋ 陽平
——命令文
〃 hœu 変音 hœu 陰上 haŋ 陽平
——描写文

D 1．「ちょっと～する」“学学” hak 緩陽入 haŋ 変音(8)

ほか，幼児語として“水” ʃui 変音（普通は ʃui 陰上）などの用法もある。項目B，C 1，D 2に相当する用法に関する記述はない。なお博白では陰平も他の声調と同じ変音に交替する。

以上の挙例からもわかるように，博白方言では入声が変音になると，“盒” hɔp 緩陽入→hɑm 変音，“筆” pɑt 急陰入→pɑn 変音，“鹿” lœk 緩陰入→loŋ 変音，のように無声閉鎖音韻尾が同部位の鼻音になる。さらに，“壺” u → un，“鵝” ŋo→ŋɑn，“爺” ie→ien，“猪” tʃ̬i→tʃ̬in のように韻尾のない音節が変音になると，韻尾に -n がつけ加わる。その他の場合，即ち母音韻尾または鼻音韻尾をもった音節は声調が交替するだけである。このような条件下で鼻音が現われるのは何故であろうか。

4．“児”の縮約と変音

この鼻音化は，かつて当該音節の後に鼻音声母をもつ音節が後続していたと仮定しなければ説明が困難である。(9) そして，そのような条件を持った後続音節としては，意味的・音声的に言って“児”（博白の音価は ［ɲi 陰平］(10)）が最もふさわしい。(11) これは既に Simon 1935 が指摘する所である。しかし，博白方言の変音が“児”に由来すると主張するためには，もう一つの重要な側面である音調の成立過程が説明できなければならない。この点も含めた博白方言の変音の形成過程は次のように推定されよう：

もと博白方言には指小接尾辞“児” ［ɲi 陰平］があったが，このような虚詞は文法的意味を担うだけで実義がなく，しかも頻度が高いので，ぞんざいな発音をしても了解可能であり，音声的に弱く発音される傾向がある。そこで，この弱ストレスの方の“児”は通時的にも弱化してそれ自身で音節を成さなくなり，直前の音節に融合した形になった。(12) 前の音節が-p, -t, -k の場合は，“児” ɲi の鼻音声母の逆行同化により同部位の鼻音-m, -n, -ŋ となり，(13) 前の音節が韻尾をもたない場合は ɲi の声母が前の音節の韻尾となった（但し ɲ は博白では韻尾に立たないので類似の

-n となった)。前の音節が鼻音韻尾で終わる場合はすでに鼻音なので変えようがなく，前の音節が母音韻尾で終わる場合には割込んでいく余地がないので鼻音韻尾とならなかった。変音の音調については，博白方言では“児”は最も高い始点をもつ陰平で，これが前の音節の末尾に付加されると，博白のすべての声調は末尾が 4 以下の相対的に低い音高なので高昇調となる。この末尾の音調が“児”の音形として独立の声調と認識され，元の声調にとってかわるようになると，現在の形の変音となる。

さて，広州方言の変音は，鼻音化は伴わないものの，(14) 博白方言とほぼ同一の性質をもつからやはり同じ起源をもつことがこれにより示唆される。現に同じ Simon 氏によって，広州方言に対しても類似の説が出されている (Simon 1953, pp. xx-xxi)。それによると，もと“児”は現在“乞児” [hat 5 : i : 55 :], “猫児” [ma : u 55 : i : 55 :] で見られるように陰平の [i : 55 :] であったが，それが前の音節に付いて，陰平53：を55：とし，その他の声調を上昇調とした。i：は-i で終わる音節に吸込まれやすいので，そのような単語でまずこのような変化が起こっただろう，と。

しかし，広州方言では，“児”の正規の音韻対応形は陽平 (21：) であり，“乞児”“猫児”の“児”は高平変音だと考えられる。確かに後に見るように非陰平字が高平変音となるタイプは普通の変音よりも早く存在していた可能性もあるから，これによってその他の変音の起源を説明することは必ずしも不当ではないが，高平変音の形をもちださなくとも正規の対応を示す陽平の形によって広州方言の変音の成立を説明することは可能だと私は考える。但し，現代の陽平は低降調であるから，このままでは高平変音や高昇変音の成立を説明することはほとんど不可能である。しかし，変音は現代に成立した現象であるとは限らないから，現代の調値によってその形成過程が説明されなくとも不思議ではない。

5．広州一中山祖調値の再構

そこで，広州方言と近い関係にある中山方言との比較によって広州方言がかつて（中山方言と共に）もっていた声調調値を再構することにする。

中山市は広州市の南方約70キロにある。中山市には粤語のほか，一部に閩語，客家語も分布するが，ここでは中山市石岐の粤語を中山方言と称する。両方言の声調は次表のように対応する（中山方言の調値は趙1948と Egerod 1956による)：

中古来源	平声		上声		去声		入声		
	清	濁	清	濁	清	濁	清内転	清外転	濁
広州	55,52	21	24	23	33	22	5	3	2
中山	44	51	12		22		4	2	

まず，中山方言の上声と去声に陰陽調の別がない点だが，これだけでは，中山方言の方が陰陽調分裂を起こす前のより古い状態を反映したのか，それとも逆に広州方言の方がより古い状態で中山方言で合流が起こったのかを決定することができない。

ところで入声について見ると，広州の下陰入 3：と陽入 2：には中山の 2：が対応している。仮に中山の方が古いとすると，中山の入声が「古清声母内転系韻母：古清声母外転系韻母・古濁声母」という音声学的に説明しにくい複雑な条件で分化し，更にそこから広州に「古清声母外転系韻母：古濁声母」というやはり複雑な条件で分化したとすることになり，不合理である。それに対し，清濁を条件とした陰陽入の分裂と内外転を条件とした上陰入と下陰入の分裂が別々に起こって広州方言の如き状態になり，中山方言で更に下陰入と陽入が合流したのであれば，それぞれの変化段階に分化条件の複雑さや変化過程の不自然さはない。下陰入 3：と陽入 2：は調値が非常に近く，下陰入が少し低下すればすぐに合流が起こる。

広州方言の陰陽去と中山方言の去声は，長短の他は入声と全く同じ調値をもつ。そこで，入声と平行して去声も陰陽調を区別する広州の方がより古い段階を反映するものだと考えられる。上声についても，これだけが陰陽調に関して去声・入声と異なる徴候はないし，調値の面から言っても広州の陰陽上声は大変接近しており，陰上の末尾が少し低下すれば陽上と合流することから，やはり広州の方がより古い段階を反映するものと認める。

陰平は，広州では55：と52：の二つがあり，中山では44：だけである。広州のこの二つの調値は高平変音を考慮の外に置くと音声的に現れる条件が決まっており，それは第２節の冒頭でふれたように，後ろに陰平または上陰入がきた場合に55：となり，その他の場合は52：となる。このように広州の側に分化条件が存在するので，祖語ではやはり陰平は一つだけだったと考えられる。その祖調値は現代の調値55：，52：，44：への変化を音声学的に自然に説明できるものでなければならない。今の場合，陰平の祖調値に＊55：を再構するのが最も適当であろう。中山の44：へは全体的な低下により容易に変化する。広州では，音節末尾の弱化により下降調52：に変化したが，直後に５：で始まる声調の陰平と上陰入が続いた場合にはそれに支えられて末尾が低下しなかった，と推定される。もしこれとは逆に52：を祖調値とした場合には，なぜ中山で音節末尾が弱化傾向に逆らって高くなったかの説明が困難になってしまう。

陽平は，広州21：，中山51：であるが，祖調値としては＊51：を再構する。広州でこれが21：となった理由は，陰平が＊55：＞54：＞53：＞52：と下降したのに逐われ，調値が接近しすぎて合流するのを避けるため，＊51：＞41：＞31：＞21：のように低下したものと説明される。[15] もしこれとは逆に祖調値が＊21：だったとすると，音節頭部が上昇するための音声学的理由も構造的要因も見当たらず，中山の51：への変化過程を説明することが困難になる。

以上をまとめると，祖調値から現代広州と現代中山への変化は次のようになる：

	現代広州		広州―中山祖調値		現代中山
陰　平	55：	←	＊55：	→	44：
	52：	←（＊55：より）			
陽　平	21：	←	＊51：	→	51：
陰　上	24：	←	＊24：	→（合流）	
陽　上	23：	←	＊23：	→	12：
陰　去	33：	←	＊33：	→（合流）	
陽　去	22：	←	＊22：	→	22：
上陰入	5：	←	＊ 5：	→	4：
下陰入	3：	←	＊ 3：	→（合流）	
陽　入	2：	←	＊ 2：	→	2：

現代では広州と中山はかなり異なる声調体系となっているが，この違いは陰平の変化様式がわずかに異なったためにもたらされたものであろう。中山では高平調の陰平・上陰入が全体的に低下し，その結果，中平調の陰去・下陰入が押されて低平調の陽去・陽入に合流した。それとともに陰陽上声も下に押され，中平調と低平調の対立がなくなった結果，中昇調と低昇調も支えを失って合流した。一方，広州では陰平の末尾が低下したため，陽平と接近し，陽平がそれに押されて低下し

ていったが，中平調・低平調は影響を被らなかった。ここで，中山では陰陽上声，陰陽去声，下陰入・陽入の合流が起こったのに対し，広州では陰陽平声の合流が起こらなかった点については構造上の原因もあろう。つまり，『広韻』で平声が2巻を占めるのに上去入声は各1巻であることからもわかるように，中国語では平声をもつ形態素が特に多い。それゆえ，本来の清濁の対立の代償である陰陽調の機能負担量は平声で最も高く，上去入声ではそれに比べてかなり低い。そこで陰陽平声が音声的に接近した場合は合流することを避けるために調値の変化を起こして逃げるが，上去入声では陰陽調が合流することに対しての抵抗が少ないのであろう。(16)

6．広州方言の変音の形成過程

さて，広州方言の変音の音調の由来はこの広州一中山祖調値によって説明される。

“児”の声調の正規の対応形は陽平であるが，この祖調値によるとそれは＊51：という高降調であったことになる。陰平・上陰入を除くと，音節の末尾は相対的に低く終わり，それに後続する“児”は頭部が5：であるから，ここで縮約が起れば第2節で見たような（陰上とは異なる）上昇変音の音調が出来上がる。また，陰平＊55：は5：で終るから後続の“児”と合体しても音形は同じである筈だが，それだと“児”の存在を示す標識が全くないことになり，指小の意味を含んだ方の語であるか否かが語形からはわからなくなってしまう。そこで高平変音は普通の陰平よりもやや高くなったものであろうが，これからすると広州一中山祖調値の陽平の開始部分は実際には陰平よりも高かったことになろう。(17)　高平変音と陰平，上昇変音と陰上の音調の差は微妙なので，それらは容易に合流し得よう。そうすると両者が同一の調値をもつタイプに移行することになる。

こうして，意味的にも音声的にも広州方言の変音が“児”に由来するものとなしうることとなった。しかし，広州方言の変音には北京方言の“児”にはない用法があり，それらは広州方言における意味変化によって生じたものとは考え難く，またその他の徴証からしても，別の起源に由来するものとせねばならない。

まず，動詞が上昇変音になって完了を表わす用法（D 2）であるが，これは Simon 1953 (p. xx), Whitaker 1956 (pp. 203 - 204)，饒 等1981（295頁）などの言うように時態助詞“ロ左”［tʃɔ：35：］の合音に由来するものであろう。高平変音が完了を表わすことがない点にも，他の指小辞的用法の変音とは起源を異にすることが表われている。なお，“ロ左”は現在でもよく使われる。だから，明瞭な発音では“ロ左”は消失せず，ぞんざいな発音で縮約が起ったということになる。なお，饒等1981によると，入声の後では“ロ左”が［ɔ：35：］となることもあるという。ちなみに，この場合は“ロ左”の声調が前の音節にそのまま取って変わったことになり，この音声過程は“児”のように声調の始めの部分が前の音節の末尾に付加されるのとは異なる。(18)

また，動詞の重ね型の第一音節が変音になって「ちょっと～する」という意味になる用法（D 1）だが，これは Whitaker 1956 (pp. 205-207) の言う如く“一”［iat 5：］に由来すると考えるのがよかろう。同論文には，このほか「得」「到」「ロ係」「子」「ロ尼」「ロ羊」などが縮約してできた変音の例が挙がっている。

また，単音節の形容詞が高平変音になると逆の意味になる用法がある（C 1）が，これは他の項目の高平変音とは異なり来源が陰平とは限らず，しかも意味的にも普通の上昇変音とは異なる。(19) それ故，これは別の起源によるとした方がよかろう。Whitaker 1956 (pp. 197-199) はこれを二次的容飾 (secondary modification) と呼び，他の高平変音との類推によって生じたものとしている。

また，形容詞の重ね型で第一音節が上昇変音になって「とても～」という意味になる用法（C 3）は意味の軽減ではなく増強となっており，指小辞の範囲からはずれるので，別の起源によるものと考えられる。(20)　Hashimoto 1972 (pp. 183-184) によると，同じ意味で形容詞の間に［A5：］を入れる型があり，例えば“紅*紅”［hUŋ 25：hUŋ 21：～hUŋ 21：A5：hUŋ21：］「とても赤い」となる。この［A５：］の縮約により第１音節の上昇変音が生じたものであろう。

7．その他の粤語方言の変音

信宜・容県・玉林の各地点は博白とともに広西壮族自治区・広東省の接するあたりにかたまっており，音形・用法ともに博白とよく類似した変音をもっている。これら３地点の声調調値は次の通り（葉等1982，周1987，李1982による）：

	陰平	陽平	陰上	陽上	陰去	陽去	上陰入	下陰入	陽入	（下陽入）
信宜	53：	11：[(21)]	35：	23：	33：	22：	55：	33：	22：	
容県	55：	31：	33：	13：	22：,32：	11：	5：	3：	1：	
玉林	54：	32：	33：	23：	52：	21：	5：	3：	2：	1：

変音は，容県・玉林では35：で，信宜ではやはり高昇調だが，どの単字調よりも高く，陰上とは明瞭に区別される。これらの方言では博白と同じく陰平も他の声調と同じ変音に交替する。また，鼻音化も起こり，容県・玉林では入声が変音に交替すると，韻尾-p，-t，-kが-m，-n，-ŋ に変わる。信宜ではこれに加えて，韻尾のない音節が変音に交替した場合に-n韻尾が付加される。

これらの方言の変音の用法は，広州や特に博白と非常によく一致する。各報告にはおおむねA１，A２，C１，C２，C４，D１などの用法が挙げられており，このほか数量詞が変音になると「たった～だけ」というニュアンスが付け加わる用法などもあるという。

これらの方言の変音の成立は，博白と同じ過程によって説明される。ちなみに，容県では“児”は［ɲi 陰平］だという。容県・玉林では韻尾のない音節に鼻音韻尾が付加されないが，この点については博白・信宜と異なる変化をとげたことになる。

次にとりあげる台山方言は，粤語の有力な下位方言群である四邑方言の代表的地位にあり，広州方言についで多く記述されている（王等1950，趙1951，陳1966，McCoy 1966，Cheng 1973 など)。McCoy 1966 によると，台山方言の声調調値は次の通り：

陰平 33：	陰上 55：	陰去 33：	上陰入 55：	下陰入 33：
陽平 11：	陽上 21：	陽去 32：	陽入 32：	

陰平と陰去は合流している。この他，変音が二種あり，上昇変音は35：，下降変音は21：である。上昇変音の調値は陳1966によると，各声調の末尾に５：を付加えた音形になるという。ただし，陰上と上陰入はすでに５：の高さであるので，これらが上昇変音になることはない。Cheng 1973 によると，上昇変音の末尾の高さは平常の声調で現われる最高点より更に高いという。

台山方言の変音の用法は系統的な記述がないので不明な点も少なくないが，上昇変音の挙例をみると広州などの変音と同じ単語に起こり，同じ意味をもつことが多い。例えば，“糖*”“電話*”“鶏蛋*”など。また，音形も広州の上昇変音とほぼ同様であるから，台山方言の上昇変音は広州方言などと同じく“児”に由来すると見做されよう。その際に問題となるのは広州と台山の声調体系の違いである。殊に陰平と陰上は調値がかなり異なる。これは台山の側での変化によるものと考えられる。陰平は＊55：であったものが中山の如く44：となり，更に33：に低下して陰去と合流したものであろう。陰上は＊24：からあたかも広州の陽平の変化51＞41＞31＞21の鏡像の如き過程35＞45＞55によって成立したと考えられる。なお趙1951の記述では陰上は45：とされており，この変化の中間段階を反映するものと見做される。陽上が低降調である点はあるいは広州―中山祖調値より更に古い段階を再構しなければ説明されないかもしれないが，陽平がかつて高降調であった段階があったであろうことは広州と同じである。

陳1966によるとこの他に次のような場合に上昇変音となる：1）“他企*到講台”「彼は演壇に立っている」のような場所目的語を取った動詞，2）“門口貼*副対聯”「門に対句が貼ってある」のような存現文の動詞，3）“坐到橋*”「橋に座る」のような“到”（普通話の“在”に相当する）のあとの名詞，4）“公路*有一輛汽車”「道に車が一台ある」のような存現文の主語となった名詞，5）“去宿舍*”「宿舍に行く」のような“去”の目的語となった名詞，など。Cheng 1973 (p. 283) は1と2のような場合は「～している」という意味を含むとして，継続を表わす助詞“緊”［kin 陰上］の縮約によって上昇変音となったとしている。3，4，5はいずれも場所を表わす場合に変音となったものだが，これは“裏”のような場所を示す接尾辞の縮約によってできたものと考える。

問題は下降変音であるが，これに相当する変音は他の粤語方言には見られない。McCoy 1966 (p. 40) によると下降変音となるのは特に入声に多く，そのため王等1950，陳1966，Cheng 1973などはこれを陽入の一類として立てているが，そこに属するのはほとんどが名詞であり，その来源を条件づける音韻的共通性はない。下降変音の挙例を見ると，“姨，村，崗，竿，籃，盒，匣，鴿，葉，拍，夾，刷”など，北京方言では“子”が付くものが少なくない。そこで，下降変音は“子”に由来するという仮説が立てられるが，“子”ないしそれに相当する台山方言の語である“仔”はいずれも陰上であり，陽上と同じ音形をもつ下降変音の音声相を説明するには困難がある。また，趙1951によると，下降変音を喉頭化をともなった“擠調”で発音する話者がいるというが，この喉頭化に対する説明も必要である。

次に，広州の西側の粤語の状況はこれまであまり知られていなかったが，最近になり増城方言の報告が出された（何1987など)。これによると増城方言の変音はほぼ動詞と形容詞に限られ，音声的にも連読変調とほぼ同じパターンをとるなど，他の粤語方言と異なる点が少なくない。まず，単字調は次のように広州方言とほとんど違いがない：

陰　平　55：	陰　上　35：	陰　去　33：	上陰入　5：	下陰入　3：
陽　平　11：	陽　上　13：	陽　去　22：	陽　入　2：	

しかし，連読変調によって二字組の前字では陰平が45：，陽平・陰上・陽上が51：となり，後字では陰上・陽上が51：，陰平・陽平・上陰入が45：，陰去・陽去・下陰入・陽入が35：となる。

変音の音形は陽平が51：となる他は二字組の後字と同じである。変音の用法としては，1)動詞が変音となって完了を表わす，2)形容詞ないし心理動詞の重ね型で，a．第1音節が変音となると「とても～」の意となり，b．第1，第2音節ともに変音となると「ちょっと～」の意となる，3）名詞の重ね型で第1音節が変音となり「ひとつひとつの～」の意となる，4）人称代名詞複数が変音となる，などが挙げられている。これらの用法は他の粤語の変音にもよく見られるものだが，いずれも“児”に由来するとは考えられない。増城方言の変音については解釈を保留しておきたい。

この他の粤語方言については記述が断片的だったり，そもそも報告が出ていないため不明の点が多い。中山方言については，趙1948は広州方言のような変音は存在しないと述べているが，字表の例には“少奶°”“妹°仔”“鬼圧°”のように正規の音韻対応を示さずに陰平ないし上陰入となっているものがあり，これらは広州の高平変音に相当するものと考えられる。また，Egerod 1956 (p. 15) によると，“好好”「とてもよい」の第1音節は35：になるといい，これはあたかも広州の変音のC3に対応する。これについては趙1948（54頁）にも類似例が挙がっている。してみると，中山にも一部の用法に限っては変音があることになる。陽江方言については，黄1986（66頁）では形容詞の重ね型の第1音節が陰去［24：］に交替する例が挙がっている。藤県については，Hashimoto 1979 (p. 14) は変音が存在しないと言っている。

8．おわりに

変音という現象は，粤語の他に呉語にも見られ，意味的にも音声的にもよく似た性質をもっている。呉語の変音の形成過程については既に鄭張1980-81がやはり“児”に由来するものとして詳密に論じている。例えば李1978の報告する温嶺方言では変音に伴って鼻音化が起こるが，この点についてだけ言っても，かつて“児”が後続していたなごりだと解釈することが可能であり，かつ必要であろう。(22) しかし，呉語の変音の音調の由来に対する説明はまだ成功していないようである。

変音という例外的な現象の形成過程を解くには，正規の声調の調値の歴史を再構成することが前提となる。その基礎の上に立ち，更に個別的な変化を想定することによって始めて変音の特異な音調が説明されるであろう。粤語の場合，最も典型的に見られる変音の起源は小文で論じたところによって説明されると思うが，まだ解釈できない現象も残っている。粤語の声調全般に対する記述的・比較的研究を更に前進させなければならない。

注

(1) Jones 1912の記述や池田1984（図5，図15など）の機械測定の結果もほぼこれと同様である。

(2) 宗1964参照。

(3) 池田1984（223-4頁）の測定では，上昇変音は（第2音節の）陰上に比べ末尾が高く終わり，かつ持続時間が長いという結果が出ている。これは上昇変音が陰上と異なることを示すものと解釈すべきであろう。

(4) 高平変音には“°”，上昇変音には“*”をつけて，その直前の音節が変音になることを表わす。また，広州方言の語例は“ ”でかこみ，必要な場合には日本語訳を「 」内につける。

(5) 残りの40%については“児”を持つ方言同士でもこれ位のくい違いは有り得よう。

(6) 但し後述のように形容詞・動詞のほとんどの用法の変音は別の起源によるであろう。

(7) この記述は趙元任に聞いてもらって定めたというのでかなり信頼できる。なお，Wang 1932 (pp. 79-81)には声調調値を機械測定した結果が出ているが，その数値を仮に5度制に置換えると，陰平 55：，陰上 43：，陰去 42：，急陰入5：，緩陰入1：，陽平 34：，陽上 45：，陽去 21：，急陽入3：，緩陽入4：，変音12：となる。しかし，これは各声調の条件を一定にして測定したものではなく，いくつかの文を朗読して，その中から適宜サンプルを抜出して得た調値なので，文音調が様々な程度にかぶさっており，各声調の固有のパターンを純粋に示すものとは考えられない。例えば変音のサンプルは文の最後尾に位置するため文末の下降音調がかぶさり，その結果高昇調である筈が絶対値からすると低昇調となっている。

(8) この場合，広州では第1音節が変音となる。

(9) 平田1983（50頁）では，切韻系韻書は［-p, -t, -k］を /-m, -n, -ŋ/ と解釈しており，入声を条件として /-m, -n, -ŋ/ が［-p, -t, -k］となっているのだから，ひとたび変音となり入声という条件が失われると［-p］などが［-m］などに変わるのだ，としている。この音韻論的解釈を仮に認めたとすると，/-m, -n, -ŋ/ が［-p, -t, -k］で現われるのは短促調では持続部を実現する時間が足りないため閉鎖だけが残るとして説明可能だからよいとしても，逆の過程，すなわち［-p, -t, -k］が長調に交替すると鼻音になることの音声学的理由はほとんど考えられない。更に，この説によっては韻尾のない音節が変音になると鼻音韻尾-nが付加される現象を説明することができない。

(10) ただし，語尾としてはふつう［ɲin 変音］の形で現れる。これは“児”が更に“児化”を被った形であろう。

(11) 鼻音化は指小辞的な意味の時に限って起こる。形容詞の重ね形で「とても～」の意味となる場合（C 3）や，李白や杜甫の詩文の朗読では変音となっても鼻音化は伴わない。なお，詩文の朗読の用例からすると非末位の陽平が変音になる傾向があり，これは連読変調による可能性がある。

(12) 語尾が音韻対応の例外をなし，独自の変化をすることがあることについては服部1981を参照。ちなみに，北京などでも“児”は「息子」という意味では普通のストレスが置かれ正規の対応形を示すが，語尾としての“児”はこれだけが“児化韻”という特殊な音形をなす。語尾“児”の音形を扱う際には，正規の音韻変化だけでなく更に個別的な弱化が起こっていることを考慮に入れなければならない。

(13) 小川1977に類似例がある。

(14) 広州方言では日母には一般に［i-］が対応し，“児”は［iː］であり，鼻音声母を伴わないので，そもそも鼻音化を引起こす原因を持たないのである。

(15) 平山久雄先生の御意見によると，51ː>21ːのような変化は音声学的には末尾の低音が発端の高音を逆向同化によって引き下げるという過程であり，構造的要因がなくともそれだけで起り得るものだという。

(16) 中国語諸方言において，上去（入）声は陰陽調の対立をもたない方言が多いのに対して平声はほとんどの方言で陰陽調に分れているのも，同じ理由によるものだろう。

(17) 北京方言ではふつう陰平は55ː，去声は51ːと記述されるが，実際には去声の開始部の方が陰平よりも高い。広州―中山祖調値の陰平と陽平もこれと同様の関係にあったと考えるわけである。

(18) 一般に，中国語の合音には少なくとも2つの類型がある。おおよそ甲骨・金文時代から『論語』までの時代に起こった例を挙げると，一つは「之 t̑i̯əg平＋乎 g'o平→諸 t̑io平」「而 ńi̯əg平＋已 zi̯əg上→耳 ńi̯əg上」のように概略的に言って前の音節の声母と後ろの音節の韻母（声調を含む）が繋ぎ合わされた形になるもの（これを反切式と呼ぼう）と，もう一つは「何 g'â＋不 pi̯ug→盍 g'âp」「不 pi̯ug＋之 t̑i̯əg→弗 pi̯wət」のように概略的にいって前の音節の末尾に後ろの音節の声母が付加された形になるもの（これを付加式と呼ぼう）とがある（上古音はいま Karlgren, *Grammata Serica Recensa* による）。この2つの類型を声調にも拡張して言うと，“𠯿”の場合は反切式，“児”の場合は付加式の合音が起こったことになる。

(19) 名詞にも類似例があり，“一個人（陽平）”では「ひとり」だが，“一個人（陰平）”では「ひとりっきり」の意味になる。

(20) 博白方言でもこの用法では鼻音化を伴わない。

(21) 唐1984によると，広州の陽平に対応する字は信宜方言では単独または語末で陽上13ː，それ以外の環境では陽去11ːになるという。これはかつて広州のように陽平が21ːであったのが非末位では更に低下が起こって11ːとなり陽去に合流し，語末では休止の直前で弱化が起りやすく，音節末尾で低音を出す調音動作が緩んで中位の音高になり陽上13ːに合流したものであろう。中古濁上声に由来する陽上や中古濁去声に由来する陽去はこのような交替を示さないから，共時論的にも信宜方言の形態音素としては陽平を認めなければならない。そうすると，この陽平は固有の調値を持たない面白い性格の声調だということになる。

(22) 温嶺方言では入声が変音になると韻母が次のような交替を起こす。iʔ→ie, in；yʔ→yø, yn；əʔ→ɛ, ən；uəʔ→uɛ, uən（以上は来源によって交替形が異なり，山・咸攝は前，深・臻・曾・梗攝は後ろの形に交替する）；oʔ→ɔ̃, uŋ；uoʔ→uɔ̃, uŋ・ŋ；yoʔ→yɔ̃, yuŋ（以上は宕・江攝は前，通・曾攝は後ろの形に交替する）；iəʔ→iɛ, øʔ→øn, aʔ→ã, iaʔ→iã, uaʔ→uã, ɤʔ→ɤŋ。この交替を通時的に解釈すると，A）温嶺の入声はかつて内転系と外転系とで異なる韻母をもっていた；B）その段階で“児”（現代温嶺の音価は［n̂n 31ː（陽平）］）は-ʔで終わる短音節（即ち入声）の後という条件下で，前の音節と付加式の合音を起こした；C）入声で内転系と外転系の韻母の合流が起こった；D）外転系の韻母で鼻音韻尾の弱化が起り，山・咸攝では鼻音韻尾が完全に失われ，宕・江攝では鼻母音となった（変音によってできた鼻音韻母もこれと同様の変化をたどった），という順序で変化が進行したものと推定される。ただしCとDの先後は定かではない。細かな問題はまだ残るが，このように考えることにより平田1983（50頁）の提出する三つの問題点は円満に解決する。なおDに関連する徐1985も参照。

文献目録

略号：*CAAAL*＝*Computational Analyses of Asian & African Languages*
JCL＝*Journal of Chinese Linguistics*

Barnett, K.M. A. 1950. “A Transcription for Cantonese”, *Bulletin of the School of Oriental and African Studies*, 13：3, 725-745.

陳錫悟1966.「台山方言特殊変調初探」『中国語文』1，34-36頁。

Cheng, Teresa M. 1973. “The Phonology of Taishan”, *JCL*, 1：2, 256-322.

Egerod, Søren. 1956. *The Lungtu Dialect*. Copenhagen, Ejnar Munksgaard.

Hashimoto, Oi-kan Yue, 1972. *Phonology of Cantonese*. London, Cambridge University Press.

______1979. The Teng-xian Dialect of Chinese. *CAAAL*, 12.

服部四郎1981.「語尾の弱化――印欧語の語尾に言及しつ

つ――」『日本の言語学』7，178-185頁，東京，大修館書店。

何偉棠1987.「広東省増城方言的変調」『方言』1，44-48頁。

平田昌司1983.「"小称"与変調」, *CAAAL*, 21, 43-57頁。

黄伯栄1986.「陽江音系」, *CAAAL*, 26, 53-74頁。

黄錫凌1940.『粤音韻彙』(香港中華書局リプリント)。

池田広昭1984.「広東語の声調の実験音声学的研究」『金田一春彦博士古稀記念論文集』2，195-229頁，東京，三省堂。

Jones, Daniel & Kwing Tong Woo 1912. *A Cantonese Phonetic Reader*. London, The University Press of London.

Kam, Tak Him. 1977. "Derivation by Tone Change in Cantonese : A Preliminary Survey", *JCL*, 5 : 2, 186-210.

_____1980. "Semantic-tonal Processes in Cantonese, Taishanese, Bobai, and Siamese", *JCL*, 8 : 2, 205-240.

Kao, Diana L. 1971. *Structure of the Syllable in Cantonese*. The Hague, Mouton.

李譜英1982.「玉林方言的声調及其変化」『広西師範学院学報』3，66-71頁。

李栄1978.「温嶺方言的変音」『中国語文』1978年2期，96-103頁。

McCoy, William John Jr. 1966. *Szeyap Data for a First Approximation of Proto-Cantonese*. Ph. D. Dissertation, Cornell University.

饒秉才・欧陽覚亜・周無忌1981.『広州話方言詞典』，香港，商務印書館。

Simon, Walter. 1935. "Wang Li : Une Prononciation Chinoise de Po-pei" (書評), *Orientalistische Literaturzeitung*, 38 : 5, 335-336.

_____1953. "Introduction", in Whitaker, K. P. K, *1200 Chinese Basic Characters for Students of Cantonese*, ix-xxxiii, London, Lund Humphries.

唐志東1984.「信宜話量詞的音節重畳」『語言研究』6，176-184頁。

小川環樹1977.「南朝四百八十寺の読み方――音韻同化の一例」『中国語学研究』所収，77-86頁，東京，創文社。

王力 (Wang, Li) 1928.「両粤音説」『清華学報』5：1，1519-1565頁。

_____1937. *Une Prononciation Chinoise de Po-pei*. Paris, Librairie Ernest Leroux.

王力・銭淞生1950.「台山方音」『嶺南学報』10：2，67-104頁。

Whitaker, K. P. K. 1955, 1956. "A Study of the Modified Tones in Spoken Cantonese", *Asia Major*, 5, 9-36, 184-207.

徐通鏘1985.「寧波方言的"鴨"[ε]類詞和"児化"的残迹――従残存現象看語言的発展」『中国語文』1985年3期，161-170頁。

葉国泉・唐志東1982.「信宜方言的変音」『方言』1，47-51頁。

趙元任 (Yuen Ren Chao) 1947. *Cantonese Primer*. Cambridge, Mass., Harvard University Press.

_____1948.「中山方言」『歴史語言研究所集刊』20，49-73頁。

_____1951.「台山語料」『歴史語言研究所集刊』23，上，25-76頁。

_____1959. "The Morphemic Status of Certain Chinese Tones", *The Transactions of the International Conference of Orientalists in Japan*, 4, 44-48.

_____1968. *A Grammar of Spoken Chinese*. Berkeley, University of California Press.

鄭張尚芳1980-81.「温州方言児尾詞的語音変化」『方言』1980年4期，245-262頁；1981年1期，40-50頁。

周祖瑤1987.「広西容県方言的小称変調」『方言』1，58-65頁。

宗福邦1964.「関於広州話陰平調的分化問題」『中国語文』1964年5期，376-389頁。

粵語変音的起源

遠藤光暁

本文探討粵語変音的歴史来源和変化過程，認為変音源於詞尾“児”。在広西博白話、広東信宜話等方言里変音時入声韻尾変為同部位的鼻音韻尾，開尾韻変為 -n 尾韻，這種現象正好是曾経有過“児”（在這些方言里念鼻音声母）尾的表現。為了解釈広州話変音的特殊調值，需要推測較古的声調調值系統。本文通過与中山話的比較，擬測了広州中山祖調值，認為陽平（即“児”字的声調）的調值曾経是＊51。在這個階段産生了“児”字同前面一個音節的合音，帯来了高平変音或高昇変音的調值。其他一些粵語方言的変音也可以加以同樣的解釈，但有一些用法的変音不来自“児”字，而可能来自“咗”“一”“𠰲”“子”等等。総之，変音起源於一些常用的功能詞（function word），由於這種詞頻率高，念得特別軽，因而産生了不規則的歴時変化，導致了用声調表示意義的一種特殊現象——変音。

河北省・遼寧省・山東省に於ける声調の地理分布と変遷*

1980.11.28.　　遠藤　光暁

§1.はじめに
§2.理論的基礎
§3.単字調
　3.1.陰平　3.2.陽平　3.3.上声　3.4.去声
§4.変化の相対的順序
　4.1.高平調　4.2.上昇調　4.3.降昇調　4.4.下降調　4.5.まとめ
§5.変調
　5.1.結合型中の調値　5.2.去声の陰陽調
§6.古文献の声調記述
§7.言語外の要因
§8.むすび

§1.はじめに

声調調値は漢語諸方言中で極めて奔放な変異を見せる。しかし調類に関しては概ね整然とした対応を見出すことができる。この点から，元は一つの祖形をもっていたことが推論される。

調値の再構には今迄いくつかの方法が用いられてきたが，言語地理学の方法は漢語の声調に関する限り本格的に試されたことがない。1)フランツ・ギート師がかつて北方漢語の諸特徴（声調も含む）を地図に描かれたが，そこから歴史を読みとることはなされていない

---

*いま10年前の原稿をここに発表するのは，岩田礼氏の組織により現在進められている文部省科研費総合A「漢語諸方言の総合的研究」の分担項目の一つとして声調の分布図の作成が私に割り振られているからである。かつて私は中国語声調の研究を主専攻としていたが，留学から帰って来てからは境遇に変化があり，フィールド調査と実験音声学の研究を断念し，その後は研究範囲を専ら文献に限定して今に至っている。そして，怠慢の故，現代方言や声調に対する認識もその時以来なんらの深化がなかった。いま又この分野の研究を再開するに際しても私としてはやはりこの旧稿の位置から再出発せざるを得ないため，稚拙を顧みず自らのたたき台として提出する次第である。当時までは中国語声調の歴史的研究は日本の学者の独壇場であったが，その後急速な勢いで各国の学者が研究を行ないつつあり，その中には注目すべきものもなくはない。以下では脚注においてそれらに対する言及も含めて補訂を加えることとする。

1)その後，Mantaro J. Hashimoto, “Linguistic Diffusion of Chinese Tones”, Journal of Chinese Linguistics, 11:2, 247-300, 1983 (revised version in Journal of Asian and African Studies, 27, 1-51, 1984)が出た。

(Franz Giet, SVD, “Phonetics of North-China Dialects”, Monumenta Serica, Vol. XI, 1946)。

これから，河北省・遼寧省・山東省（主に山東半島）の声調調値の地理分布に対して解釈をほどこしてみようと思う。基礎資料は，

河北省：『河北方言概況』1961年，天津，河北人民出版社。

遼寧省：宋学「遼寧語音説略」『中国語文』1963年第2期。

山東省：銭曽怡「胶東方音概況」『山東大学学報』1959年第4期。

———「済南話的変調和軽声」『山東大学学報』1963年第1期。

載磊「平度方音与普通話語音的異同及其対応規律」『方言与普通話集刊』第2本，1958年。

曹正一「山東安丘方音和北京語音」『方言与普通話集刊』第8本，1961年。

等に拠る。尚，調値の地理分布は大体ギート師の調査されたものと一致する。

§2.理論的基礎

ここで主に用いるのは，周辺分布の原則である（柴田武『言語地理学の方法』28-37頁，筑摩書房，1969年）。それは，語がA－B－Aの如く分布している時，一時代前にはA－A－Aであったと推定する原則である。その根拠は，ソシュールの第一原理，即ち「能記を所記に結びつける紐帯は，恣意的なものである」（『言語学原論』岩波書店，92頁）からすると，Aという語がBの周辺でそれぞれ独立に生まれる確率は極めて小さいので，それらは同じ起源にさかのぼる筈であり，以前はそれらが連続して分布していたところにBという語が生まれたためAの分布地域が周辺に分断された，というものである。（この場合，例外が2つあり，1つは住民の移住やその他の原因によって飛び火的な伝播をする場合であり，もう1つは周辺でそれぞれ独立にAなる語が発生したという稀な場合である。）

調値という音声現象の分布を扱うにあたり注意を要するのは，語彙の場合は所記を担う能記が無数にあるためA・Bが全く違う語形をもつ場合Aの独立発生の可能性は僅少であるのに対して，音声の場合，音声の種類の絶対数が限られている上に，類似の音声的条件が与えられている時には各地で独立に同じ変化を起こす確率も相当に高いことである。

現に金田一春彦氏は日本語のアクセントについて，中央に分布する京阪式アクセントの方が古く，その周辺に分布する東京式アクセントはそこからそれぞれ独立に同じ方向に変化してできたものだという説を立てておられる（「東西両アクセントのちがいが出来るまで」『文学』22巻8号，1954年）。その根拠は，京阪式の方が多くの類を区別するが，それらが東京式の方から分裂したものであると説明できるような分化条件が見出だせないことと，京阪式から東京式に変化したと仮定すると全ての場合について起こり易い自然な過程によって説明できるが，その逆の方向の説明は困難であること，などである。

しかし，一方では音声現象であっても周圏論的分布をなす例も確かに存在する。日本語のse・ʃeの音，ka・kwaの音などがその例である（徳川宗賢編『日本の方言地図』中公新書533，1979年，171-9頁）。

結局，A－B－Aという分布が与えられた場合，周辺分布の原則が適用される（つまり中央で*A＞Bという変化が起こったと推定する）可能性が最も高いが，一方ではまた周辺でそれぞれ独立に同じ変化をした（つまり*B＞Aの変化が周辺で共に起こった）という可

能性も無視できない，とするのが妥当であろうと考える。2)（尚，金田一春彦「辺境地方の言葉は果して古いか」『言語生活』17号，1953年；同「比較言語学と方言地理学」『国語と国文学』50巻6号，1973年；及び，徳川宗賢「方言地理学と比較方言学」『学習院大学国語国文学会誌』17号，1974年の諸論文が参考になる。3)）

§3.単字調

基礎資料がどのような手続きで得られたものか詳しいことははっきりしないが，恐らく漢字を一字一字インフォーマントに読んでもらったものと思われる。こうして得られた声調調値は実はある声調素の文節末位という音韻環境の下での一異音に過ぎず，他の音韻環境で別の異音が現れる時はそれも考慮に入れる必要がある。しかし現実には単字調の資料しか得られないためその分布図しか描けない。しかしそのような分布図も全く無意味なわけでは勿論ない。すべての異音を含む理想的な資料があったとしてもやはり文節末位での

---

2)私は現在では音韻の歴史的研究において周辺分布の原則に一義的に依拠するのはかなり危険なことだと考えるようになっている。要は，２つの方言間にＡ‖Ｂなる音韻対応が存在する場合，Ａ＞Ｂの変化とＡ＜Ｂの変化のどちらが音声学的に生じ易いかに基づいて蓋然的な推定をなすより他はないものと思う。なお，かつてある人が，去声と平声・去声と上声が合流する方言が中原の周辺に分布することに基づいてそのような状態の方がより古いとする論を立てたことがあるが，このような「周圏論」が誤りであることは論ずるまでもない。去声と平声または去声と上声の間には分化条件は見出だされず，それらを区別する方言の方が相対的に古い状態を反映することは明白だからである。

3)最後の項の『学習院大学国語国文学会誌』には第6号（1962年）にやはり徳川宗賢氏による「“日本諸方言アクセントの系譜”試論－－「類の統合」と「地理的分布」から見る－－」という極めて注目すべき論文が載っているためここで特に注意を喚起しておきたい。これは各方言におけるアクセントの類の統合のタイプを地理的に投影してそれらの系譜的関係を明らかにしようとしたものである。これとW.G.Moulton “The Short Vowel Systems of Northern Switzerland”,Word,16,1960; “Dialect Geography and the Concept of Phonological Space”,Word,18,1962（Ｗ．Ａ．グロータース「構造言語地理学の新方法」『日本の方言地理学のために』所収，平凡社，1976年に紹介がある）およびE.B.Astraxan “Dialektnye istočniki leksiki nacionaljnogo jazyka putunxua”,Dialekty i nacionaljnyj jazyk v Kitae, Izdateljstvo《Nauka》,Moskva,1985（アストラハーン「普通話の語彙の方言的源泉」『中国の標準語と方言』，モスクワ，科学出版社）は言語体系の地理分布を扱う際の模範となる「三絶」であると私は考えている。徳川論文の方法を朝鮮語方言に適用した例としてはTeruhiro Hayata, “An Attempt at a Family Tree for Accent in Some Korean Dialects”,Studies in Literature（『文学研究』九州大学文学部）,73,1976があり，平山久雄「官話方言声調調値の系統分類－－河北省方言を例として－－」『言語研究』86,1984年もその系列に連なるものである。しかし，その応用範囲はアクセントや声調の研究にとどまるものではなく，その他の音韻現象や語彙・文法の地理分布を体系的に扱いつつ歴史的研究を行なう際にも威力を発揮するものと思う。

異音の分布図は一度は描かねばならないからである。

それでは順に分布図を見ていくことにしよう（後掲）。地名などは第1図に記した。河北省の地点番号は『河北方言概況』62-7頁の順番に打った。なお，入声はそれだけで一つの大きな問題であるから別個に取り扱うこととし，ここでは考察の外に置くが，参考のため第2図に示しておいた。4)

3.1.陰平（第3図）

北京と同じ［55］が承徳専区・唐山専区に分布する（その中に137地点の［45］という島があるが，さしあたり置いておく）。その外側を［44］が包囲する（遼寧省北西部，9,42,46-7,63,70,138,150,153地点）。周辺分布の原則により，［55］の地点は以前［44］であったと考えられる。5)さらにその外側には［33］が分布する（遼寧省東北部，錦県，建昌，綏中，151-2,155,148,及び保定専区付近）。これは更に古い段階を示すものと見なすことができる。ところで保定専区では保定市（32地点）近辺に［45］が分布し，それを［33］が取り囲む。［45］の地点は以前*33であったと推定されるが，*33＞45の変化は音韻変化としては一足とびには起こり難いであろう。どこかから飛び火的な伝播をして来たものと想定される。6)その出所は政治経済文化の中心・元明清以来の首都北京である可能性が第一に浮かぶ。さきに置いておいた［45］の調値を持つ137地点が遼寧省などの［44］の地域よりも内側にあることから推すと［45］の方が［44］よりも新しく，現在［55］の地域はかつて［45］であった段階があっただろう。保定市はその段階を反映するのではないか。（ちなみに何故137地点のみが［55］の地域にあって［45］の調値を保ったかというと，この地点では陽平が［55］であったため［55］の陰平の侵入を防いだからであろう。）

以上をまとめると，中心地においてはかつて33＞44＞45＞55という変化が起こったことになる。これは徐々に調値が上昇したことになり，音韻変化としては自然であると思われる。

遼東半島，河北省の山東省に接する一部分，済南や山東半島の一部に［213］［324］

---

4)楊耐思『中原音韻音系』，中国社会科学出版社，1981年，55-63頁は『中原音韻』の入声が河北省の入声を保存する方言の如きものであったと推定しているが，楊氏自身が63頁の注に記すように，それらの河北方言の入声は一類のみ存在し，いわゆる「入派三声」を説明することができない。『中原音韻』の入声は服部四郎『元朝秘史の蒙古語を表はす漢字の研究』，文求堂，1946年，34頁注5や139-144頁の表により窺われるように，声門閉鎖音韻尾を保ちつつも調値はそれぞれ陽平・上声・去声と同じ状態を推定するのが妥当であると思われる。このような説は平山久雄「『中原音韻』入派三声の音韻史的背景」『東洋文化』58，1978年，81-82頁により明確な表現で提出されており，最近では金有景「山西襄垣方言和《中原音韻》的入声問題」『語文研究』1989年4期も同様の結論に到達している。

5)このような考えはあまりに安易なものであり，現在の私ならばより退いた態度をとるところである。以下も同じ。

6)武断である。音韻変化の中間段階が全て現代諸方言に残存しているとは限らず，現在［45］の地域でもかつては例えば［44］の如き状態を経過していたかもしれないから，音価に断絶があるからといって直ちに他方言からの影響を受けたとすることはできない。

［214］［313］［312］といった降昇調が分布している。陸だけを見れば周辺分布と言えぬことはないが，海を伝っていった可能性が強い。遼寧省の住民の多くは，19世紀初に河北・河南・山東から陸路・海路をつたってやって来た。陸から入った人々はまず西部に入植し，その後北部やその他の地区に拡がっていった。海から入った人々はまず遼東半島と遼河平原に，その後東部と東南部に拡がっていったという（宋学氏前掲論文104頁参照）。7)

張家口専区では平声に陰陽の区別がない。これは陰陽分裂よりも前の段階を反映するものであろうか。そうではないだろうと思う。ここでの平声の調値［42］は隣接の陰陽平声を区別する70·63·67地点での陽平［42］と一致し，それらの地点では陰平が［44］となっている（但し67地点では［54］）。そこで，かつては陰平［44］，陽平［42］であったのが，陰平の末尾の低下により陽平に合流したものとして説明できるからである。なお，66地点で陰平［42］，陽平［54］となっているのは，陽平が，陰平の*44＞42によって合流して来ようとするのを嫌って上に逃げたものと解釈される。

あと残された石家荘・刑台・邯鄲専区は解釈が困難である。天津（第1地点）の［11］は孤立している。*33から独自に低下したものと思われる。8)

3．2．陽平（第4図）

陽平では全域にわたる周辺分布は見出だし難い。ただ，河北省東南部では，31－42－53－54－53－31という周辺分布が見られ，31＞42＞53＞54という変化があったものと考えられる。張家口専区の［42］もこれと関連があるだろう。山東省及び遼東半島の黄海沿岸の下降調にも秩序ある分布は見られないが，やはりそれらと一脈通ずる所がある。

さて残った地域だが，北京・承徳専区・遼寧省西部・及び少し間をおいた残りの遼寧省には［35］が分布する。北京の周辺（1,6,10-13,15-19,42,49,137地点）には［44］［45］［55］といった高調があるが，それらは偶発的に*35から上昇したものと考える。その他，［24］［34］［33］［22］［11］［13］といったものが散発的に分布する。それらの祖形としては，それらの端の地点（45·53·92·148地点）にいくつか見られる［212］や［213］を想定すると都合がよい。*213から［35］への変化過程としては213＞13＞24＞34＞35が考えられ，それぞれの中間形は実際に存在するけれども，陰平の場合のようにそれらが周辺分布をなすわけではない。

以上をまとめると，かつて，31＞42＞53＞54
＞213＞13＞23＞34＞35
という変化があったと推定することになる。但し［42］と［213］の間には断層がある。9)

---

7)私は遼東半島の先端の大連からすぐ対岸にある山東半島の煙台まで船で渡ったことがあるが，おだやかな海を5時間ほど乗っただけで着いてしまったことを覚えている。大連と煙台，大連と青島の間は毎日フェリーが往復しており，現在でも往来が密接である。

8)このような推定は平山久雄「厦門話古調値的内部構擬」,Journal of Chinese Linguistics,3:1,1975,p.12で既になされている。だが，平山久雄「山東西南方言的変調及其成因」,Computational Analyses of Asian & African Languages,21,1983では天津は山東方言の北限にあって山東西南古調値を保つものと目されている。

9)ここでの推定が当を得ているかは別として，「断層」なる概念は方言の地理分布を解釈するにあたり留意すべき重要なものであると考える。

尚，陽平は所によっては陰平・上声・去声に合流する。陰平と合流するのは張家口専区・石家荘専区・邯鄲専区のそれぞれ山西省寄りであり，山西方言で共通に起こった変化であろう（王立達「山西方音中的声調与普通話的対応関係」『方言与普通話集刊』第５本，1958年を参照）。唐山専区の154地点と155地点でも陰陽平の合流が起こっているが，山西方言とは独立に起こったものであろう。河北省沿海部山東省寄りでは上声との合流が起こっている。これは，陽平［53］・上声［55］だったところに［55］の陽平が入ってきたために起こったものと考えられる。［陽平と上声の合流は銀川（寧夏回族自治区）や酒泉(甘粛省)でも起こっている（О.И. Завьялова, Диалекты Ганьсу, Издательство《Наука》, Москва, 1979, p.16）が,10）黄河によって伝わってきた可能性も皆無ではないにしろ,11）遠く離れているし，又さほど起こり難い変化でもないから，一応独立に変化したものとしておく。］山東半島及び遼東半島には，去声と合流している地点がある。山東半島では必ずしも連続した分布をなさず，また調値も下降調と高平調に分かれるが，さしあたり，陽平・去声が共に下降調であった山東半島で合流が起こったものが遼東半島に伝わったものと考える。12）

３．３．上声（第５図）

上声は最も秩序ある分布を示す。北京付近及び承徳専区には［214］が分布し，それを［213］が取り囲む。更にそのまわりに［55］が拡がる。55＞213＞214という変化があったと考えられる。［55］と［213］または［214］の間に［45］がいくつかあるから，これは中間形かもしれない。その他，［35］や［24］という形もあるから，あるいは55＞45＞35＞24＞213＞214という変化があったのかもしれない。［55］に接する所にいくつか［44］が現れるが，これは*55から低下したものだろう。また，山東半島尖端部の［214］などの形は秦皇島（152地点）などの河北省沿海地域から伝わった可能性がある。

尚,[55][44]の地点で音長が短いという報告がある(W. A. Grootaers, C. I. C. M. “Linguistic Geography of the 宣化 Hsüan-hua Region (察哈爾 Chahar Province)”, Bulletin of

---

10)張盛裕「銀川方言的声調」『方言』1984年1期によると，銀川方言の陽平と上声は単字調では合流しているものの多音節の環境では異なる振る舞いをなすため，形態音韻論的には（または基底形では）別のカテゴリーとして立てる必要がある。

11)ほか，李大忠「薛城音系」『語言論集』１，中国人民大学出版社，1980年を見ると山東省の薛城方言では*tʂ, *tʂh, *ʂ, *ʐが合口ではpf, pfh, f, vに変化しており（但し非合口ではts, tsh, s, zに合流している），これも黄河下流の方言に西北方言と共通の特徴が現れる例である。

12)励兵「長海方言的児化与子尾」『方言』1981年2期によると，遼東半島の長海方言では単字調では去声と合流している陽平が去声の前では別の調値（陰平）となる（但し次濁に限る）ため，やはり陽平と去声が完全に合流しているわけではない。ちなみにこの方言では，古次濁入声が単字では上声に属すが，非去声の前の環境では去声と同じ型となる。つまり，この方言ではかつて次濁入が（清入や全濁入とは別の）独立の調類をなしており，それが舒声化する直前には単字の環境では上声，非去声の前という環境では去声と同一か類似の調値をもっており，舒声化する際には環境の違いに応じて別々の調類に合流してしまったことになろう。

the Institute of History and Philology, 29, 1957, p. 62；銭曽怡「膠東方音概況」，114頁）が，これはさもあるべきことだと思われる（Mei Tsu-lin, "Tones and Prosody in Middle Chinese and the Origin of the Rising Tone", Harvard Journal of Asiatic Studies, 1970参照13)）。

3．4．去声（第６図）

去声の場合，図を表面的に読むことは可能だが，そこには表れていない現象が背後にあり（§５参照14)），以下の解釈は暫定的なものでしかない。

ほぼ全域を下降調が覆う。北京・承徳専区付近には［51］があり，遼寧省には［53］［42］といった下降程度の小さい調値が分布する。張家口専区の北京寄り，河北省南部及び山東省には［31］が拡がる。［31］の地域の中に［21］があるが，それは*31から低下したものであろう。［31］の更に外側には［213］等の降昇調が分布する（張家口専区，邯鄲専区，山東半島尖端部）。以上により，213＞31＞42＞53＞51という変化過程が考えられる。

§４．変化の相対的順序

今までの分布図を見て気付くことは，当然のことではあるが，例えば［55］という同じ形が陰平にも上声にも現れ，しかもそれらが地理的に補いあう分布をなすことである。そこで，以下ではこれらの分布図を重ね合わせることにより，ある調値をａ調類が持つ方が古いかｂ調類が持つ方が古いかを見ていくことにしよう。

4．1．高平調（第７図）

［55］［44］を高平調と認めて図にした。陰平を上声が取り囲む様子がはっきり現れている。陽平，去声は散発的に存在するにとどまる。この分布から，上声が高平調をもつ方がより古い段階を反映するものと推定される。恐らく上声で［213］が［55］を駆逐してできた隙に乗じて陰平が［44］［55］となることができたのだろう。

4．2．上昇調（第８図）

図は少し入り組んでおり，同じ地点に類似の調値が重なっていることもある（例えば41地点の陰平［45］：陽平［35］や2・4地点の陰平［35］：上声［24］など）が，陽平＜陰平＜上声の順を読みとることができる。

4．3．降昇調（第９図）

河北省中央部・東北部及び遼寧省全域を上声が占める。陽平がそれに接してわずかだが残っている。張家口専区，邯鄲専区，山東半島尖端部に去声が分布する。尚河北省中央部の去声の降昇調は［412］のように高く始まる点で他の地区とは異なるため，独立に*41から変化したものと考える。陰平の降昇調は，他の三声調とは別の系列に属するだろう。以上により，上声＜陽平＜去声という先後関係が導き出される。

4．4．下降調（第10・11図）

第10図には，5-，4-で始まる下降調を示した。去声＜陽平の順が読み取れる。第11図は3-，2-で始まる下降調である。ここでも去声＜陽平の順が認められる。

---

13)つまり上声が古くは声門閉鎖音韻尾を伴っていて短促であったとする説と相照応するということである。

14)つまり去声の陰陽調の問題を指す。

4．5．まとめ

以上をまとめると，

高平調：上声＞陰平
上昇調：上声＞陰平＞陽平
降昇調：去声＞陽平＞上声
高降調：陽平＞去声
低降調：陽平＞去声

のような相対的な順序が得られる。§3で個々に得られた変化過程と並べてみると，

陰平： 33＞ 44 ＞ 45 ＞ 55
陽平： 31＞42＞213＞ 24＞35
上声： 55＞45＞ 24＞213＞214
去声：213＞31＞ 42＞ 53＞51

となるが，これは上の先後関係と矛盾しない。15)

§5．変調

いわゆる「変調」によって，別の調値が現れる場合があり，更に別の調類すら現れる場合もある。

5．1．結合型中の調値

いちばん身近な北京語については次のような変調が起こるものとされている（Yuen Ren Chao, Mandarin Primer, 1948, pp.25-6）：

(1)3声＋1・2・4・軽声 → ˨˩＋ X
(2)3声＋3声 → ˧˥＋ ˨˩˦
(3)略
(4)4声＋4声 → ˥˧＋ ˥˩

これらの変調は通時論的にどのように説明されるだろうか。

(1)の半3声［21］と単字調の3声［214］とではどちらが本来的なものか。［214］が本来の調値で，［21］の方はそれから変化してできたものだとしよう。これは非文節末位では音節末尾の上昇部分が切りとられたとすることになるが，それだと［21］が実は文節末位にもしばしば現れる16）ことが説明できない。逆に，［21］の方が元の調値で，それが

---

15)以上の議論は様々な問題をはらんでいる。例えば：調値の変化過程のうち，内的な音韻変化によって起こり得るものと方言間接触によって跳躍的に別種の音形を取り入れたとせねばならないケースとを区別していないこと，またそもそも「断層」があって，その両側の方言を直接的な変化過程によって結び付けることが不可な場合も有り得るのにそれを全く考慮していないこと，などは特に甚だしい欠陥である。

16)この点は趙元任の定式化が金科玉条となっているため言う人がいないが，事実である。

文節末位で［214］に変化したとする。その場合，文節末位の調音のゆるみで低音を保つ努力が放棄され，末尾が上昇したと説明することができる。17）こちらの方が自然なよくある変化だと思われる。つまり，

　非末位　21 → 21
　末　位　21 ＞ 214

という変化があったと考えることになる。尚，瀋陽でも，非末位［21］・末位［213］となっており（『漢語方言概要』，41頁），このような変調の起こる方言は河北省東北部や遼寧省に結構あるのではないかと想像される。40地点の［21］は古い段階を保っているものかもしれない。

(2)の変調は16世紀の北京語にも起こっている。その頃の調値は（§6参照），陽平*213，上声*22であり，上声22＋上声22→陽平213＋上声22という変調は，現代北京語より一層異化によるものであるという説明がしやすい。この変調は瀋陽や保定では起こらないようであり，その方が古い状態であるかもしれない。なお済南では，調値こそ違うものの，上声55＋上声55→陽平42＋上声55という北京と同様の変調が起こる。但し済南では他の場合にもかなり変調が起こるから，北京と結果的には同じ変調が独立に生じたのかもしれない。

(4)の変調は，／○●／というアクセント素の下でのみ起こる。18）これは，現代北京語でもし本当に陰平が［55］で去声が［51］であるとしたら，交替が生じる原因の共時論的な説明がしにくいと思う。19）再構調値によると例えば次のように説明される：去声が*53であった段階には陰平はまだ［55］まで上昇しておらず，その後去声の末尾が更に低下して［51］になる際に直後に（最高の［5-］で始まる唯一の声調である）去声が接していた場合にはそれに守られて［53＋51］のように元の調値が保たれたのだ，と。20）

---

17)これは平山久雄「中国語閩南閩北祖方言の声調調値」『東京大学文学部研究報告』5，1973年や「北京語の声調体系――とくに第3声の解釈をめぐって――」『言語の科学』5，1974年に見られる考えを援用したものである。

18)○は弱音節を表わし，●は強音節を表わす。以下同。

19)つまり陰平も去声も共に［5-］で始まるならば，陰平の前でも去声が［53］で現れてもよい筈だということである。これも趙元任の表記がすっかり定着してしまっているために見逃されやすいのだが，実際には去声の開始部の方が陰平よりも高く，もしその点を重視して表記を与えるとしたら，陰平［44］：去声［51］としてよい。機械測定に基づく議論はC.K.Chuang et al. "The Acoustical Features and Perceptual Cues of the four Tones of Standard Colloquial Chinese", Proceedings of the Seventh International Congress on Acoustics, 1971, Vol.3, pp.297-300；荘秋広他「標準中国語の単音節語の四声の音響的特徴」『日本音響学会誌』31:6，1975年などを参照。

20)このパラグラフでの議論は立脚点である言語事実に誤認がある。それは趙元任自身が後に訂正している（『語言問題』63頁，台湾商務印書館，1968年；大陸版では68頁）ように，非末位の去声の下降程度が大きくない点は去声の前だけに限らないのである。そこで現代北京語の去声は［53］が基本形であり，単字調やアクセント素末位では下降イントネーションが被さって［51］の如く実現しているものと見なされよう。そして通時的にも元は*53であったと推定してよかろう。

邯鄲専区の去声は降昇調であるが，ギート師によると，句の中では下降調に発音されるという（前掲論文，250頁）。下降調の方が古い可能性がある。

又，これは次節でとりあげることになるが，去声の変調が［55］になる方言がある。この場合も［55］の方が古い可能性がある。

以上のことで重要なのは，単字調の中には現れなかった古い調値が結合型中に保たれていることがあることである。21)

5．2．去声の陰陽調

更に重要なのは，変調によって別のカテゴリーが現れることである。例えば，保定東閭方言では：

	／●○／	／○●／	／－●／
陰　平	45＋2	45＋X	45
陽　平	22＋3	44＋X	22
上　声 〃一部	51＋3 11＋3	213＋X	213
陰　去	55＋2	51＋X	51
陽　去	11＋3		

のように軽声の前の去声は2つに分かれ，それらは中古の声母の清濁を条件としているので，陰去・陽去と呼ぶことができる（楊福綿，「保定東閭方言の声調」『中国語学』97，1960年）。即ち，この方言ではすべての声調で陰陽分裂が起こり，全濁上声は陽去に合流し，去声の陰陽の別は軽声の前の位置では保たれ，その他の位置では中和したものと見られる。これは相当古い段階を保存したもので，『皇極経世声音図』（11世紀中葉）と『中原音韻』（1324年）の中間に位するだろう（藤堂明保『中国語音韻論』，江南書院，1957年，92頁の表［新版では108頁］を参照22)）。去声が軽声の前で陰陽に分かれる方言は，

---

21)これと同時に強調すべき点は，変調で現れる調値がすべて古形を反映するとは限らないことである。Mantaro J. Hashimoto, “The So-Called “Original” and “Changed” Tones in Fukienese”, Bulletin of the Institute of History and Philology, 53:4, 1982; Pang-hsin Ting, “Some Aspects of Tonal Development in Chinese Dialects”, Computational Analyses of Asian & African Languages, 21, 1983 (also in BIHP 53:4, 1982などはその意味でやや単純すぎるように思われる。

22)該書の表によると『皇極経世声音図』では陽上が独立するものとされているが，周祖謨「宋代卞洛語音考」もと1942年，『問学集』下冊，654頁，中華書局，1966年によると邵雍の詩では全濁上声を去声と通押させているという。

この他，昌黎城関方言，昌黎張家石門方言（『昌黎方言志』，科学出版社，1960年，37-9頁参照）等を始めとして，北京を半円状に囲んで分布している（第12図の▲の地点。この地図はFranz Giet, SVD, Zur Tonität Nordchinesischer Mundarten, Verlag der Missionsdruckerei St. Gabriel, 1950のKarte 16である）。この分布からして以前は北京でも去声に陰陽の別があったと考えられる。23)

---

23)北方語の地域で陰陽去声が存在する方言はこの他，山西省・陝西省・山東省および湖北省・湖南省のそれぞれ贛語・湘語に接する地域にも存在する(O.I.Zavjalova, “Lingvogeografičeskoe izučenie fonetiki cevernyx dialektov i nacionaljnyj jazyk”（「普通話と北方方言の音声の言語地理学的研究」，注3所引のアストラハーン論文と同一書に収む）の62-65頁および289頁の地図1を参照・但しこの本はあまり広く流通していないので地図1を縮小してここに掲げておく：斜線の地域ないし●印の地点では陰陽去を保存し，格子の地域ないし■の地点では陰去または陽去が別の声調に合流している［いずれにせよ古清去声と古濁去声が別のカテゴリーをなす］ものである）。具体例は多くが60年前後に編まれた普査時の調査報告（内部発行）に載っているものなので参照しにくいが，例えば近年の喬全生『洪洞方言志』山西省方言志叢刊6，1983年などを見られたい。これらによれば，北方方言の祖語でも去声の陰陽調が一旦は分裂した状態を経過した蓋然性が高いであろう。但し，その段階から全濁上声の陽去への合流およびその陽去と陰去との合流が起こった年代はかなり古く，9世紀初頭以前に既にそれらの変化が完了した方言が見られる（即ち『悉曇蔵』所載の「表」の体系。有坂秀世「悉曇蔵所伝の四声について」もと1936年，『国語音韻史の研究・増補新版』所収，三省堂，1957年，597-8頁を参照）。さて，近年王士元氏は中古の四声はもともと声母の清濁に応じて八つの調値で発音されてお

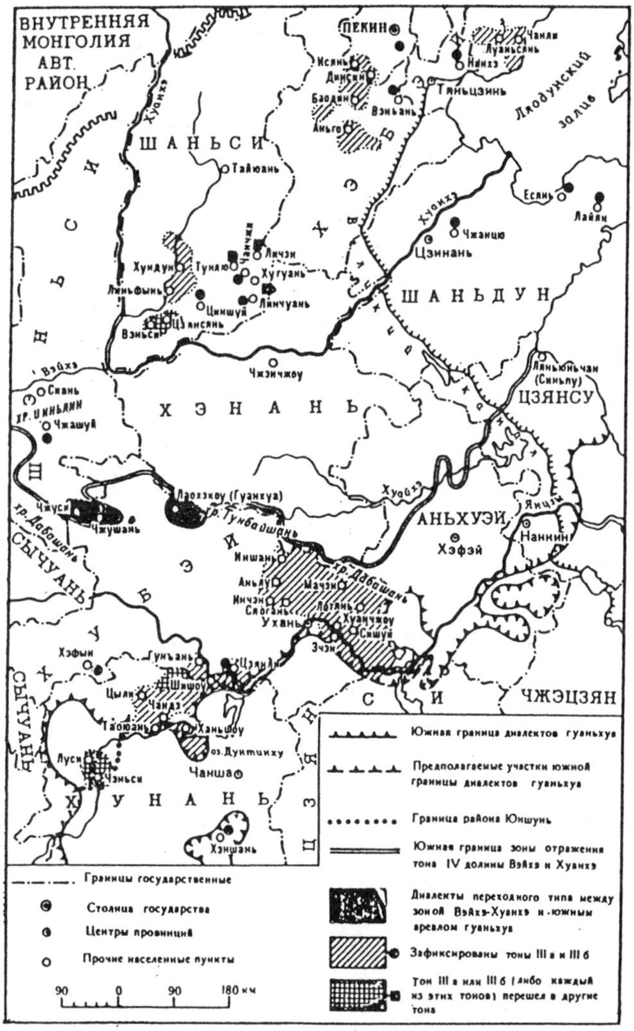

Карта 1. Различение тонов IIIа и IIIб

保定東閭村の北22kmにある保定城の方言は既に去声の陰陽の別を失っているが，東閭方言と比較するとその消失の過程が窺われ興味深い：

	/●○/	/○●/	/－●/
陰　平	45＋2	45＋X	45
陽　平	22＋3	44＋X	22
上　声	11＋3	213＋X	213
陰　去	55＋2	51＋X	51

東閭村の軽声の前の上声は［51］と［11］の２つがあった。楊福綿師はこの２種の形も陰陽調であるとしておられるが，［11］になる字は必ずしも全濁のものではなく，例を見るとむしろ清のものの方が多い。私見によれば，この［11＋3］というのは北京語の形が入って来たもので，東閭村ではそれがまだ全部の語彙にゆきわたらないものと考えられる。保定城ではそれが完全に入って来て，［51＋3］という形を駆逐した。24）さて，上声が軽

り，中古から現代への変化は分化ではなく合併の過程であるとする説を唱えておられ（William S-Y. Wang, “A Note on Tone Development”, Wang Li Memorial Volumes, English Volume, Hong Kong, Joint Publishing Co., 1987；潘悟雲「関於漢語声調発展的幾個問題」, JCL, 10:2, 1982およびChinfa Lien, “Tone Merger in the Dialects of Northern Chinese”, JCL, 14:2, 1986はこの説を具体的に押し進めたものとして注目される），ここで北方方言においてすら去声の陰陽調がひとたびは分裂していた段階を経たと推定する立場と一脈通ずる点がある。だが，王士元氏の立脚点は有声音を発音する場合ピッチが低めに実現するという音声学的傾向にあり，それを言い出したら例えばｋの音なども後ろに接する母音の種類によって調音点がそれぞれに異なるのが普通で，ｉやｅの前では多かれ少なかれ口蓋化して実現するのが常態であるが，だからといってkiがtɕiになるような変化に関して元からそのような音価の違いはあったのだ，と主張することはできないであろう。また，声母の調音方法が調値に与える影響は段階的なものであり，どの方言でも無声声母と有声声母とでクリアーに二分されるとは限らない。例えば北方方言では次濁は平声ではふつう陽調となるが，上声では陰調に属し，また入声では方言によって次濁だけで独立したり陰調になったりする。清声母の場合でも，次清が独立したり陽調に入ったりする方言などもあるのである。王士元氏の論理からすれば，それぞれの方言の陰陽調なり次陰調・次陽調の違いは音声的には本来的に調値の違いとして存在していたのだとせざるを得ないが，その条件は各方言でそれぞれに異なっているから，それを全て祖語の段階に持ち上げてしまうと大混乱を招じ入れることになろう。だから，それは各方言の分岐のしかたが違うだけで，祖語の調類はやはり平上去入の四種だったとせねばならないように思う。

声の前で［11＋3］になると陽去の［11＋3］と衝突する。かくて陽去の［11＋3］も敗退し，現在の保定城のような状態になったものだろう。§3.1.の議論によるならば，保定城は陰平に於いてもかつての北京語の形［45］を受け入れたものと推定される。中央語がまず地方の中心地に伝播し，それが更にその周囲に広がるという現象はよく見られることである。

§6.古文献の声調記述

朝鮮の天才的語学者・崔世珍の記述にかかる16世紀初頭の北京語の調値は次のように再構される（Tsu-lin Mei, “Tones and Tone Sandhi in 16th Century Mandarin”, Journal of Chinese Linguistics, Vol.5, 1977及びそれに対する私の批評文25））：

陰平	45		変調
陽平	213		
上声	22		上＋上→陽＋上
去声	55		上＋上→上＋去
入声(内)	5		（虚）
(外)	13		

陰平が*45であったのは北京の極く近くだけであり，この点から崔世珍の記述した方言は遼東音ではなく，正に北京音であると断定できる（第3図参照）。

ここでのそれぞれの調値に対応するものは河北省・遼寧省において一応すべて見いだされる（入声に関しては未だ考察していない26））。地理分布による再構では，各々のカテ

---

24)ここの所説は王士元氏らが提唱する語彙拡散論に類似するが，私は狭義の「音韻変化」即ちある方言の内的な音声的原因によって生ずる変化はやはり青年文法学派の説の如く全ての語彙を一律に襲うものと考える者である。つまりBloomfieldが“phoneme changes”という簡潔な表現で述べたように，音韻それ自体が語彙的・文法的要因に拘りなく変化すると考えるわけである。だが，音韻の変化は狭義の「音韻変化」のみに限られるわけではなく，語彙を媒介として段階的に進行するものも有り得る。具体例を挙げると，5年ほど前から東京方言を中心として起こりつつあるいわゆる「専門家アクセント」の現象などがそうで，自分が玄人である・または流行の最先端を行く者であるということを示そうとしてある種のキーワードを平板型アクセントで発音するものである。これは当初は若者が外来語に対して気まぐれに適用していた発音習慣であったようだが，今や大学でも老・壮世代が「図書館」や「大学院」，さては「老舎」や「柳宗元」といった語彙まで平板型アクセントで発音するまでに至っている。なお，有坂秀世『音韻論』，三省堂，1940年，第三編「音韻変化の進行過程」には既に王士元氏の語彙拡散論の骨子をなす音韻変化における音形の跳躍的変化・語彙や社会における漸次的拡散・旧形と新形との競争，といったことが詳細に論じられている。

25)詳しくは拙稿「《翻訳老乞大・朴通事》里的漢語声調」『語言学論叢』13，1984年を参照されたい。

26)平山久雄「中古入声と北京語声調の対応通則」『日本中国学会報』12，1960年が分離し

ゴリーの相対的順序が分かるだけだが，文献は絶対年代と，それぞれのカテゴリーの中のどの形が同時代に存在したかを教えてくれる点で貴重である。27)

§7.言語外の要因

言語地理学の特長は，言語に影響を及ぼす言語外の要因を探ることができることである。例えば，行政境界線・道路・河川・山などが言語の伝播に及ぼす影響や，語とその語の表わす事物の地理分布との関係など。

ここでは，行政区画と海の影響を検討しておく。

4声の全てが北京語と一致する方言の分布する地域は，旧京師と熱河の境界とちょうど一致する（ただし現河北省の部分について）。

また，旧保定府の範囲内で陰平が周辺分布を見せる（第3図）。

海は言語の伝播に一役買っている。山東省の陰平の降昇調の遼東半島への伝播，山東半島の陽平と去声の合流した形の遼東半島黄海沿岸への伝播，唐山専区の上声の降昇調の山東半島への伝播，等々。28)

また，歴史的背景，特に移住に関することは分布図の解釈を大きく左右する。例えば，明は1420年に南京から北京に遷都しているが，その際南京の方言が流入した可能性がある。29)また，遼寧省は清初より約200年間“柳条辺”という境界が設けられ，漢人の入域が禁じられていた（楊樹森主編『清代柳条辺』，1978年）。現在の住民はその後移住してきたものだということになり，これは重大な事実である。

§8.むすび

これまでの考察により，河北省中央部は大体明代まで遡り，陰陽去声の別を残している方言は宋代に遡り，上声の高平短調は唐代に遡るであろう30）という見通しが立てられる。地理分布の解釈によって案外古い調値が再構できるようである。

た層の中には，主に-i,-uのような狭母音からなるC層が存在し，それは去声と同一声調素をもつ《翻訳老・朴》の内転入声をとどめたものである可能性がある。

27)ほか，清の万樹［陽羨（現江蘇省宜興）人］の『詞律』［康熙26(1687)年序］「発凡」に「…蓋上声舒徐和軟；去声劇励勁遠，其腔高。…」（中華書局1957年版，27頁）とあり，『翻訳老朴』の調値に類似するものとして注目される。

28)この他，ここで扱った現象の範囲内で言うと，河北省で入声を保存している方言（それはまた即ち山西方言だということにもなるが）が太行山塊に位置し，その境界線が山地と河北平原の境界と一致することなども特筆すべきである。

29)この辺については注25所引論文の第5節でも論じておいた。その後，魯国堯「明代官話及其基礎方言問題－－読《利瑪竇中国札記》」『南京大学学報（哲学社会科学）』1985年第4期の好論文も出て，現在では明代官話南京語説は通説として扱われることすらあるようになった。

30)梅祖麟「説上声」『清華学報』14:1/2，1982年，236-8頁も現代の河南省あたりに見られる高(平)調の上声をそのまま過去の調値を保存したものと見なしているが，やはりここでの見通し同様あまりに単純過ぎるであろう。

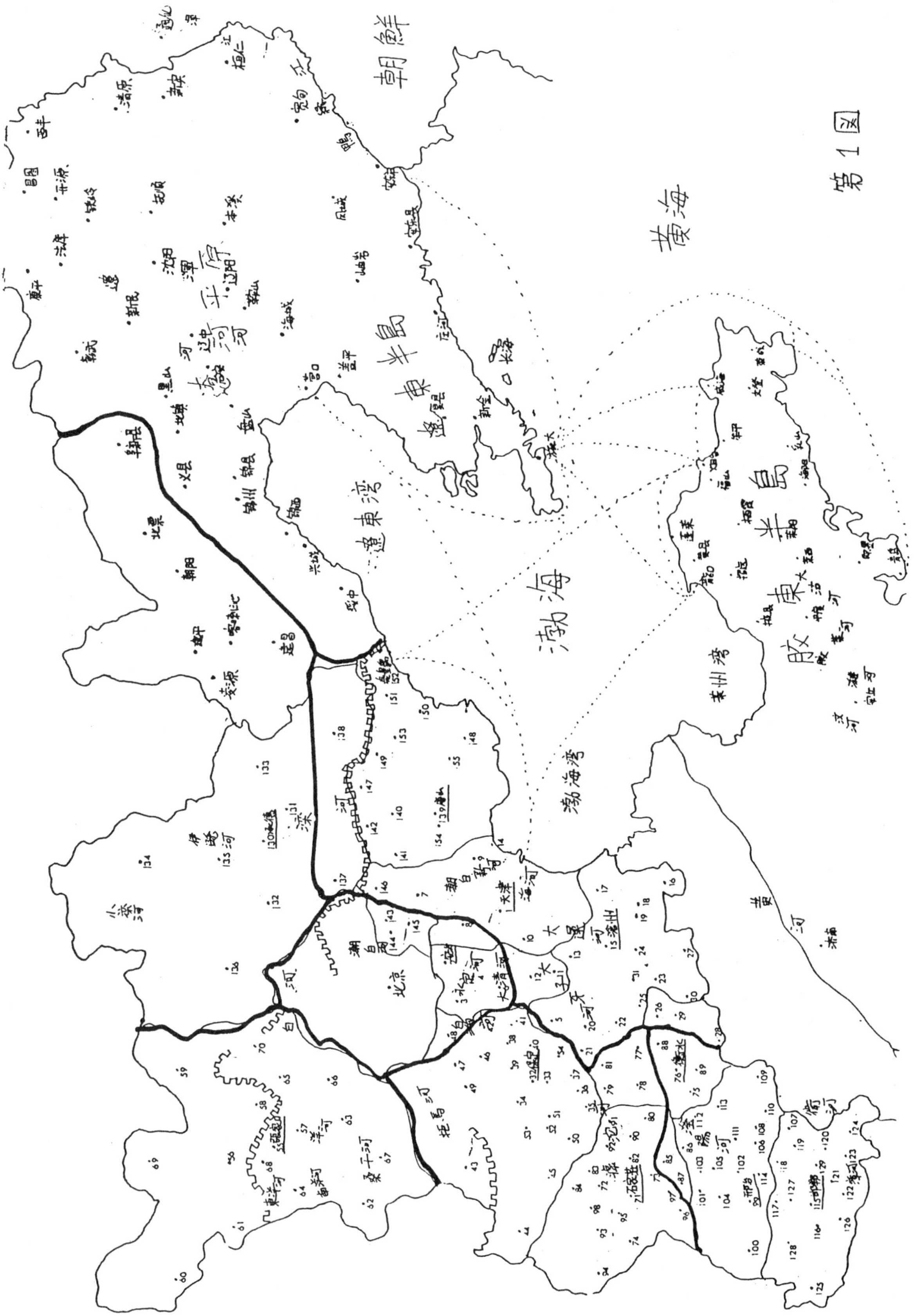

第1図

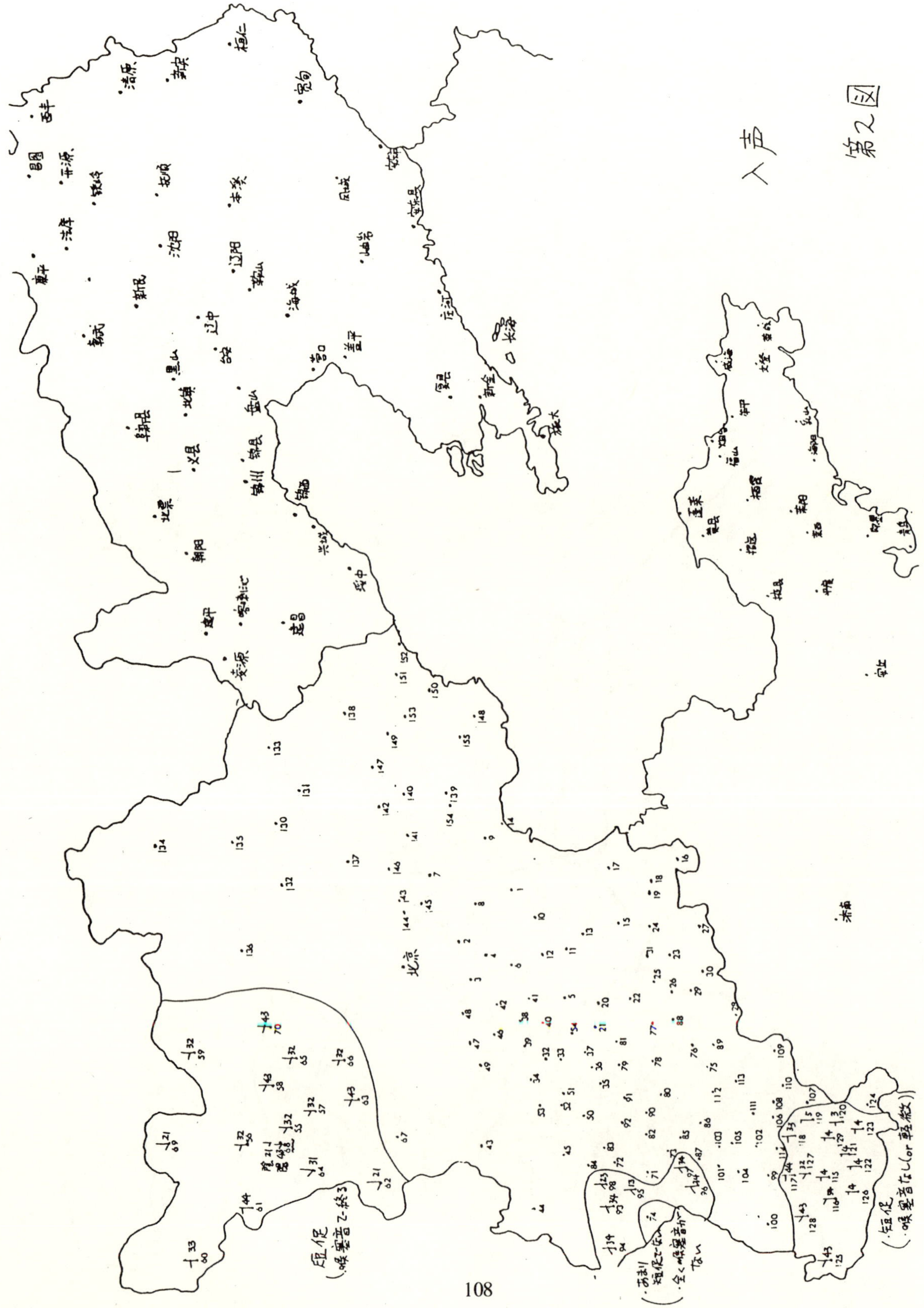
第2図
入声
短促（喉塞音で終る）
あまり短促でない（全く喉塞音がない）
短促（喉塞音なしor軽微）

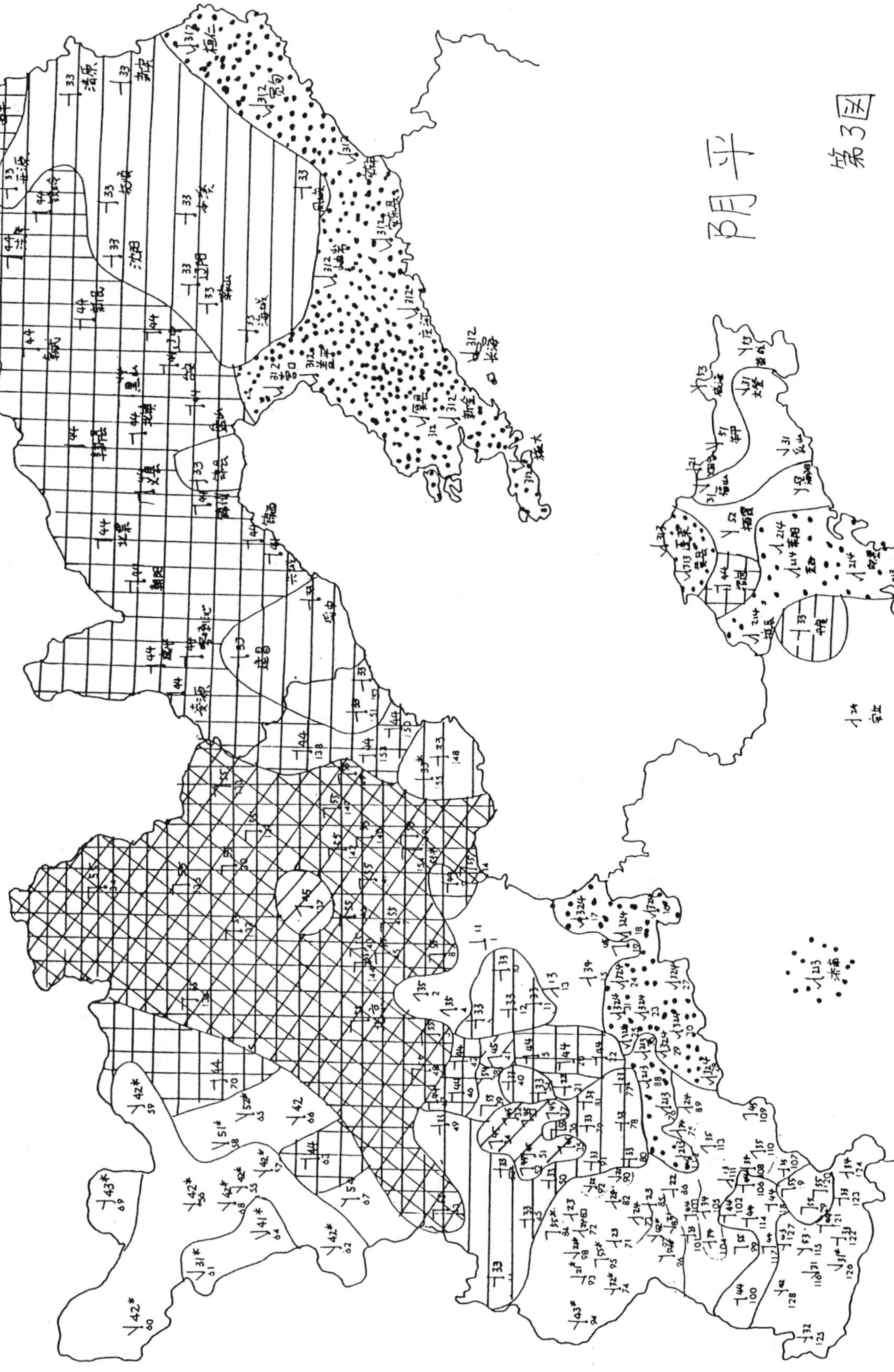
陰平
第3図

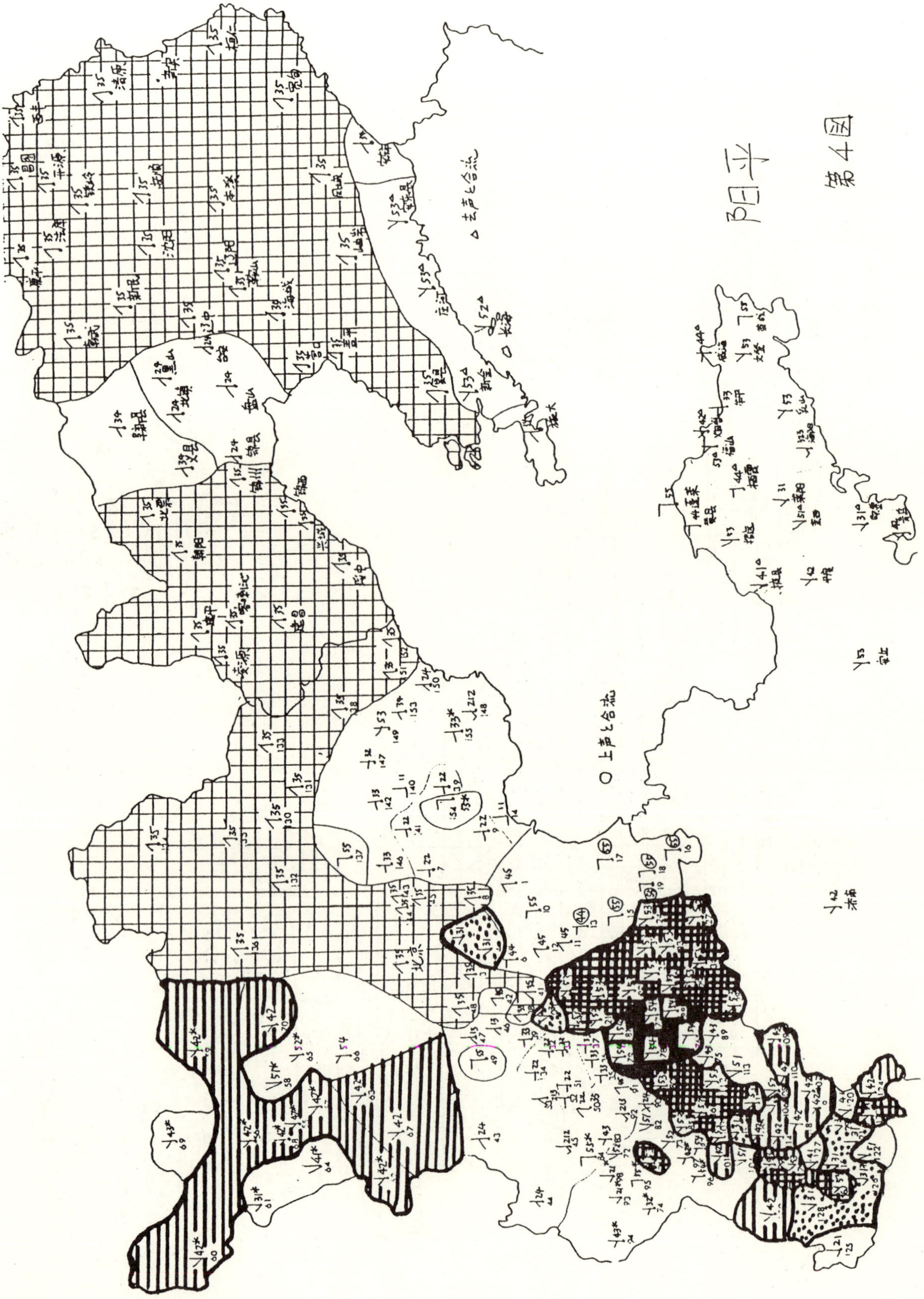
第4図
阳平
上声と合流
去声と合流

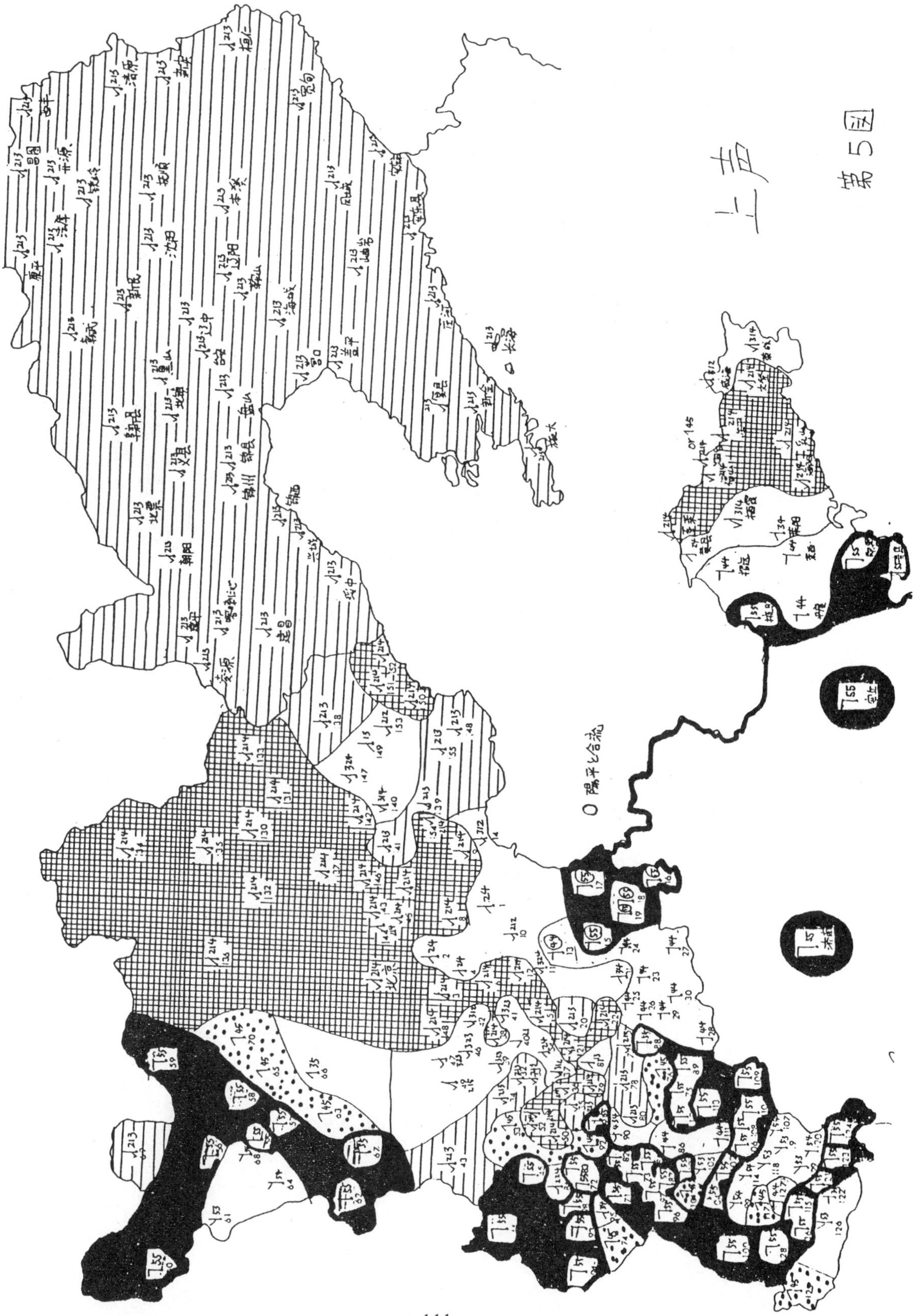
第5図
上声
○ 陽平と合流

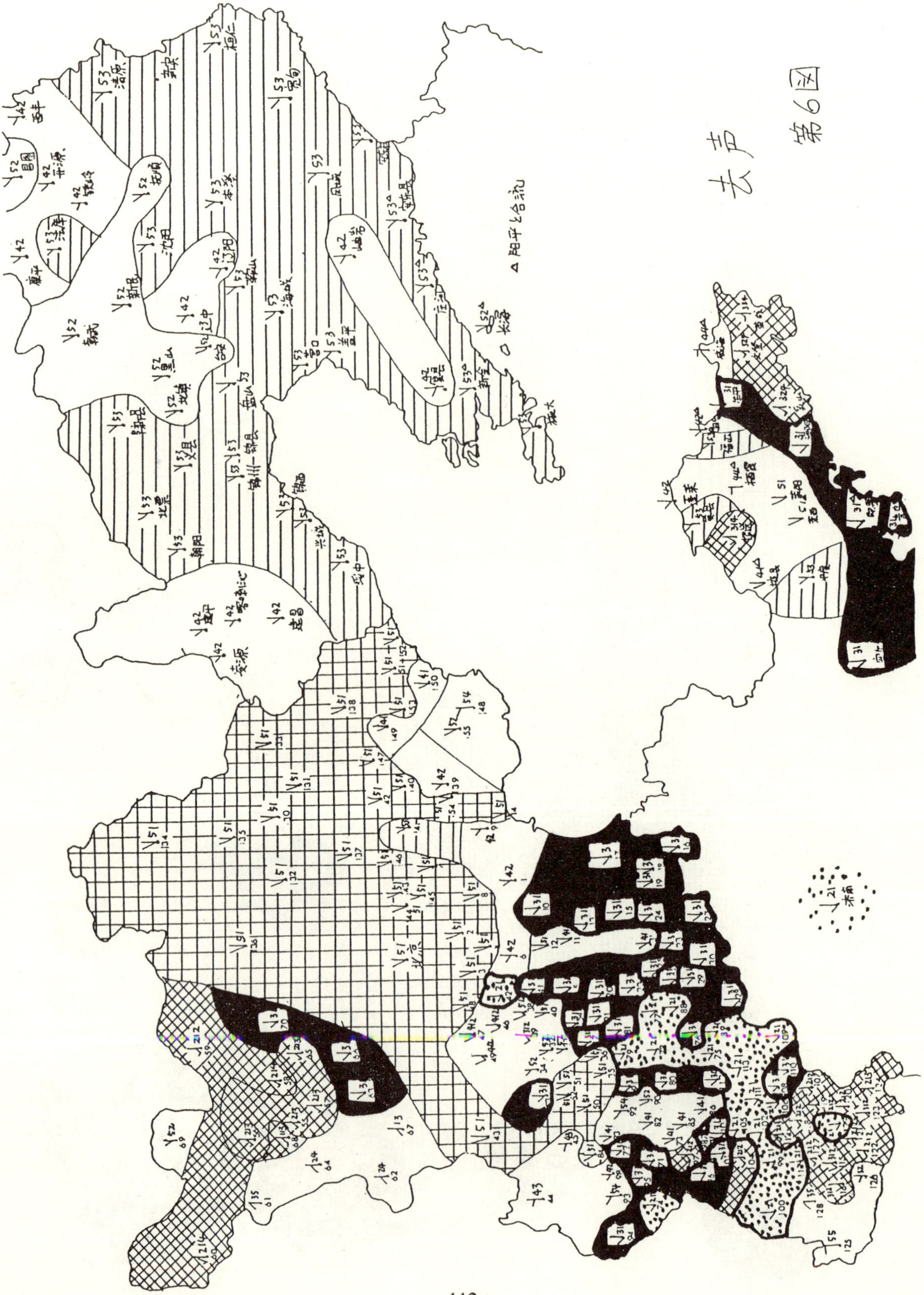
去声
第6図
△ 阳平と合流

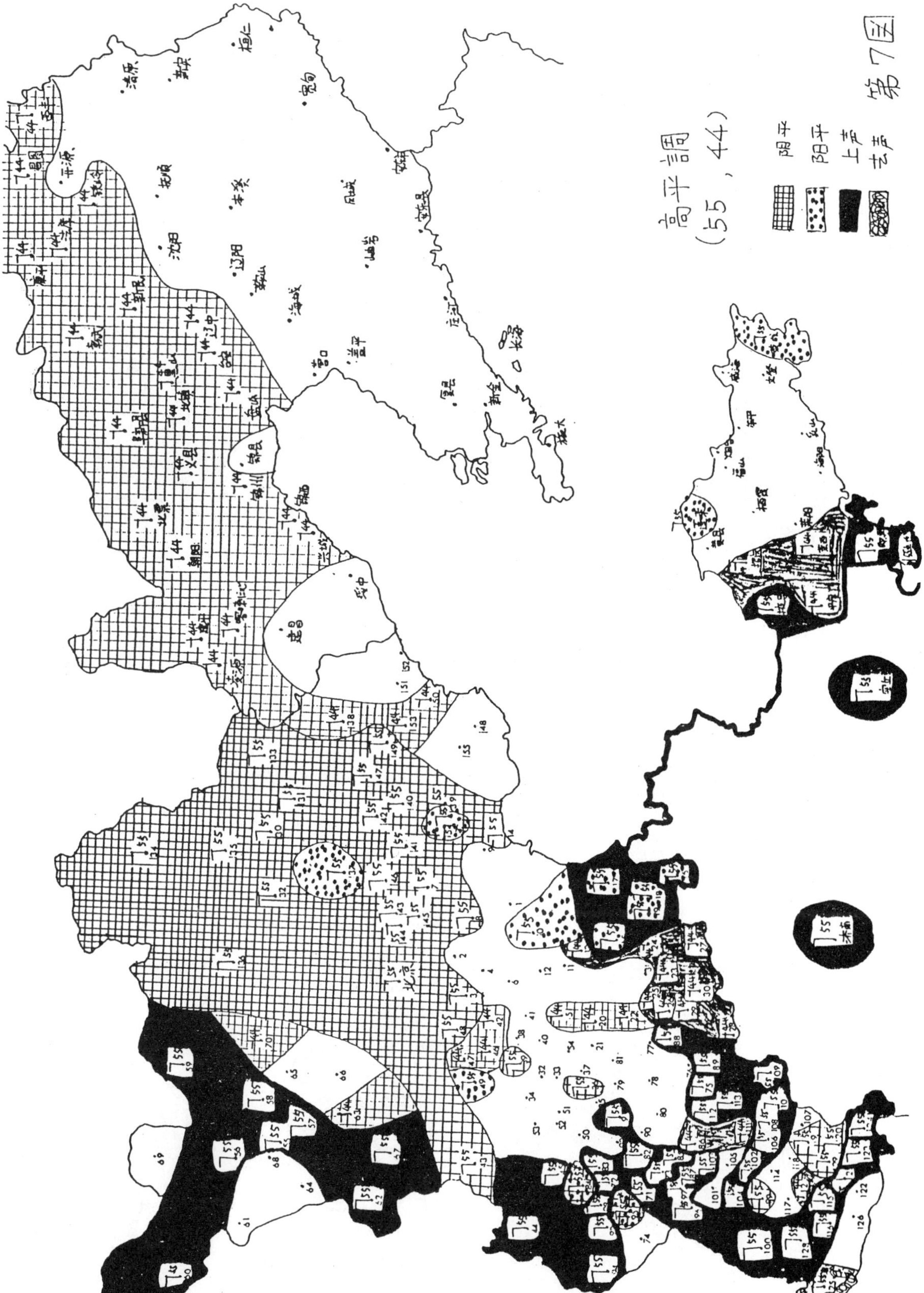
第7図
高平調(55, 44)
陰平
陽平
上声
去声

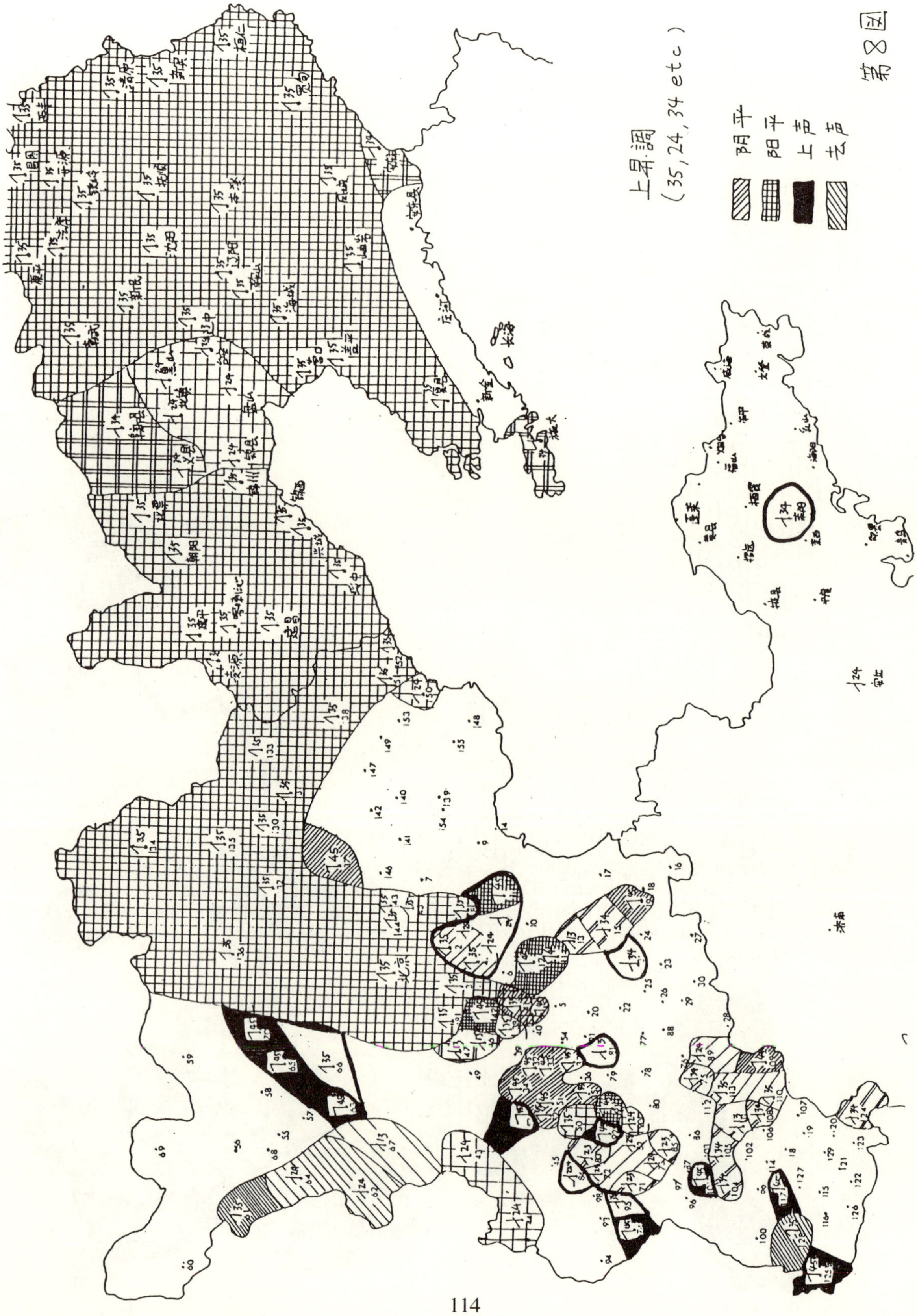
第8図
上昇調
(35, 24, 34 etc)
阴平
阳平
上声
去声

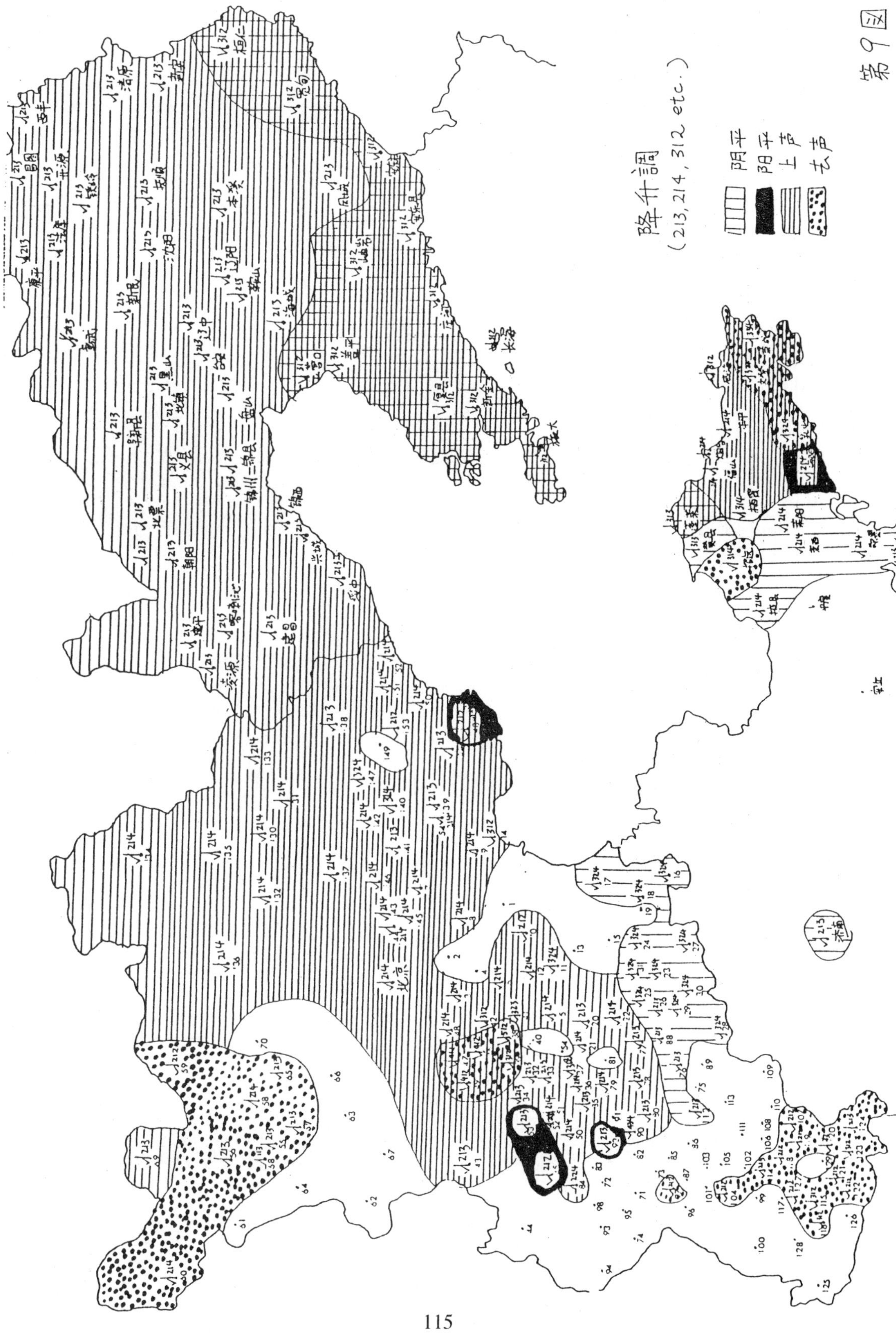
第9図
降升調
(213, 214, 312 etc.)
阴平
阳平
上声
去声

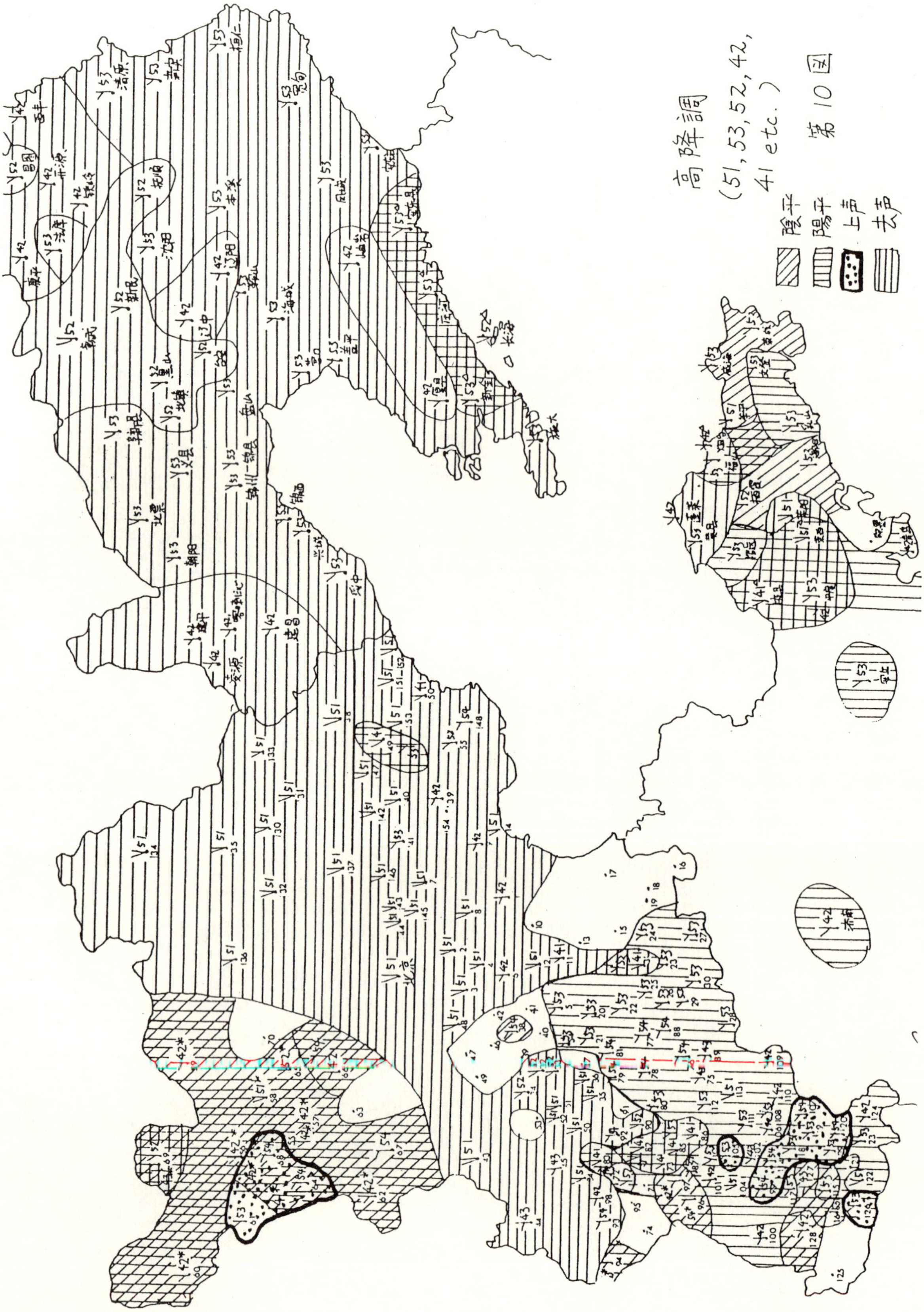
高降調
(51, 53, 52, 42, 41 etc.)
第10図
陰平
陽平
上声
去声

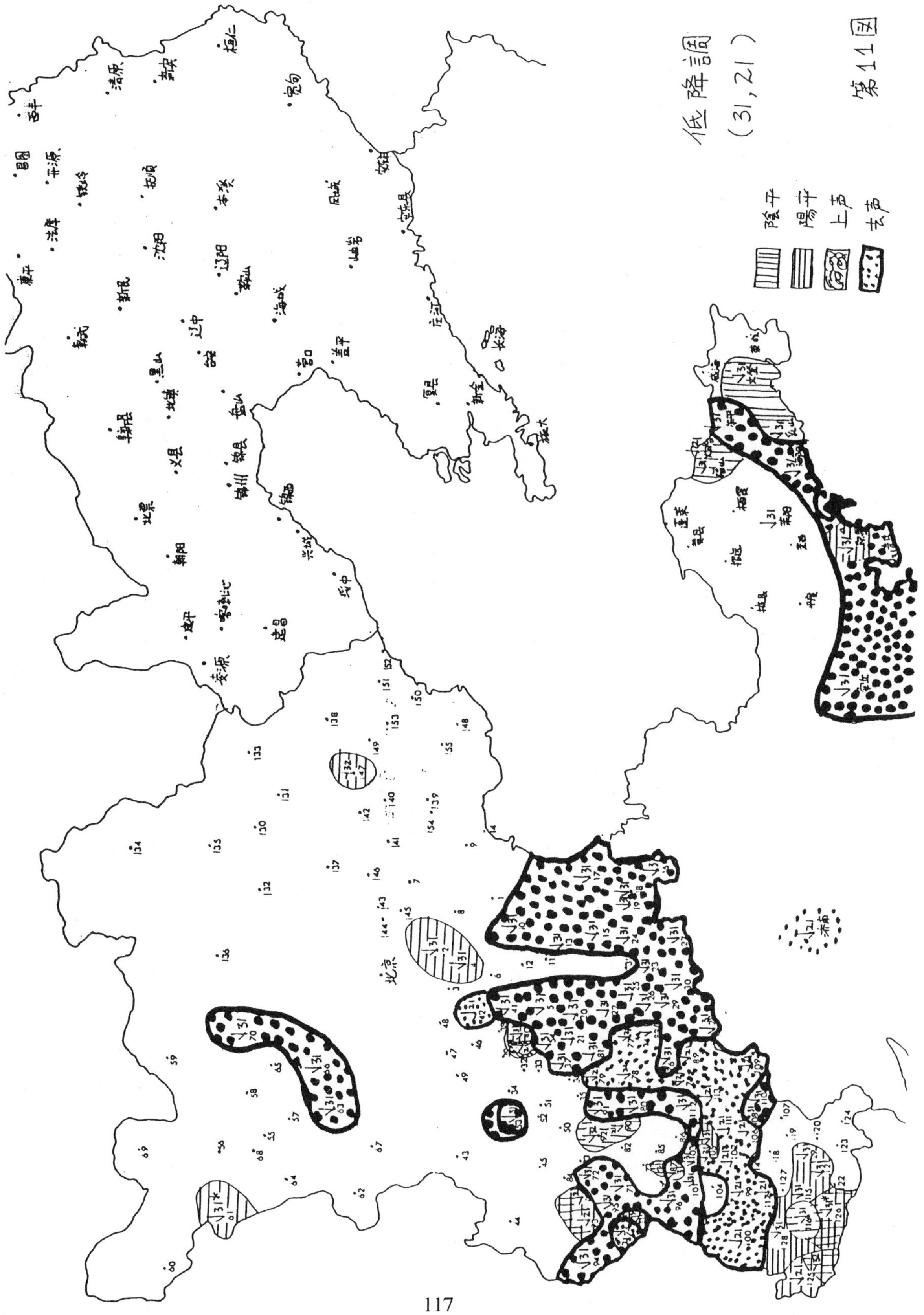
低降調（31，21）
第11図
陰平
陽平
上声
去声

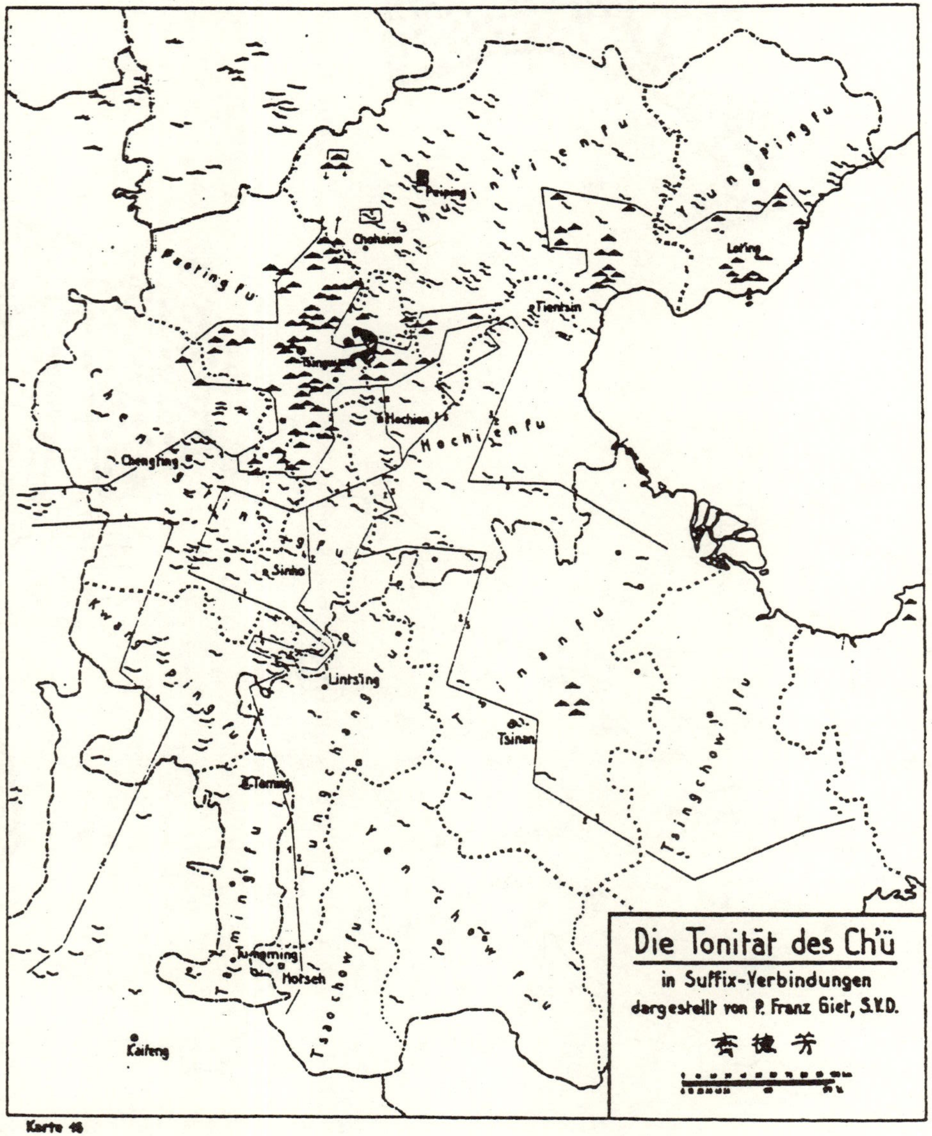

Zeichenerklärung

- —·— Provinzgrenzen
- xxx Fu (府)-Grenzen nach 古今圖書集成
- ×××× jüngere Fu-Grenzen
- —— grobe Abgrenzung mundartlicher Eigenheit der Tonität

(Zu den Tonsymbolen vergl. S. 164 f. oder Kartentasche)

Karte 46

第12図

［地図1解説］

北方方言における声調調類分岐のタイプについて

遠藤　光暁

1．所拠資料と先行する研究

今回作成した地図は北方方言の（主に）単字調の調類分岐のタイプに関するもので，所拠資料は次の通り［記載は簡に従い，『方言』と『中国語文』については巻号と始めのページのみを記す。］：

遼寧：『中国語文』1963:2,104；河北：『方言』1986:4,241；山西：『方言』1986:2,81；陝西：『陝西方音概況』1960；甘粛：『甘粛方言概況』1960；寧夏：『普通話和寧夏話的語音対応規律』1977；内蒙古：張清常「内蒙古自治区漢語方音与普通話語音対応規律」『内蒙古大学学報』1959:1,75-103；河南：山東：『方言』1985:4,243；江蘇：『江蘇省和上海市方言概況』1960；安徽：『安徽方言概況』1962；湖北：史語所報告；四川：史語所報告；青海：『方言』1984:3,186；雲南：史語所報告；湖南：史語所報告；貴州：『方言』1986:3,198；広西：『方言』1985:3,181および『広西漢語方言概要』1960；江西：羅常培『臨川音系』1940，余直夫『奉新音系』1975，羅肇錦『瑞金方言』1989。

この他，黒龍江：『方言』1986:3,182；吉林：『方言』1986:1,39；新彊：『方言』1986:3,161などによってこれらの省における地理分布を描くことは容易であるが，白地図に含まれていないので省略した。また，江西省は後で触れる調類分岐に基づく定義による「北方方言」に含まれる方言が多いと見られ，『史語集刊』43:3,403-432,1971や『方言』1986:1,19のように多地点にわたる報告もあるのだが，中古音との対応関係が非常に複雑であり，それらに挙げられている例字だけからは精確なタイプわけが不可能であったので，描図の対象から外さざるを得なかった。

中国語諸方言の声調の地理分布を研究した先行論著としては早くFranz Giet師の"Phon--etics of North-China dialects",Monumenta Serica,11,233-267,1946やZur Tonitat Nordchinesischer Mundarten,1950があり，華北平原の諸方言の調値を描図している。またZavjalova,Olga I."A linguistic boundary within the guanhua area",Computational Analyses of Asian & African Languages,21,149-159,1983.は北方方言全体の入声の分岐タイプの分布を地図化しており，今回の地図は全く同氏の研究を下敷きとしていることをここに明言しておく。そのことが地図上でも分かるよう記号もできる限り類似のものを使用した。

ほか，平山久雄「官話方言声調調値の系統分類」『言語研究』86,1984は独自の声調変化理論（「還流説」）によって北方諸方言の声調体系（調類・調値）を比較して系統分類を行い，その結果を地図にも描いている（北方方言全体を覆うものだが，河北省の分のみが既発表）。この「還流説」は演繹的に構成されたもので，それ自体としてはplausibleなものとなっているが，経験的基礎に欠ける憾みがある。声調調値の変化の方向に関しては帰納的・実験的に捉える方途があると私は考えており，そのような研究をなす前は同説に対して態度を保留する。

また，橋本萬太郎氏は声調調値の地理分布に対して波動説ないし周圏論を適用した研究をなした（最近では『語言学論叢』16所載の論文など）が，別の場所で述べたように（『開篇』8，9-10頁，1991年）波動説ないし周圏論は音韻現象に関しては蓋然的な糸口を提供するに過ぎず，それらの論説は根拠が薄いと私は考える（いずれ詳しい批判をしたい）。

いずれにせよ，声調体系において調値と調類は本来相即的なものなのだが，調類の方が相対的に扱いやすいため，ここでは専ら調類のみを問題とする。無論これはごく大まかな第一近似に過ぎず，他日調値および変調を議論に取り込む必要があるのは言うまでもない。また，今回は各省の概況のみに基づいて描図しているが，現在でも最善を尽くせば少なくとも今の2倍程度には地点数を増やせるものと見込まれる。

2．ここでの「北方方言」の定義

こと調類の分岐のタイプに関して言えば，中国語諸方言を分かつ最も根本的な指標は次濁上声の帰属であり，それが清上声と一類をなすのが「北方方言」で，そうでないのが「南方方言」であると認められる。何大安「「濁上帰去」与現代方言」『史語集刊』59:1，1988がこの点を明言しているのは卓見であると思う。また，全濁上声が去声（陰陽去の区別のある方言では陽去）に合流しているのも北方方言全体に当てはまる通則であり，この2つの変化が非常に古い時代に起こったことを物語る。

それに対し，平・去・入声の分岐タイプではこのように中国語諸方言を二大群にクリアーカットするような特徴は認められない。平声は通例各方言で陰陽調に分かれているが，山西方言など西北では一類のみしか存在しない方言が見られる。但しその場合でも，変調においては陰陽平が区別されることが多い（Zavjalova,Olga I."Some phonological aspects of the Dungan dialects",Computational Analyses of Asian & African Languages,9,1978などはその興味深い実例）。かつてはこれらの地域でも陰陽平が存在したが近年になって単字調などの位置で合流した公算が強い。また，去声が陰陽調に分かれているのも南方方言だけの特徴ではなく，西北・華北方言にも見られる。入声は大部分の南方方言では保存されているが，北方でも晋方言や山東方言の一部，西南官話，下江官話などでは保存されており，そうでない地域でも入声の舒声化は比較的近年に起こった変化であると見られる。

「南方方言」における次濁上声の帰属は，呉語・粤語では概ね陽上，客家語では一部が上声・一部が陰平となり，閩語ではやはり一部が陰上・一部が陽去などになっている。客家語・閩語における二分の条件は明かでなく，その類別を祖語に持ち上げる考え方があるが，少なくとも閩語に関しては何1988の見解の如く方言接触による重層現象と考えるのがよいと判断される。（同論文132ページの一覧表では二類の所属字が各方言間でかなり整然とした対応をなすかの外見を呈しているが，更に多くの次濁上声字を検討するとどの字がどの類に属すかは各方言でかなり出入りがあることが知られる。また厦門方言などで同一字が文読で陰上，白読で陽去となる一連の例があることはこれが方言接触によりもたらされた現象であることを示す決定的な証拠である。）

「北方方言」で次濁上声が陰調となる理由に関しては，上声が韻尾に声門閉鎖を伴っていた時代に次濁声母を逆行同化により喉頭化し，そのため陰陽調分裂の際に上声に限って次濁が陰調になったという仮説を持っている（この考えを1982-84年の中国留学中に馮蒸氏にお話ししたことがあるが，その後同氏はこのアイディアを潤色して「北宋邵雍方言次濁上声帰清類現象試釈」『北京師院学報』1987:1に発表している）。

「南方方言」についても資料は既に相当あるのだが，今回は時間の関係で作図できなかったのは残念である。だが平田昌司氏による全濁上声の帰属に関する地図［地図2及びその解説を参照］が丁度あい補いあう形となったのは幸いであった。

3．「北方方言」の調類のタイプわけの基準

北方方言の調類分岐のタイプを分けるための最も簡明な指標は入声の帰属である。頼惟勤「声調変化について」（『日本中国学会報』2,27-44頁，1951年；『頼惟勤著作集Ⅰ中国音韻論集』,347-375頁,汲古書院,1989年）の第5図「官話系方言入声変化図」はそれを3つのタイプに分け，入声が声母に拘わりなく一類となっているものを第1種，清・次濁が一類，全濁が一類となっているものを第2種，次濁が一類，全濁が一類，清がその他となっているものを第3種としている。この分類が，現在入声が独立しているか否か，それぞれの類がどの舒声に合流しているか，などを捨象して官話系方言を三つの大類に割り切っているのは優れた見解だと考える。今回作成した地図でも，古入声の反映が一類か二類か三類かをまず最優先して分類を行ない，一類のものには四角の記号，二類のもので次濁入が清入と同じ類をなすものには丸の記号，次濁入が全濁入と同じ類をなすものにはどんぐり形の記号（ただし山東省・平度県のタイプは双葉形の記号），三類をなすものには蝶々形ないし屋根形の記号を与えてある。

Zavjalova 1983でもほぼ同様の基準によっており，更に舒声への帰属を考慮して細分を行なっている。李栄「官話方言的分区」『方言』1985:1では官話方言の分区の基準として入声の帰属タイプを採用し，次のように命名している（3頁）：

古入声字的今调类

	西南官话	中原官话	北方官话	兰银官话	北京官话	胶辽官话	江淮官话
古清音	阳　平	阴　平		去　声	阴阳上去	上　声	入　声
古次浊		阴　平	去　声				
古全浊	阳　平						

この指標は単純明瞭なものではあるが，例えば入声が独立の一類をなすタイプ（今回の地図では■で表示している）は江淮官話のみならず西南官話や晋語の地域にも見られる。単に方言区画を目的としている限り，そのような遠隔地での同一タイプの存在は分区を乱す困った例外となる。だが，ここでの主要な興味は，さまざまなタイプがどのような地理分布をなすかを如実に捉え，それを出発点としてそれらが通時的にどのような関係をもつかを探ることにある。だから，各々のタイプに事前に特定の地域の呼称を冠することはしないこととする。

また，今回の地図では入声が舒声とは合流せずに独立の類（一類・二類の例はあったが，三類の入声をもつ方言は今回の資料の範囲では見られなかった）をなすタイプには大きいサイズの記号を与えてある。その際たとえば清・次濁入声が陰入，全濁入声が陽入をなす

タイプと清・次濁入声が陰平，全濁入声が陽平に合流しているタイプに対する記号は形が同じになるようにした。これは通時的に後者のタイプが前者のタイプから変化したであろうことを暗示するためであるが，まだ研究が進んでいないこととハンコの制約から必ずしも常にこの方針をとっているわけではない。

去声に陰陽調が存在するタイプは北方では地点数は少ないけれども通時論的にはたいへん重要な意味をもっている。これは早くGiet 1946が報告している現象で，河北省の保定および昌黎一帯と山東のいくつかの地点において軽声の前で陰陽去声の対立が存在する。また『湖北方言調査報告』1948年では湖北省西北部の陝西省との境にある竹山で単字調でも陰陽去声が対立することが報告されており（1936年調査，ただし竹山は湖北省東北部の方言とともに第２区に分類されており，江西方言や徽州方言などとの関係如何を検討する必要がある），その後そのような方言が山西省・陝西省でも見つかっている。今回は原図ではそのような地点を緑色のスタンプで示したのだが，印刷されたものは単色であるため目立たず，記号化に失敗したこととなる。

ほか，平声に関して特筆すべきことは山東半島において次濁平声が一部陰平・一部陽平となることである（『方言』1985:4,245など参照）。このような現象は北京方言も含め各方言に多かれ少なかれ見られるのだが，山東半島では殊に顕著のようである。越南漢字音と関連して更なる探索が必要だが，今回の地図では記号化していない。

４．各タイプの地理分布

まず単純な地域から見ていくこととしよう。下江官話の地域では入声が一類で独立している（■）。西南官話の地域ではそれと同様のタイプが四川省の岷江流域および雲南省・貴州省・湖北省・湖南省・広西壮族自治区などに散発的に分布し，その他は全般的に一律に陽平に合流するタイプ（□）が分布している。岷江流域の■の地域を挟んで入声が一律に陰平に合流し（かつ陽平と上声または陰平と陽平が合流した）タイプが分布している。

下江官話と西南官話の北側の地域に清・次濁入声が陰平，全濁入声が陽平に合流しているタイプが広く分布している。これはZavjalova 1983が「渭河黄河タイプ」と呼び，李栄1985が「中原官話」と呼んでいるものである。このタイプの分布地域の東端が黄河の旧河道の流域と合致するという興味深い所見をZavjalova氏に1982年2月にお聞きしたことがある。（同じ頃に，「渭河黄河タイプ」の南限の境界線に各種の音韻特徴の等語線が集中して走っていることを同氏が見いだされたことと関連して，このラインが南宋と金の境界線にほぼ合致することを申し上げたところ，かつてヤーホントフ氏も同様のコメントをされた由であった。またこれは同時に自然地理・人文地理の面で北方と南方を分ける重要な境界線とも合致している。）地図上ではこのタイプの分布が河南省と湖北省の境界線ときれいに平行しているようになっているが，実は湖北省の河南省よりの諸地点では河南型の層が重合していることが認められる（『湖北方言調査報告』を参照）。更に西を見ると，このタイプは陝西省の南端まで分布しているが，西南官話のタイプも陝西省南部に分布している。

山東省には入声が三類に分かれるタイプが分布しており，西部では清入が陰平，東部では清入が上声に合流している。この東部のタイプなどは『中原音韻』の入派三声と正に同じ条件である。ただし，このことから『中原音韻』の基礎方言が山東東部方言であったと直ちに同定されるわけでは無論ない。例えば清入が現在陰平に合流している方言であってもかつては清入が上声と同じ声調素を持っていたが後に調値変化が清入または上声のいずれかで起こり，清入が陰平と同じかまたは類似の調値を持つに至り，しかる後に清入が陰平に合流したという可能性がある。また，北京方言などのように後に複雑な層位の重合を経た方言であっても，後代の層を除去すれば『中原音韻』のようなタイプであると見なし得る。また更に，中原官話のように入声が二類の反映をもつような方言であっても，入声の舒声への合流が起こる前は三類に分かれていたのだが，清入と次濁入が合流し，しかる後に舒声化が起こった可能性も考えられる。［三類が二類に変化した例ではないが，二類が一類に変化したことが分かる例を挙げると，例えば河南省北部の獲嘉方言では現在入声は一類しかないが，「変韻」によって入声が舒声に交替する際，古清・次濁入は陰平，古全濁入は陽平となり，かつては獲嘉方言でも中原官話（の入声の舒声化が起こる前の段階）のようなタイプであったことが分かる（拙稿「獲嘉方言の変韻とそれに関連する音変化の相対的順序」『開篇』3,1987年参照）。］

山東省の黄河河口の近くに入声を保存する方言が存在するのは面白い（利津方言など。但し陰入のみ）。また山東半島は独特の変化を経ており，この地域は更に精密な研究が必要である。

河北省の山東省よりの地域には山東西部型のタイプが分布しており，その北部から東北三省にかけては北京のように清入の帰属が各声にばらつくタイプが広がっている。その境界線はあたかも調値の面の分布で見られる断層ともほぼ重なる（『開篇』8,1991年の拙稿を参照）。

北京のタイプは各方言で清入字の帰属がかなりばらつくようであり，全般的には北京よりも上声で読む字が多いという傾向がある如くである。北京でも例えば普通は陽平に読む「国」を固有名詞の「国子監」（北京東城にあるもの）では上声に発音する，といったことがあり，こういった北京型の各方言間のばらつきや北京城内における異読などを今後包括的に比較する必要がある。

山西省とその周辺には様々のタイプが分布するが，主なものは入声が一類で独立しているタイプ（■）であり，フホホトから張家口にかけての地域などでは入声は同様だが陰陽平が合流しているタイプ（日の丸型の記号）が分布し，山西省北部では陽平と上声が合流しているタイプ（ポーランドの国旗のような記号）が分布している。山西省中部南部では二類の入声が存在するタイプが分布し，中原官話のように次濁入が清入と同じ反映を示すタイプ（丸型の各記号）と次濁入が全濁入と同じ反映を示すタイプ（どんぐり型の各記号）とがある。また山西省南部では陰陽去が対立する方言が存在する。

陝西省北部とその北側の内蒙古では入声が一類の方言のみが分布するように地図ではなっているが，これは所拠資料の制約によるものであり，例えば劉勲寧『清澗方言』（北京大学碩士論文，1982年）によると同地では二類の入声が存在する。

寧夏回族自治区では北部では入声が一律去声に合流し，陽平と上声が合流したタイプが分布し，南部では入声が一律陰平に合流し，単字調で陰陽平が合流したタイプが分布する。前者のは他の地域では殆ど見られないものである。

甘粛省・青海省では西よりに中原官話のタイプが分布し，また寧夏南部に類似したタイプが分布する（但し所拠資料では変調における調類のふるまいをきじゅつしておらず，平声が一類のみ存在し，入声が一律平声に合流するとだけ書いてあるので一応別の記号・小さい日の丸型を与えておいた）。蘭州から西北には清・次濁入が去声，全濁入が陽平に合流したタイプが主に分布する。

以上概観した他にも個別の地点で孤立的なタイプが存在する場合があるが，これは更に所拠資料を増やすともっと見つかるであろう。この調類分布図は地点密度がかなり濃いかのような外見をもっているが，『日本言語地図』などと比較するとまだ非常にまばらであると言わねばならない。今のところは概ね県城レベルの状態が地図になっているだけで，更に僻地には興味深い現象がいくらでもころがっているであろうことは例えば『昌黎方言志』の方言地図を見るだけでも容易に想像がつくところである。

5．各タイプの系譜関係

以上でみた各タイプの系譜関係を定めるためには最終的には調値や変調におけるふるまいと併せて検討せねばならないが，現時点でもかなりの確度をもって推定できる場合がある。例えば陽平と上声が一類となっているタイプなどはかつては陽平と上声が異なっていたがそれらが合流して出来上がったと言下に断ずることができる。ほかも平上去入の枠を越えて合流している場合も同様である。（但しどちらがどちらに合流したかを推定するには調値を考慮に入れなければならない。）

これに対して，ある方言が平上去入のそれぞれの枠内でより少ない類をもつ場合は，それが合流を経た結果類が少なくなっているのだと直ちに確定することはできない。例えば，陰陽平の区別がない方言はそもそも陰陽調分裂を経なかった可能性も有り得る。また，入声が三類あるタイプと二類のタイプを比較した場合，かつて三類だったものが合流して二類になった可能性の他，陰陽調分裂が例えば清・次濁入対全濁入という条件で一旦起こり，その状態から次濁入が更に分裂した，という可能性もありうるから，これだけの証拠ではどちらのタイプがより古いかは確定できない。

ここでは，作業仮説として大まかな見通しをつけることを旨とするから，後者のような場合でもより多くの類を区別するタイプの方が古く，より少ない類しかないタイプはそこから合流して形成されたと見なして系譜関係を建ててみることとする。その際，確実な推定と蓋然的な推定を区別する意味で，後掲の図では平上去入の枠を越えて合流している場合は二重線で結び，平上去入の枠内で合流が起こったと推定している場合は単線で結ぶこととする。

図では入声が三類・二類・一類となっている場合で分けて系統樹を建てておいた。先の仮定によるならば，これらの相互の間でも三類に分かれているタイプが最も古く，次濁入が清入に合流したり全濁入に合流して二類となり，更にそれらが合流して一類になったと推定することになる。この推定は，山西省南部のように近隣の地域で次濁入が清入に合流するタイプと次濁入が全濁入に合流するタイプとが接しているところでは蓋然性が高いと思うが，他の地域で全てそうであるか否かはむろん大いに議論の対象となる所である。例えば，中原官話のようなタイプ（でまだ入声が独立していた段階）だが，『悉曇蔵』の記す9世紀以前の長安一帯の方言で既にそのような状態となっていたと推定される（拙稿「『悉曇蔵』の中国語声調」『漢語史の諸問題』，1988年参照）。入声が三類に分かれている状態が文献で徴せられるのは14世紀になってからなので，単純に考えるならばまず清・

次濁入対全濁入という条件で分裂し，後になって方言によっては次濁入が更に分裂した，と推定することとなろう。これはすぐには断案できない問題である。

6．おわりに

以上の議論はたいへん大雑把なものに過ぎず，声調研究において現在可能な水準に全く達していないことは自ら痛感するところである。欠陥の主な点を列挙すると：地点密度を上げる最善の努力をしていないこと；南方方言を扱うことができなかったこと；変調における調類の振る舞いをきちんとフォローしていないこと；調値を全く扱っていないこと；変調，更には音節声調方言と語声調方言の差異を全く顧慮していないこと，などなどがある。これらの未解決問題をかたづけるには更に数十篇の論文を必要とする。

声調変化に影響を及ぼす要因としては，声母の清濁の他に，声母の有気性や母音の性質などがあるのだが，今回は全く触れることができなかった。母音と声調の相互関係に関しては拙稿「元音与声調」『第二届中国境内語言暨語言学国際研討会論文集』，1991年で包括的に論じたので参照されたい。

1992年2月11日

［付図］

三類：

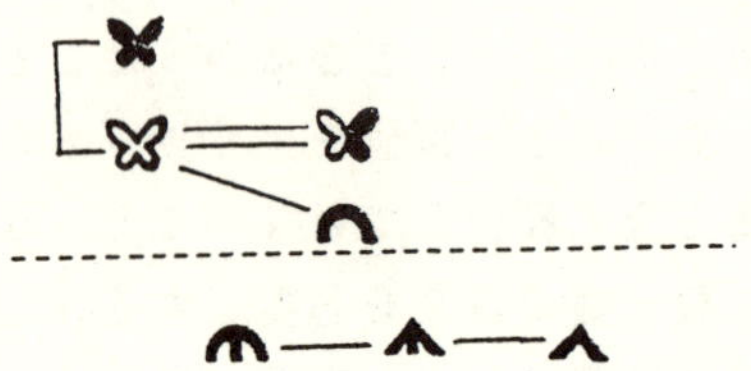

二類：

・次濁入声が清入と一類をなす

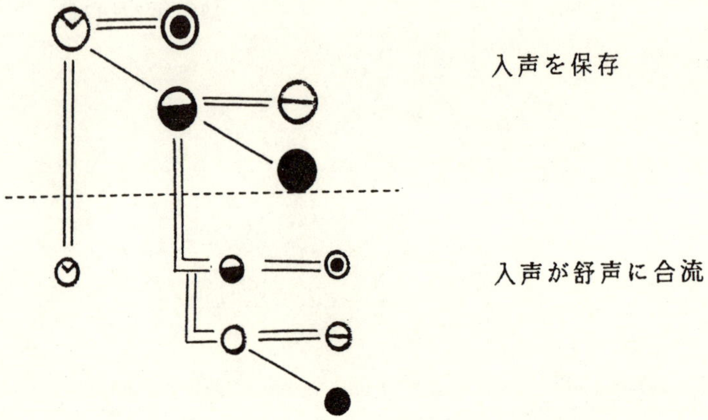

・次濁入が全濁入と一類をなす

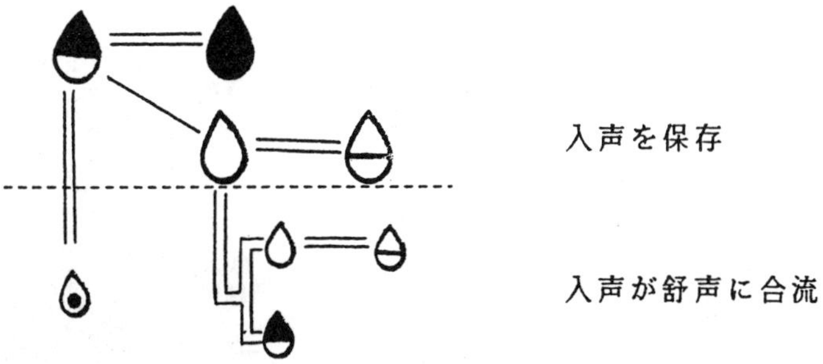

一類

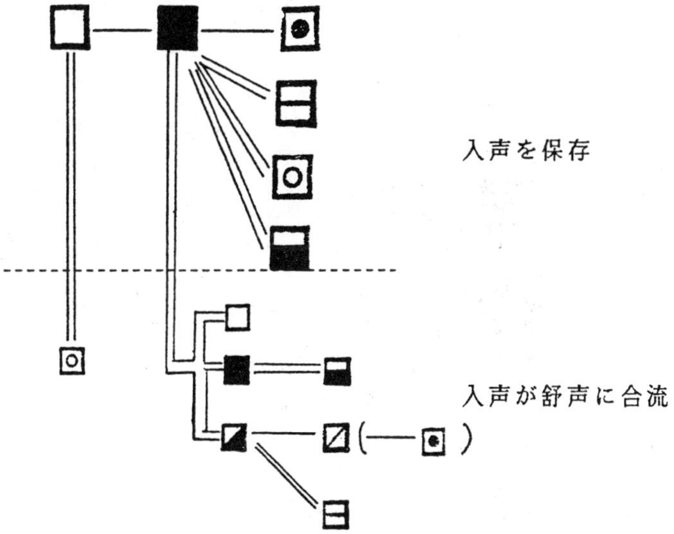

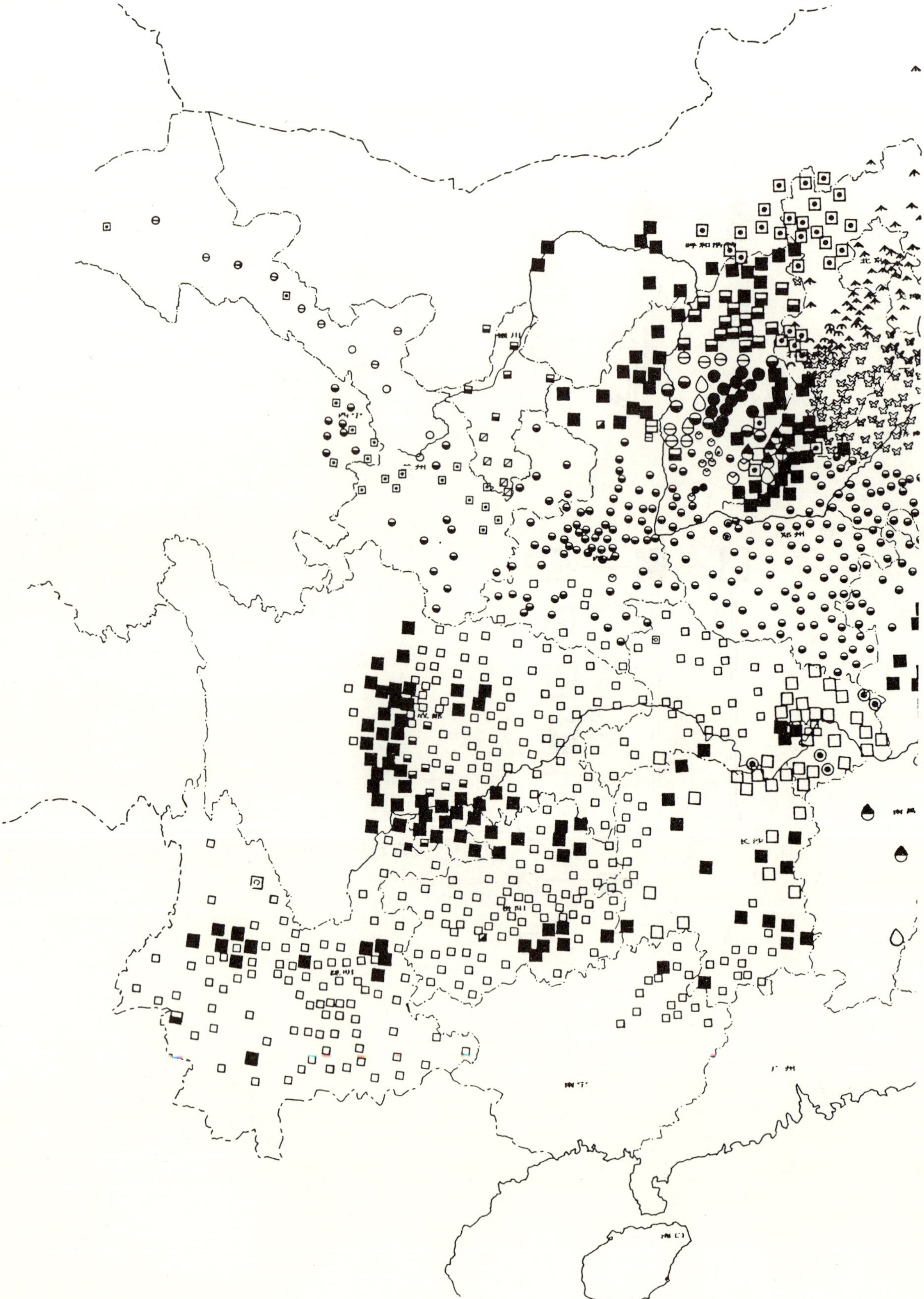

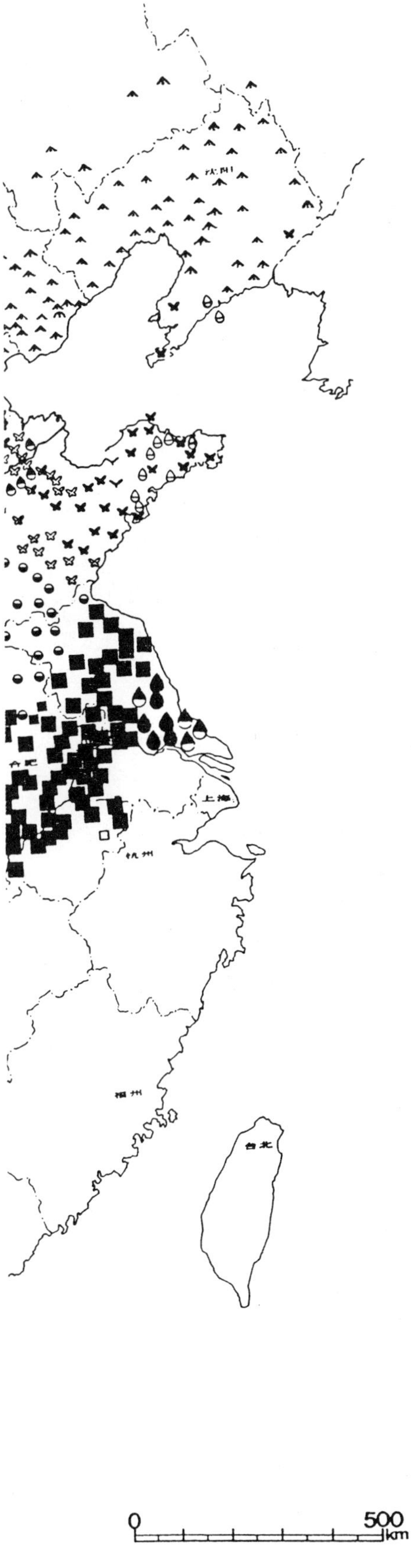

1　調類分岐のタイプ

1．入声が3類に分化

平声　上声　去声　入声
清　次清　全濁　清　次濁　全濁　全濁　次濁　清　清　次濁　全濁

陰平｜陽平｜上声｜去声｜上声｜去声｜陽平
陰平｜陽平｜上声｜去声｜陰平｜去声｜陽平
陰平｜陽平＝上声｜去声｜陰平｜去声｜陽平
陰平｜陽平｜上声｜去声｜上声｜去声｜陽平
平声｜上声｜去声｜各声｜去声｜陽平
平声｜上声｜去声｜陰平｜去声｜陽平
陰平｜陽平｜上声｜去声｜各声｜去声｜陽平
陰平｜陽平｜上声｜（軽声前）陽去｜陰去｜各声｜去声｜陽平

2．入声が2類に分化

2－1　次濁入が清入と一致

平声　上声　去声　入声
清　次清　全濁　清　次濁　全濁　全濁　次濁　清　清　次濁　全濁

陰平｜陽平｜上声｜陽去｜陰去｜入｜陽去
陰平｜陽平｜上声｜陽去｜陰去｜陰入｜陽入
陰平｜陽平｜上声｜去声｜陰入｜陽入
陰平｜陽平＝上声｜去声｜陰入｜陽入
平声｜上声｜去声｜陰入｜陽入

陰平｜陽平｜上声｜陽去｜陰去｜陰平｜陽平
中原　陰平｜陽平｜上声｜去声｜陰平｜陽平
陰平｜陽平｜＝陰平｜去声｜陰平｜陽平
蘭銀　陰平｜陽平｜上声｜去声｜去声｜陽平
陰平｜陽平＝上声｜去声｜去声｜陽平
平声｜上声｜去声｜去声｜平声

2－2　次濁入が全濁入と一類

陰平｜陽平｜上声｜陰平｜陰去｜陰入｜陽入
陰平｜陽平｜上声｜陽去｜陰去｜陰入｜陽入
陰平｜陽平｜上声｜去声｜陰入｜陽入
陰平｜陽平＝上声｜去声｜陰入｜陽入
陰平｜陽平｜上声｜去声｜上声｜去声
陰平｜＝去声｜上声｜去声｜上声｜去声
陰平｜陽平｜上声＝陽去｜陽平｜上去｜陽平
陰平｜陽平｜上声｜陰平／陽平｜平度県
陰平｜陽平｜上声｜去　陰入｜其他

（利津県）

3．入声が1類

平声　上声　去声　入声
清　次清　全濁　清　次濁　全濁　全濁　次濁　清　清　次濁　全濁

陰平｜陽平｜上声｜陽去｜陰去｜入声
陰平｜陽平｜上声｜去声｜入声
陰平｜陽平｜＝陰平｜去声｜入声
陰平｜陽平＝上声｜去声｜入声
陰平｜陽平｜上声＝去声｜入声
平声｜上声｜去声｜入声
西南　陰平｜陽平｜上声｜去声｜陽平
陰平｜陽平｜上声｜去声｜去声
陰平｜陽平｜上声｜去声｜陰平
陰平｜陽平｜上声｜陽去｜陰去｜陰平
（陰平）平声｜上声｜去声｜陰平
平声｜上声｜去声｜平声
陰平｜陽平＝上声｜去声｜去声
陰平｜陽平｜上声＝去声｜陰平

中国語諸方言から帰納した声調調値変化の方向性

遠藤光暁

報告の要旨

この発表では、1）現代に観察される同一方言内の世代差、2）近過去の文献資料の記述と現代方言の比較、3）調類が合流した方言と隣接する未合流の方言との比較、という三つの方面から、中国語諸方言に見られる声調調値の変化の実例を収集した。ただし、記述の信頼度が高いものを対象としないと、客観的に生じた言語変化ではなく、記述者の違いによる観測誤差も拾い込んでしまう恐れもあり、今回はいくつかのパイロットケースを扱うにとどまった。

その結果、平山久雄「官話方言声調調値の系統分類」『言語研究』86, 1984 年などで提唱されている「還流説」に沿わない変化が多く見出された。一例を挙げると、呉方言に属する呉江・盛沢では陰平が趙元任の 1928 年の報告では高降調であるのが銭乃栄の 1992 年の報告では高平調になっており、「還流説」によると高平調が高降調になる変化は生じ易いがその逆の変化は非常に起こりにくいとされるのに対して反証となっている。そして、高降調が高平調に変化したかに見える例は他にも存在する。

この矛盾を如何に考えたらよいか？記述が間違っているのか、上記の帰納的な研究方法が間違っているのか、それとも「還流説」が間違っているのか？それに解答を与えるには今回収集した例のみでは未だ材料が不十分であり、更に多くの事例を収集して声調の歴史的研究に対する経験論的基礎を与えたいと希望している。

北京語“er”の来歴

一般講座講師　遠藤光暁

1. はじめに

中国語の学び始めに“ er ”という発音に出会い，エキゾチックな感じを受けた人が多いことと思います。この“変な”発音が，いつからどういう風に現われたのかをこれから考えてみることにしましょう。

2. “ er ”となっている字

現在“ er ”という発音になっている字は，主なものを挙げると“而児耳爾二”のようなものがあります。(1)これらの字は，過去のある時代には“ ri ”と発音されていたものが“ er ”に変化したのだ，と考えられます。それでは，何故そういう推定ができるのか，又いつ頃“ ri ”が“er”に変化したのかについて，実例で説明します。

3. 文献をさかのぼる

まず，清朝にさかのぼると，『紅楼夢』(1765年)の第20回におもしろい例が出ています。おしゃまな史湘雲が主人公の賈宝玉を呼ぶのに“二哥哥”と言えずに“愛哥哥”と舌たらずになってしまい，ひやかされるというやりとりがあります。これなど，もし，“二”が“ er ”という発音(2)でなかったとしたら，“愛”・“ ai ”と舌たらずになってしまうこともあり得ず，ちっとも面白みがなくなってしまいます。

同じ年に出た文献に『朴通事新釈諺解』があります。この本は朝鮮で通訳官養成のために作られた中国語教科書で，ハングルで中国音の表記がされています。これを見ると“児耳二”は“ ɯl ”（ɯは日本語のウの発音と同じ）となっていますが，これによって“ er ”を表わそうとしたものでしょう。

この本の百年程前の版・『朴通事諺解』(1677年)及びそれと対になる『老乞大諺解』(1670年)では次のように表記されています：

	児	而	耳	二	貳
『朴通事諺解』	ɐl	ɐl	ɐl	ɯl	ɯl
『老乞大諺解』	zɐl	—	zɐl	ɯl	—

ここで興味深いのは，2－3声ではɐ，4声ではɯというように別の母音で表わされていることです。“ ɐ ”というのは少しゆるい音のアで，もちろん原文ではハングルで書かれています。現代北京語では，厳密に言うと，4声の erは，2－3声に比べて母音の開きがやや広めに発音されます。朝鮮語の表記ではそれとは逆の関係になっているかのように見えますが，ハングルの“ ɐ ”・“ ɯ ”で中国語のどんな音の違いを写そうとしたのかは検討の余地があります。

もう1つ目立つ点は，『老乞大諺解』では“z-”という子音がついていることです。この“ z ”は，拼音の“ r- ”で表わされる音に対応する字ですので，“ zɐl ”という綴りは，“ rer ”のような音を表わそうとしたものだと考えられます。ところが，そう考えるには留保条件があって，この時代の一般の朝鮮語文献では“ z ”という字が使われなくなっていますので，これはただ以前の綴り（すぐ後でふれます）を保存しただけのことで，実際にはやっぱり“ er ”という発音であった可能性もないわけではありません。

更に五十年程さかのぼると，フランス人の宣教師・トリゴーがローマ字で当時の発音を注記した発音字典『西儒耳目資』（1626年）があります。この中で“児而耳二…”といった字は“ ul ”と表記されています。このローマ字表記体系は，その先輩マテオ・リッチらのものを受けついだもので，リッチは“而爾”を“ lh ”と表記し，この表記はやはり“ er ”を表すものと考えられています。(3)これは1605年頃までさかのぼると看做して大過ないでしょう。

ほぼ同じ頃の『重訂司馬温公等韻図経』(1602年)

では「爾二而」は配列されている図表の位置から言って“er”という発音であっただろうと推定されています。(4)

私の知る限りでは“er”という発音があったことが確認できる最も古い資料はこの辺の17世紀初頭までのもののようです。(5)

16世紀にいい資料があまり見つからなくて困るのですが，さきほどから挙げている朝鮮で使われた中国語教科書の最も古い版である『翻訳老乞大・朴通事』（１５０６～１７年）では，“児而耳二”といった字が“zɐ”と表記されていますが，これは“ri”という発音を表わすものだったと考えられます。

15・14世紀に，問題の字が“ri”という発音であった証拠に，『韻略易通』（１４４２年），『中原音韻』（１３２４年）では“支思”の韻に収められています。

なお，17世紀の文献でも，『五方元音』(1624－72年）や『韻略匯通』(1642年)では“児而耳二”といった字は“ri”と考えられる項目に入っています。これは，17世紀にもまだ“ri”という発音を保っている方言があったのかもしれませんが，或いはただ伝統を墨守しているだけなのかもしれません。これら二書は共に『韻略易通』をひな型にしているからです。

以上に見てきたように，14～16世紀には“ri”だったのが，17世紀初頭になると“er”という発音が見えはじめることがわかります。ところが，今までわざとふせてきましたが，大変困ったことがあるのです。それは，こういった文献の拠っている方言がまちまちなことです。実は，どこの方言に拠っているかはっきりしていない文献が非常に多いのです。ですから，上に挙げた文献が現代北京語の直系の祖先である保証はありません。しかし，相当近い傍系の親類であることは確かなので，大まかな議論では，一応これで歴史をたどったことにして満足するよりしかたがありません。

4. 変化の過程

それでは，“ri”はどのようにして“er”に変化したのでしょうか？今までにいくつか仮説が立てられていますが，通説では：a）ri ＞ r ＞ er のように説明します。(6)つまり，“ri”の“i”が弱まって消えてしまい，更にこの“r”を発音する前に母音が寄生して“er”になったというのです。これは自然な過程で，巧みな説と言えるでしょう。

もう１つの説では：b）ri ＞ ir ＞ er としています。(7)この考えでは，“er”は“ri”の子音と母音が入れかわったもので，中国語ではあいまいな“i”が音節の頭にたてないので“e”となったと説明します。しかし，こういう音の入れかわりによる変化は個々の単語については見られますが，今の場合のようにある音声的条件をもった字がすべて同じ変化をとげている時には，この変化の原因はやはりその音声の特徴に求めなければなりません。そういうわけで，この説は説得力が弱いと言わなければならないでしょう。

３番目の考え方として，　c）ri ＞ rer ＞ er というのがあります。(8)ここで思い出していただきたいのは，『老乞大諺解』の“zɐl”・“zɯl”という表記です。これが実際にどのような発音を表わしていたのかは疑う余地がありますけれども，“ri”と“er”の中間段階に“rer”という形があり得ることを暗示しています。この説では，“ri”のソリ舌的成分が後ろの母音まで及んでソリ舌母音となり，その結果その母音だけで以前の“ri”で発音された字を表わすことができるようになったので，前の“r”が落ちた，と説明できると私は考えます。

今まで少なくとも上の３つの説が出されているのですが，どれが正しいのでしょうか？これも困ったことに，他のすべての説を排除してただ１つの説だけが真実であると断定することは難しいのです。それは，文献では時代がとびとびになっていて，変化の前の段階と変化の終った後の段階を知ることができても，変化の正に起っている様子はわからないからです。前の段階から後の段階への変化を最も合理的に説明できる説が最も可能性が高いとするよりしかたがありません。今の場合，やはり通説のａ案が最も単純で最も蓋然性の高い説明だと私は思います。

5. 他の方言での発音

中国語にはたくさんの方言があります。今問題にしている字も方言では“er”と発音しない所が結構あります。この文の題を“北京語”云々としたのはそのためです。それでは，実際どのような地理分布を示しているのか，図をご覧下さい。[9]あれだけ広い中国を数十地点で見ようというのですから，非常に大雑把な図ではありますが，それでも大局は表われていると思います。

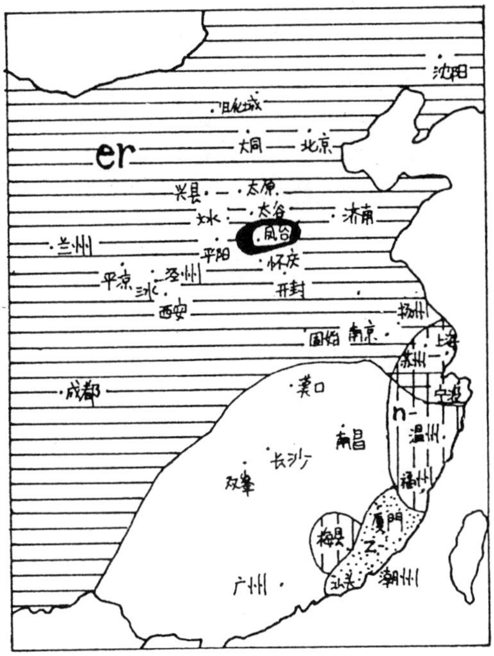

横線で表わしたのが“er”の類の発音になっている所です。これが中国の相当大きな部分を占めますがこの地域が広い意味での“北京語”・いわゆる“北方語”の話されている所で，端と端，例えば瀋陽の人と成都の人とがそれぞれ自分の言葉で話したとしてもコミュニケーションが可能だと言われています。

縦線で表わしたのは“n-”の類の鼻音で始まる発音を持つ所です。[10]又，点の所では“z-”の類で発音されています。白い所は，母音だけで発音される地点です。[11]このような方言の違いは，中国語の歴史のそれぞれの段階を反映しているものと考えられます。それは大体次のようなものです。：

1. $\tilde{n}$i　隋（6世紀末〜7世紀初）ここで“$\tilde{n}$”は“i”の音色を帯びた“n”，“i”は単純な“i”だけでなく，もっと広い範囲の音を含みます。上海付近や福建省北部等にある“ni”の類の発音や日本の呉音の「ニ」などは，この段階を反映しています。

2. $\tilde{n}\check{z}$i　唐代長安　“$\check{z}$”は拼音の“r-”と大体同じ音でソリ舌化していないものを表わします。日本の漢音「ジ」がこの段階をかつては正しく反映していたものと考えられます。（日本語の濁音は昔鼻音を頭にともなっていたようです。）[12]

3. $\check{z}$i[13]いつこの発音になったかは未詳。

“$\check{z}$i”がソリ舌音になったものが“ri”，この文では，その区別を考慮に入れる準備ができていません。山西省の鳳台（図の中の黒い所）ではこの段階を保っています。

4. er　17世紀前後　北方語の大部分がこの段階にあります。

なおこの変遷の過程は現代北京語に関連する範囲内で追ってみたものですが，福建省南部の“z-”の類の音は第2段階から別の方向に変化してできたもので（あるいは第2段階も唐代長安とは独立に起ったのかもしれません），母音だけになっている地点は，あるものは第3段階から，あるものは第4段階から別の方向に変化したものと考えられます。[14]

6. “児化”について

現代北京語では，単独で“er”と発音する字があるだけでなく，ある字の後に“児・er”が融合して「小さい物，親愛の情をわかせる物」を表わす，いわゆる“児化”があります。“児”のこういう用法は唐代から現れはじめるそうですが，[15]発音が今のように前の字に融合するというのがいつから起ったのかについては定かではありません。

常識的に考えると，“ri”が“er”に変化した後で，この“児化”が起ったということができそうです。しかし次のようなことがあるので必ずしもそうだと断定することはできません。北京語には，「今日」という単語に“今児・jinr”，“今児個・jinrge”というものがありますが，これは“今日”，“今日個”から変化して来たものだと推定されます。[16]そうだとすると，“ri”という発音でも“児化”を起こし得ることになります。[17]

この問題は中国語の場合，資料の制約があって大変解決し難いのです。その第1は，漢字という直接発音を表わさない文字によって書かれていることです。さきほど，ローマ字やハングルで書かれた文献を証拠に挙げましたが，今の場合よい資料が見あたらないのです。朝鮮で使われた中国語教科書・『朴通事諺解』や『新釈朴通事諺解』ではまだここでいう“児化”は起っていないようですが，それが果して現実の言語でそうだったのか，それともこういう教科書ではゆっくりした念入りの発音を記録するのでハングルによる注音には現われていないだけなのか，疑おうとすれば疑うことができます。第2は，昔の発音を推定するのに役立つ文献は主に韻書ですが，この韻書というのは単独の字について押韻可能なグループを定めたもので，ここで言う“児化”のように単独の字ではなく，複合した字の連続の中での発音を問題にする場合にはほとんど役にたたないということがあるのです。さしあたり，“児化”に関しては問題点を出しておくにとどめます。

7. むすび

以上は，ごく大まかなスケッチでしたが，北京語の“er”の来歴に関する問題の輪廓は描き出せたのではないかと希望しています。今後更に議論を精密にしなければならない点が，今思いつくだけでも次の2つあります。1つは，国際音標字母を用いずに，拼音の“ri”や“er”などで発音を表わしてきましたが，もっと具体的な音声細部に迫る必要があることです。これは単なる表記法の問題ではありません。もう1つは，今回“er”に関してだけ，いろいろな資料から例を「つまみ食い」したわけですが，本来はそれぞれの音韻体系全体に目を配らなければなりません。[18]しかしそれはなかなかの大事業です。いつもそうなのですが，小さな問題を掘り下げていくと，いろいろな事がわかって来てうれしいのですが，かえってより深刻な問題をかかえ込んでしまって当惑するのです。

（1981.11.19）

注

(1) 中国の伝統的な音韻学の用語で言うと，止摂開口日母の字。

(2) しかも「愛」になっていることから，すでに今の北京語と同じく“ar”という広い母音であることが窺がわれます。

(3) 羅常培「耶穌会士在音韻学上的貢献」，『歴史語言研究所集刊』，1：3，1930年。

(4) 陸志韋「記徐孝重訂司馬温公等韻図経」，『燕京学報』，32，1947年。

(5) 唐虞「“児”〔ər〕音的演変」，『歴史語言研究所集刊』，2：4，1932年，では『元史』にあらわれる外国の人名・地名の訳で“r”を「児而耳爾」で写していることから，『中原音韻』（1324年）以前にすでにこれらの字が“er”で読まれたものとしています。しかし，この事実から言えることは，これらの音がその前の段階・“ñi”や“ñži”（本文の後でふれます）ではなくなっているだろうということだけであり，“ri”ではなく“er”であったと主張するには証拠不充分です。また，李格非「漢語“児詞尾”音值演変問題商榷」，『武漢大学人文科学学報』，1956年第1期，では，南宋には「児」が軽く読まれたので既に“ri”ではなく“er”に変化していただろうと推測しています。しかし，「而耳爾二」等は必ずしも軽く読まれるわけではありませんから，この推測は，“er”という発音の成立のための全面的な説明になっていません。ちなみに，王力『漢語史稿』，上冊，1958年，165頁でも小文と同じ証拠を挙げて，「17世紀（あるいは更に早め）には，“児”等の字はすでにəɹとよまれている」といっています。

(6) 高本漢（Karlgren, B.）『中国音韻学研究』，1948年，335－345頁。なお，もとの図式は，ʐl > ʐ > œʐ > œr となっています。

(7) 王力前掲書同所。

(8) 平山久雄「北京語の音韻論に関する二三の問題」，『言語研究』，35，1958年，45頁。
ńźīəī→ɹə i→ɹəe̥→ɹəɹ→əɹ という変化過程

が想定されています。

(9) 高本漢前掲書と『漢語方音字匯』，1962年，に主に依って作図しました。

(10) 図中で上海付近は縦線と横線が重なっていますがこれは口語音では n_ 系，文語音では er 系で発音されることを表わそうとしたものです。

(11) 北京語には直接関係がないので、ここでは詳しくふれませんが、それぞれの地点でかなり異なった母音で発音されます。

(12) 唐代の長安では鼻音の系列が，m- 〉mb- n- 〉nd- 等となる変化が起っていますが，ñi 〉ñži もこれと並行して起ったものです。何故このような変化が起ったかと言うと，発音する際鼻音から母音に移る時に口蓋帆を上げて鼻腔への通路をふさがなければならないのですが，その動作を子音を発音している時に少し早めに先取りして鼻音から母音への移行をスムーズにしようとした結果，その移行部分が同部位の口音になったのでしょう。

(13) "ži" は単純な摩擦音ではなく "r" の成分を含んだものと考えます。

(14) 例えば広州の "i" は第3段階の "ži" から，漢口の "ɯ" は第4段階の "er" からそれぞれ変化したものでしょう。

(15) 李格非前掲論文による。

(16) 平山久雄前掲論文48頁。

(17) 但し，こういう変化はすでに r 化があったので起ることができたのかもしれません。

(18) 例えば，王力前掲書同所にほのめかされているように，「知」や「日」の類の字のソリ舌化が "er" の現われる頃に起っていますが，それとの関連を考慮の外に置くことはできないでしょう。

追記（1981.12.26）

1. マテオ・リッチの lh という表記に関しては，その後原書（利瑪竇，『明末羅馬字注音文章』，文字改革出版社，1957年）を目にした結果，それが成音節的な l͡j を表わすものだと考えるようになった。

2. 多くの南方方言では，m・n・ng がそれ自体で一音節をなすことがある。例えば広東語の「五」は "ng" と発音される。これは，ri 〉r と類似した現象だと考えられる。ただ，鼻音が成音節的になっている場合，その来源として "-u" の韻母をもつことが多いように見うけられる。（広東語の今の例では，*ngu 〉ng）これは鼻音の暗い音色によって u を代表できるために起った変化だと思う。

3. 上の1.と2.によって，私はカールグレン説を支持する立場に現在かなり傾いている。

4. 印欧祖語では，m・n・l・r・y・w 等のいわゆるソナントが音節主音となることがあった。それは，これらの子音が有声部分を長く持続できるという母音性を持っているためだが，不安定であり，早くから母音を寄生させている。中国語北方方言で r という段階があったとしたら，それがすぐに er 等のように母音を伴うようになることはうなずける。広東語などに見られる成音節的な鼻音が将来母音を寄生する可能性は充分ある。（例えば，ng 〉ung のように）

追記2（1982.1.21）

唐作藩「《正音捃言》的韻母系統」，『中国語文』1980年第1期，によると16世紀中葉に保定の人が編んだ『正音捃言』では「児」が「支部」に属しており，まだ "er" という音になっていないという。資料の追加をしておく。

追記3（1982.2.2）

「児化韻」の成立については，本文では，それを論ずることはむずかしいと書いたが，最近この難問に答えを与えた論文に接することができた。それは，李思敬「漢語音韻学史文献上的児化音記録考」，『語文研究』，1981年第1輯で，17世紀にすでに「児化韻」が存在したことを示している。すぐれた論考だと思う。ただ，その中で『西儒耳目資』の「音韻経緯総局」中に "ul" を韻母にもつ系列があることを「児化韻」が存在したことの証拠にしているが，これは当を得ていない。「音韻経緯総局」というのは子音と母音を組み合せ，字をその中に配置した音節表であるが，その音節にあたる字が存在しない場合二字の反切がその位置におかれている。"ul" を韻母にもつ系列にはすべて反切が記されているから，これはむしろ「児化韻」が存在しなかった証拠としなければならない。

追記4（1982.2.28）

“児”以外から由来する児化韻の例を集めた論文に陳治文「関於北京話里児化的来原」，『中国語文』，１９６５年第5期がある。

粤語咸攝一等牙喉音の主母音について

遠藤　光暁

１．発端

広州方言で陰入声が中古の内外転・現代の主母音の長短を条件にして，例えば“北”[pɐk 5]：“百”[pA:k <u>33</u>] のように上陰入と下陰入に分化していることは周知の事実である。しかし当然ながらその分化規則にあわない例外も少数存在する。[1] それらは文語層・白話層の違いと関連する個別的な例外が多いが，その中で咸攝一等見母に由来する[kɐp <u>33</u>(下陰入)]“合蛤部閤鴿蓋”の諸字はその音韻的条件にあてはまる字がすべて一律に例外となっており，いわば例外の中の“規則性”が存在する点でその他の例外とは異質である。

この音節は主母音が［ɐ］という短母音であるから上陰入になることが期待されるところである。現に同じ[kɐp]でも深攝に由来する“急”などは上陰入になっている。しかし咸攝は外転に属すから，その意味では上記の諸字が下陰入になるのは規則的だと言えよう。とすると問題はむしろ主母音の方にあり，現代広州では本来長母音で現れるべき外転系の咸攝字がなぜ短母音となっているのかが疑問となる。

２．広州方言の咸攝一等牙喉音字の主母音

主母音が短母音［ɐ］となっているのは入声に限らず，咸攝一等牙喉音字すべてに共通している特徴である。すこし例を挙げると：[2]

感 kɐm 陰上；　堪 hɐm 陰平；　含 hɐm 陽平；　暗　ɐm 陰去.

それでは広州方言では中古の外転開口一等韻の主母音 ＊ɑ[3]がその他の場合にどのような音形で現れるかを次に見てみよう：[4]

１）頼惟勤，「声調変化について」，『日本中国学会報』２，27－44頁，1951年の44頁に一覧表としてまとめられている。

２）Oi-kan Yue Hashimoto, *Phonology of Cantonese* , Cambridge University Press , 1972, 492-497 による。但し [A:m/p]となっている字も少数存在するが，それらは咸攝一等韻が一律に二等韻（牙喉音字を除く）と合流した方言，恐らく官話系方言からの借用ないしはそのような方言との接触によって生じた例外であろう。

３）一等重韻の対立を広州方言では反映せず，共に ＊ɑに由来するものとして扱う。蟹攝一等舌音では咍海代韻ɔ:i，泰韻 A:iという対立があるかに見えるが厳密なものではなく方言層の違いによるものである可能性がある。

<table>
<tr><td>中古</td><td>摂
音価</td><td>果
*ɑ</td><td>蟹
*ɑi</td><td>効
*ɑu</td><td>咸
*ɑm/p</td><td>山
*ɑn/t</td><td>宕
*ɑŋ/k</td></tr>
<tr><td rowspan="3">広州</td><td>唇音</td><td>——</td><td>u:i</td><td rowspan="3">ou</td><td>——</td><td>——</td><td rowspan="3">ɔ:ŋ/k</td></tr>
<tr><td>舌歯音</td><td rowspan="2">ɔ:</td><td rowspan="2">ɔ:i</td><td>A:m/p</td><td>A:n/t</td></tr>
<tr><td>牙喉音</td><td>ɐm/p</td><td>ɔ:n/t</td></tr>
</table>

ここで咸山攝舌歯音は主母音が［A:］となっているが，これは声母の前舌性によって *ɑの調音点が前移したものであろう。但しその際韻尾が非後舌的であるという条件もからんでいる。ところで，二等韻の主母音は広州ではふつう［A:］となっているから，上の表で［A:］となっているのは二等に合流したものであって，中古 *ɑの広州における典型的な対応形とは言いがたい。蟹攝唇音の[u:i] は合口相当の対応形である。効攝は［ou］の如く短母音となっているが，これについては別に考えたい。[5] 以上の結果［ɔ:］が残るが，これが中古 *ɑの代表的な対応形だと考えられる。

そこで咸攝一等は，もとは山攝一等と平行的に舌歯音では［A:］，牙喉音では［ɔ:］という主母音をもっていたのではないかという推測が浮んでくる。

この中古音と現代広州方言との比較から得た仮説は，広州方言と近い関係にある中山方言によって裏付けられる。趙元任氏によると：[6]

> 中山にはɐm, ɔ:mとɐp, ɔ:pの区別があって，広州とは異なり広州の周囲の各県と同じである。例えば中山の“金” kɐm “甘” kɔ:mは広州ではどちらも kɐm であり，中山の“急” kɐp “鴿” kɔ:pは広州ではどちらも kɐp である。

このようにA方言のｘ，ｙ両音にB方言のｚという音が対応している場合，もしｘ，ｙの間に分化条件が見出だされなければ，両方言の祖語においてｘとｙのふたつの音類があったと推定される。今の場合，中山方言の二つの主母音の間には分化条件が見出だされない。そこで広州方言においてもかつてある段

4） Hashimoto前掲書を参考にした。なお表中には主層と考えられる音のみを表示し，散発的な例外は示していない。

5）今のところ，もとはやはり長母音の *ɔ:uであったが，主母音ɔ: から韻尾ｕへの渡りに要する距離と時間が他の場合と比べ短いため，この韻母のみ主母音が短母音化しｏとなったものと考えている。

6）「中山方言」，『歴史語言研究所集刊』２０，49−73頁，1948年，50頁，翻訳に際し原文のローマ字表記をＩＰＡに直した。

階では中山方言のようにɐm/p とɔ:m/pの対立があったが，現代にいたるまでにそれらが合流したものと推定する。

咸攝一等牙喉音字の主母音がかつて *ɔ: であったなら，問題の kɐp となっている諸字も長母音*kɔ:pであったから，下陰入になるのは規則的であり，これで当初の問題に対する答が出たことになる。

3．*ɔ:m/p> ɐm/p の変化の起った時期

咸攝一等牙喉音字の韻母が広州においてもごく近年までは *ɔ:m/pという発音であったことを示す資料がある。

広東語の文献資料はまとまったものとしてはたかだか150年ほど前からしか現れていない。そして，それらの文献資料は必ずしも広州市内の方言によっているわけではなく，広州以外の土地の広東語にもとづいていると疑われるものが少なくないという。[7] しかし，これから参照しようと思うJ. Dyer Ball, *Cantonese Made Easy*, Second edition, Hong Kong , 1888（台北成文出版社1971年影印本）はそれ以前の西洋人の広東語の発音表記を修正し，広州市内でも最も標準的だとされている西関の発音に準拠すると明記しているので，19世紀末の広州方言を反映するものと見なしてよかろう。ちなみにBallは1889年から1900年にかけて*China Review*誌上にあいついで新会，東莞，中山，順徳の各方言の発音について比較的まとまった報告を発表しており，粤語内部の方言差異に注意をむけていたことがわかる。

同書では“甘敢紺蛤”が kòm/p ，“含頷憾合”が hòm/p となっている。この“ò”という字はそれだけで韻母となった場合には [ou] を示すが，“干赶幹割”なども kòn/t と表記されているから，韻尾に-m/p, -n/tがある場合は [ɔ:]を表しているのであろう。一方“金錦禁急”などはkam/p と表記されている。つまり19世紀末にはまだɔ:m/pとɐm/p の対立が保たれていた訳である。そして1938年の日付のある黄錫凌『粤音韻彙』（香港中華書局1975年影印本）ではすでに両者が共にɐm/p となっているから，*ɔ:m/p> ɐm/p という変化は20世紀初頭に起ったことになろう。[8]

7）香坂順一「広東語の研究 ――モリソンから趙元任へ ――」，『人文研究』3：3，35－63頁，1952年。

8）20世紀以前の広東語の文献を位置づける際に，ɔ:m/pという韻母のあることが非広州方言的特徴として挙げられることがあるが，言語変化のあった可能性を度外視して，20世紀中頃以後の広州方言の状態を以てそれと合わぬものをただちに非広州方言的とすることはできない。

4． *ɑm/p ＞ɔ:m/p＞ɐm/p の変化の起った音声学的原因

このような変化はなぜ起ったのであろうか。

まず，中古 *ɑm/p ＞前広州ɔ:m/pという変化について考えておこう。 *ɑ＞ɔ: の変化は第２節で表示したように，一部の声母や韻尾の条件下以外ではすべて起っており，母音自体の原因による変化であると考えられる。この変化は，舌位の面から見て低母音の高化ととらえると変化の音声学的理由がわかりにくくなるが，顎の開きの面から見ると，ɑは顎の開きが最大であり，より顎の開きが小さくなるほうが調音が容易になるので，ɑ＞ɔ（更にはɔ＞o等）という変化は自然に起りやすいものである，と説明できる。その際，非円唇のɑが円唇化したことになるが，顎の開きが最大の位置では唇も大きく開くため唇の円めをつけることは調音的に困難であり，音響的にも円唇［ɒ］：非円唇［ɑ］との差は閉母音の場合ほどは大きくないため，結果としていやおうなしに“非円唇”的にならざるを得ないが，顎の開きがやや小さくなると唇を円める余地が出来，奥舌的な暗い音色をだすためには円唇のɔとなるのが自然であろう。

ところで，咸山攝一等では舌歯音声母の条件下で *ɑ＞A:という変化が起っており，山攝については前舌的な声母から出発して *ɑに至り再び前舌的な韻尾に戻る際，ɑが前移するとわたりに要する距離が短くなるということからよく理解できるが，咸攝ではなぜこのような変化が起ったのであろうか。思うにふつう下顎は上顎を基準にするとやや後ろに位置していて，上下の奥歯を嚙合わせた状態では上前歯は下唇と接触し（即ち［ｆ］のかまえとなる），下前歯は上前歯よりやや後ろに位置することになる。そこで，もし上唇と下唇を閉鎖させようとすると下顎全体をやや前方にもっていかなければならないわけである。そのため，前舌的な声母に続いていて前移する潜在的傾向をもったɑが後にくる両唇音韻尾-m/pへのわたりを滑らかに行うためあらかじめ前移してA:となったのであろう。

しかし咸山攝一等でも牙喉音声母の下ではそのような変化は起らなかった。ここで問題としているɔ:m/pという韻母の形成にあっては，牙喉音声母は非前舌的であって *ɑの調音点を前移させる要因にならないという点で，消極的ではあるが一つの音声条件となっていたわけである。

*ɑm/p ＞ɔ:m/pの変化に関しては，他に長母音化について論じなければならないが，これは広東語音韻論の最も大きな問題であり，関連する現象も多いため，ここでは触れないでおく。[9)]

次に，ɔ:m/p＞ɐm/p という変化についてであるが，広州方言ではɔ: ＞ɐという変化は咸攝でだけ起っており山攝などでは起っていないから，この変化の原因は主母音ɔ: と韻尾-m/pとの結合関係にからんだものであろう。尾崎雄二郎氏は「切韻系韻書における韻の排列について」の中でいま正に問題にしている広東語の咸攝一等牙喉音の主母音について触れて，次のように述べておられる：[10]

……唇の円め乃至突き出しが確実に行われれば行われるほど、その後ろに直接する－m韻尾の調音は不確実になり得る。唇の円め乃至突き出しと、両唇の閉鎖とは、唇そのものにとって明らかに背反する二つの方向の要求だからである。加えてこの両韻｛覃談両韻｝の場合その主母音はかなり低い、したがってかなり唇の開きの大きい、しかも円唇性の母音たとえば -ɒ- などであることが想定される。両唇の閉鎖とは、最もその距離が遠いのである。したがってすなわち、黄彙｛黄錫凌『粤音韻彙』｝に載せる kam形｛原書の標記では gɐm ，即ち[kɐm]｝は、-mの閉鎖をより確実にするために、その低さはそのまま、主母音の円唇性を避けて似寄りの-a-に逃げた……

ここで，下線を引いた部分が今の問題の答となっているところで，この音声学的説明には私も賛同する者である。つまり，私の考えではɐm/p は ＊ɔ:m/p から変化したことになるが，それに直して言うと，円唇母音のɔ: は両唇閉鎖音韻尾-m/pと調音において相反する面があるため，円唇性を失って類似音のɐに合流した，ということになる。

9）これは介音の外転系韻母における主母音化ないし主母音との融合・内転系韻母における脱落といった変化も伴っていて，その結果現代広州方言では音節の構成要素として介音を認めなくともよいような状態であり，その他の中国語諸方言との音節構造の違いも生じている。なおMatthew Y. Chen, John Newman, “From Middle Chinese to Modern Cantonese ”, *Journal of Chinese Linguistics* , 12:1, 148-198, 1984； 12:2, 334-388, 1984; 13:1, 122-170, 1985 は中古音から現代広州への音韻変化を全面的に跡づけた意欲的な論文であるが，音韻変化に関する見方が形式的すぎるように思われ，また中古音と広州方言のみをいきなり比較しており，他の粤語諸方言を参照することによってより確実な中間段階を得ることをしていないため，恣意的な印象を受ける箇所が少なくない。なおこの論文では咸攝一等牙喉音の主母音が広州で例外的に短母音のɐとなっていることに気付かず，長母音のa:であると誤認しているため，小文で取上げている問題に関する言及はない。

10）『日本中国学会報』22，34－51頁，1970年，43頁； 『中国語音韻史の研究』， 100-128頁，創文社，1980年， 113-4頁。下線及び｛｝内の注は引用者による。

ここで更に，ɔ: が非円唇化するなら何故同じ長母音のA:に合流せずに短母音のɐの方に合流したかが問題となる。これはɔ: とA:およびɐの類似度をどう見るか — といっても研究者の解釈の問題ではなく，話者の非自覚的言語意識でどうとらえられているかの問題なのだが — によるであろう。母音の長短からみるとɔ: とA:は共通するが，母音の調音点の高低についてはɐはA:よりもɔ: に近いことになる。広州方言ではたまたま調音点の高低の類似の方が重視されたが，母音の長短の類似の方を重視する方言があればA:の方に合流することも当然あり得るであろう。

5．他の粤語諸方言における状況

粤語はその中で標準語的地位を持つ広州方言についてはかなり詳しく記述されているが，その他の地点については分布状況がまんべんなく知られているわけではない。ここでは，現時点までに管見に入った範囲内の粤語諸方言における咸攝一等牙喉音の主母音の状況を概観する。参照文献は以下の通り：

Wang Li, *Une Prononciation Chinoise de Po-pei* , Librairie Ernest Leroux, Paris , 1932. →第19地点

趙元任，「中山方言」，『歴史語言研究所集刊』20，49－73頁，1948年。→第１地点

王力・銭淞生，「東莞方音」，『嶺南学報』10:1，119-150 頁，1949年。→第18地点

北京大学，『漢語方言詞彙』，文字改革出版社，北京，1964年。→第10地点

William John McCoy, Jr. *Szeyap Data for a First Approximation of Proto-Cantonese* , Cornell University Ph D.Dissertation, 1966. →第14，17地点

Anne Yue Hashimoto, “The Liang-Yue Dialet Materials”, *Unicorn* , 6, 35－51, 1970. →第６，７，８地点

Oi-kan Yue Hashimoto, *Phonology of Cantonese* , Cambridge University Press , 1972. →第11地点

Anne O Yue, *The Teng-xian Dialet of Chinese* , Computational Analyses of Asian & African Languages, 12, 1979. →第９地点

Nobuhisa Tsuji, *Comparative Phonology of Guangxi Yue Dialects* , 風間書房，東京，1980年。→第２，３，４，５，12，13，15，16地点

地　点	深　摂 唇音を除く	咸摂一等 牙喉音	咸摂一等 其他	咸摂二等
1．中山	ɐm/p	ɔ:m/p	A:m/p	
2．石南	am/p	um/p	ɒm/p	
3．岑渓	əm/p	om/p	Am/p	
4．蒼梧	əm/p	om/p	Am/p	
5．賓陽	əm/p	φm/p	Am/p	
6．梧州注	？	ɔm	？	
7．貴県	？	œm	ɔ:m	
8．三水	？	ɔm	？	
9．藤県	ɐm/p	ɔm/p	Am/p	
10．陽江	iɛm/p 注	ɐm/p	am/p	
11．広州	ɐm/p		A:m/p	
12．思賀	əm/p		Am/p	
13．容県	əm/p		A:m/p	
14．広海	əm 注		Am/p	
15．南寧	ɐm/p	A:m/p		
16．玉林	Am/p	ɒm/p		
17．台山	Im/p	Am/p		
18．東莞	ɐm/p	aŋ注		
19．博白	am/p	ɑm/ɔp		

［表に対する注：　6．蒼梧も同じだという。　10．深摂は舌歯音はɐm/p だが，牙喉音は iɛm/p となっていて咸摂一等牙喉音との合流は起っていない。
14．McCoy 氏の元の資料は字数が少なく，咸摂一等牙喉音字としては“含暗敢合”が挙がっているのみだが，前３字は韻母əm ，最後の１字はhap[hAp]となっている。　18．東莞方言では主に外転系諸韻において主母音を条件とした韻尾*-m/-p，*-n/-t，*-ŋ/-k の組替えが起っており，主母音がｉないしφの場合は韻尾が -ȵ/-ȶ となり，主母音がa，ɛの場合は韻尾が -ŋ/-k となり，ɐŋはɐn となり，その他の主母音ə，ɔ，œ，o，u，ɐ等の場合は中古音と同じ韻尾を保存している。入声においては更に広州の下陰入に対応する諸字が韻尾-p，-t，-kを脱落させて，王力らのいわゆる“変入”［224:］（陰上声［24:］に類似する）となっている。これらの現象は趙元任ー頼惟勤説による外転の韻尾の短弱性を背景にして説明することが可能である。］

表の中の音声記号は必ずしも原書通りではなく，説明にもとづいて実際の音価により近くなるよう改めた場合がある。個別的な例外は表示していない。また，ここでは資料が出ているすべての方言を最大限網羅したわけではなく，更に地点数を増やすことも可能だが，既知の粤語諸方言の大勢はすでにおおむね表われているように思う。

この表を見るとわかるように，粤語諸方言は問題の音類の分合に関して3つのタイプに分れる。深摂／咸摂一等牙喉音／咸摂一等舌歯音・咸摂二等が対立しているものを“中山型”と名付ける。そして，深摂／咸摂一等牙喉音が一類となっているタイプを“広州型”，咸摂一等牙喉音／咸摂一等舌歯音・咸摂二等が一類となっているタイプを“南寧型”とする。論理的には更に深摂／咸摂一等舌歯音・咸摂二等が一類になっているタイプも考えられるが，それは今のところ見つかっていないようである。[11)]

これら3つのタイプの地理分布は次の通りである：

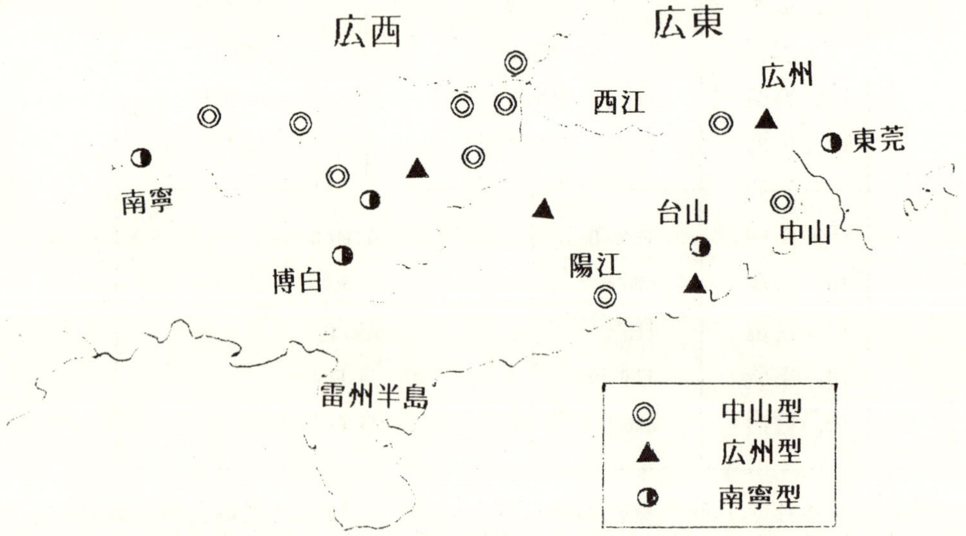

ここで分布図を描いた理由は具体的なイメージを得るためだけにあり，この地理分布をもとにして何かを論じようとしているわけではない。音韻特徴の歴

11) Tsuji 前掲書，95頁， 147頁によると石南では深摂／咸摂一等舌歯音・咸摂二等が合流して共にam/pとなっているかの如くであるが， 217-219頁， 220-222頁の字表によると深摂am/p：咸摂一等舌歯音・咸摂二等ɒm/p の如く対立していることになっており，いま暫く字表の記載の方に従うこととする。

史を再構成するには，語彙の場合とは異なり地理分布を根拠として新形と古形を決めることが理論的に不可なので，比較言語学的考察によらねばならない。今の場合，音類については深摂／咸摂一等牙喉音／咸摂一等舌歯音・咸摂二等に関して最大限の対立をもつ中山型が相対的に最も古い段階を示し，広州型では深摂／咸摂一等牙喉音の合流が起り，南寧型では咸摂一等牙喉音／咸摂一等舌歯音・咸摂二等の合流が起ったものと考えられる。[12)]

音価については，咸摂一等牙喉音に対して広州方言と中山方言をもとに再構した *ɔ(:)m/pを仮定すれば，広州型と中山型の諸方言の音形の説明が可能である。広州型への変化過程は既に論じてあるが，第12－14地点で深摂と咸摂一等牙喉音がəm/p であるのは広州方言より古い段階を示すものと考える。中山型方言では，石南で主母音の高化が起ってuとなり，賓陽で前舌化してφとなっているが，同じ変化はそれぞれの方言で山摂一等牙喉音等でも起っている。興味深いのは陽江で咸摂一等牙喉音が広州などと同じく非円唇化してɐm/p となっているが，深摂牙喉音の韻母が iɛm/p となっているため合流が起らなかったことである。この iɛm/p は粤祖語形*iəm/p の介音を粤語方言としては珍しく保存した形であろう。

McCoy 氏とTsuji 氏の再構による粤祖語では，咸摂一等牙喉音の韻母に対し *əm/p ないし*om/p が推定されている。McCoy 氏前掲書の157-158 頁では覃（感勘合）韻牙喉音は *əm/p と再構されるが，“含”だけは個別的に *omと再構されている。しかし実際に字表に現れるその他の２字は“暗”が *əm ，“合”が*hapと再構されている。他に咸摂一等牙喉音字としては“敢”が見えるが，McCoy 氏は談（敢闞盍）韻には *am/pを再構するため*kamと再構されている。しかし粤語の音韻対応としては覃韻と談韻の差異はみられない。Tsuji 氏前掲書では咸摂一等牙喉音字が 161頁（及び 147頁）では *əm/p と再構されているが， 217-218頁の字表では粤祖語形に *om/pが記されている。 161頁の記載では“The reflexes of *əm/p in Shinan,Cenxi,Cangwu and Binyang show vowels generally corresponding to *o. ”と言われている。私見によると， *əm/p に由来するかにみえる音形は相対的に新しい段階で生じたものであり， *om/p [ɔm/p]の方がより古い段階を示すものである。

ところが，南寧型への変化を考慮に入れると粤祖語に対しては *ɔm/p ではなくより一層古い音形として *ɑm/p を再構する方がよいであろう。それは二

12）但し南寧型は中山型のような中間段階を経ずに，咸摂一等が一類，咸摂二等が一類という状態（即ち中古音の如き体系）から直ちに一等・二等の合流が起って出来上がった可能性もある。

等韻 *am/pへの合流がより説明しやすくなるからである。

結局の所，中古音と同じ形にたどりついたことになり，何の変哲もない結果となったが，音韻史の研究においてはより古い形を再構することだけが重要なのではなく，各方言においてどのような変化が起ったかの過程と原因を一歩一歩たどることもそれと同等に意味のあることであると考える。

附論："蛤"について

"蛤"は広州方言では[kɐp 下陰入][13]で，蛙の類いを表す。この語がタイ(Tai)語起源だという説があるので，ここで簡単に触れておきたい。それは，Oi-kan Yue Hashimoto,"Southern Chinese Dialects: the Tai Connection", *Computational Analyses of Asian & African Languages*, 6,1-9,1976,p.2；及び橋本萬太郎「現代博言学５・比較方法と系統論（上）」，『言語』 7:5, 96-103頁，1978年， 102頁（『現代博言学』，大修館書店，1981年，312-313頁）である。それによると，粤語の「カエル」という単語は，広州 [kap]，台山[ka:p][14],陽春 [kap]，化県[kuop]（以上すべて陰入）であり，それはタイ諸語の，ポアイ語 [kop]，チョワン語 [kop]，シャム語 [kop]（以上すべて声調は７）に対応していて，非常にはっきりしたタイ語の層だという。

『漢語方言詞彙』には"青蛙"に相当する広州方言の語彙として"蟾蜍"と"田鶏"が挙げられているが，他の辞書によると確かに"蛤"や"蛤"を含んだ単語もある。文字面からすると北方方言などにも"蛤蟆"があることになるが，音韻対応からすると北京語の hámaなどは"蛤"（『広韻』"古沓切"）ではなく，"蝦"（『広韻』"胡加切"）に由来すると考えた方がよい。[15]『漢語方言詞彙』"青蛙"の項で"古沓切"に対応する"蛤"や"蛤"を含んだ単語をもつのは，陽江，廈門，潮州，福州，長沙[16] などの主に粤語や閩語

13）饒秉才・欧陽覚亜・周無忌，『広州話方言詞典』，香港，商務印書館，1981年，66頁によると，上陰入の発音もあって，その方がむしろ普通であるかの如くである。

14）台山方言では母音の長短の対立がないはずなので，この音形には疑問がある。

15）"蝦"は北京語の主層や多くの北方方言ではxiāに相当する音形になることが期待されるところであるが， háとなっているのは二等牙喉音でｉ介音が生じなかった方言からの借用によるかあるいは"蝦"などにかぎって声母の口蓋化が起る前にｉ介音が何らかの原因で脱落したものであろう。

16）長沙には"蛤□" [ka入声 mau軽声] という語が挙がっており，声母と声調からすると"胡加切"ではなく"古沓切"に由来するとせねばならないが，長沙方言で咸摂一等牙喉音入声に対応する韻母は[o] なので，その点には疑問が残る。

の地点に限られる。

この“蛤”は『広韻』には“古沓切，蚌蛤”とあり，『説文解字』には“蜃属”とあり，その他の早期の用例ではみな貝の類いを指しており，現代北京語の gěliなどは，音義ともにそれを継承したものと見做される。

カエルの類いを指す“蛤”が現れる時代はやや降り，しかもやはり現在の粤語や閩語の分布する一帯の地域性を明らかに帯びている。

まず，『方言』巻8には“桂林之中守宮大者而能鳴謂之蛤解”（桂林のあたりでは守宮［やもりの類い］の大きくて鳴き声を出すものを“蛤解”という）とある。当時の桂林は現在の桂林と完全に同じ場所ではないようだが，ほぼ同じ地域を指す。[17]この“蛤解”は現代広州方言の“蛤蚧”［kɐp 上陰入kuɐi 陰上］“カエル”[18]の祖先と見做し得るであろう。

次に，韓愈の「初南食貽元十八協律」には“蛤即是蝦蟇，同実浪異名”（蛤と言っているものはつまり蝦蟇［カエル］のことで，物は同じだがただ名前が違うだけだ）とある。この詩は韓愈が潮州に貶官された時に作ったもので，北方人の韓愈（昌黎出身）にとってゲテモノと思われる魚介類をいろいろと並べ挙げ，どうせ蛮族の地に送られたのだから，肝をつぶしながらも食らうのだ，といった内容のものである。これにより唐代においてカエルのことを潮州では“蛤”と言い，北方では“蝦蟇”と言っていたことがわかる。同時に，北方では食用にしていなかったカエルを潮州では食用にしていたことも窺がえる。

宋代には粤語や閩語とは一応関係のない用例があって，蘇軾の「宿余杭法喜寺，寺後緑野堂，望呉興諸山，懐孫莘老学士」に“稲涼初吠蛤，柳老半書虫”（稲は涼しげで［たんぼで］カエルが鳴き始める［季節となり］，柳はやつれて［葉っぱに］虫がところどころ字を書いた［かのように虫食いの痕をつけている］”とある。蘇軾は四川省眉山の人で，この詩が作られたのは浙江省余杭だが，ここでは別に土地の言葉をことさらに詠み込んだものではないから，蘇軾の語彙で“蛤”がカエルの意味であったのであろう。

一方，タイ諸語の側では，Fang Kuei Li, *A Handbook of Comparative Tai*, The University Press of Hawaii, 1977によると“frog”にあたる語は，タイ

17）桂林は秦に郡として置かれたが，漢には鬱林郡と改められ，別に桂林県が現在の広西壮族自治区象州の東南に置かれた。現代では桂林・柳州の一帯は西南官話が分布しているが，雲南・貴州などと同じくこのあたりに西南官話が入ったのは恐らく明代以降のことと思われる。

18）『広州話方言詞典』，66頁。但し“解”は現代広州音では［kA:i陰上］であるから，“蚧”は介音[u]（あるいは/kw-/）と主母音が完全には対応しない。“蚧”の語源は“鬼”［kuɐi 陰上］に由来する可能性もある。

祖語形*kop，Siamese "kop",Lungchow "kup"，Po-ai "kɔp"（声調はD1S)が西南・中央・北部の各方言にあり，この他Siamese "khiat,D1L" に対応する語が西南方言と中央方言の一部にみられ，Po-ai "kwɛɛ,C1"に対応する語が北部方言にみられる。つまり，タイ諸語に共通する語彙はタイ祖語形*kopに対応する語である。

広州方言の“蛤”[kɐp]は小文によれば*kɔp であった段階があったと考えられるので，タイ祖語形*kopにより近付く。粤語や閩語にみえる“蛤”とタイ諸語の*kopとの音形と意味の類似は偶然の一致とは考え難い。

漢語の側で，カエルを指す“蛤”の起源が二次的なものであり，しかも早期の用例では粤語や閩語の地域性を濃厚に帯びていること；タイ語の側で，*kopが全域に分布する普遍的な語彙であることなどは，橋本氏らの説かれるように粤語や閩語の“蛤”（カエル）がタイ語起源である（そして粤語などの基層にタイ系言語の存在を想定する）とする考え方に有利な事実だと思う。

しかし，問題点もないわけではない。その一つは，“蛤”が粤語では長母音となる系列に属すのに対し，*kopが現代タイ諸語では短母音となる系列に属することである。[19]これは，タイ諸語と粤語の多くの方言において母音の長短の対立ができる過程が異なっていたため，と説明できるかもしれない。いずれにせよ，音形の類似だけにとどまらずに，粤語とタイ諸語との音韻対応規則を立てたうえで更に精密な議論を進める必要があろう。

又，橋本氏らの同じ論著でタイ語と関連づけられている閩語のthai（殺す）が羅傑瑞「閩語里的“治”字」（『方言』1979年第３期，179-181 頁）によると漢語の起源によるとされているが，“蛤”の場合も漢語の内部で説明される可能性がないかどうかを検討する必要がある。私見によると，“蛤”が外来の影響なしに“一種の貝”から“カエル”へと意味変化を起す可能性もあると考える。その転義の過程としては，例えば：カエルを食用にする習慣のある所では，食用になる魚介類という点で貝と共通性をもつ。そしてカエルを食用にすることの心理的抵抗感（ひらたく言うとゲテモノであるという意識）があるとすると，直接カエルという言葉を使うことを避けて，普通に食用にするものの名称（今の場合，一種の貝を表す“蛤”）によって代用し，いわば美称としたものが，後にそういうニュアンスを失い，カエルを表す普通の名称となった，と。タイ語との一致については，タイ語が粤語から借用したとも説明できる。

19）李方桂氏の再構によるタイ祖語には，現代諸方言で短母音となる*oのほかに，長母音となる *ɔも存在する。

獲嘉方言の変韻とそれに関連する音変化の相対的順序

遠藤　光暁

河南省獲嘉方言に存在する興味深い現象である変韻については，賀巍氏の次の諸論文に報告されている。

[1]「獲嘉方言韻母変化的功用挙例」『中国語文』1965:4,299-303頁。

[2]「獲嘉方言韻母的分類」『方言』1982:1,22-36頁。

[3]「獲嘉方言的一種変韻」『中国語言学報』1，15－24頁，1982年。

いわゆる「変韻」とは北京語の児化韻母のように特定の意味を持つ場合に韻母が一連の交替を起こす現象を指すが，獲嘉では「児」だけでなく，他の方言の「子」に相当する場合や完了を表わす場合などにも系統的な韻母の交替が起こるのである。類似現象は，

[4] 李栄『漢語方言調査手冊』,142-147頁，科学出版社，1963年。

[5] 賀巍「済源方言記略」『方言』1981:1，5-26頁。

[6] 同「洛陽方言記略」『方言』1984:4,278-299頁。（但し合音の例）

[7] 侯精一「晋東南地区的子変韻母」『中国語文』1985:2,130-137頁。

などにも報告されており，鄭州を含む河南省西北部から山西省東南部にかけての一帯に分布している。

この現象は，児化韻母が「児」の弱化に伴い前の音節と融合して成立したのと同じく，通時的には「子」（＞Ｚ変韻母）や「了」（＞ｄ変韻母）や「家」（＞ｄ変韻母）[1)]などが弱化して前の音節に融合したものと考えられるが，具体的な音声的変化過程についての説明が必要である。しかしさしあたりこの問題は避けておき，小文では獲嘉方言の変韻とそれに関連するいくつかの音変化との通時的な相対的発生順序について論じたい。

1）文献[2,3] のｄ変韻母の挙例のうち“小地名”の類は多くが姓＋“荘”という語構成になっており，他の方言では姓＋“家”＋“荘”となることが期待されるものである。三音節語は第二音節が弱く発音される傾向があり，意味的にも“家”は剰余的であるから，特に激しく弱化することがありうる。賀巍氏も洛陽方言に対しては文献[6]（285頁）で“家”の合音例と解しておられる。なお獲嘉方言の変韻の音声記述については更に検討する余地があり，特に“小地名”の類のｄ変韻母はまだ完全には一音節に融合しておらず，前音節＋ɐと私には聞こえる場合が多い。

まず，変韻と尖団音合流の相対的順序について。

基本韻母が非拗介音のところをZ変韻母では拗介音に交替する場合があり，文献[2](27頁）にはその例が挙げられている[2]：

Ⅰ	盆^{o}	[p'ən]	盆^{z}	[p'i:ŋ]
	麦^{o}	[mɐʔ]	麦^{z}	[mio]
	痱^{o}	[fei]	痱^{z}	[fi:ou]
	帯^{o}	[tai]	帯^{z}	[tio]
	台^{o}	[t'ai]	台^{z}	[t'io]
Ⅱ	粽^{o}	[tsuŋ]	粽^{z}	[tɕy:ŋ]
	穗^{o}	[suei]	穗^{z}	[ɕyu]
Ⅲ	拐^{o}	[kuai]	拐^{z}	[kyo]
	孩^{o}	[xai]	孩^{z}	[xio]

その結果，声母が[ts,s]の場合（Ⅱ）Z変韻母に交替すると声母も口蓋音の[tɕ,ɕ]となることがここでまず注目される。[3]

一方，声母が[k,x] の場合（Ⅲ）は口蓋音にはならず，[ky-,xi-]のように，この方言の他の場合には起り得ない結合が生ずる。[3]

獲嘉方言では既に尖団音の合流が起っていて，ともに口蓋音[tɕ,tɕ',ɕ]となっている。しかし上の交替現象を説明するためには，尖音と団音の口蓋化する時期が異なっており，変韻との関係でいうと次のような順序で変化が起ったものとせねばならない：

A：団音の口蓋化，即ち[ki-,k'i-,xi-]>[tɕi-,tɕ'i-,ɕi-]。

B：変韻にともなう非拗音韻母の拗音化。

C：尖音の口蓋化，即ち[tsi-,ts'i-,si-]>[tɕi-,tɕ'i-,ɕi-]。

その理由は，もし団音の口蓋化に先立って変韻にともなう非拗音韻母の拗音化が起っていたとすると，Ⅲの拗介音に交替した例でも口蓋化が起っていなければならないが，実際にはそうではないから，Bの変化はAの変化より後に起ったものでしかありえない。また，もし変韻にともなう非拗音韻母の拗音化に先立って尖音の口蓋化が起っていたとすると，Ⅱにある拗介音に交替した例は口蓋化を蒙り得ないが，実際にはZ変韻母においても声母は口蓋化しているから，Bの変化はCの変化よりも前に起っていたのでなければならない。

2）漢字右上のoは基本韻母，zはZ変韻母を表わす。なお声調符号は省略する。
3）挙例に有気音がないのは，語例が少ないための偶然によるものと思われる。

次に，獲嘉方言では入声が存在するが，陰陽調の対立はない。ところが，入声が児化韻母やｚ変韻母に交替すると，古声母の来源に応じて採る声調が異なる。文献[1]299頁から例を引くと：

汁^{o} tʂeʔ3:	豆汁児 tou13: tʂer33:	面汁^{z} mian13: tʂïou33:
栗^{o} lieʔ3:	小毛栗児 ɕiau53: mau31: lier33:	毛栗^{z} mau31: li:ou33:
笛^{o} tieʔ3:	笛児 tier31:	笛^{z} ti:ou31:
食^{o} ʂeʔ3:	猪食児 tʂu33: ʂer31:	食^{z} ʂïou31:

即ち，基本韻母では入声は[-ʔ]をもち，調値は古声母の来源に関わりなく3:であるが，児化韻母やｚ変韻母に交替すると[-ʔ]を失って舒声となり，古清・次濁声母に由来する字は陰平 33:となり，古全濁声母に由来する字は陽平 31:となる。

ここで変韻に交替した入声でだけ陰陽調分裂が起こったと考えることはできない。変韻に交替した場合はもはや入声ではないからである。この交替現象を説明するためには，やはり基本形となる入声自体に本来は陰陽調の区別があったのでなければならない。つまり，変韻という現象が生じた時代には入声が陰陽調に分れており（但し次濁は陰入に属する），変韻の結果韻母が舒声に交替すると声調も類似の調値をもつ舒声に交替したものであろう。陰入が陰平，陽入が陽平になっていることからすると，変韻の起こった時代の陰陽入の調値は陰陽平と長短の点が異なるほかは音調はほぼ同じであったと考えられ，仮にその時代の陰陽平の調値が現代と同じだとすると，陰入は*3，陽入は *$\underline{31}$の如きであったと推定される。そして，変韻に交替した場合は陰陽平になっているのでその対立は現代に至るまで保存されたが，その後，

Ｄ：入声の陰陽調の合流，即ち陰入*3＞ 3，陽入 *$\underline{31}$＞3 。[4)]

が起こったため，基本韻母の側でこの交替を規則づける条件が失われた。

この変化ＤはさきのＢよりも後に起こったことになるが，ＤとＣの先後を推定するに足る徴憑は見当たらない。

また変韻が場合に応じて段階的に生じた可能性もないわけではないが，特に証拠がない限り全ての条件下で同時に生じたものと考える。入声əʔ, iʔ, uʔ, yʔ がｄ変韻母でɐʔ, iɐʔ, uɐʔ, yɐʔ に交替し，そこでは陰陽調の対立が現れず一律に入声3:となる（文献[2],33頁参照）場合などは一見したところでは陰陽調の合流が先に起り，しかる後に変韻が起こったことを示しているかに思われる。しかし，変

４） *$\underline{31}$＞ 3の変化は入声が短いため最後まで下降させずついに平板調となったものであろう。そもそも初めから *$\underline{32}$の如き調値であった可能性もある。

韻が生じた時点ではこれらの場合においてもｄ変韻母は陰陽入に分れていたが，児化韻母やｚ変韻母のように陰陽平に交替した場合とは異なり，依然として入声であったため変化Ｄ（入声の陰陽調の合流）を等しく蒙むり，その結果ｄ変韻母に交替した場合も陰陽入の対立を失ったとも考えられるから，これらの場合の変韻が陰陽入の合流より後に起こったとする必要はない。

ちなみに，入声が清・次濁に由来する場合に陰平，全濁に由来する場合に陽平となる方言は関中・河南一帯に分布しており[5]，これらの方言でもかつては同じ分化条件の陰陽入が存在し，かつ入声が消失する直前の調値はそれぞれ陰陽平に類似していたに違いない。この点について言えば，獲嘉方言は関中・河南一帯の方言群と同じ特徴をかつて持っていたことになる。

変韻の生じた絶対年代については資料がないため確定できないが，ここではごく大まかな見当だけつけておこう。近世音韻史に照らすと，尖団音の合流を反映する資料は18世紀以降のものしか知られていないから，Ｃの変化はほぼ一・二百年以前に起こったものであろう。団音の口蓋化を示す資料は確実なものがあまりないが，団音の口蓋化は章組の非口蓋音化を前提とするから，やはり明末清初頃に起こったとするのが穏当であろう。とするとＡの変化はたかだか二・三百年前にしか遡らないことになる。変韻（変化Ｂ）はＡとＣの間に起こったので，ほぼ一～三百年前の時代に起こったことになろう。もちろん，文献資料はいわば偶然にある方言のある状態を反映するに過ぎず，変化の起こる時期はそれぞれの方言で相当の幅がありうるから，この年代は当然のことながらかなりの誤差を含んだものである。しかし児化韻母の成立を反映する文献が17世紀初以後に現れる[6]ことを考えあわせると，獲嘉方言の変韻も類似の過程によって成立したものであろうから，この年代は妥当なものと私には感じられる。

５）Olga Zavjalovaの例えば"A Linguistic Boundary within the Guanhua Area", *Computational Analyses of Asian & African Languages*,21,149-159,1983.などを参照。

６）李思敬『漢語“児”［ɚ］音史研究』，商務印書館，1986年の第４章を参照。但しその論拠の中の『西儒耳目資』については拙論「北京語"er"の来歴」『日中学院創立三十周年記念文集』，88－93頁，1982年の「追記３」を参照。

補：拙論「“了”音の変遷」『中国語学』233,35－45頁，1986年の「4.5.に対する補注」で李思敬氏の上掲書を引き，その中で「京東話」を北京東城の方言と解したが，御本人に確めたところ実際には昌黎などにも連なる北京の東側の方言を指す由である。この場を借りて訂正したい。

襄垣方言における母音韻尾の鼻音韻尾への変化過程

遠藤 光暁

陳潤蘭・李唯実『襄垣方言誌』（『語文研究』増刊7，1984年）によって知られる山西省東南部の襄垣県の方言には，母音韻尾がある条件下で鼻音韻尾に変わるという特異な現象がある。金有景「襄垣方言効摂、蟹摂（一、二等韻）字的韻母読法」（『語文研究』1985年第2期）はこの現象を特に取上げた論文である。小文ではこのような変化が起った原因と過程を考察する。

問題のあらましは次の通り。襄垣方言では効摂と蟹摂の一二等は，陰平・陽平・去声ではau，iau，ai，uaiとなっているが，上声は一部の例外を除くとaŋ，iaŋ，an，uanのように鼻音韻母となっている。例えば：

陰平	陽平	去声	上声
超ts'au	曹ts'au	造ts'au	草ts'aŋ （＝厂）
敲tɕ'iau	橋tɕ'iau	俏tɕ'iau	巧tɕ'iaŋ（＝搶）
差ts'ai	才ts'ai	菜ts'ai	彩ts'an （＝産）
乖kuai	——	怪kuai	枴kuan （＝館）

但しこのような現象が見られるのは主母音がａの場合に限られ，ei，iei，uei，yei，ou，iouなどの韻母では，上声が欠けてそれが鼻音韻母に入っているということはない。なお，声母はこの現象には関与しない。そうすると，母音韻尾-u，-iの鼻音韻尾-ŋ，-nへの変化には１）上声，２）主母音がａ，という二つの条件があることになる。この問題を解くカギもこの二つの特徴に存する。

まず，上声について。上の二つの記述によると襄垣方言の声調は，陰平33（やや昇る），陽平11（やや昇る），上声213，去声55（やや降る），入声32，入声Ｂ52，舒促調2132となっている。この中で，“入声”は中古の清・次濁声母に由来し，“舒促調”は全濁に由来するので，それぞれ“陰入”“陽入”とした方がよい。“入声Ｂ”は連読変調ないし軽声化によって生じた交替形と看做すべきである。但し，入声は声門閉鎖音韻尾-ʔで終わり，母音韻尾を持つことがないので，今の問題とは関連しない。そこで，舒声の中での上声の特異性が問題となってくるが，他の三つの声調が陰平33，陽平11，去声55のように皆平調なのに対し，上声は213 のように降昇調である。上の報告には声調に伴う長さが記述されていないが，降昇調はその調型を実現するのに時間が必要なため，平調に比べてかなり長いのが普通である。そうすると，音節末尾での弛緩もより激しいであろう。

一方，主母音がaであるか否かという条件は，“内外転”の類別に対応する。趙元任の観察によると，主母音の違いに応じて韻尾にも違いが認められ，ふつう外転系の韻尾は短弱で，内転系の韻尾は長強である。すると，主母音がaであるという二つ目の条件も，音声学的には外転系で韻尾の弱化が起りやすい環境だということになる。

弱化が起こる際には，調音器官が休みの状態に近付くという方向性がある。鼻音か口音かを司る器官である口蓋帆はふつう下がっていて鼻腔への通路が開いているのが休みの状態である。だから，調音が弱化するとこのような状態に近づいて口音が鼻音となることがありうる。そうすると，au>aũ，ai>aĩのようになり，これが更に音響的な類似から鼻音韻尾のaŋ，anと同一視されるようになると現在の襄垣方言の如き状態になる。（ちなみに，金氏によると，襄垣の韻尾-ŋは不安定で，実際の音価は［ɑ̃，iɑ̃］に近いという。）

例外としては，tsai載［記～］，ai矮藹碍，suai甩率［白］などがあり，いずれも現在上声でありながら鼻音韻尾となっていない。“載藹”は日常の場面では使わないであろうから，普通話からの借用の可能性がある。“碍率”は去声が期待されるところで，声調も不規則である。“矮甩”は北京語では常用語だが，襄垣方言でもそうであるかはわからない。以上の字は母音韻尾の鼻音韻尾への変化が起こった後で，他の方言からもたらされたか，個別的な変化により上声をもつに至ったか，により生じた例外だと今は考えておく。

このような変化が生じた年代については，金有景氏は鼻音化が全濁上声では起こっていないことから，北方方言で全濁上声が去声に合流した盛唐よりも後だとしている。これはたしかに最も確実な上限であるが，私はこの変化はたかだか数十年か一二百年程度前に起こったものだと考える。その理由は，変化の原因が現在の声調調値によって説明できることと，この現象の地理的分布範囲が狭いことである。『襄垣方言誌』によると，この現象があるのは襄垣県の中でも少数で，県城のある東南部に限られるといい，これは襄垣県の東隣の黎城方言の特徴であるともいう。

母音韻尾の鼻音韻尾への変化は中国語諸方言の中でもまれなケースだが，類似例が全く無いわけではない。例えば，成都方言では“謀（陽平），某畝（上声），茂（去声）”が［moŋ］となるが，これらは*mouに由来し，韻尾が鼻音声母の同化によって鼻音に変化したものであろう。同じ変化は四川省の大部分でも見られる（楊時逢『四川方言調査報告』下冊，中央研究院歴史語言研究所，1984年の第12図を参照）。

音韻学

Ｐ3696の第10・12・13片について

遠藤　光暁

敦煌ペリオ中国語文書中の切韻諸本の写真を見ていた所，諸家未載の残葉があったため，ここに紹介したいと思う。

これまでＰ3696は鐘・江・支；支・脂・之韻を存する第１葉とＰ3693に接続する第２葉の存在が知られていた（上田正『切韻残巻諸本補正』39－40頁）。しかるに東洋文庫蔵のマイクロフィルム（請求番号Ｖ－５Ｅ－20）によると，その他に13の小片が存在することが分る。周祖謨『唐五代韻書集存』（176－77頁）にはＰ3696の発見時のままの状態により近い写真があり，元はＰ3693やＰ3695と共に冊葉装にされていたことがわかる。この写真には現在のＰ3696の第13片が第１葉の後の位置にくっついて写っているから，これら13の小片は本来は背の所に糊づけされていたものをパリ国立図書館が整理のために剥がしたものと考えられる。これらの小片は背の糊しろの部分が残ったものだけに細長いものが多く，大半はせいぜい半行程度しか字が残っていない。その中で第12片と第13片は残存部分が大きく，どの箇所に相当するかを同定することができる。

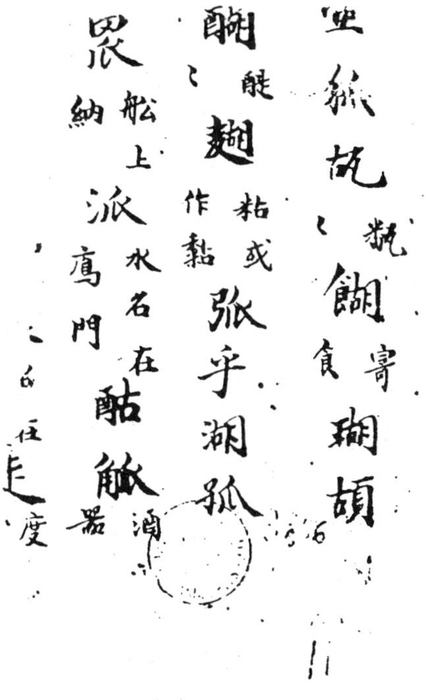

Ｐ3696, pièce 13

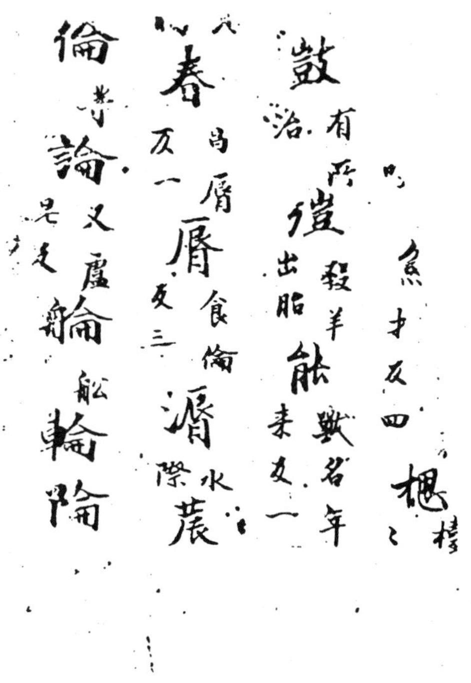

同, verso

第13片については既に周祖謨氏がＰ3695の左下の残欠部分にあたることを指摘しておられるから，贅言を要しない（『唐五代韻書集存』下冊 809頁；同書上冊61－62頁にはＰ3696(13)をＰ3695に合体させた模写もある）。ただし，同書の写真の状態はあまりよくないので，前頁にＰ3696(13)を再掲しておいた。

なお，『唐五代韻書集存』の模写のうち次の諸字は訂正する必要がある：表面。第1行，壺→壷，狐→狐，甑→甑，湖→頡。第2行，黏→黏，孤→孤。第3行，鴈→鴈。裏面。第1行，偲→偲。第2行，所→所，能→能，獸→獸。第3行，蔦→蔦。第4行，苐→苐，論の注の左行が空白になっているが→昆反，論の次の親字３字分→輪輪陯。これに伴う同書対応箇所の校注の改動についてはここで記すには及ばないだろう。なお，『切韻』諸本は異体字の資料としても貴重なので，模写にあたってはできるだけ元の字体に忠実に写すことが望ましい。

『補正』のＰ3695の判読（84－88頁）は欠損している部分を推定により補っているが，Ｐ3696(13)により該当箇所を推定ではなく実物の記述に置き換えることができる。また，『切韻諸本反切総覧』の該当箇所にもそれぞれＰ3696(13)を補う必要がある。

次に，第12片は私の知る限りまだ誰も言及していないものであり，次頁に表面の写真と模写（といっても拙劣な字であり，字形を再現したものに過ぎないが）を掲げる。これはＰ3696の第１葉（パリ国立図書館の現番号ではこれをＰ3696² としている）の直前の一葉であると認められる。第12片の最後の字は“鷛”であり，Ｐ3696² は“鳥名”という義注で始まり，次に“鳧”が続き，他の残巻との比較からしてこれらは断絶なく連続することが明らかである。また第12片とＰ3696² は同一筆と認められ，Ｐ3695とも同じ筆写者の手になるものとして差し支えない。

なお，模写では一部分の字が残っているものは紙のワク外にわたってその字を復元しておいた。また，全く紙が欠損している所でもスペースの具合からしてどれだけの字が入るかが分るものは他の写本と比較して字を推定した。

Ｐ3696(12)と同じ部分をＰ3798が含んでいるので，ここで両者を比較してみよう。Ｐ3798はＰ3696(12)に比して“滽”の“出宜蘇山”の義注と“傭”の“又丑凶反”の又切が多い。また，逆にＰ3798の“鏞”は無注だが，Ｐ3696(12)には“大鐘”と義注がついている。その他は全く同じである。上田正氏の見解によるとＰ3798は（Ｐ3696　などと共に）“二　初期”に属するものと考えられているが（『補正』63頁），Ｐ3696(12)はそれよりやや早い段階のものの如くである。Ｐ3696(12)と同一書写者によるＰ3696　をＰ3695と共に“一　陸法言”に分類する可能性はな

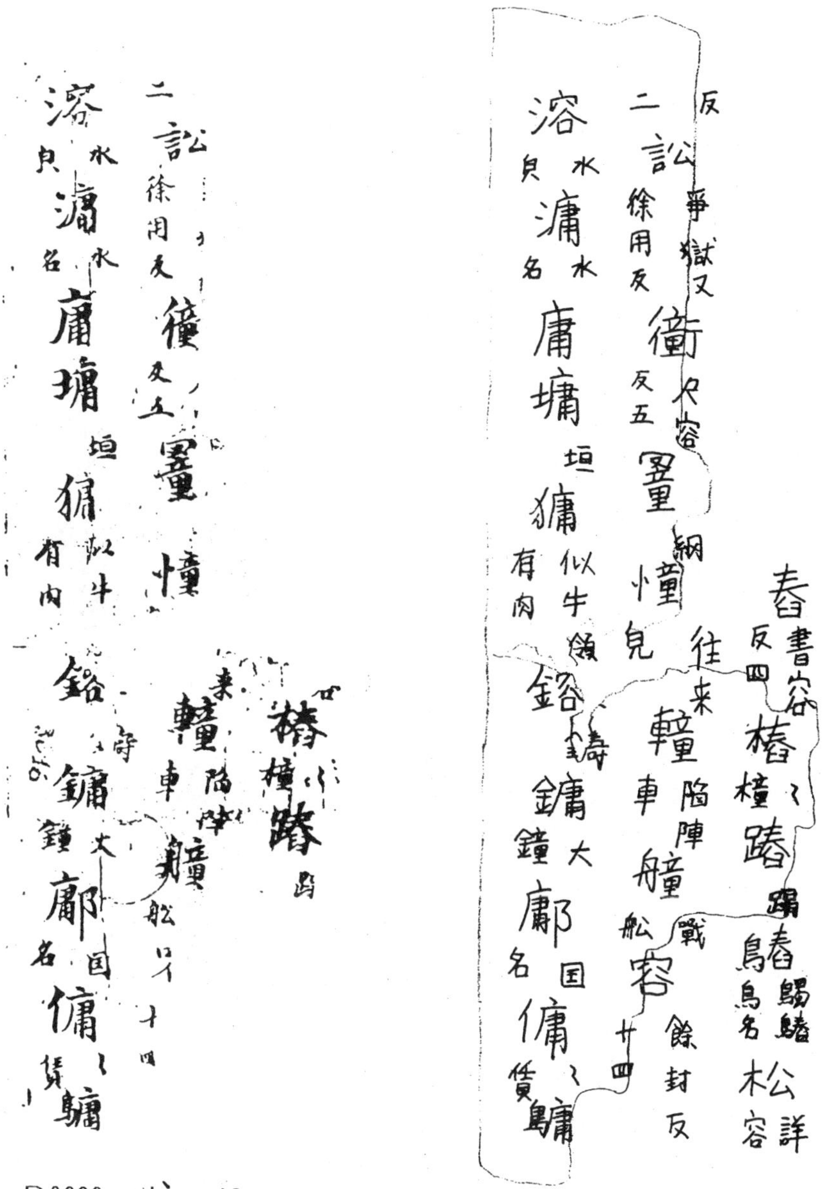

P3696, pièce 12

いだろうか。もっともＰ3696(12)とて，もし“鏞”の義注が増加成分であるならば陸法言『切韻』のままだとは言えない。長孫訥言以前の増訂にもいくつかの段階があったのかもしれない。

次に，Ｐ3696(12)のverso を次頁に掲げる。この写真によっても，真中あたりに“言”という字のあることが分り，その上に上端がはっきりしないが“法”らしき字が認められる。そもそも，Ｐ3696(12)がＰ3696²の前の葉である以上，その本来の形態はＰ3696²の如くであったに違いない。Ｐ3696²は現在表裏それぞれ30行残っており，上田氏によると本来は表の尾と裏の首に更に各４行あったと推定される

（『補正』39頁）。P3696(12)は現在裏面の3行分しか残っていないが，本来この葉は更に表裏あわせて60数行あった筈である。これだけのスペースがあれば，切二（S2055）や王三から推して，これ以前の欠失部分である「序」や上平声の韻目一覧および東・冬・鐘韻は充分おさまる。するとP3696(12)のverso とは即ちこの写本全体の第1葉の冒頭部に当たることになる。しかもこれは最も初期の切韻写本であるから，その冒頭の一行に来る文字は，切二から推して「切韻序　陸法言撰」が期待されるところである。P3696(12)のverso の真中あたりに「法言」と読まれる文字はその第1行の一部なのではないだろうか。

ここまで考えたところで，ふとP3696の他の残片を見ると，なんと第10片に明らかに「切韻序　陸」と書いてあるではないか。「陸」の下には「法」の字の上端とおぼしきものがあり，この第10片のコピーを第12片の「法言」の上部に重ねてみると「法」の字がぴったり一致し，上下の寸法も合致した。

これからすると，この写本は王三と同じく，二枚の紙を貼り合わせて一葉とした（または本来巻子本であったものを折り合わせて裏面を貼合した）ものであり，第10片が発見後の整理の過程において第12片から剥脱したことになる。

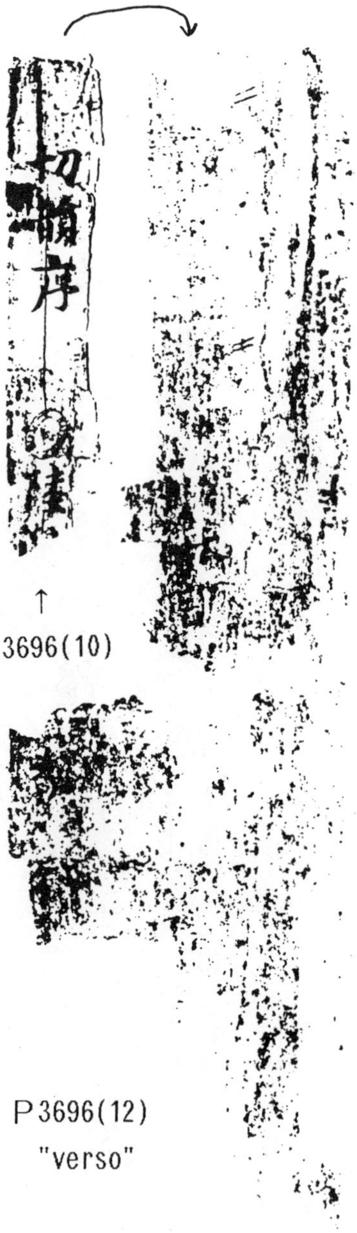

P3696(10)

P3696(12)
"verso"

これらの点は，このほどパリに赴きP3696やP3695などを実見した結果確認され，更に“言”の下に“撰”のあることも認められた。それについては，近い将来に他の敦煌音韻資料の調査結果と共に詳しく報告したいと考えている。

在欧のいくつかの中国語音韻史資料について

遠藤　光暁

1．はしがき

私は現在『切韻』の研究を最優先課題として行なっているが，その土台固めのため『切韻』の唐代写本の記述的研究の必要が痛感された。そこで，1988年10月に京都・龍谷大学を訪れたのを皮切りに，1989年1月にロンドン及びパリ，1989年8～9月にロンドン・パリ・東ベルリン・レニングラードに赴き，各関係機関のご好意によりほぼ遺憾なく調査を進めることができ，あとは王仁昫『刊謬補欠切韻』の各本と五代刊本の記述を残すのみとなった。その結果については他日くわしく報告したいと希望しているが，いま感想のみ記しておくと，上田正氏の『切韻残巻諸本補正』（東京大学東洋文化研究所付属東洋学文献センター叢刊19,1973年；「正誤」が同所の『センター通信』9，1973年にあり，また「ソ連にある切韻残巻について」『東方学』62，1981年も参照）は概して正確なものであって，大多数の残巻はこれで既に97～8%までは判読ができているものと認められる。これはマイクロフィルムだけによって行なった仕事としては非常に精度が高く，周祖謨『唐五代韻書集存』（中華書局，1983年，ただし1955年頃には成稿していたらしく，その時代の研究水準を反映するものと見なすべきである）に時に付されている模録はもとより，原巻を実見した潘重規『瀛涯敦煌韻輯新編』（新亜研究所，1972年；文史哲出版社，1974年）よりも概ね正確である。潘著は姜亮夫『瀛涯敦煌韻輯』（上海出版公司，1955年；鼎文書局，1972年）に誤りが極めて多いのに憤慨してそれを原巻と対照して校正したものであるが，姜著の誤りを挙げた上で「…応該像勇士保衛疆圉般，寸土必争，不可有絲毫的失落。」とまで大見得をきっているにもかかわらず，誤りを見逃した箇所が少なくなく，自分で言うほどには記述態度が厳密ではない。ただ，姜著に困惑を感ずる点は私も同様であり，ケアレスミスは誰でもあることだからともかくとして，他に臆改による誤りが多くあり，治学態度を疑わざるを得ない。

ともあれ『切韻』写本について述べるには論文のサイズでは納まりがつかないから，ここではその際に見る機会のあった他の中国語音韻史資料について所見を記し，いわば副産物の方から先にご紹介したいと思う。

２．Ｐ2012・いわゆる「守温韻学残巻」について

ペリオ中国語文書2012はパリの国立図書館東洋写本部に保存されている。Ｐ2012自体は仏画を主体とした文書なのだが，その背面に等韻学関係の記載の断片があり，中国語学界では「守温韻学残巻」として知られている。私はこれについて「敦煌文書Ｐ2012「守温韻学残巻」について」（『青山学院大学論集』29，1988年）で論じたことがあったが，その際それまでＰ2012の全体が問題にされたことがないようであったため，非常に縮小した形で全体の写真を掲げておいた。その後，Jao Tsong-yi, P. Ryckmans et P. Demiéville, Peintures Monochromes de Dunhuang (敦煌白画), Librarie Adrien-Maisonneuve, 1978により大きな縮尺で全体が掲載されているのに気付いたので，参考文献を補足しておく。また，私は未見だが孔仲温「敦煌守温韻学残巻析論」『中華学苑』34，1986年もあるらしい。

さて，原巻を実見したところ，前掲の拙文で書誌的な面でなしておいた推測を訂正する必要が生じた。該文92頁左段下2行目からのパラグラフで，第2・第4群が二枚の紙を貼合して出来ているだろうと推定したが，これは誤りであり，事実は次の通りである。第2群表の上・第2群裏の右側（88頁の図版では上の位置にある）・第4群の左側（同・下の位置にある）にある別紙の痕は，第2・第4群の裏面にある図（「三界九地之図」）を書く際に糊付けしたものを再び剥したために生じたものである。これは第4群裏と第2群裏を重ね合わせると，第4群裏面の右側にある図柄と第2群表面の上にある図柄とが一致することから証せられる。（これは無論写真によって試して見たものであり，原巻は全部がひと巻になっているためそんなことをしたら傷んでしまう。）

これに基づくと，Ｐ2012全体の成立順は次のようであったことになる：

Ａ：筆記者乙が3bにある「守温韻学残巻」第2截を書いた。

Ｂ：筆記者甲が6b・2bにある「守温韻学残巻」第1・第3截を書いた。

Ｃ：筆記者甲がこれらの反故紙の裏面［ただし現在はそれが表面となっている］を利用して第1～第4群の絵を書いた。但し，第4群の表面はこの段階では白紙であった。また，第3群を書いてから6aの末尾を切断し，7aと再貼合した。なお，7b・8bは界線が引かれた写経用紙の表面であり，注8で推測した如く白紙になっている。

Ｄ：筆記者乙が第2・第4群および現在は失われた同じ大きさの紙3枚を貼り合わせ，三界九地之図を書いた。その際の糊しろが第4群裏の左側と第2群表の上，および第2群の右側と現在は失われた紙の裏面右側である。

Ｅ：おそらく筆記者甲が，Ｄの状態の紙を剥し，第1・第3群とともに現在の巻物

の形に貼り合わせた。その結果，第2群表の上の糊しろになっていた部分の紙の表面が第4群裏の右側にくっついた形となった，と。

なお，Dの段階で貼り合わせた右側三分の一の紙には第2・第4群の表にあるような図柄はなかったの如くである。それは第2群裏面の右側に残る別紙の痕にはなにも図柄がないからである。また，3bにある「守温韻学残巻」第2截は上部の字が途中から見えなくなっているが（該文90頁の写真を参照），これは糊しろの部分の紙がかぶさったものであり，その紙の下にはまだ元の字が残っている筈である。その始めの部分に字が見えるのは補筆したものではなく（反故にした文書に後で補筆する必要はない），Eの段階で紙を剥すときに端なので糊しろの紙がきれいに剝がれたためである。

原巻は以上のような状況であるので，該文92頁左段下2行目から同頁右段下14行までのパラグラフは削除する。

なお，原巻では墨色が薄く，該文89～91頁所掲の写真の焼き上がりの方がかえって鮮明だとも言える。ほか黄色の墨を使った箇所があるのだが，「守温韻学残巻」とは直接は関連しないから記述を省略する。

ところで，P2012は全巻を通じて漉きの粗い白い厚手の紙からなり，紙高は約30センチである。藤枝晃「吐蕃支配期の敦煌」『東方学報·京都』31,1961年,206頁；「楼蘭文書札記」1)『東方学報·京都』41,1970年,199頁などによると敦煌写本の紙高は5世紀には通常25～26cm，6世紀以降は26～27cm，吐蕃期・帰義軍期（8世紀末から11世紀）には31～32cmであり，吐蕃期には中原の良質の紙が入手できなくなったため，土産の目の粗い紙が使われたという。P2012の紙質・サイズからするとこの写本は吐蕃期以降のものとするのがよかろう。これは「守温韻学残巻」の内容からしたdatingともよく合致する。

また，その小論ではそれらの仏画が曼陀羅であるか否かに疑問を付しておいたのだが，これは日本に伝わった系統の曼陀羅のみを取り扱った参考書しか私がその時に見なかったためで，その後田中公明氏（ちなみに同氏は私と同じ頃に東大文学部で文化交流施設の助手をしておられた）の『曼陀羅イコノロジー』（平河

---

1)この論文で扱われている4世紀初の「李栢文書」には「想是到也」「便見忘也」という文言文の「矣」や現代北京語の文末語気詞の「了」に相当する「也」（つまり「流水落花春去也」の「也」）が現れ，これは私の知る限りこの語の最古の用例である。なお，太田辰夫『中国語歴史文法』江南書院,1958年,388頁も参照。

出版社，1987年）を見て，Ｐ2012の表面の図像は実はチベット系の曼陀羅であることが判明した。その具体的な解釈は曼陀羅の専門家にゆだねる他はないが，図中に配されるべき菩薩や金剛が図の両側に描かれていることからすると，宮坂宥勝ほか『密教図典』（筑摩書房，1980年）16頁の写真にあるような立体的な曼陀羅の設計図である可能性もあろうかと思う。類似の図像はレニングラードのエルミタージュ美術館でも見ることができた（ただしハラホト出土の12世紀西夏国のもの。『ＮＨＫエルミタージュ美術館』第4巻,日本放送出版協会,1989年,155頁，図版169は現物よりも鮮明だとすら言ってよい写真である）。

前掲拙文（第1節）では「守温韻学残巻」の筆写者が密教僧だと推定しておいたが，ここにおいてそれがチベット系密教であると更に詳しく同定されることとなる。『七音略』などでは等韻学を起こし伝えたのは西域の胡僧だとされているが，それと条件がよく当てはまるではないか。この文書の撰述者の名前を冒頭で書く際に「南梁漢比丘○守温○述」と「漢」をわざわざ冠していることも，この文書が多民族の環境下で筆写されたことを窺わせる。筆写者甲は恐らくは漢人なのではあろうが，チベット人などの胡人である可能性も皆無ではなかろう。

なお，裏面の「三界九地之図」（この題はＰ2824に基づく）も一種の曼陀羅であることを饒宗頤氏が前掲の『敦煌白画』で考証しておられる。

３．Ｓ512・「帰三十字母例」について

敦煌スタイン中国語文書は大英博物館に所蔵されていたのだが，同館は1973年に改組になって図書部門がBritish Libraryとして独立し，それらは現在ロンドン・ストアー街にある東洋写本刊本部(Department of Oriental Manuscripts and Printed Books)に保存されている。

Ｓ512の最早期の記述である浜田耕作「大英博物館スタイン氏発掘品過目録」『東洋学報』8,428頁,1918年には「…厚手の褐色の紙に書し，文字頗る巧美なるも，五代以後に属するものゝ如し。」とあるが，色については潘重規『瀛涯敦煌韻輯新編』546頁が「白楮」という如く白であり，やはり漉きが粗い厚い紙で，Ｐ2012の紙質と類似する。大きさは縦30cm，横約32cmとほぼ正方形に近い（潘重規氏は「高十二英寸弱，長十二英寸。」［1インチ＝2.54cm，12インチは30.48cm］とする）。東洋文庫所蔵のマイクロフィルムでは文字のあるところを中心に写しているため，横長の長方形であるかに思っていたが，実際には下方に更に一段（字母１字と例字４字からなる）を書くことが可能なスペースが存在する。前掲拙文では字母がＡ群～Ｈ群の順に配列されているとしたが，この事実は魏建功

「切韻韻目次第考源・敦煌唐写本“帰三十字母例”的史料価値」『北京大学学報（人文科学）』1957年4期の如くそれらがＡＤＧＢＥＨＣＦの順をなすと解釈することに有利のように思われる。

また，写真によると「心」の字の真ん中のところにやや大きな圏点が観察されるが，実物によるとこれは剝脱しかかった雌黄の痕である。但しこの字を修正する必然性は認められなかった。

紙には縦に折目が8つついていて，その折口の方向からして本来は左から折り丸められていたことが分かり，また上下方向の真中の位置（2行目で言うなら「津」と「知」の間の位置）に紐で縛ったために出来たと思われる窪みが横についていることからして，本来は偏平な昆布巻の如き形状で保存されていたと推定される。

裏面には真中に朱筆で蘇州碼子の「937」という数字があり，その下に「三十字母敲韻」と書かれている。この「敲韻」の位置では前に書いた字をこすって消した痕があり（すかして見るとその部分だけ紙が薄くなっていることが明瞭に分かる），「敲韻」はその上に書かれたものである。また左上角にはアラビア数字で「937」と黒鉛筆とその上になぞり書きされた青鉛筆で書かれている。左下角にはブルーブラックの万年筆と赤ペンで「S 512」と書かれている。そして，東洋文庫所蔵のフィルムから焼き付けた写真によるとこの面の左２折ぶんの紙が特に黒く写っており，これは折り丸めた時に外側に露出する部分であるから，変色や汚損をより激しく被ったものと解釈されるが，実物では変色の程度の違いはあまり極端ではない。写真では色相の違いが強調されて仕上がったものと思われる。

裏面に書いてある字のうち，「S 512」とアラビア数字の「937」が今世紀になって発見されてから書き込まれたものであることは言うまでもないが，真中の蘇州碼子と漢字で書かれたものも表面とは異なる由来を持つものだと考えられる。その理由はまず筆跡の違いが挙げられる。これは写真によっても表面と別筆ではないか疑がわれたが，原巻を見てその印象を更に強くした。問題の「三十字母敲韻」と同じ字は表面では表題の「帰三十字母例」に含まれるが，筆画が少なく直線だけの「三十」は何とも言えないにしても「字母」の筆跡はやはり異なるように思う。また，問題の裏面の表題と通し番号が本来の保存形態ならば外側に露出する位置の左端ではなく真中の位置に書かれていて，折り丸めた状態では内側に隠れてしまい，表題を書いた意味がないことも疑問である。これらの内的証拠の他，第３に，このような表題と蘇州碼子による通し番号が裏側に付されている例は他のスタイン文書でも見られ，私の気付いたものではS 388がそうである（公刊されているものとしては大友信一・西原一幸『「唐代字様」二種の研究と索引』

桜楓社，1984年，47頁を参照）。この文書は巻頭が欠損しており，巻末には「右本音雖同,字義各別例」とあるのだが，巻頭には別の紙を配し，その裏側，即ち全巻を巻いた際に外側に露出する位置にやはり蘇州碼子で「955」とありその下に「辯別字正韻一張」と表題が書いてある（但し当然ながら縦書きである）。この場合，その筆跡は本文とは明らかに異なるのだが，S 512の裏面の表題の字とはよく似ており，同一筆としても差し支えないように思う。以上の３点からして，S 512の裏面の表題はスタインがそれらの文書を入手する前後に何者か（それが中国人であることは確かであろう）が整理のためにつけた仮題だとするのがよいと判断される。従って，これを表面と同じ由来を持つものと見なして何らかの論を立てるのは危険である。

４．『蒙古字韻』

英国図書館蔵の『蒙古字韻』写本は現存唯一の同書のテキストである。石浜純太郎氏は1921年に訪欧された際に同書を撮影してこられ，1956年に関西大学東西学術研究所より影印本が刊行された。のちに橋本萬太郎氏も大英博物館を訪れて同書を実見され，「ブリテン博物館蔵旧抄本蒙古字韻雑記」（『アジア・アフリカ言語文化研究所通信』14，1971年）をしたためておられる。私もこれらの先人に導かれつつ同書を手にすることとなった。

まず目を引かれるのは，同書が黄色の帙に入っていることである（これは橋本氏が既に記しておられる）。この帙はそれ自体の様子からしてイギリスで作られたものではなく，元から付いていたものと認められる。私のごく限られた経験では，黄色の帙などかつて見たことがない。黄色は皇帝の色であって，民間人はみだりに使えないのではないか。2)この点からして，この鈔本は宮中ないしはそれに準ずる宮室に非常に近いところで作られ，かつ所蔵されていたと推定すべきだと考える。

ところで，この写本は尾崎雄二郎氏が欠筆状況に基づいて考証された（「大英博物館本蒙古字韻札記」もと1962年，『中国語音韻史の研究』所収，創文社，1980年）如く清朝乾隆時代のものである。

---

2)以前見た中国映画（『紅楼夢』を元にしたものであったか，ともかく時代劇）で，主人公の花花公子が邸内で戯れに黄色の服をまとってあわや家つぶしに遭うのではないかと大騒ぎになる場面があったと記憶する。清朝の公文書に当然そういう規定があろうかと思うが，博雅の指教を待つ。

乾隆時代に宮中で書写された写本，となると直ちに想起されるのは言うまでもなく『四庫全書』である。『四庫全書総目』巻44，経部小学類存目２（中華書局1981年影印本，上冊383頁）には「両淮塩政採進本」として『蒙古字韻』二巻の提要がある。3)その記載は英国図書館本『蒙古字韻』とよく合致するのだが，最後の部分に「…且刊本久佚，今所存者惟写本。其点画既非鈔胥所能知，其舛誤亦非文士所能校。不過彷彿鉤摸，依稀形似，尤不可拠為典要。」とあり，既に考訂の精確な『欽定元史蒙古国語解』があるのだから「伝譌之本，竟付覆瓿可矣。」としてこれを四庫全書に著録せず存目の扱いにした理由が書いてある。

四庫全書著録本は21字×9行の赤い版匡に書写され四部がそれぞれ違う色の表紙で統一されていたわけだが，英国図書館本『蒙古字韻』の形態は無論それとは異なる。だが四庫全書館が存目の扱いの本を原所蔵者に返却してしまい全く写しをとらなかったか否かは考慮の余地があろう。英国図書館本が『四庫全書総目』に言及されている本そのものか又はその模本である可能性を私は考えたく思うが，今の所その仮説の当否を検証するすべが見当たらない。

いずれにせよ現存する『蒙古字韻』が内抄本であることは間違いないと思うが，では宮中のものが英京に流出することが如何にして可能になったのであろうか。大英博物館が同書を購入したのは1909年であることが橋本氏の探索により分かっている。これは清朝の滅亡（1911年）以前のことだが，乾隆から1909年の間には1860年の英法聯軍による円明園（四庫全書の一つを収蔵する文源閣があった）の焼き討ちや1900年の義和団事件の際の八国聯軍の出兵などの事件が起こっており，そうした機会に運び去られることは有り得ることである。

なお，尾崎氏は前掲論文において『蒙古字韻』の著者を該写本が「朱伯顔」とするのに対し『四庫提要』が「朱巴顔」に作る点を乾隆40年ないし42年の諭告による改字によるものと解され，翻って写本が依然として「伯顔」に作っているからにはその書写はその諭告以前に行われたものとしておられる。その際，この写本が「諭告に最も近い場所」で作られた場合に限る，と付帯条件を付け加えておられるが，上述のようにこの写本はまさにそういう場所で作られたと思われる。だが，提要を書いた四庫全書館の官吏が自分で文を作る場合と筆生が模本を作る場合とでは態度が異なることも考えられる。だから，この点は該写本の書写年代の下限を推定する決定的根拠とはならないように思う。

---

3)『四庫採進目録』商務印書館，北京，1960年所収の「両淮塩政李続呈送書目」には「元蒙古字韻，一巻，二本」とある（65頁）。

ところで，英国図書館蔵本は帙のみならず本体２冊の体裁もまた独特である。まず，左から右に向かってめくるよう装丁されており，これはパスパ文字がウイグル式蒙古字の如く左から右に縦書きにされることからして当然である（この点，羅常培・蔡美彪『八思巴字与元代漢語〔資料彙編〕』科学出版社，1959年や関西大学影印本の再影印である照那斯図・楊耐思『蒙古字韻校本』民族出版社，1987年は原装に忠実な形となっている）。また，本文は茶色の紙に綴じしろのためのスペースをとらずに一杯いっぱいに字が書いてあり，それをより大きな白紙に貼り，その台紙の方を綴じしろにして袋とじしている（２箇所を紙のこよりで綴じていたと記憶する）。橋本氏は「現装では全部白紙で裏打ちされている。」として，改装された結果このようになっているものと考えておられる如くであるが，茶色の紙の四辺はけば立っていて漉き出したままのように見受けられ，それゆえ，裁断された結果余白がなくなったのではなく当初からこのような装丁形態であったと思われる。また，帙はこの大きさに合わせて作られており，帙が中国原産のものである以上，少なくとも大英博物館に収蔵される以前からこの体裁であったとすべきである。この茶色の紙には界線がないのだが，縦横いささかの狂いもなく等間隔で整然と書写されており，いかにしてこのようなことが可能だったのか不思議である。（こういう疑問は昌平坂学問所で作られた『四声通解』の写本［内閣文庫現蔵］を見たときにも感じたことがある。）

では，このようなまわりくどい装丁をしたのは何故か。単に写本をもう一部作るためなら始めから一枚づつの清書用紙を使えばよいではないか。茶色の紙をわざわざ使ったのは原本の上にのせてトレースするためだったのではないだろうか。（但し，この解釈が成り立つためには，その茶色の紙が可透視性がありかつ墨を通さない紙質のものでなければならないが，調査時にはそこまでは確認しなかった。）

下冊には虫損があり，字にかかっていない場合もおおいのだが，虫損によって字が欠けている場合についてここで触れておく。虫損があまり激しくない箇所については，羅常培らの転写本に既に元の字が復元されている。それは，下8b6（即ち下冊第八葉裏面の［左から］六行目，以下同じ）の「莞」；下9b6の「扁辯」；下11b5の「誼上」；下14b5の「蹻屩」；下15a5の「標[山票]表」などである。ほか羅著では空白となっているが，原本では字の一部分が残存している場合もある。下12b6の虫損は橋本氏や照那斯図氏らの推定の如く「禱倒」であるとして差し支えない（その下は空白）。下14a5には３字分の虫損があり，照那斯図氏らは『韻会』がこの小韻を「隓矐壑」としていることを引いている（前掲書172頁）。第１字は殆ど残っていないが，第２字は肉月が見えるから「䑋」だとしてよく，第３字は残存する字の輪郭からして「𩫖」であると認めてよい。下15b6の下から２・３字目は虫損しているが，下から２字目を羅常培氏らは「𤼵」としており，それで辻褄はあう。下から３字目はよく分からないが，いずれは「寮」の旁を持った字であろう。

また，写真には写っていないが，白い台紙の方にインクで疑問符が付けられている場合があり，橋本氏前掲文に記述がある。その内，下8の「頑」の上に疑問符があるとされているのはその右隣の行（下8b10）の間違いである。

ほか，帙に「蒙古字韻全集」（ただし「韻」は「韻」に作り，「全集」は小字で書かれている）と書かれているが，これは本文とは別筆である。

朱筆によるパスパ文字の校正もあるのだが，これは橋本氏が既に記述されているとおりである。この写本はパスパ文字の誤写が多いにも拘らず校正が徹底しておらず，『四庫提要』の「其点画既非鈔胥所能知，其舛誤亦非文士所能校。不過彷彿鉤摸，依稀形似，…」が正に当てはまる。

写本の記述は以上で終え，ここでついでながら平素気になっていた問題を論じてみたい。

まず朱宗文の序にある「由是始知見経堅為𠮟」の解釈について。これについては尾崎氏が前掲論文でその背後に牙音四等の口蓋化が既に起こっていたことを想定しておられる。だが，前後の文脈からするとそのような解釈は成立し難いと私は思う。ここで問題の序を全文引用すると次の通り：「ａ聖朝宇宙広大，方言不通；雖知字而不知声，猶不能言也。ｂ『蒙古字韻』字与声合，真語音之枢機、韻学之綱領也。ｃ嘗以諸家漢韻証其是否，而率皆承訛襲舛，莫知取捨。ｄ惟『古今韻会』於毎字之首必以四声釈之。ｅ由是始知見経堅為𠮟。ｆ三十六字之母備於『韻会』，可謂明切也已。ｇ故用是詳校各本誤字，列於篇首，以俟大方筆削云。ｈ至大戊申清明前一日，信安朱宗文彦章書。」この要点をパラフレーズすると：まずａ）漢字だけ知っていても発音が分からなければ会話ができない；ｂ）『蒙古字韻』は［表音文字であるパスパ字の下に漢字を発音順に配列しているから］漢字と発音が合致しており，音韻の要である；ｃ）伝統的な韻書で『蒙古字韻』の信憑性を確認しようとしたが，それらは誤りを沿襲していて，どれが正しいのか分からなかった；ｄ）ただ『古今韻会』だけは小韻の筆頭に等韻学的用語で音価が指定してある；ｅ）このようであってこそ「見経堅」がｇであることが分かる；ｆ）三十六字母が『韻会』では備わっているから，明確になっていると言えよう；ｇ）そこで『韻会』によって『蒙古字韻』の各本の誤字を校正し，巻頭に列挙しておく；h）日付・氏名。

dの「以四声釈之」を上のように理解するのは尾崎氏の考証に基づく。また，問題のeに現れる「始知」の背景に『韻会挙要』の冒頭字の「公」の注の文を考えておられるのも首肯できる。さて，問題のeの解釈であるが，ここで朱宗文が挙げている字「見経堅」は，尾崎氏が既に指摘しておられる如く，任意に挙げられた単なる例字なのではなく，字母の一つである「見」とその帰納助紐字である。この帰納助紐字の使い方は元刊本『玉篇』に付されている「玉篇広韻指南」に書かれており，反切上字の後に付けて口唱して声母を析出するためのものと思われる（拙論「敦煌文書P2012「守温韻学残巻」について」『青山学院大学論集』29, 1988年,99頁参照）。すると，eが言うのは「見」「経」「堅」といった個別の字の字音の問題ではなく，見母一般の発音の問題であり，それが『古今韻会』のように等韻学的用語で指定してあればその音価がgであることが直截明瞭に分かる，というのだと思う。更に言うと，『韻会』（いま見ることができるのは無論『挙要』だが）は三十六字母の順に小韻を配列しており，見母はその冒頭の字母となっているから，見母の例をeで挙げたのはそれによって三十六字母全体を代表させたのであろう。要するに，『韻会』はそれ以前の韻書とは違って声母の順に整然と小韻を配列しており，かつ音価の指定をしているから発音が分かりやすく，（序文には書いてないが『韻会』が『蒙古字韻』に近接する時代の発音に拠っていて体系が類似していたという背景もあって），音韻の比較がしやすかったため『韻会』に準拠しつつ校正を行なったというのである。もしもここでeが三十六字母の一具体例として挙げられているのでなく，四等韻における牙喉音の発音について述べたのであるとするならば，eの文が前後のdとfから浮いてしまい，この序文自体が筋の通らぬものになってしまうと私には感じられる。

だから，私見に従うならば，問題のeの文はむしろ朱宗文の言語において見母が奥舌音であった証拠とすべきものである。もっとも，これは本体における対音から得られる結論と同じであって，何の変哲もないものなのだが。なお，言うまでもないことだが，gは翻字であって，具体的な音価の推定は別に行なう必要がある。しかし，周知のように調音方法に関するパスパ字の音訳の問題は難問であって，ここでは調音点が奥舌音だということを確認するだけに止めておきたい。

次に，この問題と関連するのだが，上冊第3葉にある「校正字様」の「校」をパスパ字ではdzewに作っており，これを花登正宏氏は牙喉音二等の口蓋化を反映するものと解釈しておられる（「蒙古字韻ノート」『中国語学』226,1979年）。ここで，dzは精母を表す字であり，『蒙古字韻』の本体では見母にはgが当てられ，

d͜zが用いられることがない点については，この「校正字様」は本来『蒙古字韻』の原本にはなく，朱宗文が付したものであるから，口頭音が露呈しやすかった旨の説明を与えておられる。

該論文では明示的に触れられていないのだが，見母字に対して精母字を表すパスパ字が当てられていることを同氏の如くに解釈するためには，単に拗音の前の牙喉音が音声的に口蓋化しているのみならず，拗音の前の精組字も口蓋化しており，両者が音韻論的にも合流していたのでなければ辻褄が合わないであろう。つまりパスパ字で文字上は区別のある尖団が実際の発音では合流していた，というのでなければそのような誤記は生じ得ないであろう。何となれば，kが口蓋化するとtɕにはなってもtsにはならず，tsの方もtɕになっていなければ同音とはならないからである。

もしもこのような解釈が成り立つとするなら，この説は尖団音合流の年代を数百年引き上げる画期的なものである。だが，その根拠はわずか一字だけであり，しかも本体の幾多の字においてはそのような徴候は全く見られないのである。そして，ローマ字に翻字してしまうとgとd͜zは全く別のものであるが，パスパ文字ではgは「ꡂ」でありd͜zは「ꡒ」であって，かなり似た形のものである。ましてこの写本は誤写が多く，パスパ字をまるで解さない人が書写したものであるかの如くであることはよく知られている。このような根拠に拠ってかなり影響範囲の大きい説を主張するのは危険である。これは誤写であると見なすのがまず妥当な線であろう。このような見解をかつて故橋本萬太郎氏に申し上げたことがあったが，同氏も該論文を査読した際に同様の意見を持たれた由であり，照那斯図・楊耐思の両氏による校本でもこれを誤写と見なしている（前掲書160頁）。

この項を閉じるにあたり，橋本氏が前掲文で言及しておられる未発表の文献がその後公刊されたので補足しておきたい。まず，崔世珍の『四声通解』（1517年）には『蒙古韻略』が引用されており，これは『蒙古字韻』と同類だがやや系統の異なる本であるらしく,パスパ字による音訳の研究に有用な資料であるが,兪昌均氏が同書を復元せられた：Chang-kyun Yu, Mêng-ku Yün-lüeh, 成文出版社,1973年。またDragunov.A. “A Persian Transcription of Ancient Mandarin”,Izvestija Akademii Nauk SSSR, Otdelenie obščestvennyx nauk,1931が始めて扱った王叔和の『脈訣』のペルシャ語訳（1313年）だが，影印本がテヘラン大学より1972年に出ている（Collected Works of Rashid-al-din Fadlallah,Vol.2,Tanksuq-nameh,Tehran，英国図書館請求番号14753.b.34）。これは500頁あまりのペルシャ文字ばかりの本で，ここから音訳例を抽出するのは並大抵のことではない。橋本氏はその原本を実見するためにイスタンブールに赴かれたほどで（同氏編『世界の中の日本文字』弘文堂，1980年，250-1頁参照），本格的な研究を行なっておられていたに違いないのだが，その成果が未公刊のままに終わったことはかえすがえすも残念でならない。

5．『毛詩音』

いわゆる敦煌毛詩音とはＳ10Ｖ・Ｓ2729・Ｄx1366a・Ｐ3383・Ｐ2669Ｖである（平山久雄「敦煌毛詩音残巻反切の研究（中の１）」『東京大学東洋文化研究所紀要』78，1979年参照）が，この度はペリオ本以外の前３つを実見した。

まず比較的問題の少ないＳ2729とＤx1366aについて記す。

周知のように，Ｓ2729は３種の内容を含む。表面にはまず(１)僧尼籍があり，この部分はやや厚手の白い紙（Ｓ2055［切二］の用紙に似るが，漉きはさほど粗くない）が使われ，紙高は26.8cm，幅は第１・第２紙が47.0cm，第３紙が47.2cm，第４紙が48cmとなっている。ちなみに，この部分は藤枝晃「敦煌の僧尼籍」『東方学報』29,1959年,293-5頁に収録されており，また池田温『中国古代籍帳研究』東京大学東洋文化研究所，1979年,502-6頁にも写真と録文が掲げられている。そこには788年に該当するものと見られる年号が記されており，同年から792年に亙る注記も付されている（藤枝前掲論文296頁）。次に(２)毛詩音が始まり，この部分は紙高26cmの黄麻紙が使われており（但し黒ずんだ色をしており，また裏面の字が透けて見えるような紙質である），始めの部分は第１部分の第４紙に約23cmほど重ねて貼り付けられている。この第２部分は第１紙の幅が15cm，最後の第８紙が17.5cm（但し下半分の縦13cm分のみ）にちぎれている他は概ね紙幅が37cm前後となっている。これらの裏面は(３)二種の占い書となっており，同一人によってペン書きされたものの如くであり，末尾には「大蕃国庚辰年…」という年号があり，これは800年に当たるとされている(Lionel Giles,“Dated Chinese Manuscripts in the Stein Collection”,Bulletin of the School of Oriental Studies,9:1,1937,p.23.）。

これら３種の文書はそれぞれ筆跡が異なり，別々の由来を持つものと考えられる。これらのうち，背面の第３部分が最も新しく，その抄写者が第１部分と第２部分の紙を繋ぎ合わせ，その背面を利用したものと思われる。第１部分の紙は年号からしても吐蕃期のものと認められるが，第２部分，即ち「毛詩音」は紙のサイズと質からして吐蕃期以前のものと推定される。

また，Ｄx1366aがＳ2729でちぎれている末尾の上半分（以降）に相当することは潘重規「倫敦蔵斯二七二九号暨列寧格勒蔵一五一七号敦煌毛詩音残巻綴合写定題記」（『敦煌詩経巻子研究論文集』新亜研究所，1970年所収）の示した通りであるが，レニングラードにて同残巻を実見した所，当然のことではあるが，黒ずんだ紙質といい裏面の占い書といいロンドンで見たＳ2729とよく一致した。大きさは縦が13.7cm，横が36.7cmである。

Ｓ2729とＤx1366aの校録文と校注は平山氏の「敦煌毛詩音残巻反切の研究」に出ており，原巻によってチェックをしたが，ごく些細な異同はあるものの，実質的に音韻上の問題に関わることはないため，ここでは記さない。

それよりも，字句の記述や「毛詩音」自体の性質の理解に関わる面で大きな問題をはらんでいるのはＳ10Ｖである。

Ｓ10は薄手の上質の白麻紙に大変ていねいに書写された写本である。筆跡がまた端麗であって，そのたおやかな姿には賛嘆おくあたわず，私の見た唐代写本の中では白眉のものである。東洋文庫所蔵の写真ではスタイン本は煤けたような感じで写っているものが多いのだが，実物では各々の風格はかなり異なり，例えば切二（Ｓ2055）と切三（Ｓ2071）とでは後者の方がはるかに優美なのだが，Ｓ10はそれにもまして格段に素晴らしい。

Ｓ10は本来巻子本であるが，英国図書館では現在残存部分を三面に分けて平らに伸ばした形で保存している。第１面は縦が約27cm，横が54cmである。左端の裏には膠の痕があり，本来の紙の継ぎ目であったことが知られる。左端から45cmの所（「終風且暴」と「謔浪笑敖」の間）がこの紙の右端にあたり，その前は別の紙である。他に縦7cm，横5.5cmの断片（「仲氏任只…」の句がある紙片）も第１面に付されている。第２面は縦は残存する最長の箇所が26.5cm，横45cmであり，ちょうど１紙分にあたる。第３面は縦は残存する最長箇所が26cm，横38cmであり，右端が紙の継ぎ目にあたり，左側が欠損したものである。他に細かな残片が12片あり，いま第３面に付されている。表面には界線が引かれており，縦が約23.7cm，一行の幅は約1.5cmである。

なお，潘重規「倫敦斯一〇合毛詩伝箋残巻校勘記」（前掲書所収）は「此巻白楮，四界，高十英寸［＝25.4cm］，長五十四英寸［＝137.16cm］。」とし，石塚晴通「楼蘭・敦煌の加点本」『墨美』201，1970年，35頁は本残巻を「紙高二六・〇糎（界高二三・〇糎）、紙幅四三・〇糎（三十行）。首尾欠。用紙は、黄麻紙（絹張補修）。八世紀中期頃の書写本かと見られる。…」としていて，紙のサイズや質に関してやや差が見られる。これらの点は写本の年代推定の一根拠となるものであるから，おろそかにはできないのだが，今は疑いを存しておく。

S10の背面Versoには表面の当該箇所の真裏の位置に音注がつけられており，4)これが「毛詩音」の一versionである。これについて潘重規前掲文（65頁）は「巻背注音与巻面字体同出一手，惟字形尤小，墨色濃淡不一，淡者幾不能目弁，…」と言う。確かに裏面の字はたいへん小さく，2mm x 2mm程度の大きさしかないが，『切韻』残巻の状態の悪いものに比べれば遥かに明確な読みとりが可能であって，判読に迷うことはほとんどなかった。

S10Vについては既に王重民氏・平山久雄氏・潘重規氏が録文を作っておられるが，今回原巻を目睹した結果，補足したり訂正すべき字句が見られたばかりでなく，この背面の鈔写が少なくとも二度に分けて行なわれたとすべき徴候が見いだされたことは大きな収穫であった。

そのきっかけは，表面第56行「既詒我肄」の「肄」に対する注にある。この字の背面には右のように注が付けられている。これは「肄」に「以世反」と「以自反」の両音を注したものであることは疑いなく，本来は「以世以自二反」と書くべき所である。では，こんな書き方になったのは何故か。これらの字の空間配置からすると，まず「以世反」と書いておいた所，後に「以自反」という音もあることに気付き，その下に追加したためにこうなったのではないか。そう思って今一度見ると，「以世反」の所は墨色が薄く，「以自二」の所は墨色が濃いではないか！

反以
　世
二以
　自

この箇所に至るまで墨色の濃淡がsignificantであるとは思いもよらなかったので，気にも留めていなかったが，ふりだしに戻って始めから見直すと，濃い墨色で書いてある注と薄い墨色で書いてある注とがあることに今更ながら気付いた。また，同一字に濃淡の違う墨で両様の注がついている例が他にも見いだされた。それは例えば第42行「人渉卬否」の「卬」に対する注で，「卬」の真裏には薄い墨で「五剛反」とあり，その上，つまり「渉」の字の裏あたりには濃い色の墨で「昂」とある。この場合は注の位置からして薄い墨の方が先に書かれたものと考えられ，後にその反切を直截明瞭な直音に改めて上に補足しておいたものであろう。この場合など反切と直音の示す音は同じであるから，この二つの注が同時に

---

4)このような注の付け方は本邦では上野本『注千字文』（1287年書写）にも見られる。黒田彰「上野本『注千字文』」『国文学』（関西大学国文学会）59，1982年の影印および裏書きの記載を参照。ほか上田正『切韻逸文の研究』汲古書院，1984年，491-8頁；小川環樹『注解千字文』「解説」368-370頁，岩波書店，1984年も参照。

付けられたとすると何の必要があってそんな無駄なことをしたか理解に苦しむ所である。ほか39-2，49-1，55-4，85-1，86-1，88-2などもそうであり，その内含する意味については後で論ずる。

以下では平山久雄「敦煌毛詩音の研究(中の１)」25-31頁の「Ｓ.10Ｖ.補正校録表」に対して訂補を行なう。その際，墨色の濃淡については明らかに薄い場合に「淡色」と記すが，中間的な場合もあって，完全は期し難い。

項目番号	篇　章	被注字	注文	備考
2-1	燕燕三	下上	成両反	補。
3-2	四	塞淵	桑則反	補。
12-1	終風一	謔浪	向略反	補。
12-2	一	笑敖	五号反	補。
14-1	三	則嚔	帝	補。淡色。元の14-1は14-2となる。
22-2	撃鼓四	成説	説悦二	訂。反切ではなく直音ふたつである。
29-2	凱風四	睍睍	下顕反	訂。
35-1				淡色。
37-1,2,3				淡色。
38-1				淡色。
39-1,2a				淡色。
40-4,5				淡色。
41-1,2,3				淡色。
42-1			昴	濃色，「渉」の裏の位置にある。
〃			五剛反	淡色。
44-1				削除。下記45-5の誤認。
45-3				淡色。
45-5	谷風一伝	蘴須	宣喩反	補。元の45-5以下は番号を一つづつ後にずらす必要がある。
45-7			刎	淡色。
45-8	箋	与葍	蒲□？ 富二	□の上半分は「北」であり，「背」という字であろうか。その後にも字がある筈であるから？を付しておいた。表面「葍」は朱筆で「蔔」と校してある。
46-1				淡色。
47-1,2				淡色。

48-1	二	燕尒	燕顕反	訂。
49-1			殖	淡色。
〃			成力反	濃色。
49-2				淡色。
50-1	四箋	方泭	孚	淡色。原巻では51行にあるため番号を51-1に変更。ちなみに原巻では「方,泭也」を「船,泭也」に作る。
53-2	五	為讎	市由反	訂。
53-3	五箋	驕楽	洛	補。元の53-3以下は番号を一つづつ後にずらす必要がある。
54-1				削除。上記53-3の誤認。
55-2				淡色。
55-4	六	御冬	言呂反　圉 馭　次下句同	

上の言呂反および馭は濃い墨，残りの下の注は薄い墨で書いてある。また「反」の所は「系」となっており，なんらかの字の上に「反」を重ね書きしたものである。また「馭」には抹消した痕がある。するとこの注の成立過程は次のようだっただろう：A）「言呂反」を書いた。B）直音「馭」を書いた。C）しかし“如字”の去声相当ではなく，やはり反切の示す如く上声に読むべきだと思い直して，「馭」を抹消し，下に「言呂反」に相当する直音「圉」を書いた。また，次の句に出てくる「御窮」も同じだとして「次下句同」を補足した。このCの部分は墨色からして後で追加したものだと考えられ，既に後の方まで見渡しがきいてから書き入れたものであるから，後の句のことまで注記することが可能だったのである。

56-2,3				淡色。
56-4				上文の如し。
57-1	六	来塈	許気反	訂。淡色。
60-1,2				淡色。
63-1				原巻では62行にあるため番号を62-2に変更。元の63-2を63-1に繰り上げる。
66-2b	旄丘四	褎如	羊秀	淡色。66-2aも淡色のようだ。
69-1	簡兮一	上処	杵　下同	訂（平山論文・上224頁では「下同」をちゃんと記載している）。淡色。

71-1				淡色。
71-2	二	渥赭	章社反	「章」は「音」の上に重ね書きしてある。「反」は淡色だが，元はこの３字とも淡色であっただろう。
71-4,5,6,7				淡色。
71-9	二伝	散受	桑早反	訂（被注字）。王重民の記載が正しい。
72-1,2,3				淡色。
75-1	泉水一	孌彼	力軟反	補。
76-1	二	于済	毛礼反	？
76-3	二	于祢	年礼反	補。元の76-3以下は番号を後に一つづつずらす必要がある。
76-5	二伝	舍軷	蒲末反	「蒲末」は「昌」の上に重ね書きしてある。元はこの３字とも淡色であっただろう。
79-1a	三	有害	毛如字	訂。「如」は重ね書きしてある。
82-1ab	北門一	殷〃	隠	
			殷　二	訂。
82-2	一	終窶	其矩反	訂。
84-3				淡色。
85-1	三	敦我	都廻反　都温反二	訂。「都廻反」は薄い字，「都温反二」はやや濃い字である。
85-2	三	遺我	与季反	訂。淡色。
86-1a	三	催我	徂雷反	淡色。
b			祖迴反	やや濃い色。訂。
87-2	北風一	其雱	普黄反	訂。「黄」は重ね書きしてある。
88-2a	一	其耶	餘	やや濃い色。
b			徐　二	淡色。訂。
90-2	二	既亟	巳力反	訂。「巳」は「己」であろう。
92-1				削除。
92-1	静女一伝	説也	悦	補。
93-1	一	搔首	自刀反	訂。原巻はかくの如くであり，これをいかに理解するかはまた別の問題である。

94-1				平山論文・上227頁はこの項に衍文があるとするが，原巻には存在しない。
95-1	二	有煒	于尾反	補。元の95-1以下は番号を後に一つつつずらす必要がある。
95-4	三	自牧	目	補。

上において墨色の濃淡が異なる場合でも筆跡は同一者によるものと認められ，また表面とも同一筆と考えられる。

上の表は単に平山氏の「S.10V.補正校録表」の訂補が目的なので他の資料との比較は掲出していないが，そこで「淡色」と記した条目は直音になっていたり，S2729の反切とは合致しないものが大半であり，つまり「毛詩音」独特の構成の反切ではないものが多い。試みに，それらを『経典釈文』と比較すると（さしあたり北京図書館蔵の宋本［上海古籍出版社，1985年洋装版影印本］を用いた），注が直音であるか反切であるかやそれぞれの用字に至るまでかなりよく一致することが見いだされた。また，49-1の場合などは直音「殖」（淡色）と反切「成力反」の両様の注がついているが（両者は実はいずれも禅母職韻で同音），S2729には「成力」のみが付されており，『経典釈文』には「音殖。…」とあって，淡色の方は『経典釈文』と一致し，濃色の方はS2729と一致する。

この他にも一字に対して二種の注が付いていて墨色の濃淡が異なるように見える場合があるが，39-2,42-1,56-4,85-1,86-1では淡色の方が先に書かれたものである如くであり，55-4と88-2では淡色の方が後に書かれたものの如くである。これらの場合もいずれか片方のみの注音がS2729と同音であることが多い。

ただし「同音」であっても反切の文字面までS2729と一致することは殆どなく，例えば56-4では先に書かれたと思われる淡色の「以世反」はS2729の反切「羊世」と同音なのだが，後で書かれたと思われる濃色の「以自反」も含めて『経典釈文』の「以世反。…徐，以自反。…」と文字面までよく一致するのである。同様に，39-2では「以小反」（淡色）と「以水反」の両音が付されているが，S2729の反切は「羊小」で前者と同音だが，『経典釈文』には「以小反。…『説文』以水反。…」とあり，両音ともに文字面まで一致する。直音の例としては，88-2が「餘」（やや濃い色）と「徐　二」（淡色）となっており，後者はS2729の反切「祥余」と同音ではあるが，『経典釈文』には「音餘，又音徐。…」とあり，完全に一致する。

以上のような状況は何を意味するであろうか。さしあたりの感触としては，S

10Ｖはその書写者が鈔写時に「毛詩音」と『経典釈文』をad hocに混合したものであるように私には思われる。Ｓ10ＶとＳ2729とを比較すると，後者には注があるのに前者にはない条目が少なくないが，これも必ずしもＳ10Ｖが簡古の状態を反映しＳ2729が後に増補を経たと解釈しなければならないわけではない。Ｓ2729は音義書としての書写形態を保っているが，Ｓ10Ｖはその書写形態からして音義書を原書に忠実に網羅的に伝えようとしたものではなく，自分の学習の必要上重要な条目だけを拾って紙背に写し取ったものである如くであり，Ｓ10Ｖに見られない条目は単にＳ10Ｖの鈔写者が「毛詩音」から書き写す必要を認めなかっただけではなかったか。

また，Ｓ10Ｖには墨色からは区別がつかないけれども，Ｓ2729と一致せず『経典釈文』と一致する注が他にも見られる。そういうものも「毛詩音」の原本がそうなっていたのではなく，Ｓ10Ｖの書写者によって鈔写時に『経典釈文』から移写された可能性がある。

上における墨色の濃淡の記述は，その場で違いが割合はっきりしているように見えたものを多分に迷いながら記したものに過ぎない。Ｓ2729や『経典釈文』と綿密な字句の比較をするなどの準備を経た上で見ればもっと精確な記述をなすことができる可能性があることを付言しておきたい。

平山久雄「敦煌毛詩音残巻反切の研究(中の１)」31-35頁には毛詩音諸本の系譜に関する暫定的推定が記されているが，今の記述結果からしても相応の修正が必要になるかと思われる。なお，ここでついでに言えば，Ｓ2729の第15行に「炫以休求韻，疑息当為思。」とあるのに基づき潘重規氏が「毛詩音」の撰者を隋の劉炫に擬したことに対し，平山氏は撰者名は巻頭に明記されていた筈だから本文で自説を述べる際に更に自称する必要はないとし，劉炫とは別の「毛詩音」の撰者が劉炫の説を引用するに際し当時経学の大家として並び称されていた劉焯との対比のために「炫」と名のみ記したものとしておられる（同文9頁）。だが，他人に対して姓を付けずに名のみで言及するのは無礼ではないか。また，この箇所は他の箇所が概ね読音を示すのとは異なり，経の字句に手を加えようという内容なのであるから，特に責任を明らかにする必要を覚えて名を記したものと見なし得る。これらについては「敦煌毛詩音残巻反切の研究」の第4部「書誌的分析」が発表されてから改めて詳しく検討したいと思う。

また，上でＳ10ＶやＳ2729の一部と『経典釈文』を比較した結果，「毛詩音」の反切は『経典釈文』を元にして反切上字を改造して出来たものである可能性があるように感じられた。これらの網羅的な比較検討を行なう必要もある。

6．おわりに

上で触れた諸文献の他，レニングラードではコズロフ探検隊がハラ・ホトで発見した文書のうち語学関係のものを見る機会もあった。その概要はL.N.Menjškov, Opisanie kitajskoj časti kollekcii iz Xara-xoto (fond P.K.Kozlova), 1984, pp.309-313に掲載されているが，その中でも12世紀の30年代に杭州で出版されたとされている『広韻』の残本はこれまで知られていなかった資料であり，また適当な機会に報告したいと希望している。ちなみにこの『広韻』は粘葉装で，展示会の折にガラス越しに瞥見した内閣文庫や静嘉堂文庫の宋本よりも大ぶりである。

この『広韻』などもそうだが，日本では宋本を自ら手にすることなど夢にも考えられないけれども，それ以前の唐五代の写本を親しく調査することを許可されたヨーロッパの各図書館・研究所の雅量に深く感謝したい。

1989年1月にヨーロッパから帰ってきて敦煌写本のイメージがまだ湯気をたてそうなくらいホットであった時に，東京国立博物館で開かれていた「仁和寺の名宝」展を見に行った。空海の「三十帖冊子」や伝不空筆の「尊勝陀羅尼梵字経」などを目の当たりにして，感激するとともに勇気が湧いてきた。翻って考えるならば，わが国も敦煌文書に勝るとも劣らない質と量の唐代文書ないしその伝写本を擁有している。しかも，敦煌文書がいわば僥幸によって与えられたものであるのに対し，本邦のものは意図的に将来し重宝として秘庫に収め年ごとに虫干しをしたりして千有余年にわたって方法論的に保存し来ったものである。それらは中国語音韻史研究の上でも見逃せないものが少なくない。この日本資料を利用するのに最も有利な位置にあるのはむろん日本にいる研究者であり，その意味ではまた最も重い責任をも担っていることを今更ながら自覚するものである。

Formal Characteristics of the Different Versions of the *Ch'ieh-yün*

ENDŌ Mitsuaki

Manuscripts and redactions from the T'ang and Five Dynasties 唐五代 period of the *Ch'ieh-yün* 切韻 compiled by Lu Fa-yen 陸法言 during the Sui 隋 have been discovered at Tun-huang 敦煌, Turfan and the Imperial Palace, and these are today preserved at libraries in London, Paris, Berlin, Petersburg, Peking, Taipei and Kyoto. An examination of the original copies of these texts reveals that they exhibit various features regarding their physical form. The earliest manuscripts are in the form of ordinary handscrolls inscribed on one side only (*e.g.*, S. 2683: "Ch'ieh-i" 切一). Then there are manuscripts in which the reverse sides of sheets inscribed on one side only have been pasted together to form pages: these include those in book form in which one leaf is the length of one sheet (*e.g.*, P. 2011: "Wang-i" 王一) or the length of two sheets (*e.g.*, P. 3695, 3696, etc.) and that in so-called 'dragon-scale' (*lung-lin* 龍鱗) binding in which the leaves are pasted together along the gutter in staggered fashion so that the result resembles a book when opened but can be rolled up and stored like a handscroll ("Complete Wang-yün" 完本王韻). Judging from the traces of glue, it is evident that these too were originally in handscroll form but were later rebound. There are also some manuscripts the sheets of which were inscribed on both sides from the very outset. The printed versions of the *Ch'ieh-yün* dating from the Five Dynasties period are among the earliest of printed works, and although initially a single wood block corresponded to a single manuscript sheet so that the finished product could be either made into a handscroll or bound as a book (*e.g.*, P. 2014, etc.), later we find instances of the woodblock frame having been divided into two for 'butterfly' (*hu-tieh* 胡蝶) binding in which the leaves are folded in half (Sung redaction of the *Kuang-yün* 広韻 kept at Petersburg) and finally ordinary stitched binding (Sung redactions of the *Kuang-yün* preserved in Japan).

The original version of the *Ch'ieh-yün* had served primarily as a rhyme dictionary, with only very simple definitions of character meanings, and it may be assumed that initially it was used only to refer to particular rhymes when selecting rhyming characters for the composition of poetry. But later character definitions were augmented and it also began to serve as an ordinary dictionary, and presumably because the handscroll format was inconvenient for random reference, it came to be bound in book form.

《重刊老乞大谚解》牙喉音字颚化的条件

中国语学会关东支部例会
1987年3月20日
于东京大学

远藤　光晓

1．《重刊老乞大谚解》在《老乞大》《朴通事》各种版本中的位置

汉语本	谚解本
＊原本（老乞大13??－68） （朴通事1347－68）	
↓	
＊初刊本（旧本）1423－34 →	崔世珍本1506－17
↓	
改订本（新本）1480－03 →	崔世珍本1506－17
	↓
	老乞大谚解1670？
改订本（新本）1480－03 →	朴通事谚解1677
老乞大新释1761 朴通事新释1765？	(＊)老乞大新释谚解1761－？ 朴通事新释谚解1765
重刊老乞大1795	重刊老乞大谚解1795－？
（华音启蒙1883	华音启蒙谚解1883－？）

加＊号者为佚书。

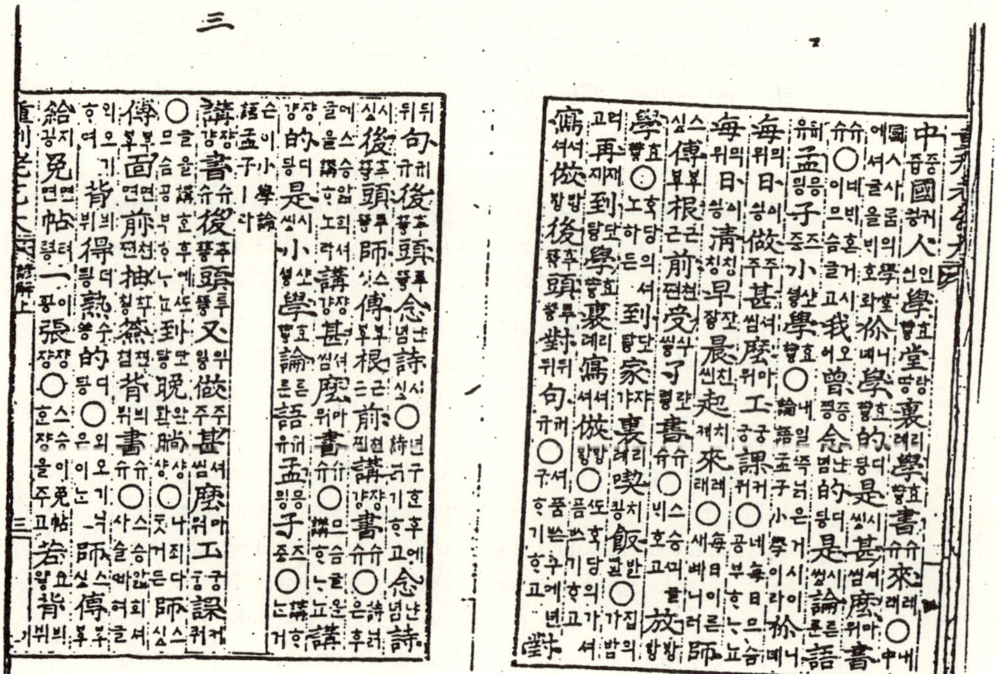

2．左右两种注音的沿革

洪武正韵１３７５	反切				
	↓				
洪武正韵译训１４５５	反切	正音	俗音		
		↓	↓		
＊四声通考		正音	俗音		
		↓	↓		
四声通解１５１７		正音	俗音	今俗音	
		↓	↓		
老朴谚解崔世珍本			左侧音		右侧音Ⅰ
			↓		
老乞大谚解１６７０？ 朴通事谚解１６７７ 伍伦全备谚解１７２１ 译语类解１６９０ 译语类解补１７７５			左侧音		右侧音Ⅱ
		↓			
老乞大谚解１７４５ 经书正音１７３４？		左侧音			右侧音Ⅱ
		↓			
朴通事新释谚解１７６５ 重刊老乞大谚解１７９５－？		左侧音			右侧音Ⅲ
华音启蒙谚解１８８３－？					Ⅳ

参看：张基槿１９６５．《奎章阁所藏汉语老乞大및谚解本에对하여》
《亚细亚学报》１．５７－６８页。
菅野裕臣１９７７．《司译院汉学书에记入된近世中国语의声调表记》《李崇宁先生古稀纪念国语国文学论丛》４０５－４１６页。
长田夏树１９７８．《蒙古韵略と中原音韵—— 四声通解の俗音と今俗音——》《神户外大论丛》２９：３．２７－４３页。

3．以往的研究成果

姜信沆１９７８．《「朴通事新释谚解」内字音의音系》《学术院论文集（人文·社会科学篇）》１７．７９－１０２页。
指出《朴通事新释谚解》里的部分牙喉音字发生了颚化。

———１９８０．《依据朝鲜资料略记近代汉语语音史》《历史语言研究所集刊》５１：３．５１５－５３４页。
不管颚化不颚化，列出了《朴通事新释谚解》里所有的牙喉音细音字。

玄幸子１９８１？．《〈重刊老乞大谚解〉内の音系》大阪市立大学毕业论文。
论及《重刊老乞大谚解》牙喉音字颚化的问题，并把见母溪母群母细音字都列成表。

康是镇1985.《「老乞大」「朴通事」研究》，台北，学生书局。（其中181－183页）
谈及《朴通事新释谚解》与《重刊老乞大谚解》牙喉音字颚化的问题，举了一些例字。

（金完镇1978.《朱点本重刊老乞大谚解에대하여》《奎章阁》2.79－88页。）

4．字表

（类似的表格见于玄1981?．144－5页）

保留舌根音		变成舌面音	
기gi纪己吉季麂极系	히hi戏稀吸	지ji几既计给鸡饥稽急计	시si喜
키ki乞弃契其		치ci起气骑器欺岂棋（吃）	
갸gia价加假甲	햐hia下夏	쟈jia家嘉家	
캬kia恰	瞎匣		
귀giui句矩驹据		취ciui去衢	쉬siui虚许
규giu桔			
교gio脚角	효hio学		
겨gie结獨	혀hie歇		
켜kie茄			
켜kiuie缺瘸	혀hiuie靴	쳐ciuie瘸	
계giei解界齐	혜hiei械		
구giu舅久九救	후hiu休	주jiu旧	추ciu求
갸gao交浇胶	햐hiao效晓	쟈jiao教叫觉搅较	챠ciao桥
깅ging更经兢竟	힝hing行	징jing京梗荆镜	
킹king庆	兴杏		
걍giang缰	향hiang香向巷	쟝jiang讲江姜	
캉kiang腔	项响	챵ciang强	
	흉hiung兄胸		
	황hioiang况		
긴gin今近金禁襟紧筋妗謹			
킨kin勤			
견gien见减拣捡监件谦建鉴			
켠kien牵欠嵌			
현hien县闲现嫌弦馅限			
갼gian间			
견giuien绢眷券			
켠kiuien劝			
현hiuien眩			
균kiun群			

每一个字都只有一个读音，没有读破的情况。

5．颚化的条件及其含义

① 收－n韵尾的字都保留舌根音，绝无例外。
（这一点受古屋昭弘先生启发。）

② 来自中古晓匣母的字大都保留舌根音。

③ 其他情况下很难找出语音上的分化条件。
但有一种倾向，变为舌面音的字多是些常用字；保留舌根音的字或多或少地带有文一点的色彩。

对于上面三条规则的解释：

① 在《重刊老乞大谚解》音系当中（实际上大部分北方话的情况也如此），－n是唯一的舌尖音韵尾（儿尾除外），其他韵尾不管是辅音或元音都是舌面音。这一条规律实际上可能是有无舌尖的动作在内的问题。

ki－＞ci－＞tɕi－这个变化是舌根声母被后面的i所同化缩短发音器官动程的过程，是个自然的语音变化。

发tɕ、tɕh、ɕ时，舌尖在下齿背，构成阻塞的是舌面前部跟齿龈。
如果是舌根音k或舌面中音c的话，构成阻塞的部位靠后，舌尖的位置，相对来说，也在后面。
发韵尾－n时，舌尖抵住齿龈，整个舌面也就必定在齿龈后面。

现在可以解释这一条规律的语音过程了：收－n韵尾的音节，由于结尾时舌尖抵住齿龈，舌面的位置靠后，舌根音（或舌面中音）声母保留了较后的发音部位，没有再变成舌面前部抵住齿龈的tɕ、tɕh、ɕ等。

声母和韵尾跳过中间的元音相互起影响作用的语音变化虽然不多，但也不是绝对没有，比如：中古的－m韵尾到了《中原音韵》在唇音声母的条件下变成－n（广州话也是如此）；四川话里*mou＞mong（“某”等字）的变化，等等。

② 这一倾向可能跟擦音：非擦音的差别有关系，但其语音学上的原因未详。

③ 这可能是两种不同的方言层重合的（也就是文白异读的）现象。

一般来说，方言层重合现象里头往往有读破情况存在。福建话里的文白异读是个最突出的例子，在这里拿北京话作例子：中古德韵有两种反映，文言层是－e（－o），如“墨默得德特勒则塞刻克”等；白话层是－ei，如“北得肋贼黑”等。其中“得”有文白两个音，也就是个破读字。

但这也不一定，有时虽然从语音对应的观点来看有两个（或者更多的）方言层，但没有读破现象。比如，中古疑母在北京话的反映，主层，也可以说是白话层，它成为零声母；也有一部分（细音）字象“牛倪拟逆凝虐”等，成为n－了。（这可能是来自下江官话的文言层）这里就没有读破现象。

《重刊老乞大谚解》牙喉音的情况可能属于下面一个类型的方言重合现象。

至于收－n尾的字为什么只有一个反映这个问题，应该这样解释：在《重刊老乞大谚解》的前一个阶段，有两个方言，在标准话里头牙喉音字一律保持了舌根音；在口语里头收－n尾的牙喉音保持了舌根音，在其他语音条件下一律发生了颚化。经过这两种方言的重合，非－n韵尾的牙喉音字中间发生了竞争，于是产生了混乱的局面。

6．现代方言中的类似现象

（甲）荣成方言

陈舜政１９７４．《荣成方言音系》台北，三人行出版社。
张卫东１９８２．《荣成方言》北京大学研究生毕业论文。
———１９８３．《荣成话中的文白异读》北京大学中文系语言学讨论会。

中古	见组	知二庄组	知三章组	精组
荣成	k	tʂ	tʃ	ts

有一部分牙喉音细音字，有文白异读的现象。（文读k－，白读ts－）这些字大部分是二等和纯四等字。

（乙）赣榆（青口）方言

岩田礼１９８３．《赣榆·青口方言声母近几十年的语音变化》《中国语学》２３０．１４５－１５０页。
苏晓青、吴继光、王珏、耿超英１９８５．《赣榆（青口）方言见组细音声母变化的探讨》《徐州师范学院学报》１９８５年第4期，１－７页。

据岩田１９８３（１４７页），在一位老派发音人的发音里一部分牙喉音细音字保留c，cʻ，ç，但也有一部分字变为tʃ，tʃʻ，ʃ，其间似乎没有语音上的分化条件。比如“欺”念tʃʻ而“期”念cʻ；“求”念tʃʻ而“丘”念cʻ。又比如“金”第一遍念c第二遍念tʃ；“讲”在说话时念c，念字时念tʃ，等等。

7．在汉语语音史上的位置

藤堂明保１９６０．《ｋｉ－とｔｓｉ－の混同は１８世紀に始まる》《中国语学》９４．１－３．１２页。
郑锦全１９８０．《明清韵书字母的介音与北音颚化源流的探讨》

8．《重刊老乞大谚解》音系的基础方言

《重刊老乞大谚解》与《朴通事新释谚解》的音系差不多。

部分日母变成零声母。“暖”的注音是ｎａｎ。这种特征类似于山东话、辽宁话。

至少可以说，《重刊老乞大谚解》与《朴通事新释谚解》的音系基础不可能是纯粹的北京话。

以上は前に中国語学会関東支部例会で発表した際のレジュメである。当時はもっと朝鮮資料を本格的に研究するつもりだったのだが、関心を寄せる分野があちこちに移ってしまい、さしあたり自分ではこの問題を探究するゆとりがないので、未熟なものではあるがここに掲載し、有志の人が研究を前進させることを期待したい。なお、発表後、平山久雄先生より北京語の-nは口蓋化しており、該方言でも類似の状態だったなら逆行同化により牙音の口蓋化を抑止していた可能性がある旨コメントを受けたことを付言しておく。

附・パリにある朝鮮資料

私は1992年4月より6月までパリに滞在していたが、その際調査し得た中国語史関係の朝鮮資料の目録を発表する。もとより老乞大・朴通事関係に主な興味があったわけだが、ここではそれに限定せず、蒙古語・満州語・日本語関係も含めノートをとってきたほぼ全ての資料を報告する。時間の都合上（私の最重要課題は敦煌切韻残巻の記述にあった）、現物を請求して検見したものはごく少数であり、各図書館の目録・カードから目ぼしいものをピックアップしたに過ぎず、将来の具眼の調査者の精密な記述に待つところが大きい。

Bibliothèque Nationale, Département des Manuscrits, Section Orientale蔵 fond coréenの後に各書名の前の番号をつけたものが請求番号である。司書は漢字を知らない人が多いので、ローマ字の方で請求する必要がある。

3　千字文 Ch'ŏnjamun
6　類合 Yuhap
7　今文啓蒙篇弎仟字 Kŭmmun kyemong p'yŏn samch'ŏnja
13　孝経諺解 Hyogyong ŏnhae
17　全韻玉篇 Chŏnum okp'yŏn
18　御定奎章全韻 Ŏjŏng kyujang jŏnun
20　朴通事新釈 Pak t'ongsa sinsŏk
21　八歳児 P'alsea
22　蒙語老乞大 Mongŏ nogŏltae
23　捷解蒙語 Ch'ŏhae mongŏ
24　訳語類解 Yogŏ yuhae
25　訳語類解補 Yogo yuhae bo
26　重刊老乞大 Chunggan nogŏltae
57　[華東]正音通釈[韻考] Chŏngŭm t'ongsŏk
58　草千字文 Ch'o ch'ongjamun
61　全韻玉篇 Chŏnum okp'yŏn
67　全韻玉篇 Chŏnum okp'yŏn

Institut National des Langues et Civilisations Orientales(旧東洋語学校)蔵

Cor.I-350,390 華音啓蒙 Hwa-ǘm kye mong 1883? [活字本、表紙は白い朝鮮紙]

Cor.I-349 華音啓蒙諺解 Hwa-ǚm kye mong ŏn-hae1883 [たいへん刷りがよい。紙を貼り換えて校正してある箇所を記す：千字文の部分：1a7行,鳥の냪;8行,裳の샹;1b,4行,髪の봐;7行,難の난;3a,3行,戸の후;4b,2行,籃の란;4a,3行,沈の츤;6行,根の근; 百家姓の部分：5b,10行,샵?;6a,7行,賓の닝;欒の란;6b,3行,農の농;5行,廖の랖; 7a,2行,遅の츠;天干地支の部分：7a,9行,壬の인]

Cor.I-306,433 華語類抄 Hwa-ŏ Yu-ch'o

Cor.I-296,297 朴通事新釈 Pak t'ong-sa sin-sŏk

Cor.I-115 朴通事新釈諺解 Pak t'ong-sa sin-sŏk ŏn-hae

Cor.I-129 四声通解 Sasŏng t'ong-hae 1517 [たいへん刷りがよく、保存状態も非常によい。内賜記がなく、使った形跡なし。木版本、声点なし、原刊本に非ず。]

Cor.I-388 草彙 Ch'o-hwi 山生著

Cor.I-126 重刊老乞大 Chung-gan Nogŏldae 1795?

Cor.I-291,295 重刊老乞大諺解 Chung-gan Nogŏldae ŏnhae

Cor.I-234 重刊捷解新語 Chung-gan ch'ŏp-hae sin-ŏ 1781 朴尚淳

Cor.I-215 童蒙先習諺解 Tong-mong sŏn-sŭp ŏn hae 1797

Cor.I-220 類合 Ryu-hap

Cor.I-286 新編勧化風俗南北雅曲五倫全備記

Cor.I-98 清語老乞大新釈 Ch'ŏng-ŏ no-gŏl-dae sin-yŏk 金振夏撰

Cor.I-265 三訳総解 Sam yŏk ch'ong-hae 1714 金相国

Cor.I-133 改修捷解新語 Kae-su ch'ŏp-hae sin-ŏ 1781 康遇聖著

Cor.I-219 啓蒙篇諺解 Kye-mong p'yŏn ŏn-hae

Cor.I-610 蒙語老乞大 Mong-ŏ no-gŏl-dae 1741

Cor.I-2 捷解蒙語 Ch'ŏp-hae Mong-o

Cor.I-4 小児論 so-a-ron

Cor.I-45 訓蒙排韻 hun-mong pae-un

Cor.I-480 御定奎章全韻 ŏ-jong kyu-jang chŏn-un 1889

Cor.I-497 同上1887

Cor.I-457 同上1851

Cor.I-241 同上

Cor.I-468 華東正音通釈韻考 Hwa-dong chŏng-ŭm t'ong-sŏk un-ko 1787

Cor.I-453 同上 1747

Cor.I-472 同上 1781

Cor.I-192 三韻声彙 Sam-un sŏng-hwi 11751 洪啓僖

Cor.I-242 同上 1751

Cor.I-125 古今韻会挙要 Kogŭm ŭnhwoe Kŏyo 1537?

Cor.I-239 訳語類解 Yŏk-ŏ Ryu-hae 1775

Cor.I-243 増補三韻通考 Chŭng-bo sam-un t'ong-go

Cor.I-148 全韻玉篇 chŏn-un ok-p'yŏn

Cor.I-305 同上

Cor.I-307 篆韻便覧 chŏn-un p'yŏn-ram 1711 景維謙序文

Musée Guimet蔵

20962 訳語類解補、金弘喆1775?

Ecole Française d'Extrême-OrientではColladoのDictionarium sive thesauri liguae iaponicae compendium, Roma, 1632が目についた他は収穫がなかった[現在は移転中で図書の利用はできない筈]。

その他、ヨーロッパで目にした目録類により以下の書物の所在を知ることを得た:
The Asami Library -- A descriptive Catalogue [East Asiatic Library of the University of Californiaに所蔵されるAsami Rintaro (1869-1943)旧蔵書の目録], by Chaoying Fang, University of California Press, 1969, pp.258-260:
34.1 小説語録解 巻1 写本
34.2 重刊老乞大 1795 木版
34.4 朴通事新釈諺解 木版
34.5 華語類抄 活字
34.6 華音啓蒙諺解 活字
34.7 訳語類解 1835 木版
34.8 蒙喩編 張混(1759-1828)編の朝鮮語中の漢語の語彙集 1810 活字
34.9 蒙学史要
34.10 小説語録解 1862? 写本
A Classified Catalogue of Korean Books in **the Harvard-Yenching Institute Library** at Harvard University, 1962, pp.76-77:
華音啓蒙 2巻 李応憲著 癸未[1883] 1,26[9] double l. 30cm. K5161/4402
華音啓蒙諺解 2巻 李応憲著 光緒9[1883] [9] 35,40 double l. 30cm. K5161/4403
同上目録, Vol.III,1980, p.246:
洪武正韻鈔、漢城[30] 1. 1 reel film, FK691 (K5127/2907.3)
鄭瀁編、南二星重編、語録解1669,2,40,31,26cm,木版本,K5179/8230,同上18??,1, 32,1,9,191.26cm.木活本 K5179/8230a
鄭瀁原編,白斗鏞編纂,尹昌鉉増訂,註解語録総覧,京城,翰南書林,1919,561,26cm, K5179/8230b

ほか、最近知りえた老朴関係の資料は以下の通り:
重刊老乞大諺解、東京古典会『古典籍下見展観大入札会目録』1992年11月、58頁 1522番、388頁に図版あり、声点の書き込みあり。[同目録は東城書店主の好意により入手し得た。落札先は未詳。]
黄涛「《元刊雑劇三十種》《老乞大》《朴通事》中的助詞“的”」『北方論叢』 1992:5、43-48頁。
劉漢誠「“来”在《老乞大》《朴通事》中的幾種用法辨」『現代語言学』24、24-29頁、1992年。
劉堅「《訓世評話》中所見明代前期漢語的一些特点」『中国語文』1992:4、287-293頁。
鵜殿倫次「華音啓蒙入声字の音注(1)」『愛知県立大学外国語学部紀要』24、233-250頁、1992年。
朱徳熙「《老乞大諺解》《朴通事諺解》漢文本序」『語文研究』1993:1、1頁。
[以上5項は大塚秀明「中国近世語研究論文目録」1992年二稿・1993年初稿に著録されている。]
孫錫信「《老乞大》《朴通事》中的一些語法現象」胡竹安等編『近代漢語研究』 293-306頁、北京、商務印書館、1992年。
呉鐘甲「16世紀国語漢字語yi声調型」、同氏『国語音韻yi通時的研究』241-295頁、大邱、啓明大学校出版部、1988年。[同氏の修士論文『16世紀国語声調研究』嶺南大学校、1974年、153頁に基づくという。]
呉鐘甲「崔世珍yi韻会音体系」前掲書、297-320頁。
ほか、『翻訳老朴』の声調を扱った論文が山東省のどこかの学報に載っていたのを読んだが、著者名・出所を失念した。

中国語学者の伝記・追悼文

現代中国語学の創始者

カールグレンの生涯と学問 第1回

遠藤　光暁

ベルンハルト・カールグレン（1889–1978）は中国語方言学，音韻学，文字学，古代語語彙・文法，左伝・詩経・書経などの文献学的批判・訳注といった分野で20世紀中国語学の出発点となる鬱蒼たる業績をあげた。戦前・戦後の中国語の歴史的研究は洋の東西を問わずひとしくカールグレン説を基軸として修正・発展が図られ，長足の進歩が見られた。その結果，今ではカールグレンというと時代遅れのようなイメージがつきまとい，その論著をひもとく人も少なくなってしまった。だが，創業者というのは初発的な飛躍をなしとげた人物であるから，骨太なスケールの大きさがあり，その人となりと学問にみずから触れることによって浩然の気を養うことができるものと信ずる。私は1992年に半年ヨーロッパ諸国を歴遊するにあたり，まずスウェーデンに渡ってカールグレンゆかりの地を訪ない，その令嬢エラ・ケーラー女史や弟子のマルムクビスト博士から回憶をうかがってきた。その成果を織りまぜ，またもう一人の愛弟子のエゲロッド博士による感銘深い略伝も参照しつつ，この偉大な学者の足跡をこれからたどってみたい。

Ⅰ．**遍歴時代**（1889–1918，28歳まで）

生地はスウェーデン南部のイェンシェピンで，父ヨハンネスは高校教師であった。当地は大きな湖のほとりの丘陵地帯にある愛らしい町である。令嬢によるとカールグレンの趣味はヨットと自転車乗りだったというが，ここでの幼少時代に覚えたのだろう。７歳年上の兄アントンがウプサラ大学のスラブ学者にして方言学者のルンデル教授の学生であったので，カールグレンは少年の時に既に兄からルンデルの考案にかかるスウェーデン方言字母を教わっていて，15歳以前に一家の別荘のあるスモーランドの方言の音声記述を行っている。この処女作は1908–9年，18–9歳の時に発表されており，マルムクビスト先生によると非常に優れたものだという。

長ずるにおよんでやはり学都ウプサラに赴きこのルンデル教授の弟子となったことがカールグレンの一生を決定した。ルンデルは世界中の様々な言語に興味を持っていたようで，自らが主編者となって1911年に刊行を始めた「東洋研究叢刊」のシリーズにはアラビア語，セルボ・クロアート語，イラン語，サンスクリット語，ヘブライ語などの専著が収められている。カールグレンはこの師の指導のもとでスウェーデン語諸方言の調査を行い，スラブ学を修めてロシアに短期留学したが，1910年2月，20歳の時にルンデルの推薦によって奨学金を得て中国に向けて旅立つ。カールグレン自身はこれ以前に中国に興味を持っていた形跡はなく，ルンデルの意を体してユーラシア大陸の果てにある未知の処女地に学問的方言研究の鍬入れをしようと情熱を燃やしたのであろう。

この2年間にわたる調査行は破天荒のものであった。カールグレンは数カ月とたたぬうちに調査に必要な口語能力と三千字あまりからなる方言調査用の漢字表を作るに足る文章語能力をつけてしまい，中国服をまとい馬にのって中国北方の各地を渡り歩き，24地点の方言の音韻を調べ上げた。その音声記述はかつてない精密なもので，これはルンデルの教えの賜物であった。ちなみに現在でも中国語学界では北京語の「資，知」の母音を［ɿ，ʅ］と表記する習わしになっているが，これはIPAではなくカールグレンの記述に由来するスウェーデン方言字母なのである。

カールグレンが記述したのが主に山西・陝西・甘粛・河南などの北方方言であったのも注目に値する。現在の目からすると，相対的に単純化した北方方言よりも古風な東南部方言の方がむしろ強い興趣をそそるのだが，当時にあっては広東・福建など沿海部の方が対外開放の歴史が古く，それらの地域の方言についても既に大部の教科書・文法書・辞書が多く出ていた。それに対し，内陸部の方言の状態はほとんど知られておらず，この調査地の選定には terra incognita を目指したカールグレンの開拓者精神が看取できる。

カールグレンの故郷・イェンシェピン

カールグレンが学者としての出発点において豊富なフィールド体験を持っていることは特筆大書してよい。後に1970年代にはアメリカ，1980年代には日本の若手方言研究者が香港・台湾ないし中国本土で多く調査をなしたが，一人で3000字あまりを広域に分布する24地点につき記録した者はおらず，現代の正規の大学院教育を経た博士課程院生もこの中国語の習得からスタートした20歳過ぎの若者の前にあっては軒並み顔色を失わざるを得ない。

それに加えて，当時世界随一の水準を誇っていた中国研究のメッカ・パリで文献学的研究の訓練を受けたことも見逃せない。カールグレンは1912年1月にヨーロッパに戻り，ロンドンで数カ月学んだ後，1914年までパリに滞在してシャバンヌに師事し，同時にまだ30歳前後であったペリオやマスペロとも知り合う。ペリオは中央アジアの地名などの対音に関連して中国音韻学にも造詣があり，マスペロは歴史や宗教のみならず，東アジア諸語の研究においても超一流の研究者であった。特に後者はカールグレンのパリ滞在中にも既にタイ語やベトナム語の歴史的研究および中国語白話文に関する優れた論文を20代後半にしてものしていた。

以上を要するに，20代半ばまでの極東と西欧における遍歴時代においてカールグレンは現地体験といい文献学的素養といい当時求め得る最良の基盤を身につけたのである。そして，故国スウェーデンに帰着して１年後に学位論文をフランス語で書き上げ，1915年５月に博士号を授与せられる。弱冠25歳の時のことである。この論文が即ち名著の誉れ高い *Étudessur la Phonologie Chinoise*（中国語訳『中国音韻学研究』1940年）であり，1916年にフランス金石文芸アカデミーよりスタニスラス・ジュリアン賞を受賞している。

この論文の最も大きな貢献は古文献と現代方言の見事な結合を具体的に示した点にある。カールグレンは一方で『広韻』などの古文献によって隋唐代の音韻組織の枠組みを求めた。しかし，漢字は表音文字ではないから，これだけだとどういった字が同じ子音をもち，どういった字が同じ母音を持つ，といういわば「連立方程式」が得られただけで，具体的な音値は分からない。清朝までの中国の学者の研究はこの段階に留まったままであった（なおカールグレンはこの分野の優れた先覚者・陳澧の『切韻考』の存在をずっと後になるまで知らなかったという）。そこで更に自ら調査した現代諸方言および日本・朝鮮・越南漢字音などのデータをこの「連立方程式」に代入してそれらの共通の祖先となる段階の発音を求めた。これは画期的なアイディアであった。

カールグレンの非凡な点は組織的な整理を断固実行しぬくことである。豊富な一次資料，着実な学識，特色ある着想を持つ者は決して少なくはない。だが，それをゆるぎない確信と実行力をもって一つの体系を持った大きな著作の形に具象化し，かつ機を逃さずに公刊する，というのは倦むことを知らぬ天才にして幸運の寵児であってこそ可能なわざである。

1915年にカールグレンはウプサラ大学の中国学の講師となり，翌年から宣教師学校でも中国語を教えている。1918年には *A Mandarin Phonetic Reader in the Pekinese dialect* を出版する。これは他の教科書から本文を集めたものではあるが，スウェーデン方言字母による極めて精細な音声表記がついており，今世紀初の北京語の状態を反映した資料として既に歴史的価値すら持つに至っている。また，ストレス・アクセントが細かに記録されている点でも優れている。

また同じく1918年には，*Sound and Symbol in Chinese* のスウェーデン語版が出ている（英訳1923年）。これは一般読者向けの中国語の概説書で，現代中国語のみならず先秦の古典中国語の文字や音韻や文法の話題が多く出てきており，現代諸方言から出発して唐代音を復元し終えたカールグレンの次の興味が奈辺にあったかが知られる。それに先立ち1917年には『スウェーデン人文学報』に中国語学者が来たるべき時代に何をなさねばならぬかを予言者のごとき書きぶりで素描した宣言を載せたカールグレンは，その計画を着実に実行に移し始めていた。時あたかも民間から特にカールグレンの為にヨーテボリ大学に寄付講座が設置され，1918年９月，28歳のカールグレンは東アジア言語文化講座教授に就任する。ここはヨーロッパ大陸部に最も近いスウェーデン第二の港町で，故郷にも近いこの静かで活気ある街でカールグレンは円熟期を迎え，豊穣な実りを次々と生み出すこととなる。

（つづく）

（えんどう・みつあき　青山学院大学）

現代中国語学の創始者

カールグレンの生涯と学問 第2回

遠藤　光暁

Ⅱ．ヨーテボリ時代（1818-1939，49歳まで）

カールグレンは二十代なかばにして既に中国語方言と隋代音の研究によって当代随一の中国語学者として押しも押されもせぬ存在となっていたが，28歳以後ほぼ20年の間，学者として最も油ののった時期をヨーテボリ大学教授として過ごし，それをはるかに上回る業績を挙げることとなる。この時期の主要テーマは先秦時代の中国語，即ち最も古い文献時代を中心としたものである。

その冒頭を飾るのが1920年に発表された「原始中国語――屈折語」である。中国語は孤立語の最も典型的な例としてよく挙げられるのだが，カールグレンはこの論文で中国語は古代には文法機能に応じて語形変化を起こす屈折語であった，と述べて学界に一大衝撃を与えた（日本でも石浜純太郎が1921年にいち早く『支那学』第1巻に訳述を掲載している）。その中にはヨーテボリ時代のカールグレンの研究テーマがほぼ全て胚胎しているので，ここでやや詳しく紹介しよう。

ヨーテボリ大学本部

まず『論語』の一人称代名詞に関して，「吾日三省吾身」のように主格・属格では「吾」が使われ，「従我者其由与」のように目的格では「我」が使われるという規則が見いだされる（但し「我」には主格・属格の用例も少数ながら存在する）。『孟子』における状況もほぼ同様だが，「我」が主格として使われる例がやや多くなっている。更に『左伝』を調べると「我」が主格・属格として使用された例が一層多くあり，『論語』とは異なる特徴を示している。一方，二人称代名詞の「汝」と「爾」に関しても以上と平行した使い分け規則に従うことが認められる。

実はこれに先だち，『論語』に関しては胡適が既に1916年に同様の規則を発見していた

(「爾汝篇」「吾我篇」)。だがカールグレンの該論文は個々の文献における単なる言語事実の確認にとどまるものではなく，その射程距離ははるかに大きかった。

カールグレンは，『左伝』が『論語』とは異なる文法特徴を持つことに基づき，『左伝』の著者が孔子ないし孔子と同時代人だとする旧説を否定する。このような文法特徴に基づく古文献の甄別という方法はカールグレンが開拓した新分野であり，1926年の「左伝の信憑性と性質」，1929年の「古代中国文献の信憑性」などで更に組織的な研究が展開されている（以上の二論文は小野忍訳『左伝真偽考』文求堂書店，1939年に収められている)。ことに中国では秦の始皇帝による焚書があったから，先秦のものとされる伝世の古文献の真贋を識別することは切実な問題である。カールグレンはこの方法により例えば『書経』の本物とされる篇と偽作とされる篇とが異なる文法特徴をもつことを明らかにしている。

また，カールグレンは更に「吾我」「汝爾」の音形に着目し，自ら復元した隋代音をてこにして，両対は頭子音が同じで（前者はng-，後者はnz-)，主母音が主格・属格が-o，目的格が-aとなっていることを示し，両対はそれぞれ同じ語の格変化形と見られる。中国語がかつて印欧語のような屈折語であったとカールグレンが主張する所以である（印欧語でも現代英語などでは名詞・形容詞の格変化が摩損してしまっていて中国語と同様に孤立語的タイプとなっており，わずかに人称

1933年，43歳のカールグレン

代名詞のみにＩ・my・meのように格変化の痕跡が残っている)。

先秦期の中国語の形態を論ずるには，その音形を推定するのが前提条件となる。『詩経』の押韻に基づく古音の推定は，中国明清代のきら星のような学者たちがしのぎを削って探求した学界の中心問題であった。それはガリレオ・ケプラー・ニュートンなどによる自然科学上の研究にも比せられる厳密な方法に基づいていると今日でも評価されるほどのものである（ニーダム『中国の科学と文明』第１巻，139–141頁，思索社，1974年)。そして，清末までの段階で既に音類については現在でもほぼそのまま認められている結論が得られていたが，それらの具体的な音価は分からずじまいで，段玉裁のごとき鴻儒もそれが分かって死ねたらなんと幸いなことかと最晩年に記している（頼惟勤『説文入門』310–3頁，大修館書店，1983年；吉田純「段玉裁の経学」『東大東文研紀要』98，221–2頁，1985年)。隋代音を細密に推定し終えたカールグレンは最良の基盤を以てこの重要問題に取り組むこととなる。1923年

にパリで出版された『中国語と日本漢字音の分析的辞典』がその皮切りである。この辞書は声符順に漢字を配列した一風変わった体裁のもので，現代北京音・広州音・日本漢字音のほか自らが復元した隋代音が記され，英語で義注が施されている。これによって諧声系列と隋代音との対応を求めることができ，1928年の「上古音の諸問題」や1932年の「詩経研究」などを経て，『詩経』と諧声字が生まれた周代の音韻体系を復元した。

ところで，声符を同じくする字は発音のみならず意味上も類似する例が多いことは早くから知られていたが（「右文説」），朱駿声の『説文通訓定声』（1848年）のように声符順に『説文』を配列しなおした注釈書も既にあった。同じ配列法を採用した『分析的辞典』を編んだカールグレンがそのことに気付くのも自然の勢いであり，1933年の「中国語の単語家族」において発音が類似し基本義を共通にする語群の実例を多く取り上げ，それらの間の意味派生関係と形態面の交替規則の関係を探求した。原始中国語が屈折語であったならば，人称代名詞以外においても形態変化が存在することは当然予想され，カールグレンのこの研究はそれを具体的に跡づけたものであるが，かなり複雑で断片的な規則づけしかできなかった。そのため後続の研究は，例えば藤堂明保『漢字語源辞典』（もと1962年；学灯社，1965年）はより豊富な字例を扱いつつも形態論的な派生規則の帰納を断念し，王力の『同源字典』1982年に至っては古人の訓詁の字づらの一致に逃げ込んでいて，方法論的には後になるほど後退している観がある。この分野は中国語学で最も魅力的かつ最も困難なものであるが，形態論から逆に原始中国語音を推定するという観点で，マスペロ以来プーリーブランク・龔煌城・シュスラー・梅祖麟・サガールらが犀利な研究を進めており，辣腕の研究者の更なる参入を待っている。

ヨーテボリ時代の研究の総決算となるのは1940年の『中国文典』である。これも一種の辞典であり，古音の韻部の順に諧声系列を配置し，甲骨・金文の字形も収め，周代音・隋代音・現代北京音を付し，先秦の古文献に見える意味を注している。カールグレンは1934年以来，青銅器関係の論文も発表しており，金文はその研究の一環をなすものである。

カールグレンは膨大な成果を挙げたこの時期に研究のみに専念していたのではなく，1931年から36年の間ヨーテボリ大学の学長を務めた。その頃に大学に国王グスタフ５世の来駕を迎えた時の写真を令嬢に見せていただいたが，荘厳なものであった。また1922年には日本にも来ており，軽井沢で盲腸の手術をしたことを知らせる電報が残っている。1924年にはヨーテボリを訪れた趙元任に「我姓高，名字叫本漢，因為我本来是漢人嘛！」と語った。「高」はカールグレン，「本漢」はベルンハルトの音をなぞったものでもあるが，西洋人の中国名としてはマスペロの「馬伯楽」と並ぶ傑作であろう。　（つづく）

（えんどう・みつあき　青山学院大学）

現代中国語学の創始者

カールグレンの生涯と学問 第3回

遠藤　光暁

Ⅲ．ストックホルム時代（1939-1978，49歳から）

1925年にストックホルムに極東文物博物館が開設され，これがやがてカールグレンの後半生を決めることとなる。

この博物館はアンダーソンが中国で収集した地質学的・考古学的遺物を組織的に保存・研究・陳列するためにスウェーデン政府の基金によって設置されたものである。アンダーソンは1874年生まれでスウェーデン地質調査所長であったが，1914年から1925年まで中国地質調査所の顧問に招聘され，その間フランスの古生物学者にして神学者のテイヤール・ド・シャルダンらと北京原人の骨を発見したり，仰韶文化期の彩陶土器を発掘するなど，きわめて大きな成果を挙げた（アンダーソン『黄土地帯』座右宝刊行会，1942年，にその発見過程が描かれている）。時の皇太子グスタフ6世は考古学に深い関心を寄せており，1926年には遺跡見学のためアンダーソンの陪伴により

極東文物博物館

中国を訪れているほどであり，そのためもあってかこの「特殊な」博物館は非常に厚遇され，王宮近くの静かな一等地・シェップスホルメン島に設置されている。

1929年にその『紀要』が刊行され始め（略称BMFEA），カールグレンも第1号から毎年自ら寄稿するほか，編集面でもアンダーソンを助けて重要な役割を演じた。当初は古代漢語の文法や典籍に関する論文を載せていたが，1934年ごろから古青銅器や考古学関係の論文を多く書くようになり，ヨーテボリ時代の終わり頃には既に言語学は主要な関心事ではなくなっていた。

その原因は，一つには極東文物博物館と関係を持ったことにより多くの青銅器などの文物に直接触れたりアンダーソンとの交流によって古代中国の考古学に心を奪われるようになったことにあるが，もう一つには1930年代からカールグレンの言語学的研究に対して欧米・日本や中国の学者が熾烈な批判を始めたことも関与しているものと見られる。エゲロッド博士によるとカールグレンは周到に構成した自分の推定体系が厳しい批判と大幅な修正の対象とされたことに驚き，衝撃を受けたという。

1939年にアンダーソンが65歳で極東文物博物館長を退く際，カールグレンは後任に推挙され，1978年に逝去するまでこのポストに就く。これ以後はカールグレンの論文はほぼ全

てBMFEAに発表される。この『紀要』は大版の上質紙に印刷された純学術刊行物で，時に一冊全部がカールグレンの「論文」(実は大部の書物といってもよい位の篇幅である）となるほど多くの仕事を発表した。時は第二次世界大戦の暗雲がヨーロッパとアジアを覆っていた頃で，最も弱い輩である学者も各国で塗炭の苦しみをなめていた。甚だしきに至ってはカールグレンの好敵手・マスペロのように息子が反ナチのパルチザン活動を行ったかどで夫妻でナチスの強制収容所に送られ，終戦を待たずにそこで息をひきとるという不幸なこともあったが，スウェーデンは名君グスタフ5世の下で中立を保ち得て，戦前・戦後を通じてアメリカを凌ぐほどの高い生活水準を享受した。カールグレンはその平和で豊かな生活基盤の上に立って引き続き研究に精進する。

ストックホルム時代の主な研究テーマは考古学の領域に属しており，私はそれを評価する能力を持たない。だが，以前ハーバード大学の中国考古学教授・張光直の著した『考古学よりみた中国古代』(量博満訳，雄山閣出版，1980年）を読み，カールグレンの青銅器の銘文による編年と器の形・紋様との関係を論じた論文がかなり大きく取り上げられており，現在もなお第一線の学者によって引き合いに出されるほどの水準であることを知って嬉しかったことを覚えている。ちなみに私はこの本を10年ほど前の留学中に柳絮舞う銀川から蘭州までの各駅停車の列車中で読んだのだが，茫々たる礫漠の中で大きく蛇行する黄河を時に見やりながら中国文明の黎明期に想いを馳せ，到着した蘭州の甘粛省博物館では何百と並ぶ大きく美しい彩陶土器に圧倒され，私もカールグレンのように語学をやらないなら絶対に考古学をやりたい，と思ったものだ。

館長室の飾り窓からの眺望。カールグレンは在任中毎日のようにこの景色を目にしていただろう

ほか，この時期にカールグレンは『詩経』『書経』『左伝』などの典籍の訳注を完成させる。それらは文学的な翻訳を目指したものではなく，古注を丹念に参照しつつ上古音も背景にして行った学問的な訳注である。また「先秦文献における仮借文字」や「古典中国語語彙拾遺」も組織的な探索に基づく有用な集成である。

以上のような純粋に学術的な仕事のみならず，一般教養向けの概説書もカールグレンは折に触れて出している。殊にヨーテボリ時代の『文献学と古代中国』(1926年）や『中国語』(1949年）は現在でも超えるものがないほど優れた中国語学入門であると思う（前者は『支那言語学概論』文求堂，1937年；後者は『中国の言語』江南書院，1958年に日本語訳が収められているが，両者とも古本屋に出るとかなりの高額で，学生には買いづらいのは極度に遺憾である)。

1945年にロックフェラー財団はカールグレンに対しスカンジナビアにおける中国学者を養成するための巨額の研究奨励金を提供する。この時からカールグレンはストックホルム大学で教え始め，エゲロッドやマルムクビストといったスカンジナビアのみならず西欧全体の中国語学を代表する優れた弟子を育てる。この二人とも師と同じく20代前半に中国に赴き，方言調査から学者としてのキャリアを始めている。

マルムクビスト先生はストックホルム大学中国学科におけるカールグレンの後継者で，一昨年にお会いした時にはすでに退職しておられたが，現在スウェーデン学士院会員で，ノーベル文学賞の審査委員でもあり，四川方言の精密な記述・上古音・古代漢語語法の研究の他，水滸伝ほかの古典文学の訳も多く出し，現代文学にも通じていて，北島とも親交がある，といった人である。カールグレンの思い出話を聞きたいという願いに快く応じて下さったので，いくつか記しておく。

——私は入学した頃とても貧しくて，下宿が借りられず公園や駅で寝ていたのですが（だからストックホルムの公園は全部寝たことがありますよ），カールグレン先生がそれを聞き知ると，雑誌から金・銀・玉に関する挿し絵のカード取りをするアルバイトを与えてくれました。しかし，先生は人を援助するような態度をとることを極度に嫌う人なので，私が貧乏だということは全然知らないかのように装っておられましたね。先生にとってそのカードが何の必要もなかったということも私は知っていましたが，そういう風にして思いやりを示す人なんです。ただ，人とは常に一定の距離をとろうとしておられて，ちょっと近寄り難い雰囲気もありました。それから記憶力がずば抜けていて，ある時ある青銅器の話になって，その青銅器なら見た覚えがありますよ，と言いながら梅原の図録をパッと開けると丁度そのページに出ているんです。そう言えば，先生は漢代以降のことを「現代」といっていて，ほとんど興味をお示しになりませんでした。

最後の話にもあるように，カールグレンの扱った対象は現代方言・隋代音を除くと先秦時代に集中しており，中国語学全般を覆っているわけではない。殊に現在重要度の増している現代北京語文法の面におけるカールグレンの見解は甚だ精彩を欠くものである。ソビエトの優れた中国語学者ドラグノフが，音韻学者としてのカールグレンは大量の材料を元にして体系的な研究を行うのに，文法学者としてのカールグレンは中国語は長く読書して第六感を養うほか理解する道はない，として分析的な研究を放棄しているから，到底一日の談にはならない，という意のことを述べるのは正鵠を射た批評だろう（龍果夫『現代漢語語法研究』11-12頁，科学出版社，1958年）。

だが，中国語のような悠久の歴史と広大な地域変異をたどることができる言語群はそう多くあるわけではなく，中国語学の醍醐味もやはり古文献にじっくりひたり，諸方言における奔放なバラエティーを跡づけ，両者の結合を図ることにあると考える。そうした意味でカールグレンを現代中国語学の創始者として位置づけることは必ずしも不当ではなかろう。それにしても戦後50年の蓄積を経て，現在利用できる資料の量は飛躍的に増大し，要求される精度もまた昔日の比ではない。今世紀の研究成果を集大成し，新たな発展への基礎を築くべき時にあたり，カールグレンの示した雄渾な問題意識，徹底した調査，堅牢な基礎作業，周到な論理構成，悠揚迫らぬ持続力に学ぶことはきわめて多い。（終わり）

（えんどう・みつあき　青山学院大学）

中国語の言語地理学の父・グロータース神父

遠藤光暁

グロータース師（Willem A. Grootaers. CICM, 1911～）はベルギー生まれ、中国への宣教を目的として設立されたカトリックの宣教会・淳心会（CICMはその略称）の司祭で、現在世田谷の松原教会におられる。大変茶目っ気のあるきさくな人物であるが、私の専攻する中国語学の面でも忘れることのできない人である。

グロータース師はベルギーの代表的な方言学者であった父親の影響下にあって、19世紀末にドイツに端を発し20世紀になってフランスで開花した言語地理学を学んだ。言語地理学（方言地理学ともいう）とは、ある言語特徴（例えばクスリユビの名称など）を取り上げて、それが諸方言においてどのような地理分布をなすかを調査し、更になぜそのような地理分布が生じたかを考える学問である。

1941年に宣教師として中国山西省の大同に赴任するが、伝道のかたわらこの地方の方言や民俗の調査を行なう。これは本格的な方法論に基づく言語地理学的調査としては中国で初めてのものである。1945年になって北京にあったカトリック系の輔仁大学で方言地理学研究室を主宰し、大同にも近いチャハール省（現河北省）万全県・宣化県で現地調査を行ない、これらの自らの手になる材料を踏まえて言語地理学を中国に根づかせるべく一連の論文を発表された。

輔仁大学は北海公園の北側の静かな住宅区にあり、緑色の瑠璃瓦の近代中国風の建物が今でも残っている（現在は北京師範大学化学系の校舎となっている）。私の妻の実家がそのすぐ前にあったため、北京留学中は週末によく訪れて、ここがグロータース師の活動しておられた所だったのかと感慨を催したものであった。ここで、グロータース師はテイヤール・ド・シャルダン（Teilhard de Chardin, SJ〔イエズス会士〕、1881～1955）と邂逅する。テイヤールは地質学・古生物学の研究者でフランス科学アカデミー会員、中国においては近代的地質学の導入者としての役割を果たし、北京原人の発見者としても知られている。しかし、それ以上に今世紀最大のカトリック思想家であり、実証的な科学研究とキリスト教神学を統合しようとした人である。

その頃のことを回想して、グロータース師は次のように書いておられる：〝私は自分の研究〔引用者注・すなわち中国における言語地理学的調査〕によって、人間の進化と、土壌に条件づけられる人間の魂、また歴史から生ずる人間の社会的存在の一面を発見した。しかも私はキリスト教徒であり、司祭であった。私はすべてこのような人間の科学を、宇宙の霊的な構造の中に位置づけたいと思った。〟（「テイヤール・ド・シャルダン追悼」『ソフィヤ』4：3、1955年）

テイヤールも正にこのような企てをもった人であって、地質学や古生物学の面からこの目標を追求していたのである。テイヤールのグロータース師に対する直話によると「私が地質学の研究を始めたとき、……あらゆる存在の根源、或いは母胎というべきものと接触を保とうとする飽くなき欲求があった」と語ったという（同上）。

後にグロータース師が聖職者でありながら学問をやることの理由を問われたときに次のように答えているのはテイヤールの思想に呼応したものと思われる：〝ここで、わたしの宗教観を説明せざるをえない。世間には宗教に関する考え方に次の三つの段階がある。第一の段階は、宗教といえば行事・儀式・教団のことしか考えない、最も低い段階。第二の段階は、キリスト教でいえば〝救済〟、仏教でいえば〝悟り〟、天理教でいえば〝陽気暮らし〟を考える段階。第一段階は外面的なことしか考えないが、第二段階では内面的なことも考えている。しかし、いずれも人間のレベルのことである。これらに対して、神のレベルのものがあって、それが次の第三の段階である。ここでは、〝至高者からの至高者との融合への招き〟を考えている。以上の第一から第三への方向は、〝人間から神へ〟の方向であるが、わたしは、逆に、〝神から人間へ〟の方向で宗教を考えている。言ってみれば、宗教は、「至高者からの至高者との一致への霊的な呼びかけに対して応えること」なのである。〟(『日本の方言地理学のために』平凡社、1976年、「まえがき」より)

このような観点からすると、現象界の森羅万象はすべてその背後にある超越者の具現であり、この世界の理法を追求することは、それがどの分野であれ、そのまま絶対者との合一への道を歩んでいることになる。そこで、上の文の後に、次のような〝驚くべき〟考えが続けて述べられている:〝考えてみれば、こういう意味の〝宗教的〟態度は少しも珍しくない。正義のために戦った理想家たち(共産主義運動の闘士たちも同類)や一生をかけて学問の真理を追求した学者たちは、〝宗教的〟生活をしたといえる。彼らはそう言われることを好まないだろうと思うけれどもである。〟

さて、このような宗教観をもっている人でも、個別分野の研究に従う時には、専らその分野固有の研究対象に即し、かつその分野の術語のみによって、得られた認識が表現される。しかし、それを受容する場合、純粋の学術論文の形をしたものであっても、その背後にある哲学を理解していないならば、形骸のみを見ることになり、その魂に触れることはできない。グロータース師が端を開いた中国の言語地理学的研究は結局のところ中国の学者には受け入れられないままに終わってしまう。その理由を考えてみると、当時中国は日本の侵略とそれに続く内戦により困窮を極めていて方言学のような不要不急の学問に手が回らなかったことや、その後中華人民共和国の成立により宣教師は国外追放され、その活動が告発の対象となったことなどがまず挙げられるが、それ以上に中国の思想風土という内面的な理由が大きいと私は考える。

中国は早熟な文明国で、ヨーロッパがルネッサンス以降飛躍的な発展を遂げるまでは世界で最も進んだ科学技術を擁していた。一例を挙げると、この東西両者の差がつき始める境目の頃・15世紀に建造された北京の天壇は実に巧みにできており、回音壁という直径65メートルの円形の壁では百メートルあまり隔てていても壁にそって話をするとはっきりと音が聞こえたり、三音石という石段の上で手を一回たたくと、こだまが始めの石段では一回、第二の石段では二回、第三の石段では三回かえってくるといった具合であり、中国では当時すでに音響学が相当高い水準に達していたことを示す。私は天壇を歩きながら、このように巧緻にして大規模なものを造り出す能力のある民族がついに一般科学を生み出すことがなかったのは何故だろう、と疑問に思ったものである。

中国人が得意とする思考方法は、自然界のさまざまな現象をそれらの共起関係においてとらえることである。漢方医学などはその典型で、どのツボを刺激するとどの器官にどのような影響を及ぼすか、またどの薬草を飲むと何にどのような効果があるか、などの膨大な経験の蓄積をもっている。また、中国の伝統的学問は、どの本に何がどう書いてあるかを集成し、それらの関係を論じたもの、と言ってよい。その細かなことと規模の大きさには全く圧倒される。しかし、そこにおいては諸現象はあくまでも同一平面上において取り扱われ、それとは別の次元を仮定することによってそれらの因果関係を説明しようとする方向に向うことがない。つまり、個別現象の記述に終始するのみであって、それらの背後にあって個々の現象を統率している規則性を見出だし、更にひるがえって一般理論から個別事象の由来を説明するというダイナミズムがない。これは、中国土着の宗教に、現象界とは別の次元に属する超自然的な普遍者の概念がなかったためだと考える。

近現代の中国の言語学者もこのような思想伝統のもとにあるため、その学風は事実の把握を主としていて手堅くはあるが、羅列的な印象を受けることが多く、面白い現象をとらえているのに何故その意味づけを行なわないのか、といらだたしくなることが少なくない。グロータース師の提起した新しい方法を受けてたつ立場にあった当時の中央研究院歴史語言研究所の学者たちは、趙元任のように優れた才能に恵まれアメリカで申し分のない教育をうけた近代中国の最良の知識人の一人をリーダーに戴きながらも、ついに言語地理学を理解することがなかった。彼らは単なる方言調査方法についての問題提起ととらえ、漢字を見せてそれを読ませる方法がいけないのだとしか受け取らなかった。また、方言の分布を地図にすればそれが言語地理学なのだと考えた。後者のような考えは現代の中国の学者にも根強く、最近地点数の密度の細かい中国方言地図集が作られたが、やはり事実をそのものとして把えているだけで、なぜそのような分布が存在するのか、という解釈までは至っていない。学の学たるゆえんは、事実に対する解釈にあるのだが。

グロータース師は中国で宣教が続けられなくなった後、1950年に来日された。これにより日本の言語地理学は多大の恩恵を受けることとなった。国立国語研究所は『日本言語地図』6巻に集大成される日本全土の大規模な言語地理学的調査を1957年から1965年にかけて行なったが、グロータース師は当初からこの大事業に参与され、ヨーロッパの言語地理学の生きた技能と考え方を日本に移植した。結局、日本に滞在した時間の方が長くなったため、〝日本の言語地理学の父〟とするのが一般の評価である。私は大学院に進んだ年に上智大学にグロータース師の講義を聴講に行っていたが、ある日の授業の後で廊下で立ち話をしていた時、〝中国の言語地理学は卵のまま死にました。〟とおっしゃった。中国ではグロータース師が輔仁大学教授の時に指導した学生は後に少数民族語の研究に転じ、その後は言語地理学者が現われぬまま今に至っている。

橋本萬太郎教授の足跡

遠藤　光暁

橋本萬太郎教授が急逝されてより早くも一年の月日がたとうとしている。ここで私の知る狭い範囲内で橋本教授の研究活動を回顧し，この不世出の学者を紀念したいと思う。1987年６月12日に慶応義塾大学の教室で本来は橋本教授が教えられるはずであった学生たちに教授の学問的生涯を紹介したが，その時の講義ノートを元とし，あわせて個人的な思い出を綴りたい。

橋本教授は1951年に東京大学に入学，初めはフランス語のクラスにいたが，途中で中国語のクラスに移る。工藤篁の主宰していたＥクラスというのは部外者には窺がいしれない一種独特の雰囲気があったようである。「駒場時代，僕はロシア語だけ」だったといい，本当は露文に入りたかったが当時はまだなかったため，中文に進んだという。卒論は時枝文法に関するもので，学部時代はまだ工藤篁の影響下にあったのであろう。方言学に志すのは大学院になってからで，修士論文は『北方諸方言の比較研究』（ 456頁，1956年，未見），その内容は1976－77年に「晋語諸方言の比較研究」として発表されている。ドラグノフの『現代中国語文法の研究』を読んでいる時に陝西方言や甘粛方言（実際には両方とも東干語）への言及があって，そこから東干語や西北方言に興味を抱き始めたのだという。橋本教授の師の一人・倉石武四郎博士も晋語を研究しておられ，また大学院の時から親交のあったグロータース神父のフィールドとしておられたのも晋語に属す地域であった。

大学院時代の活動は全く超人的としか言いようがない。修士課程在学中からソビエト中国語学の一連の研究を翻訳し，続々と発表しておられる。のちに渡米後すぐに出版された最初の著書*Chinese Language Studies in Soviet Russia*や病床で校正を終えられた最後の著書・ヤーホントフ『中国語動詞の研究』の訳もこの時代に行われた仕事である。橋本教授はロシア・ソビエトの中国語学の理解では日本はおろか世界的にもソ連本国を除けば第一人者であろう。最近，北京大学出版社から出版されたヤーホントフ教授の『漢語史論集』の編集にあたっても橋本教授は深く関与しておられる。中国では中ソ論争のため，それ以後のソ連の研究活動は殆ど把握できていないのが現状である。

世界的にみて最高水準にある橋本教授のもう一つの研究分野である客家語研究も大学院博士課程時代に既に頂点に到達していた。博士課程進学後の夏休みである19

57年夏より客家語の調査を開始し，その成果は活字になった最初の論文である1959年の"Hakka Phonemics" 以後続々と発表され，教授の代表作の一つである1973年の*The Hakka Dialect*や1972年の『客家語基礎語彙集』に結実する。ここで，処女作が英語で書かれたことは注目に値する。この若き天才は自分の才能が世界に通用するものであることを明瞭に自覚していたのであろう。ほか，この時期に海南島の閩南語方言や粤語諸方言の精密な記述を行ない，越南漢字音も扱い，東干語や西夏語など特殊な分野の研究も手がけておられる。

このように博士課程満了時には既に幾多の一流の業績を挙げておられたが，不幸なことに日本ではその器にふさわしい職が与えられなかった。ある機会にある人からこの頃のいきさつを仄聞したことがあるが，義憤を禁じえなかった。1962年，29歳の秋に渡米されたのは，まだアメリカが圧倒的な先進国であった時代でもあり，公式的に言われるように1957年に*Syntactic Structures* が発表されて勃興しつつあった生成文法を学ぶためではあったのであろうが，日本を去る決断をなすにあたってはそれが遠因となったものと想像する。

アメリカに渡ってからは「嵐の吹きすさぶネヴァダの荒野に，自分だけをたよりにさ迷うような日々だった」というが，まずイリノイ大学で全く新しい研究課題である生成文法の研究に没頭することになる。翌年にオハイオ州立大学に移った理由は知らない。王士元がオハイオ州立大学にいたことがあるが，それと関係があるであろうか。ともかくここで学位論文*Phonology of Ancient Chinese*, 1965を完成する。満33歳の時のことである。この論文は生成音韻論に基づいている点とパスパ文字などによる対音資料を援用する点に特色がある。これによって，学問に志した時に抱いた「現代の中国語諸方言を自分で組織的に調査・記述し，比較研究して，かのベルンハルト・カルルグレンの再構になる古代中国語音体系をひっくりかえしてやろう」という「野望」を遂げたという自信を得られたことであろう。

翌1966年にハワイ大学助教授となるが，数か月後に大阪市立大学に移る。帰国してからは矢継ぎ早に生成文法関係の一連の論文を発表する。しかし，二年とたたずに大阪市立大学を辞し，プリンストン大学研究員となる。いかにもあわただしいことで，何らかの事情があったことが想像される。1968年にアジア・アフリカ言語文化研究所の中国部門が設立され，助教授が決定していたが予算の凍結により路頭に迷った人がいると橋本教授はある文で書いておられるが，人のことであればこのようなプライバシーに属することは公表しないであろうから，そういうことだったのだろう。

1968年にシナ・チベット諸語再構学術会議の創設に際会したことは，その後の橋本教授の研究方向に大きな影響を及ぼすこととなった。それまでの研究対象は大陸は北の山西省から南端の海南島まで広い地域にまたがってはいるが，おおむね中国語学の範囲に属していた。シナ・チベット諸語の研究者との密接な交流は学生時代から芽生えていた東アジア諸語への興味を一気にかきたてたことであろう。

1969年から1971年までプリンストン大学中国語学研究施設の施設長となり，橋本教授一流のリーダーシップによって多彩な研究者を集めて共同研究を推進する。10号まで出た*Unicorn*や*Princeton-Cambridge Studies in Chinese Linguistics* のシリーズはその成果の一部である。

1970年にＡＡ研助教授に就任，1972年に日本に帰住する。いよいよ東アジア大陸をまたにかけた雄大な研究が始まる。その秋からまず韓国に赴き朝鮮漢字音や朝鮮語アクセントの研究に従事し，続々とその方面の論文を発表される。ついで香港でタイ系の言語であるベェ語などの調査を行なう。この時に得られた感触が言語類型地理論を生んだのであろう。

橋本教授の研究を２期に分けるとすると，1974年に『言語』に発表された「中国語の特色：音韻と方言」以前と以後に分れると私は考える。それ以前の研究は正統的な言語学的方法に基づく個別事象の記述的・実証的研究であり，それ以後は東アジア大陸の諸言語を視野に収める綜合的・学際的なマクロな方法を加味している。後期の代表作である1978年の『言語類型地理論』・1981年の『現代博言学』はその一連の研究を系統的にまとめたものである。

1973年に教授に昇任されて研究行政上の権限をもつようになり，翌年から共同研究プロジェクトを組織する。コンピューターによる現代中国語資料の文法的研究をめざしたもので，プリンストン時代に作った白話資料百万字ファイルに逐一文法情報をつける作業が多くの研究者を動員して長年にわたって行われた。今にして見ると，この作業は「泰山鳴動して鼠一匹」の感があるが，学問には多くの人の努力によって累積的に進む面と一人の天才によって飛躍的に進む面とがある。今は眠っているこの遺産も将来の綜合者によって大成される日が来るかもしれない。

しかし，名目はどうであれ，このプロジェクトは極めて実り豊かなものであった。タコツボ的な日本の学界風土に大きな風穴をあけて，全国のさまざまな傾向の研究者を糾合し，欧米はもとより中国・ソ連など諸外国の第一線で活躍する学者を交えて活発な研究集会が行われた。二回開かれた呉語研究連絡会議や北方語研究連絡会議・閩語研究連絡会議などの各有力方言群を専門的に扱った会議や，1982年夏のシナ・チベット語研究東京会議などは各分野の第一人者がそろった密度の濃いものであった。内外の有力な研究者がこぞってＡＡ研に参集したのは，ひとえに橋本教授の卓越した組織力と人間的な魅力によるものである。これらの会議のほか通常の研究集会でも実質的な研究発表と討議が行われ，年に一回のお祭りである学会とは異なり，そこには真摯な学問的交流の場があった。28号まで出た『アジア・アフリカ語の計数研究』はその明証である。

橋本萬太郎教授の斯学への貢献はきわめて大きいが，その中でまず第一に特筆すべきことは，漢学・支那学・中国学などと名前は変わってもローカルな興味と方法の下に研究されていた日本の中国語学を，言語の普遍的な性質の一つの具現として一般言語学的に考求するものに脱皮させる先鋒となられたことである。これには学者としての出発点で服部四郎博士に師事したことが大きく与かっているであろうが，その後もその時その時の最新最良の理論を自家薬籠中のものとしておられる。まだ中ソが蜜月時代にあり社会主義国に後光がさしていた50年代にはソヴィエト言語学，チョムスキー理論が昇龍の勢いにあった60年代前半には生成文法，その絶頂期が過ぎた60年代末からは豊富多彩な言語事実の世界につき進む。このように一般言語学の理論と技能によって徹底的に武装された研究者は日本の中国語学界にはそれ以前はいなかったし，それ以後も現れていない。第二に，中国語諸方言と少数民族語の調査経験では遣隋使以来のわが国の歴史のなかで質・量ともに歴代随一を誇りうるだろう。その調査報告は永遠に滅びることがない。第三には，島国の枠を打破し，グローバルな研究態勢をしいたことが挙げられる。日本の中国語学は水準は必ずしも低くないが，論文が日本語で発表され，しかも掲載誌自体が外国では入手困難なため，世界の学界にあまり貢献していない。橋本教授は当初から研究成果を英語で発表し，日本の研究伝統を欧米の学者に知らしめている。中国本土で文革が終わり，学界が再び活動を始めると，橋本教授は中国語でも多く論文を発表しておられる。《語言地理類型学》（北京大学出版社，1985年）は中国で初めて出版された日本の中国語学の個人による研究書の訳本である。また英仏露独中などの語学力を駆使し，入手困難な文献を博捜して先行する業績をもれなく踏まえた上で論文を発表しておられるから，古今東西を通して最新の研究水準を反映するものとなっている。学術交流の面でも，外国で開催される国際研究集会にはほとんど参加し，世界の至るところに足を踏みいれて現地調査をしたり，さまざまな国の研究者と友情を結んでおられる。また日本にいる時には外国からの研究者を受入れる窓口となっておられた。橋本教授の長逝によって日本はまた島国となってしまった。

私が橋本教授に初めてお会いしたのは1976年の秋のことであった。慶応大学の学部一年生であった私は砂岡和子さんにさそわれて東京都立大学での橋本教授の授業を偷聴しに行った。その日の話は北京語音韻論に関するもので，注音字母が現代の音韻論から見ても大変よくできたものであるとして，その作成に参与した魯迅をほめておられた。また，台山方言でｔが口部の閉鎖を失い声門閉鎖音に変化していることを引合いに出して，中国語の無気音というのは声門閉鎖を伴うことを説明されたのを記憶している。宿題に出された注音字母を覚えて次週に行ってみると休講で，ソ連に出張されたのだという。次の年に『言語』にその時の成果が連載され，東干語の調査に行かれたことを知った。そんなことで授業に出たのはその一度きりになってしまったが，この時の印象は地味な感じで，橋本教授の真骨頂を認識するのは一年後になってからのことである。

一年の春休みに韓国や香港に遊んだが，その際香港で北京語がほとんど通じないのに愕然とした。折よくその年の夏休みにＡＡ研で広東語講習を受ける機会があって，中国語を見る目が複眼的になった。秋になってふと日中学院の学生時代に買ってあった『言語』の中国語特集号（1974・８）を手にして巻頭の「中国語の特色」を読み始めたら，たちまち魅了されてしまった。漢字文化圏の諸言語の関連をさぐることは少年時代からの夢で，高校に行かずに日中学院に通い，現代中国語は外語大卒程度は身につけたように思ったので，大学では他の言語か古典中国語をやろうと考えた。東京外大では朝鮮語科ができる前の年だったので，ベトナム語をやろうかということでインドシナ語科の受験手続きをした。それから，中国語で受験できて古典とベトナム語の両方を学ぶ機会のある慶応大学も受けた。慶応の方の発表が先にあったので結局外語大は受験せずにおわったが，欲を出して二兎を追ったため，どちらも得られずに今に至るのは慚愧の念にたえない。そんなわけで，言語類型地理論を初めて世に問うた橋本教授のこの文を読んで，自分がライフワークにしようと思っていたテーマを遥かに広い視野でかつ肌目細かく言語学的に描き上げてあるので，してやられた，とすら感じた。日中学院の頃はまだ北京語すらおぼつかなかったし，16歳でしかなかったから，まだあのような考えを受入れる下地が出来ていなかったのだろう。ともかく，その開眼の後は橋本萬太郎でなければ夜も日もあけないという日々が続いた。限られた条件のなかで，入手できる論文は全部入手して読み漁った。どの程度理解できていたかは保証の限りではないが。ちょうどその頃，雑誌『中国語』で「わたくしのこの一冊」という特集があって，橋本教授がポリバーノフらの『現代中国語文法』を取上げ，現代的な中国語学はすべてここに胚胎する，と書いておられるので，是非とも読んでやろうと発念してロシア語を学び始めた。この本は稀覯書で国内で所蔵している機関を知らないので，後にレーニン図書館から取寄せてコピーもとったが，未だに読む能力をもたずにいる。『言語類型地理論』が出たのもこの頃で，1978年1月30日に出版されるとともに入手，翌31日に感銘をもって読了している。また，この月から『言語』に「現代博言学」が連載され始め，毎号ごとにそれまで思いもよらなかった眺望がくりひろげられるので，次の号が出るのが待ち遠しい位であった。

四年になって，卒論で広東語の陰入声の分化過程を取上げることにした。母音の長短によって声調が分裂するという現象で，声調と分節音の係わりを示す面白い事例であるが，同じ変化はタイ系の諸語でも起こっている。この特徴は，橋本教授の「中国語の特色」で広東語とタイ語(Tai，タイ国の標準語はシャム語と呼んで区別することにする。以下同じ）が密接な関係をもつことの一つの証拠として挙げられている。そこで，自分の論を進める上で橋本教授の論拠を再検討する必要に迫られた。その結果，こと広東語とタイ語の関係に関する部分については大分危ない橋をわたっておられることが明らかとなってしまった。結局，「中国語の華南諸方言をあつかうばあいに，われわれはたしかに少数民族語の影響としなければならない現象に遭遇する。もとよりわたくしはその可能性を全面的に否定しようとするのではない。ただそれを断定するまえに，相互の言語の一層慎重な研究が必要とされるのではあるまいか。」という橋本教授自身の1962年の言葉に強い共感を抱きつつ，その論に賛成できない理由を卒論に記すこととなった。後にその趣旨をある機会に話したことがあり，その時のレジュメを付録としてこの文の末尾につけておく。

このレジュメを京都の平田昌司氏のすすめで滞米中の橋本教授にお送りした。橋本教授からするとこれが私の第一印象となったわけだ。今から考えてみると，脂の乗りきった絶頂期にあった世界的学者にまだ修士課程も終えていない若僧が物言いをつけたことになり，たいへん不躾である。それでも，はねかえるようにしてシアトルからハガキが届き，今は忙しいから帰国してから相手をしましょう，とお返事があった。

私は博士課程に進んでから数か月間，東京外大に満州語の授業を聞きに行っていたが，そのある日にＡＡ研に橋本教授を訪なった。「私も学生時代に山本謙吾さんについて『金瓶梅』の満州語訳を読みましたがねぇ」と言っておられた。また，どういうきっかけだったか私が日中学院出身だと申しあげると，「倉石先生が退官なさる時，みなで何かお祝いをいたしましょうとお伺いをたてたら，そんなお金があったら日中学院［当時は倉石中国語講習会だっただろう］のために出して下さいとおっしゃるので，寄附をしましたよ」とのことで，それは私の生れた年のことゆえ知らなかったのは当然であるが，陰で様々な人から恩恵を蒙っているものだと感謝した。さて，問題のレジュメであるが，橋本教授は案の定かなり御立腹のようであった。まず“言語類型地理論”のユニークな点についての私の評価がお気に召さなかったようで，ヨコの地理的変容がタテの歴史的変化を反映していることの指摘が従来なかった新しい理論的貢献であるとおっしゃった。しかし，それは言語地理学の既にやっていることです，と言うと，更に，言語地理学の扱うのは一言語要素の分布であって，体系を扱うことはしていない，とおっしゃるので，ではstructural dialectologyはどうです，とつっこんだ。すると，成る程，わたしはモールトンと同僚だったから影響を受けた点があるかもしれないね，と認められた。ここで私は内心まいったと思った。スイスのドイツ語方言の構造主義的方言地理学で名高いW.G.Moulton はプリンストン大学にいたのだったと思い至り，こちらは論文でしか知らないのに，先方は直接つきあいがあるのだから，迫力が大分違う。また，中国語の平上去入声にタイ語のＡＣＢＤ調が対応することには兜をぬがれ，帰国する途中でハワイによった際，李方桂博士にどうしてこんなややこしい命名をしたのです，と詰寄ったら，シャム語の伝統的正書法がこういう順序になっているのだ，と答えられた由であった。その他の議論はほとんどかみあわず，脇でその様子を見ていた古屋昭弘氏は私が橋本教授に私怨でもあるのかと思われたようだが，そのようなことはない。敬慕の念は人一倍強いつもりである。しかし，こと命をはってやっている学問に関してはあやふやなことで済ませたくないと思ったまでである。1985年に出た『言語類型地理論』の中国語版では，私の批判した部分がかなり書き改められているが，削除するに如くはなかったと思う。

その秋に私は北京大学中文系に留学するが，初冬になって橋本教授もおいでになった。旅装を解いて数日もたたぬうちに，中文系で講演会が行われた。といっても中文系の二階の奥のほうの語音実験室だったかで他の部屋から椅子を持ってきたりして十数名でギュウギュウになりながらのものだったが，従来「変調」といわれていた方が実は「本調」なのだという趣旨の内容だった。1981年の英文の論文をもとにしたもので，後に当時大学院生だった王洪君女史が中国語に訳し1985年にＡＡ研のジャーナルに発表される。同じ意見は私が留学する直前に上智大学で行われたシナ・チベット語研究東京会議で台湾の丁邦新氏も発表しておられ，中国語声調の歴史的研究のメッカである東京でこんな呑気なことを言われては困ると思って反対意見を述べておいた。声調交替の現象に基づいて過去の声調調値を推定することは，事実上平山久雄教授によって始められた。内的再構という方法自体はソシュールが印欧祖語に対して行なったのが最初であるが，平山教授はむしろ中国語の言語事実自体，直接的には呂叔湘の丹陽方言の声調に関する論文からこの方法を着想されたようである。ここにおいて，いわゆる「変調」の方がむしろ古い調値を反映する場合のあることがわかった。しかし，だからといって「変調」がすべてア・プリオリにそのまま古調値であるわけではない。声調交替で出現する各音形への変化をそれらの交替条件の音声的環境の相違に応じて最も自然な過程によって説明できるような調値が祖形に措定されるのである。「変調」の位置に現れる調値をただそれだけの理由で基本形や古形と見做すのは，「本調」の位置に現れる調値を直ちに基本形や古形と見做すのと同様，いわれのないことである。……といったことをその場で発言しようかとよほど思ったが，ここは橋本教授と中国の学者たちの交流の場なのだからと黙っていた。質疑応答の第一の発言者は太い声の学者で，交替形式のうちどれを基本形と認めるかは大変難かしい問題で，それを決定する理論的根拠がどこにあるかが問題だ，という旨の意見を述べられた。これは正鵠を得た意見で，その威厳のある態度といい，相当の大物だと思ったら朱徳熙先生であった。その時に朱先生はよほどフラストレーションを感じられたらしく，後に専門外であるにもかかわらず声調の問題について意見を発表しておられる（『中国語文』1986:4参照）。次は細面で透明のワクの眼鏡をかけたいかにも知識人という感じの学者が，連読変調の記述は大変難しく，実際の方言調査にあたっては把握しやすい単字調をまず記述し，その基礎の上で二字組・三字組などを記述するのが着実な方法である，と述べた。これは解釈の問題を記述の問題に移し変えているから，レベルが違うのではないかと思った。しかし，私などはそれまでの経験からその辺を中国の学者に分ってもらうのは殆ど無理だと思ってこういうことに関しては始めから議論を放棄してしまうが，橋本教授は一生懸命持論を力説された。私の知る限り橋本教授はコミュニケーションの為の努力を惜しんだことがない。北京大学の学風は穏健着実なもので，橋本教授のような斬新な考えは既に一家をなした中年以上の学者には受入れられそうになかったが，若い教員や院生などにはインパクトを与えたようである。上海などはまた全然違った雰囲気で，上海の若手研究者には橋本教授のシンパがいたのだが。ともあれ，それまで北京大学中文系では自由な学問的討論の場がなかったが，橋本教授の講演会をきっかけに毎月討論会が開かれるようになった。橋本教授は留学生や外国の訪問学者の宿舎である勺園の掲示板でその会合をThe Linguistic Circle of Pekingと名付けておられた。滞在がもっと長ければまさにプラーグ学派におけるヤコブソンのような役割を果たすことができたかもしれない。次の年の初めにコーネル大学の梅祖麟教授が半年間の講義に来ると，梅教授もその討論会で発表され，ほか若手の教員や院生が自分の研究を発表し，私も修論の内容を発表した（『語言学論叢』13輯参照）。橋本教授の至る所すべてに学問の輪が出来ていくかの感がある。

ある日，私が勺園５号楼の橋本教授の部屋に訪ねていくと，近々甘粛省に行くのだということで，防寒具の針仕事をしておられ，なにやら哀感がただよっていた。橋本教授は時々弱気な一面を覗かせるが，別の機会に誰に言うともなく有ることを口にされた。私が同じことでその頃悩んでいたことは御存知なかったであろう。魯迅の「傷逝」の凍るような苦悩が骨の髄までしみこんでくる北京の厳しい冬の日のことであった。ともあれ，私は折角のよい機会なので橋本教授に質問をしておきたいと思って行ったのである。まず，パスパといったりパクパといったりするのは，どう違いますか。パクパはロシア読みなのだそうである。高校の先生がハスパといっていたので，学生時代にそう言っていたら服部先生にそれでは“はすっぱ”みたいですね，とからかわれた思い出を語られた。しかし，どうして高校の先生が思をスと読むことを知っていたのでしょうね，とも付加えられた。次，先生の「ロシアの中国語研究」に19世紀半ばの北京語のストレス・アクセントを記述したイサーイヤの辞書が出てきますが，それは日本にもあるのでしょうか。学生時代にあれを書いた時には現物を見ている筈だから，東洋文庫あたりにあるでしょう，とのことで，後に調べてみたら確かにあった。次，先生はドラグノフが手がけたペルシャ文字による古官話資料を研究されて，アメリカ東洋学会で“The Persian Transcription of Old Mandarin ”と題して口頭発表なさったそうですが，その後論文として発表なさいましたか。いや，なかなか忙しくてそれっきりにしてあります，とのことなので，是非とも早く公表して下さい，とお願いすると，いいでしょう，と約束された。ここまで聞いたところで，君は今こんなことに興味をもっているんですか，と「こんなこと」に特に強調をおいて呆れられた。自分の若い頃の研究をtedious なものと評しておられ，これからチベット族との接触地帯にある中国語方言を調査しに行こうとされていたのだから，無理もない。机にはピジンとクリオールについての分厚い洋書が置いてあった。

1983年の春になって北京を離れられる日が近付いてきた。ちょうど入れ替わるようにしてやって来られた梅祖麟先生が送別会をやろうと提案して，北京大学の横にある長征食堂で中文系の先生を交えて宴会をした。沈みがちの橋本教授に向かって，上機嫌の梅先生が杯を差し出しておどけたように「何日君再来…」と歌いだした。かたわらの中文系の先生がたの当惑したような表情が見ものであった。大学から食堂に向かう道で，橋本教授・周祖謨先生・梅先生が並んで話していて，橋本教授が周先生に調査した資料を整理する時間がなかなかなくて…とこぼされると，周先生は体の動くうちにどんどん調査をしておいて，年をとってからじっくり整理すればよいのですよ，と諭しておられたのを私は思い出していた。天はついにその時間を橋本教授に与えなかった。

辻伸久編「故橋本萬太郎教授 — 年譜と業績」『アジア・アフリカ言語文化研究』35，1988年は大変ありがたい仕事であるが，最後にいま気付いた範囲内でその補足をしておきたいと思う。

Chinese Language Studies in Soviet Russia, Monograph on Chinese Language Teaching, No.1. New Haven: Far Eastern Publications, Inc., Yale University, 1962.

「バアゼル訪書誌」『中国語学』215, 8-14, 1971年。

A Guide to the Shanghai dialect, Arlington: ERIC Clearing house on Languages and Linguistics, Microfilm series, #061851, 1971.

(with J.L.Norman) *A Guide to the Wen-ch'ang and Ting-an Dialects*, 同上, #061854, 1971.

（原田信一と共訳）N．チョムスキー，M．ハレ『現代言語学の基礎』，大修館書店，1972年。

"Observations on the passive construction", *Linguistic and literary studies in honor of Archibald A. Hill*, 2, 53-65, ed. by Jazayery, M.A. et al. Lisse: Peter de Ridder Press, 1978.

(with S.C.Egerod) "Gender, vowel harmony and accent: a typogeographical view", Report of the Regional Seminar on Recent Developments in Linguistic Reserch in Southeast Asia, RELC, SEAMEO, S 13/78, Singapore, 1978.

"The Keng rime-groop in the Yü-p'ien Fan-ch'ieh's", Proceedings of the International Conference on Sinology, Section on Linguistics & Paleography, 19-34, 1981.

"The Interaction of Segments and Tones in the Be Language", Linguistics of the Sino-Tibetan Area: The State of the Arts. (*Pacific Linguistics*, Series C, No.87, 90-93, Ed. by Thurgood, G et al., 1985.

「論《韻鏡》之性質」『音韻学研究通訊』7，1985年。

（余志鴻訳）『語言地理類型学』，北京大学出版社，1985年。

ほか，事典類への寄稿としては，平凡社『世界名著大辞典』4，439-440 頁にマスペロの"Le dialecte de Tch'ang-ngan sous les T'ang"の解説があり，『アジア歴史事典』にも執筆項目があったかと記憶する。『中国語学新辞典』光生館，1969年，に生成文法関係の諸項目を執筆している。『国語学辞典』の新版の中国語の項は橋本教授の執筆にかかり，自説を前面に出した大胆な記述で驚いたことがある。

今井邦彦編『チョムスキー小事典』，大修館書店，1986年，のVII 章２節「チョムスキー理論の地域的波及」の中国と台湾の項は恐らく橋本教授の執筆で，IX章「チョムスキーと政治」もそうである。

日本で数年前に開かれた計算機言語学国際会議で古屋昭弘氏ともう一人の計算機科学専攻の学者と連名でＡＡ研の中国語資料の漢字出現頻度に関して発表され，英文の要旨がProceedings に載っている筈である。「中世中国語子音のパスパ文字転写」『中研談話会会報』８，１－２頁，1966年という文もあるらしい。1986年にオークランドで開かれたConference on Languages and Dialects of China で読まれた"Current Tasks of Hakka Studies"という論文があるが，未発表の模様である。

その他，ＡＡ研の『通信』に載った工藤篁（24号），倉石武四郎（27号），吉川幸次郎（42号）の追悼文は橋本教授の自伝的記載を含む。最後の文は桑原武夫の編であったかと思うが吉川幸次郎の追悼文を集めた単行本にも収められている。「チャオ〔趙元任〕先生の思い出」『図書』（岩波書店）1982年７月号，20－25頁も同じ趣向のものである。また，やはりＡＡ研の『通信』に外国人研究員のプロフィールを紹介する欄があるが，そこに王士元・Egerod・俞昌均・傅懋勣・馬真・黄国営など橋本教授が招聘した歴代の研究員との交友が語られている。

橋本教授の筆になるものではないが，数年前の月刊『言語』の「言語学者との一時間」という欄に登場し，また『国外語言学』1981年４期に「《語言類型地理学》簡介」があり，『語文研究』1986年２期に「高瞻遠矚，一空依傍 — 読橋本萬太郎《語言地理類型学》」がある。

追悼文は，管見に入ったものでは，平山久雄教授が『言語』の1987年８月号に寄せたもの（中国語訳『国外語言学』1987年４期）と『東方学』最新号所載のもの，北京大学の胡双宝先生によるもの（『語文研究』1987年３期）がある。

『開篇』第５号所載拙文の補正

７頁下２行，“呂叔湘の丹陽方言の声調に関する論文”を“頼惟勤教授の「丹陽方言と日本漢字音との声調について」”に訂正する。また，その後気付いた橋本教授の著作には次のようなものがある：

「ポーランドに於ける中国語研究の歴史と現状」（編訳）『中国語学』78，15−18，14頁，1958年。

「客家語音韻論 ― 梅県（宝坑）方言の音素体系について ― 」（発表要旨）『中国語学』79，８−９頁，1958年。

「中華人民共和国に於ける僮傣諸語の概況」（編訳）『中国語学』 108，７−12頁，1961年。

「はるかなる愛（遥遠的愛）」『中国の名著』， 352−58頁，勁草書房，1961年。

「中国語の発音」（創案），倉石武四郎『岩波中国語辞典』，序説３−11頁，岩波書店，1963年。

「学界展望」（少なくとも音韻・方言の項を執筆しているものと見られる）『日本中国学会報』19， 266−76頁，1967年。

ＣＬＩＢＯＣのabstacts，39−46（有坂秀世の諸論文),665-6,668,670,672-680,684-5(橋本萬太郎の諸論文），Cambridge University Press，1970。

「ブリテン博物館蔵旧抄本蒙古字韻雑記」『ＡＡ研通信』14，１−３頁。

「ことばの比較類型論」，林四郎編『外国語と日本語』（応用言語学講座・第２巻），45−59頁，明治書院，1986年。

「中古中国語全濁音の波状拡散」『東方学会創立四十周年記念東方学論集』，633−47頁，東方学会，1987年。［この条は平田昌司氏の教示による］

ほか，ＡＡ研の『通信』にはまだ著録されていない文がある模様であるが，確認していない。

「はるかなる愛」という現代文学に関する文があるのは人に意外の感を抱かしめる。数年前にある新進の魯迅研究者が中国現代文学の会合で橋本教授と知り合ったと聞いた時，この文を思い出していくらか合点がいったことがある。戦後しばらくは現在ほど専門分化が激しくなかったのであろう。

〈附〉

"粤語とタイ語の関係"の検討

遠藤光暁（1982年1月19日）

§1. 主題

近年，橋本萬太郎教授によって強力に提唱されている"言語類型地理論"の中で，"粤語とタイ語の密切な関係"についてその論拠を検討する。

§2. "言語類型地理論"について

・関連する橋本教授の論文・著作：

1974：「中国語の特色」，『言語』，3:8。
1975：「自然言語の類型論と系統論」，『言語』，4:5。
1976："Language diffusion on the Asian continent", CAAAL, 3.
1978：『言語類型地理論』，弘文堂。
1979：「现代吴语的类型学」，『方言』，1979・3。
1981：『現代博言学』，大修館書店。

・"言語類型地理論"とは何か？（私の理解する所では）

i 現代語の類型的特徴が語族の違いを越えて地理的に連続体をなすことを見出だし；
ii その成因を先住民族の言語との接触（contact）に求める。

上の2点はすでに20世紀初頭にイタリアのneolinguisticsでsubstratum theoryとして，又プラーグ学派でSprachbundの名のもとで研究されている。（Trubetzkoyの定義：「統辞的な点で大きな類似を示し，形態論的構造の基礎において類似を示し，多くの共通の文明語彙を呈示し，しばしば音体系の目録においても外面的な類似をもち——しかしその際，体系的な音対応をもたず，形態論的な要素の音的構造において一致をもたず，共通の基礎語彙をもたないような言語からなる集団——このような言語群をわれわれは言語連合と名づける。」［下宮忠雄氏訳，『言語の変化』，204頁より引用］）

"言語類型地理論"のユニークな点

アジア大陸東部の諸言語が，統辞構造・基礎語彙・音韻構造にわたって連続体をなすことを具体例によって示したこと。

§3.「「広東語」とタイ諸語の密切な関係」（1974，15頁の言葉）

・「カントン語の，とくにその音組織は，音声の要素ばかりでなく，音用論にいたるまで，「中国語」的でないのである。つまり，語彙や統辞法は，ほとんど「中国語」にとってかわられていても，音組織はまだ本来のもの［タイ語のもの，引用者］を残している，と考えられるのである。」（1978，222頁）

・先行する論述：

a.徐松石（1939）『粤江流域人民史』（中華書局），224頁：

"粤語是南方僮語和北支漢語的混合體。大約出於僮系土語的，有（1）粤語中特殊音素和特殊發聲的一大部分，（2）粤語中有音無字的許多語辭，和（3）遠古時代出於僮源的國語漢音。出於北支漢語的，則爲（1）有國語字體爲憑的音調，和（2）唐代以前的北方古音。"（下線は引用者）

また，広東・広西の地名に壮語起源と見られるものが多くあることを示した。（192-212頁，図1参照）

b.岑麒祥（1953）「從廣東方言中體察語言的交流和發展」『中國語文』1953・4.

"大概說來，廣東原始土著所操的語言是和僮語同一系屬的，現在除少數僻處粤桂邊區的還保持着這種語言外，其他在廣東中區和西江、南路一帶的，都已徹底漢化，跟漢人分不開了。他們的語言就是現在的廣府話。"（9頁）"廣東人自唐宋以後，跟北方人接觸，也自動向北方漢語吸收了不少成分。"（11頁）（下線は引用者）

§4. 橋本1974，1978に挙げられた3つの論拠

1）“入声が母音の長短を条件として分化する”：

頭音	母音	広州	バーンコーク	ティエンパオ
無声	短	˥ 5:	˩ 22:	˦˥ 55:
	長	˧ 33:		˥˨ 42:
有声	短	˨ 2:	˥ 55:	˧ 33:
	長	˨ 22:	˥˩ 41:	

1974，14頁；1978，225頁参照。

ただしタイ語については，tone letterはそのまま引用してあり，数字はLi 1977から引いた。

2）“声調の調類・調値の類似”：

← 1974，14頁。

入声 有声 長	入声 有声 短	入声 無声 長	入声 無声 短	去声 有声	去声 無声	上声 有声	上声 無声	平声 有声	平声 無声	条件／方言
˩ . ˩		˧	˥	˩	˧	˩˧	˧˥	˨˩	˥	広東語
˩˧ . ˨˧		˩˧	˦˥	˨˩	˥	˩˧	˦˥	˨˩	˧	武鳴

↓ 1978，227頁。

条件 ＼ 方言			カントン語	武鳴方言
平声	無声		˥	˧
	有声		˨˩	˨˩
上声	無声		˧˥	˥
	有声		˩˧	˥˧
去声	無声		˧	˩˧
	有声		˩	˩˨
入声	無声	短母音	˥	˧˥
		長母音	˧	˩˧
	有声	短母音	˩，˩	˧˩，˨˩
		長母音		

第15図　粤・タイ語の声調分岐

3）“全濁音が平・上声で無声有気音，去・入声で無声無気音に変化”：

広州方言の場合（1974，14-15頁；1978，228-29頁）

平声　彈t'a:n（<*dan）　盤p'u:n（<*ban）

上声　袒t'a:n（<*dan）　伴p'u:n（<*ban）

去声　但ta:n（<*dan）　畔pu:n（<*ban）

入声　達ta:t（<*dad）　鈸pet（<*bad）［1974］

　　　ta:d̥（<*dad̥）　pa:d̥（<*bad）［1978］

バーンコーク方言の場合（1974，15頁；1978，229頁）

“「上声に相当する声調」” *d [t'av]（「はとば」） *b [p'ɔv]（「父」）

§5. 上の3つの論拠に対する疑問

1. について

橋本萬太郎（1981）「シナ・チベット諸語」，『世界の言語』，大修館書店，163-4頁には：「音節主母音の長短を条件とする2分は，いままでのところカム・タイ諸語にしか発見されていない（そのために，これまで「中国語」の方言とされてきた粤語カントン方言 ―― ホンコンや広州にはなされている，いわゆるカントン語 ―― は，ほかにも理由があってのことだが，カム・タイ諸語の音組織をひきついでいるとみなされる）。」とある。　　ところが，16世紀の北方語に主母音の高低を条件として入声が分化している方言が発見されている。（菅野裕臣（1977）「司譯院漢學書에 記入된 近世 中國語의 聲調表記」，『李崇寧先生古稀紀念國語國文學論叢』，415頁；遠藤光暁（1981）『翻訳老乞大・朴通事の声調について』）広州方言の母音の短長と北方方言の母音の高低とは歴史的には共に内外転にほぼ対応しているので，これらは同じ条件によって変化したものと見られる可能性がある。　　タイ語との関係の考えられない北方語でも類似の変化が起り得るのだから，この論拠はあまり強力なものとは言えなくなる。

2. について

中国語の平上去入声とタイ語のＡＢＣＤ調はどう“対応”しているか？　上古（あるいはそれ以前）のcognate word（あるいは借用語）に関しては，Fang-kuei Li（1976）“Sino-Tai”，CAAAL，3，47頁によると，Wulff氏の定めた：

タイ語	A	B	C	D
中国語	平	去	上	入

という規則が比較語例の70％ほどに対してあてはまるという。また，武鳴方言の粤語系借用語では，次のような対応を示すという：

調類		粤系借字調	官話系借字調
陰平		˧	˧
陽平		˩	˩
陰上		˥	˥
陽上	次濁	˧˩˧	
	全濁	˩; ˩˧=陽去	˧˥
陰去		˧˥	
陽去		˩˧	
陰入	短	˦˥	˩=陽平
	長	˥, ˧˥	
陽入	短	˨, ˩	
	長	˩, ˩˧	

入聲元音之長短與廣州話之分長短大致相當，卽與等韻之內外轉大致相合。至於長短入聲中往往又有兩個不同的調，原因不詳。

（李方桂（1956）『武鳴土語』，6頁より）

	武鳴	廣州	龍州		√
陰平	˧	˦	˧	A1	1
陽平	˩	˩	˩	A2	2
陰上	˥	˦˥	˧˥	C1	3
陽上	˧˩˧	˧˥	˨?	C2	4
陰去	˧˥	˧	˥	B1	5
陽去	˧˥	˨	˩	B2	6
上入	˦˥	˥	˥	D1S	7
中入	˧˥,˥	˧	˥	D1L	
陽入	˨,˩,˩,˩˧	˨,˩	˨,˩	D2S, D2L	8

√ 袁家驊等（1953）『一九五二年僮族語文工作報告』の中での数字

（吳宗濟（1958）「武鳴僮語中漢語借字的音韵系統」，『語言研究』，3。）

以上によれば，1974の図の方はあやまりで，1978の図の方がそれを訂正したことがわかる。調類はともかくとして，調値の方はさほど似ているとも思えない。

3. について

・広州方言については特に明言されていないけれども，上声で全濁が有気になるのは口語層であり，文語層では無気音になり陽去に合流している。例えば「伴」は $p'u:n$ 陽上（白），$pu:n$ 陽去（文）である。（これはただ繁をさけてふれられなかっただけであろう。）

・バーンコーク方言に関しては，挙げられた2つの例：

「はとば」[tʼav]　：(wharf　thaa B2　Li 1977,

「父」　[pʼɔv]　：(father　phɔɔ B2　31頁)

は確かに有気音になっている。しかし，Fang Kuei Li (1977) A Handbook of Comparative Tai によると，タイ祖語の *b, *d, etc. はバーンコーク方言では声調にかかわりなくすべて有気音に変化している！　これによりこの論拠は全く成り立たないことがわかる。（よしんばバーンコーク方言でA2・B2で有気，C2・D2で無気になっていたとしても，B調は上声に"対応"するわけではないから，この論拠は成り立たない。B調が上声に"対応"しないことは橋本1978の時点で気付いておられた筈なのに，どうして3の論拠を撤回されなかったのだろうか。）

なお蛇足になるが，広州方言の例字として挙げられている「鈸」はpɐtの方が正しいものと思われる。（黄錫凌『粤音韻彙』，17頁；Oi-kan Yue Hashimoto, Phonology of Cantonese, 215頁ではpɐtとなっており，paːtの項には見あたらない。）

§6. 論証の方法に対する疑問

・タイ語・粤語の内部の多様性について

タイ諸語の例として，バーンコーク方言・天保方言・武鳴方言の場合が引かれているが，これらはそれぞれ，西南タイ語・中央タイ語・北部タイ語に属する（図3参照）。*b-，*d-，等の反映について言うと，西南タイ語では多くの方言で有気音になっているほか，中央・北部タイ語では無気音になっている。北部タイ語ではそもそも有気音が消失している。この他声調調値も豊富なバラエティーを見せる。　一方，粤語の例としては広州方言だけが引かれているが，粤語の内部でもかなり多くの変種がある。全濁音の反映について言うと，広州のように平声と上声の口語層が有気音に，残りが無気音になる所，藤県のように全て無気音になる所，博白のように全く有気音になる所（以上O.K.Y. Hashimoto(1972), 32-3頁に依る），石南のようにmurmurになる所（Nobuhisa Tsuji,（1977）Eight Yue dialects in Guangxi province, China and reconstruction of proto-Yue phonologyに依る）などがある。又，声調調値も奔放なバラエティーをしめす。こうして見ると，1～3の論拠で，タイ諸語や粤語からそれぞれの方言が選ばれたのは，任意によるものでなく，是非それらの方言でなければ論が成り立たないのであった。このように，タイ語　粤語それぞれの側の多様性を考慮の外に置いて，都合のよさそうな方言の都合のよさそうな現象だけを引きあいに出す論にどれほどの意味があるだろうか。

・変化の仕方を特徴にすることについて

論拠1と3は，古型からの変化の仕方の類似という特徴である。しかし，同じ変化をとげたからといってただちにそれが同一の起源にさかのぼるものだとは言えない。例えば，南通のあたりで，全濁音がすべて無声有気音になっているからといって，ただちにその変化が客家語と起源的に同一のものであるとは言えない。1つの方言（言語）で*b-等が一律p^{h}-等に変化するなら，起源的には関係のない別の方言（言語）でも独立に同じ変化をする可能性もあるからである。　また，今の場合，ある言語が別の言語を全面的に受け入れるという想定の下にあるが，そうした場合にどのような過程によったら変化の仕方を共通にすることができるのだろうか？

・“対応”について

タイ語のABCD調が中国語の平去上入声に“対応”するという。その場合，同源語や借用語の調類の対応という意味であろう。しかし，ふつう他の方言や言語から借用をする場合，それを自分の音韻体系内の音声相が近いものにあてはめて受け入れるようである。例えば，ポアイ語では現代中国語から語彙を借用する場合，調類の"対応"とはかかわりなく，それぞれの方言で調値が最も類似した声調に受け入れている。(『布依語調査報告』，1959年)　言語体系すべてを受け入れる場合もそれと同様に，類とは無関係に，基層の言語の音声相の似た音で代用するものと考えられる。そうだとすると，"対応"という概念は通用しないことになってしまう。

§7. おわりに

・"言語類型地理論"というセオリー(§2のi・ii)がセオリーとして成り立つことを否定しているわけではない。
・粤語の基層にタイ語があるというテーゼを否定しているわけではない。このテーゼは，仮説としてはさもあるべきことだと考えている。
・ただ，今のような論拠と論法では説得力がない，ということを述べたのにとどまる。

なお，粤語とタイ語の類似点は従来から相当数あげられているが，今それらの検討はすべて省いた。すべての類似点について考えを持っているわけではないが，おおむね中国語内部の変化(あるいは古い特徴の保存)として説明できるものと考えている。　O.K.Y. Hashimoto博士の"Substratum in Southern Chinese — the Tai connection", CAAAL, 6, について少しふれておくと，閩語の現象を言語層の違いに求める解釈には賛同するが，私はタイ語との関係は認めず，中国語内部の変化として，全濁音が固有層では無声無気音に変化し，その上で無声有気音になった方言(客家語などは有力候補)からの借用層を受け入れたものと考えている。

Li, Fang Kuei, 1959, "Classification by Vocabulary: Tai Dialects", Anthropological Linguistics, 1:2, 15-21.

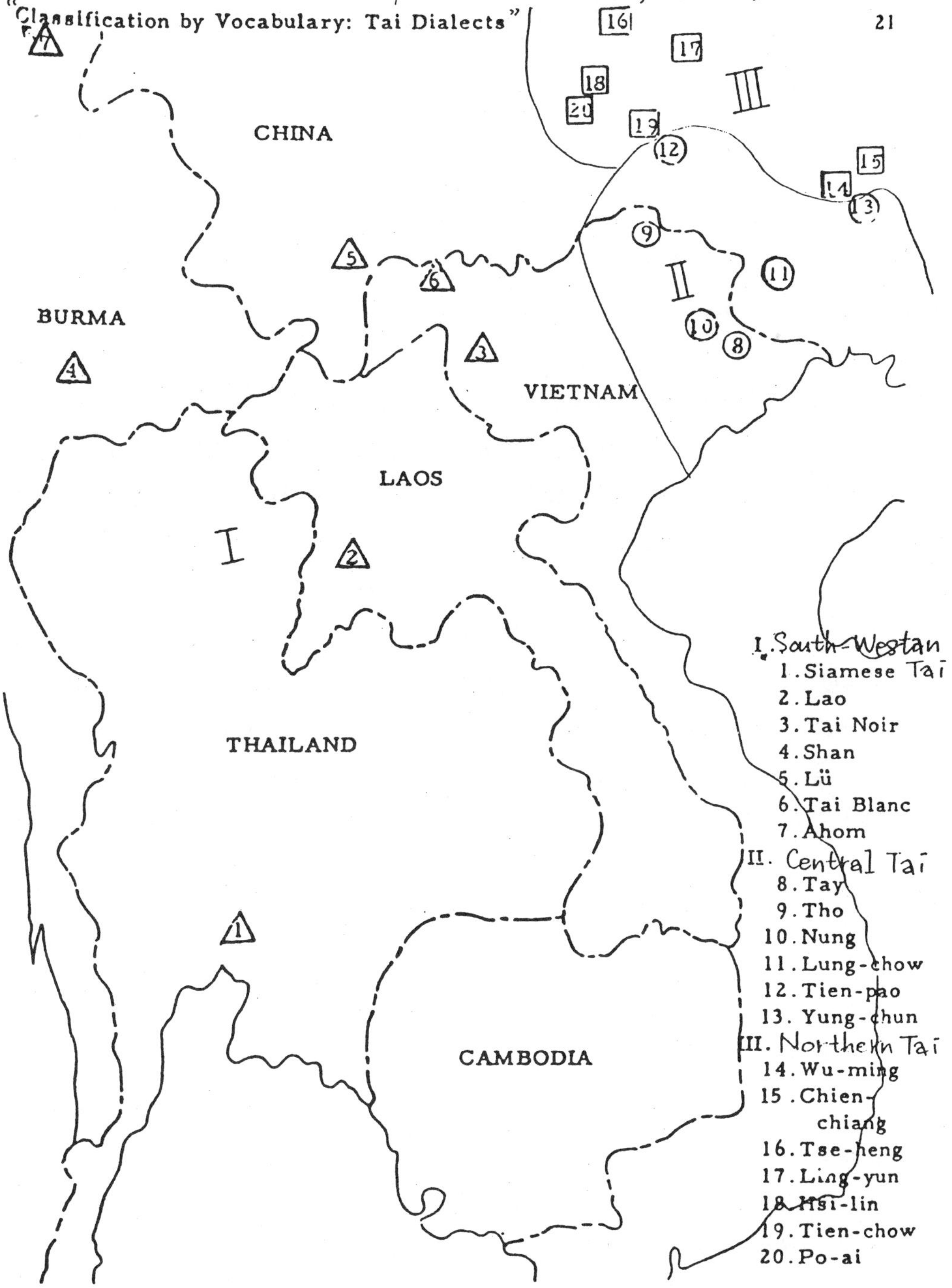

TAI DIALECT GROUPS

図 3

あとがき

いま第3巻の原稿をすべて整えて提出できる段階に至り，6年前に発心した事業がここに成就することとなり，安堵している（その間のいきさつについては遠藤光暁「『橋本萬太郎紀念中国語学論集』刊行に至る道のり」『中国図書』1997年9月号［内山書店］を参照されたい）。

橋本萬太郎先生が1987年6月7日に早世されたことは，日本と世界の中国語学にとって大きな痛手であった。しかしながら，橋本先生が精根を傾けて一生涯追求された学問分野の一つ・漢語方言学については，橋本先生がアジア・アフリカ言語文化研究所における活発な研究集会によって育成された（当時の）若手グループがその事業を継ぎ，文部省科学研究費プロジェクトとして研究代表者・岩田礼「漢語諸方言の総合的研究」（1989-91年度，報告書を3冊刊行），研究代表者・平田昌司「中国の方言と地域文化」（1993-95年度，報告書を5冊刊行），研究代表者・遠藤光暁「中国における言語地理と人文・自然地理」（1997-99年度，報告書を7冊刊行）を継続して展開し，より若い世代も順調に育ちつつあるように思われる。

この著作集全3巻の編集実務を担ったのも正にこのグループのメンバーであった。著作集編集作業への協力を依頼した人すべてが例外なく快く引き受けてくださり，「橋本萬太郎著作集刊行会」の名義でこの著作集を出すこととなったが，そのメンバーを第1巻からの諸論文の担当順で挙げると，平田昌司・Christine Lamarre・遠藤光暁・秋谷裕幸・太田斎・岩田礼・古屋昭弘・吉池孝一・池田巧である。ほか，福井玲氏は『言語類型地理論』の韓国語アクセントに関する部分と「韓国語アクセントの音韻論」をチェックして専門の立場から有益な編注をつけてくださった。また，遠藤雅裕・中西裕樹・潘韶頴・伊藤智ゆきなどの諸氏にも様々な形でご協力いただいた。収載論文の決定段階においては，William L. Ballard・木村英樹・中川正之の諸氏も提案をしてくださり，平山久雄先生と中嶋幹起先生からも有益なサジェスチョンを賜わった。

編集作業は出典チェックとロジカルミスのチェックを行い，小さな点はそのまま貼り付けなどの方法によるか〚　〛のカッコに入れて表示し，やや大きな点は編注を付けた。

校訂・編注付けの方針は担当者によってばらつきがあるが，第１巻については平田昌司，第2巻・第3巻については遠藤光暁が調整を行った。また，中国語・英語以外の外国語には日本語訳も付した。これらの編注は著者がご覧になったら直ちに一刀両断にされるものと思われるが，それぞれの担当者が真摯に各論文を読んだ跡であり，これが天上の橋本先生に捧げる私どもの学問的な hommage であるものとお考えいただけると幸いである。このたび校訂作業に従事して分かったことは，異本というものは一つの解釈である，ということであった。

内山書店におかれては学術出版が極度に困難である現今の状勢の中で，本著作集および紀念論文集の刊行をお引きうけいただき，種々のご配慮をいただいた編集長の三浦勝利氏および具体的な編集業務を常に誠心誠意おやりくださった舩越國昭氏に深甚なる謝意を表する。

橋本余靄芹夫人には企画の当初から積極的なご支持をいただき，その御発案により，著作集のみならず，世界各国の生前からの僚友ほか第一線の研究者が寄稿した『橋本萬太郎紀念中国語学論集』をも1997年に刊行することができた。

いまここにその『橋本萬太郎紀念中国語学論集』と『橋本萬太郎著作集』全３巻を謹んで橋本萬太郎先生のご霊前に捧げ，その永遠の安息をお祈り申し上げる。

2000年8月

橋本萬太郎著作集刊行会

平田昌司・Christine Lamarre・遠藤光暁（あとがき執筆担当）
・秋谷裕幸・太田斎・岩田礼・古屋昭弘・吉池孝一・池田巧

辻伸久先生の思い出

遠藤光暁

辻伸久先生が昨年暮れに逝去されたのはあまりに急なことだった。9月に民博で開かれた漢蔵語学会で本来ある部会の司会をなさる筈だったのが「腰をいためた」由で交替され出席もなさらなかったのが，私にとっては異変を知る初めての出来事だった。その時は深く気にとめていなかったのだが，その後師走が近づいた頃，辻先生が校務も休む必要があるほど体調をくずしていることを聞き及んで，少し心配になってきた。12月20日になって平田昌司さんの主宰する「中国の方言と地域文化」科研費研究会が京大で開かれた。少し遅れて到着した私はすぐ前に辻先生が座っておられるのを見て，おや，大丈夫なのか，と不思議に思ったが，冬の昼下りの薄日のさした後ろ姿を見ているうちにふといやな予感がした。橋本萬太郎先生と同じようにこのまま去っていかれるような気がして寂寞と無常の念が浮かんで来たのである。だが，研究会のあとの宴会と二次会ではいつもの快活さで全く以前と変わりなく，それから宿まで金文京さんと３人で一緒に歩きながら，京都の街の移りかわりなどをお話しされる――辻先生はまるでそんな雰囲気はしないのだが京都の御出身だった――のを聞きながら，私の心配は全くの杞憂だったのだ，と安堵したのだったが……。

辻先生には私が慶応義塾大学の学生の頃からお世話になりっぱなしだった。あれは３年の時だったか４年の時だったか，その頃まだＡＡ研におられた辻先生が慶応で教え始められ，私も毎回もれなく出席した。いま計算してみるとその時の先生は今の私よりも若かったことになる。概論風の話だったが，正直いって失礼ながら大変あらが多かった。これは後に私も自分で講義をすることがあって分かったのだけれども，概論というのは自分の手がけたことのない問題でも行きがかり上ふれないわけにはいかない事項が多くあり――というよりも普段はごく狭い事しかやっていないから，むしろ大半が自分でも突き詰めて考えてみたことのない問題だらけだと言った方がよいが――毎回の講義の後で常に「伝不習乎」と反省することになり大変後味が悪いものだ。私は学生の頃「質問魔」と言われていて，分からないことは大小に関わらずあれこれ質問するのが好きだったのだが，先生も答えられないことが多く，他の学生は私が質問を始めると「先生いびりはよせ」とばかりブーイングをするのだった。しかし，辻先生は意に介さず親身になって面倒を見て下さった。

４年の頃私は卒論に広東語の陰入声の分化の問題を扱うことにして準備していたが，辻先生はコーネル大学で珠江デルタの四邑方言のデータを元に粤祖語の再構をしたマッコイ博士のもとで広西壮族自治区の８つの粤語方言を記述し粤祖語再構を更に押し進めた博士論文をまとめられたのだから，まさにうってつけの先生に教えを受けることができたわけだ。ＡＡ研の先生のお部屋にお邪魔してその二つの博士論文を始めとする様々な論文をコピーさせてもらったし，ＡＡ研で開かれた研究会に学部学生ながら参加させてもらうことができたのも全く先生のお蔭だった。若い頃に受けた恩義というのは特に印象深く記憶に刻みこまれるもので，その一方で冷たい先生もいたことを思うと一層感謝の気持ちを深くする。そういえば，先日岩田礼さんに言われて思いだしたことだが，東大医学部の好仁会で岩田さんがファイバースコープで中国語の調音を観察したものの発表を辻先生につれていってもらって聞いたのもその頃のことだ。それから，私が修士課程の院生の時，中国語学会の大会で辻先生が組織者となって方言のシンポジウムが催おされたことがあり（その時の発表稿が「現代中国語方言研究史略記」『アジア・アフリカ言語文化研究』24，1982年である），辻先生に言われて私もつたない発表をした。そのこと自体は私にとって恥ずかしい思い出となっているが，そのおかげで南京留学から帰ってきたばかりの平田さんに知り合うことが出来たのは幸いなことだった。また，修論を出した直後のころ，辻先生の研究室でザビヤロバさんに紹介していただいたのも幸運であった。橋本先生のエッセイでソ連にドンガン語の若い研究者が現れたと書いてあったので，そういう人物がいることは知っており，またナウカだったか日ソ図書だったかでその副博士論文である『甘粛方言』も買っていたのだが，まさかそのご本人と東京で会えるとは思わなかった。初対面のときにその著にサインしてもらったので日付もわかるが，1982年2月3日のことだった。当日すぐに東大に案内して，夕方渋谷のお住まいに行って多色のサインペンで描いた中国北方方言の方言地図を見せていただいたが，それは当時にあっては全く想像を絶する高密度のものであった(ヤーホントフ先生が60年頃に中国滞在中にノートしてきた普査の時の資料に基づく)。それに先立ち東大の漢語方言学の授業で知り合い親しくさせていただいていた古屋昭弘さんにも早速紹介して，数週間に一回ザビヤロバさんのお宅におもむいて学習会をしたのは極めて有益で，なつかしい思い出だ。いま日本で中国語方言の研究をしている中堅・若手世代の交流というのは私の見るところ辻先生を仲介として始まったもののように思われる。1980年前後の数年間は橋本先生はアメリカにおられたのだから。

その年の秋に私が北京大学に留学に行ったのとほぼ同じ頃に辻先生も数カ月間

北京に滞在されてミャオ語の調査をされた。宿舎が人民大学の前の燕山賓館（という名前だったと記憶する）だったので，北京大学からも近く，たびたび遊びに行った。同じ宿舎に中根千枝先生もおられて，北京うまれだということをお伺いしたことを覚えている（中根先生は留学生試験の時の主面接官だったので，英語の試験がひどかったはずなのに通してくださってありがとうございますとお礼を申し上げたら，いや他の人もひどかったですから，とのことで「なるほど」と合点がいった）。辻先生のこの時の調査資料は私の知る限りではまだ発表されていないと思う。

それから後も何かとつながりはあったのだが，まだ「思い出」にはなっていないので，ここに記すことは控えておきたい。

辻先生の斯学への貢献で最も大きいのはやはり博士論文（『広西粤語比較音韻論』風間書房，1980年として公刊されている）における広西8方言の記述とそれに基づく粤祖語再構の修正ということになろうが，更に具体的に言うとそれまで呉語・湘語でのみ知られていた全濁音が粤語でも保存されていたことの発見が筆頭に挙げられよう(博士論文の全文の刊行に先立ち発表された“Murmured initials in Yue Chinese and proto-Yue voiced obstruents”, Gengo Kenkyu, 72, 1977が扱うのもこの問題である）。『中国語学』226,1979年に出た「湖南諸方言の分類と分布」や1987年にＡＡ研から出た『湖南省南部中国語方言語彙集』に結実した湘語の研究も当初は同じく全濁音を保存するということから着手されたのではないかと想像する。

さて，私は一昨年パリに３ヶ月滞在していたのだが，その際に東アジア語学の年次学会が開かれ，オードリクールも発表を行った。その直前に手術をされたと聞いていたので，拝顔することはできないのではないかとあきらめていたのだが，矍鑠たる姿を見せられた。内容は『語言研究』4,1959に載ったものとほぼ同じで，アジア南方の諸言語に現れるimplosiveを扱ったものであった。新しく付け加わった事項はというと，ほとんどＡＡ研の新谷忠彦氏のミャオ語調査と辻先生の湘語調査の成果だけであった。そして，日本の学者の貢献は注目に値いする，と述べられたのが印象的であった。オードリクールというと1911年生まれだから，その時81歳で，文字どおり世界の東アジア語学者の最長老の一人といってよい。その意表をつく斬新な着想は今も人を刺激してやまない。このような学者に称揚されたのだから，辻先生も以て瞑すべしであろう。まだまだ後進の者を庇護して下さるものと思っていたのに，あまりに早く逝ってしまわれたのは本当に惜しいことであった。今はただご冥福をお祈りするばかりである。　1994年2月22日

その他

平成５－７年度科学研究費総合研究(A)研究成果報告書
『中国の方言と地域文化（３）』　９６－１０６頁　１９９５年　京都

■書評

Nicole Revel

Le riz en Azie du Sud-Est(Atlas du vocabulaire de la plante)

［東南アジアにおける稲（植物語彙の言語地図）］

Paris, Editions de l'Ecole des Hautes Etudes en Sciences Sociales, 1988.

遠藤　光暁
（青山学院大学）

１．はじめに

私が1992年4月から6月にパリに滞在中、ロラン・サガール氏からは様々の学問的刺激を受けた。氏は客家語や江西方言の記述的・比較的研究や上古漢語の形態論といった中国語学プロパーで本格的業績を挙げておられる他、実験音声学や幼児言語の研究も行ない、最近では中国語と南島語との系統論的関係に関して意欲的な学説を展開しておられ、きわめて視野が広い。また、同氏が人類学者トッド（Emmanuel Todd、その著 *L'Invention de l'Europe* には邦訳『ヨーロッパ大全』上下、藤原書店もある）と共同して執筆した"Une hypothèse sur l'origine du système familial communautaire"の原稿もいただいたが、それはユーラシア大陸全体にわたり家族関係のタイプの地理分布を調べ、言語地理学的見地も交えて解釈をほどこしたものである。

表題の書はサガール氏宅に招待された時に見せていただいたもので、日本でもこの本を読む人がいてもいいのではないかと勧められたので、版元まで行って一本購ってきた。東南アジア地域の稲に関する語彙の地図集であり、このテーマの重要性は改めて述べるまでもない。サガール氏が既に書評をものしておられるが（Laurent Sagart, Compte rendu, *Cahiers de Linguistique Asie Orientale,* 19:1, 122-124, 1990)、ここで改めて紹介し、いささか感想を記してみたい。

２．全体の構成

A4版の大きな本で、3分冊からなる：

第１分冊：論文　頁

序論　Revel　13-32

第１部　大陸部東南アジアの中国語・ミャオヤオ語・タイ語・オーストロアジア語の語彙　33-98

（漢語方言・ミャオヤオ語－－Haudricourt,タイ諸語－－Lévi、オーストロアジア語－－Ferlus、モケン語［ビルマ・タイの少数民族語］－－Ivanoff)

第２部　島嶼部のオーストロネジア語族の語彙　99-310

台湾諸語－－Arnaud、フィリピン諸語・スマトラ諸語・マレー半島・オーストロネシア世界における米－－Revel、ボルネオ諸語－－Siberoff、マダガスカル－－Domenichin-Ramiaramanana、ジャワ・バリ・マドゥラ諸語－－Headley、スラウェシ・マルク諸語－－Pelras、チモール諸語－－Campagnolo

第２分冊：語彙　311-370

第３分冊：地図　地図1-78

この書で最も基本となるのは頁数は少ないが第2分冊の語彙資料の部分であり、東南アジア諸語における、1.発育した稲、1'.苗、2.脱穀していない米、3.脱穀した米、4.炊いた米、5.お粥、6.もち米、7.うるち米、の語形を一覧表にしている。

第3分冊はそれらの語形を地図に記入したものであるが、中国語・ミャオヤオ語・タイ語族・オーストロアジア語と大陸部南島語・南島語（台湾・スマトラ・マダガスカル）・南島語（フィリピン北部）・南島語（フィリピン南部）・南島語（ボルネオ）・南島語（スラウェシ・マルク）・南島語など（ジャワ島など）の10地域に分けて作図してあり、しかもそれが語形を音声記号のまま載せたものなので、甚だ見にくい。南島語に関してのみは第76-78図に合成図が『日本言語地図』のように記号を使って描かれているが、始めから全

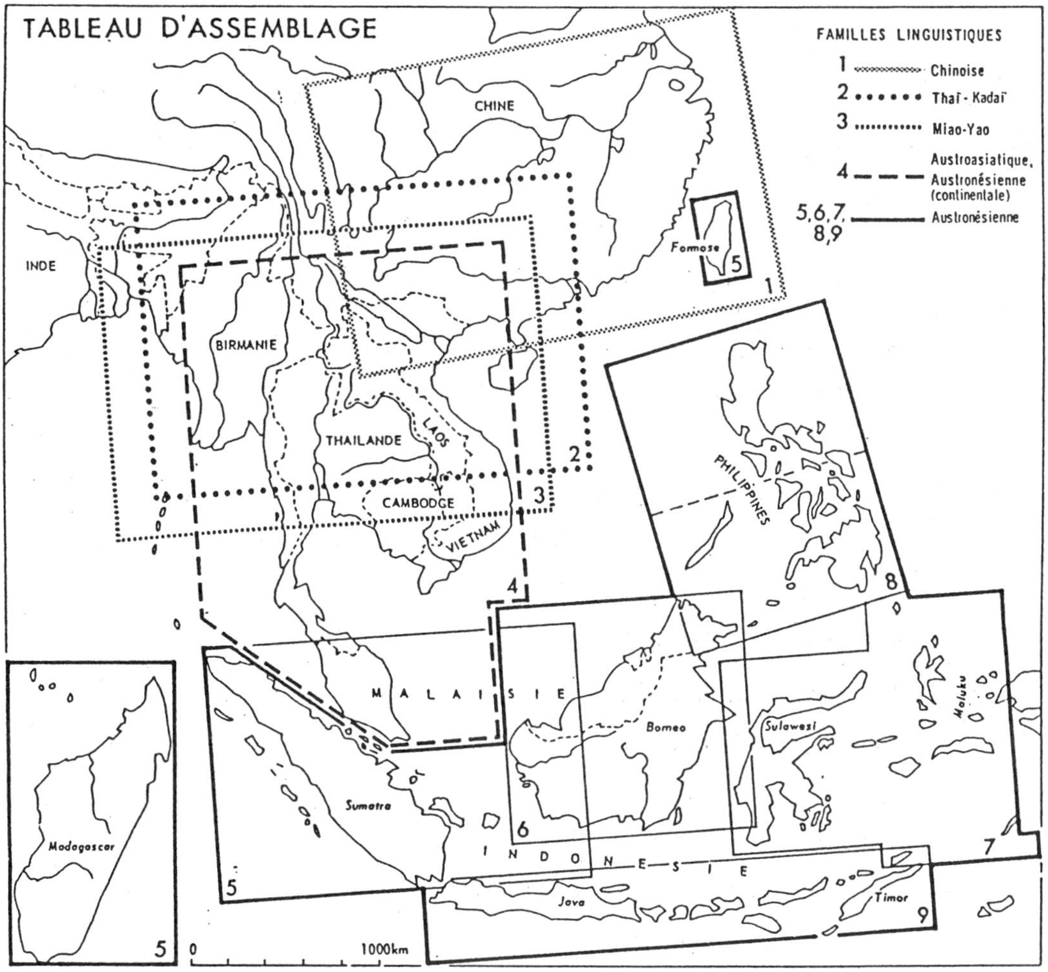

体の地域を1枚にまとめて8項目を8枚の地図にまとめることはできた筈である。

以上から窺われるように、この著の重点は南島語の部分にある。これは編者・Revel氏がこの地域を専門とすることにより、その他の地域は手薄である感を否めず、殊に日本と朝鮮が対象外とされているのはいかにも残念である。ほか、米を主食としない地域でも米に関する語彙は存在し、それを取り上げることも意義のあることと思われる。

以下では、専らオードリクール氏による中国語の部分を紹介・批評することとする。オードリクール氏は植物学者にして言語学者で、*L'Homme et les plantescultivées*, Métailié, 1987, 130F, ISBN 2-86424-052-1という著書もあり、このテーマでは最適任の人物である（その豊富多彩な著作目録は、A. - G. Haudricóurt, Pascal Dibie, *Les pieds sur terre*, A. -M. Métailié(5, rue de Savoie, 75006 PARIS), 1987, 70F, ISBN 2-86424-047-6の巻末に付されている）。

3．オードリクールによる中国語部分の紹介と批評

資料の来源は『漢語方言詞彙』であり、地点数が極度に不足していることは否めないが、この仕事が準備されたのが10年ほど前であることを勘案すれば苛酷な要求はできない。

オードリクールの作成した語彙表を次の頁に引用しておく。但し『漢語方言詞彙』で複数の項目になっているものを1項目にまとめた場合があり、そのまとめ方が必ずしも適切でない例が目立つので、元の資料もその後に付すこととする。以下ではオードリクールの解釈（pp. 40-41）を“”で囲んで引用し、それに対する批評を記すが、この二種の語彙表と比較しながら吟味されたい。

ミャオヤオ語の

	「苗」	「モチ米」
1	ʐaŋ^{35} *yangb*	nu^{33}
2	ʐo^{43} *yob*	mplou^{24} *nblouf*
3	ʐu^{55} *yub*	ndlhau^{31}
4	ʐl^{33} *yib*	nə^{31} *nef*
5	ʐoŋ^{33}	mplou^{13}
6	ʔʐaŋ^{31}	mplo^{31}
7	ʐoŋ^{32}	mplu^{21}
8	ʐəŋ^{24}	mplə^{55}
9	ʐoŋ^{55}	mplou^{54}
10		
15	ja:ŋ *yaav*	bjut^{12} *ɓyutg*
17	*giang*	*blot*
21	ȷaŋ^{22}	pȷɔ^{35}

“「秧」は古典には見えないが、一方で共通ミャオヤオ語と同形である（タイ語とベトナム語とは異なる）。”［→項目1’、右にミャオヤオ語の「苗」の語形を引用する。左側の数字は地点番号。］

批評：「秧」は影母字であるから、ミャオヤオ語のzと対応すると言えるかどうか。もっと他の「対応」語例を見る必要がある。借用がどの方向に行われたかも問題である。

“イネは古典に現れ、dəuという語で官話方言と呉・福建方言に保存されているが、南方方言では古

代の穀物を示す汎称「禾」にとって替わられた。”[→項目1]

批評：福建語のtiuは介音iをもつため厳密な音韻対応規則からすると「稲」と完全に対応するとは言えない（この点は秋谷裕幸氏の指摘による）が、音形全体から推すと「稲」と無関係の起源の語であるとも言えないから、結果的にはＡＢＡ分布の原則に則ったまっとうな解釈と認めてよいように思われる。

“モミ（脱穀されてない米粒）は中国の南半分でのみ前項と異なる語をもつ。南方では穀類の古代の総称（「穀」と略される）を採る。但し福建語ではts'iuk「粟」がこの意味を持つ。ベトナム語の「thoc」も同様。（北半分では「穀」という語はアワを指す。南半分ではアワはts'iukよりも新しい形siuk「粟」によって表される。但し細かく言うと福建方言ではアワは中国語起源とは考え難いtaiと呼ばれる。）ベトナム語とミャオヤオ語はいくつかの地点では交易物としてのモミに対して中国語を借用している。”［→項目2]

批評：「粟」をts'-で反映するのは福建語、s-などで反映するのはその他の南方方言であり、この音価の先後関係を上記のように推定するのは構わないとしても、「粟」という語彙自体はts'-で始まる福建語の方が古いとは必ずしも言えない。またtaiの漢字が見いだせないからといって直ちに中国語起源ではないとは言えない。

“‘脱穀された米の粒’は総称「米」と呼ばれる。だが、北方ではこの「米」という語はアワを指し、米は「大米」‘大きなアワ’と呼ばれる。一方中央部では「小米」‘脱穀された小さなアワ’である。”［→項目3]

批評：言わんとするところがよく分からない。

“‘ごはん’は‘食べる’から派生した「飯」によって示される。北方では固形のもの「乾」と液体のもの「稀」が区別される。だが別の語「粥」もカユの意味で古くから使われている。それは福建南部と海南島の方言では古典に現れない単語の「糜」と呼ばれ、また南方の「飲」オモユも同様。”［→項目4･5]

批評：おかゆに関しては北方でも「粥」が現れるから、これを「稀飯」と呼ぶのは新しい語形だと考えられる。オモユに当たる語形を南方方言についてのみ挙げているのは混乱を招く。

“もち米は古典では「　」と名付けられており、福建語で保存されている（そしてミャオヤオ語のmblutと同源であろう）。それに対してその他の方言では古典では知られていない語「糯」が使われるが、それはタイ語にも見いだされる。” ［→項目6、ミャオヤオ語については前頁の表、その他のタイ諸語については右に引用する表を参照］

批評：dとmblと対応させる根拠はどこにあるか？但し、「糯」をタイ語と結びつける説は面白い。もち米自体の起源の問題とも関連しよう（cf.渡部忠世『稲の道』NHKブックス304、1977年、IVの四、「ジャポニカ類似の稲、「モチ稲栽培圏」の成立」）。

1.1	Kelao	plɤ ci35 lɤ44
1.2	Lati	chí ưm te ze44 hm31 te31
2.01	Pupéo	pi̯ʌ53 na34
2.1	Laha	hɤj45ʔ ǎj53
2.2	Li	muồn ngà
3.1	Then	xau31 tiu22
3.2	Mak	hau44 ɗaai24
3.3	Kam	əu31 tjo323
4.1	Qiongshan (Sav.)	zọp náu
4.2	Lingao (Hash.)	nau23
6.1	Bu Yi (Rap.)	tɕiem35
	(Ap. Bu Yi)	
6.11	Dioi₃ (Es. W.)	*haou₃ chout₁*
6.2	Zhuang (Dic.)	hau42 |niu24 |nu24 |ɕid33 |na33
6.21	Wuming (L.F.K.)	xau51 |ɕiem24 |ɕut12
7.1	Caolan (207.XI.7)	hu niu
	(207.XI.8)	hu niu
7.2	Nung-an (207.III.3)	hạo sật
8.1	Tày (Dic. Tày)	khẩu nua
	(Sav.)	khẩu nua
8.2	Nung (L.F.K.	khau24 nu33
	(Ap. Nung	
	(Sav.)	khẩu nu
9.21	Tai Nüa (Ap. Nüa)	
	(T.Z. Har.)	lew325
	(T.M.)	nlaw325
9.3	Shan (Cu.)	khau22 nɛw334
9.41	Yüon (Yu. Pur.)	khau54 nwŋ54
9.6	Siamois (Si. Ph.)	khaaw31 niɛw35
9.7	Lao (Gui.)	khàu niéu
9.8	Tai blanc (Don.)	khau13ʔ on35

以上を通して見ると、資料の処理に関してやや不注意な点が目立つ。中国語部分の論に関しては、特に作図したから新しい地平が開かれたという点はないが、ミャオヤオ語やタイ語との関連を見ている点は面白い。但しその確実性はこの種の論が常にそうであるように、さほど高くはないように思われる。

４．游汝傑論文の検討

さて、実はRevel著に先立ち、游汝傑「従語言学角度試論亜洲栽培稲的起源和伝布」『農史研究』3,1983,131-144頁；『中央民族学院学報』1980:3（未見）；周振鶴、游汝傑『方言与中国文化』,111-116頁、上海人民出版社、1986年、が同様の問題を扱っており、一層影響範囲の大きな説を提出しているので、ここで触れておくこととしよう。

その内容を要約すると：1.カム・タイ語族の言語のイネを表す語はkhau系とhau系とあり、前者は分布地域がイネの起源地と重なるからそれが最も古い形だと考える。2.カム・タイ語族では田をna系の語で表わす。3.広東・広西一帯にはnaを含む地名が広く分布する。4.漢語南方方言ではイネを表す単語に「穀」と「禾」の二系列があり、「穀」はカム・タイ語族のk-系の語に由来し、「禾」はh-系の語に由来する、といった諸点になる。

图5-5　汉语方言“稻”词异称分布图

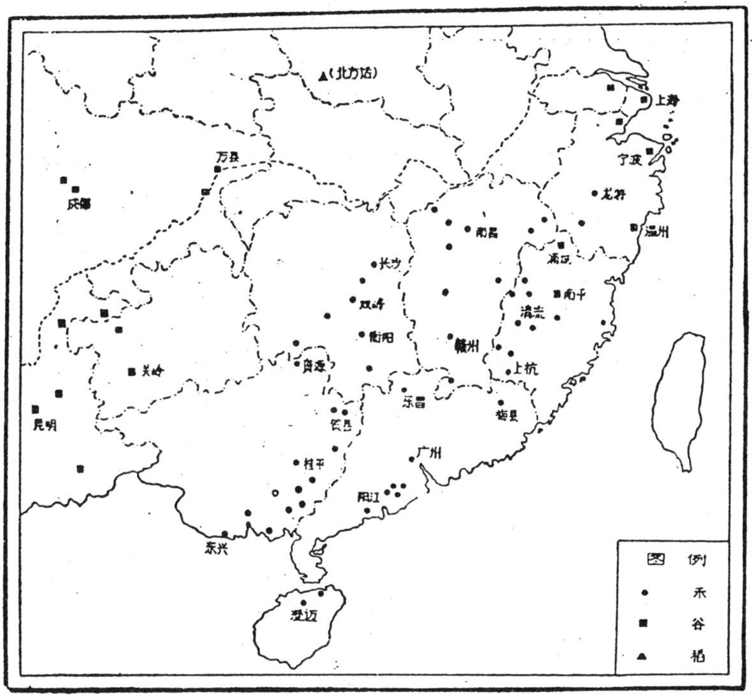

これに対し批評を記すと：

1.に対して。カム・タイ語族の現代語の語形を列挙しているが、声調を捨象しており、音韻対応にも一応顧慮はしているが厳密なものではない。この弱点はRevel編著のLevy, Les langues thaiの特にpp.63-65と比較すると致命的なものであることが分かる。それによるとタイ系言語には陰調と陽調の二つの語形が存在するが、陰調で現れる方が改新を経た形であり、kh-で現れるシャム語などの形は陰調となっているから実はより新しい形だと考えるべきである。また、地理分布の解釈にも問題がある。イネの起源は数千年前のことであり、それと現代方言のある語形と地理分布が重なるからといって、直ちにそれが古形を反映するものと推定することはできない。

2.3.に対して。これ自体はよい。だが該文でも触れられているように既に羅香林などが大筋を明らかにしていることであって、オリジナリティーはない。

4.に対して。福建語の「稲」に由来すると思われる語をを意図的にオミットしている点は重大な欠陥である。これにより「稲」がＡＢＡ分布をなす可能性を隠蔽してしまった。また、呉語でイネのことを「穀」というのは事実であろうか？　ほか、「穀」がタイ系言語のk-系の語形に由来すると主張するためには、有気音となっていない点、タイ系言語にはない-k韻尾の説明が必要である。

この論文に対する全般的な印象を述べれば、問題意識は壮とするに足りるが、論証にはかなりの無理があり、にわかには信じがたい。

5．おわりに

以上ごく簡単に紹介・批評を終えたが、米については食生活ひいては民族のアイデンティティーとも関わる超重要問題であるから、殊に日本では非常に多くの生物学的・考古学的研究がなされている（例えば佐々木高明『日本史誕生』集英社版日本の歴史①、1991年、第７章「稲作文化の伝来と展開」では最近の研究が一覧されている）。そういった研究との突き合わせを行なう余裕がなかったのは遺憾である。

DIALECTES CHINOIS et localisation des parlers	1 Plant de riz	2 Riz non décort. Plante/Pady	3 Riz décortiqué	4 Riz cuit	5 Soupe de riz	6 Riz gluant	7 Riz non glu.
A *Dialectes mandarins (N)*							
Beijing	*yāng*	*dào gǔ*	*mǐ*	*mǐ fàn*	*zhōu*	*nuò mǐ*	
Dialectes mandarins (S-O)							
A.3.1 Chen-du	"	ku^{31} ts^{53}	mi^{53}	kan^{44}fan^{13}	çi^{44} fan^{13}	tçiəu^{53} mi^{53}	
A.3.2. Kun-ming	"	ku^{31} ts^{53}	mi^{53}	mi^{53} fa^{13}	çi^{44} fã^{13}	nuo^{13} mi^{53}	
A.4.1. Hefei	"	tɔ^{53} /tsə	mi^{24}	kæ̃^{212} fæ̃^{13}	tʂuəʔ^{4}	nu^{53} mi^{24}	
A.4.2. Yang-zhou	"	tɔ^{55} /tsɛ	mi^{42}	fɛ̃^{55}	tʂɔʔ^{4}	lo^{55} mi^{42}	
B *Dialectes Wu*							
B.1. Su-zhou	"	dæ^{31} /koʔ^{4}	mi^{31}	vɛ^{31}	tʂoʔ^{4}	nəu^{31} mi^{21}	
B.2. Wen-zhou	"	dɜ^{24} /ku^{23}	mei^{24}	va^{11}	tçiu^{23}	noŋ^{11} mei^{24}	
C *Dialectes Xian*							
C.1. Chang-sha	"	o^{13} /ku^{24}	mi^{41}	fan^{21}	çi^{33} fan^{21}	lo^{21} mi^{41}	
D *Dialectes Gan*							
D.1. Nań-chang	"	ʊɔ^{55} /kuk^{5}	mi^{213}	fan^{31}	tʂuk^{5} /in^{213}	lo^{31} mi^{213}	
E *Dialectes Hakka*							
E.1. Mei-xian		vɔ^{12} /kuk^{21}	mi^{31}	fan^{42}	tʂuk^{21} /jim^{31}	nɔ^{42} mi^{31}	
F *Dialectes Yue*							
F.1. Guang-zhou		wɔ^{21} /kuk^{5}	mi^{23}	fan^{22}	tʃuk^{5} /j m^{35}	nɔ^{22} mi^{23}	
F.5. Yang-jiang		wɔ^{443} /kuk^{24}	mi^{21}	fan^{454}	tʃuk^{24} /j m^{21}	nɔ^{454} mi^{21}	
G *Dialectes Min (S)*							
G.1. Fu-zhou		tiu^{242} /tscuɔʔ^{23}	mi^{31}	puɔŋ^{242}	tsøyʔ^{23} /aŋ^{31}	suʔ^{4} mi^{31}	
G.3. Xia-men		tiu^{33} /tscik^{32}	bi^{51}	pŋ^{33}	me^{24} /am^{51}	tsut^{5} bi^{51}	
G.6. Chao-zhou		tiu^{35} /tscek^{21}	bi^{53}	puŋ^{11}	mue^{55} /am^{53}	tʂuk^{4} bi^{53}	
G.7. Min de l'île de Hai-nan (dit hok-lo)		diu /shak	vi	moi		tut	
H *Sino-vietnamien*							
H.1. Ha-noi	u'o'ng	hoa /côc	mê	phan		noa, thuôt	

調目 / 方言点	1. イネ	2. モミ	アワ（植物）	アワ（穀粒）	3. コメ
	稻子 tau^{51} tsɿ˙	稻谷 tau^{51} ku^{214}	谷子 ku$^{214}_{21}$ tsɿ˙	小米 ɕiau$^{214}_{33}$ mi^{214}	大米 ta^{51} mi^{214}
北京	稻子 tau^{51} tsɿ˙	稻子 tau^{51} tsɿ˙	谷子 ku$^{214}_{21}$ tsɿ˙	小米儿 ɕiau$^{214}_{33}$ mir^{214}	(白)米 (pai^{35}) mi^{214}
济南	稻子 to^{31} tsɿ˙	稻子 to^{31} tsɿ˙	谷子 ku^{213} tsɿ˙	(小)米 (ɕio^{55}) mi^{55}	大米 ta^{21} mi^{55}
沈阳	稻子 tau^{41} tsɿ˙	稻子 tau^{41} tsɿ˙	谷子 ku$^{213}_{21}$ tsɿ˙	小米儿 ɕiau$^{213}_{35}$ mir^{213}	大米 ta^{41} mi^{213}
西安	稻子 t‘au^{53} tsɿ˙	稻子 t‘au^{53} tsɿ˙	谷子 ku^{31} tsɿ˙	小米儿 ɕiau^{53} mir˙	白米 pei^{24} mi˙
成都	①稻子 tau^{13} tsɿ^{53} ②谷子 ku^{31} tsɿ^{53}	谷子 ku^{31} tsɿ^{53}		小米 ɕiau^{53} mi^{53}	米 mi^{53}
昆明	①稻子 tau^{13} tsɿ^{53} ②谷子 ku^{31} tsɿ^{53}	谷子 ku^{31} tsɿ^{53}		小米 ɕiau^{53} mi$^{33}_{31}$	米 mi^{53}
合肥	稻 to^{53}	稻子 to^{53} tsə˙	谷子 kuə$^{?1}$ tsə˙	小米 ɕio^{42} mɿ^{24}	米 mɿ^{24}
扬州	稻 to^{55}	稻子 to^{55} tsɛ˙	谷子 ko$^{?4}$ tsɛ˙	(紅)谷子 (xoŋ^{34}) ko$^{?4}$ tsɛ˙	米 mi^{42}
苏州	稻 dæ^{31}	谷 ko$^{?4}$	粟 so$^{?4}$	粟子 so$^{?4}$ tsɿ^{41}	米 mi^{31}
温州	稻 dʒ^{24}	谷 ku^{23}	黄狗粟 ɦuo^{31} kau^{45} ɕyo^{23}	黄狗粟米 ɦuo^{31} kau^{45} ɕyo^{23} mei^{24}	米 mei^{24}
长沙	禾 o^{13}	谷 ku^{24}		粟米 ɕiou^{24} mi^{41}	米 mi^{41}
南昌	禾 uo^{55}	谷 kuk^{5}		粟米 ɕiuk^{5} mi^{213}	米 mi^{213}
梅县	禾 vo^{12}	谷 kuk^{21}	狗尾粟 kɛu^{31} mi^{44} siuk^{21}	狗尾粟 kɛu^{31} mi^{44} siuk^{21}	米 mi^{31}
广州	①禾 wo^{21} ②稻 tou^{22}	谷 kuk^{5}	粟 ʃuk^{5}	粟 ʃuk^{5}	米 mɐi^{23}
阳江	禾 wo^{443}	谷 kuk^{24}	粟仔 ɬuk^{24} tʃɐi^{21}	粟仔米 ɬuk^{24} tʃɐi^{21} mɐi^{21}	米 mɐi^{21}
厦門	稻 tiu^{33}	粟 ts‘ik^{32}	黍仔 suo$^{51}_{55}$ a^{51}	黍仔 suo$^{51}_{55}$ a^{51}	米 bi^{51}
潮州	稻 tiu^{35}	粟 ts‘ek^{21}	□ tai^{33}	□ tai^{33}	米 bi^{53}
福州	稻 tiu^{242}	粟 ts‘uo$^{?23}$	□ tai^{44}	□ tai^{44}	米 mi^{31}

詞目 / 方言点	4. ごはん	5. おかゆ	おもゆ	6. もち米
	米飯 mi$^{214}_{21}$ fan^{51}	粥 tʂou^{55}	米湯 mi$^{214}_{21}$ t'aŋ^{55}	糯米 nuo^{51} mi^{214}
北京	(米)飯 (mi$^{214}_{21}$) fan^{51}	粥 tʂou^{55}	米湯 mi$^{214}_{21}$ t'aŋ^{55}	江米 tɕiaŋ^{55} mi^{214}
济南	干飯 kæ̃^{213} fæ̃[illegible]	稀飯 ɕi^{213} fæ̃^{21}	飯湯 fæ̃^{21} t'aŋ^{213}	江米 tɕiaŋ^{213} mi^{55}
沈阳	干飯 kan^{33} fan^{41}	粥 tsou^{33}	米湯 mi$^{213}_{21}$ t'aŋ^{33}	糯米 ə^{41} mi^{213}
西安	干飯 kæ̃^{21} fæ̃^{55}	粥 tsou^{21}	米湯 mi^{53} t'aŋ^{21}	江米 tɕiaŋ^{21} mi^{53}
成都	干飯 kan^{44} fan^{13}	稀飯 ɕi^{44} fan^{13}	米湯 mi^{53} t'aŋ^{44}	酒米 tɕiəu^{53} mi^{53}
昆明	米飯 mi^{53} fæ̃^{13}	稀飯 ɕi^{44} fæ̃^{13}	米湯 mi^{53} t'æ̃^{44}	糯米 nuo^{13} mi^{53}
合肥	干飯 kæ̃^{212} fæ̃^{53}	粥 tʂuəʔ^{4}	飯?湯 li^{55} t'ɑ̃^{212}	糯米 nu^{53} mɿ^{24}
扬州	飯 fæ̃^{55}	粥 tsoʔ^{4}	米湯 mi^{42} t'aŋ^{31}	糯米 lo^{55} mi^{42}
苏州	飯 vE^{31}	粥 tsoʔ^{4}	①粥(飲)湯 tsoʔ^{4} (in$^{44}_{33}$) t'ɒŋ$^{44}_{21}$ ②飲湯 in^{44} t'ɒŋ$^{44}_{33}$	糯米 nəu$^{31}_{22}$ mi$^{31}_{33}$
温州	飯 va^{11}	粥 tɕiu^{23}	飲湯 iaŋ^{45} t'uo^{44}	糯米 noŋ^{11} mei^{34}
长沙	飯 fan^{21}	①稀飯 ɕi^{33} fan^{21} ②粥 tsəu^{24}	米湯 mi^{41} t'an^{33}	糯米 lo^{21} mi^{41}
南昌	飯 fan^{31}	粥 tsuk^{5}	飲湯 in^{213} t'oŋ^{42}	糯米 lo^{31} mi^{213}
梅县	飯 fan^{42}	粥 tsuk^{21}	飲 jim^{31}	糯米 no^{42} mi^{31}
广州	飯 fan^{22}	粥 tʃuk^{5}	飲 jum^{35}	糯米 no^{22} mɐi$^{23}_{33}$
阳江	飯 fan^{454}	粥 tʃuk^{24}	飲 jɐm^{21}	糯米 no^{454} mɐi^{21}
厦門	飯 pŋ^{33}	(飲)糜 (am$^{31}_{33}$) mə^{24}	①飲 am^{31} ②飲漿 am$^{31}_{33}$ tsiũ^{55}	秫米 tsut$^{5}_{32}$ bi^{51}
潮州	飯 puŋ^{11}	糜 mue^{55}	飲 am^{53}	秫米 tsuk$^{4}_{21}$ bi^{53}
福州	飯 puoŋ^{242}	粥 tsøyʔ^{23}	飲 aŋ^{31}	秫米 suʔ$^{4}_{31}$ mi^{31}

研究活動の概要

遠藤 光暁

本プロジェクトは次の２つの科研費プロジェクトを継承するものである：

研究代表者・岩田　礼、「漢語諸方言の総合的研究」、平成１－３年度科学研究費総合 A、課題番号 01301057；

研究代表者・平田昌司、「中国の方言と地域文化」、平成５－７年度科学研究費総合 A、課題番号 05301056。

この三つのプロジェクトの報告書を列挙すると以下の通り：

『漢語諸方言の総合的研究(1)』「研究篇（研究の概要、地図の解説、個別研究）」、1992 年 3 月。

『漢語諸方言の総合的研究(2)』「漢語方言地図(稿)」、1992 年 3 月。

『漢語諸方言の総合的研究(3)』「漢語方言資料地点別リスト[附]80 年代漢語方言資料目録(稿)」、1992 年 3 月。

『中国の方言と地域文化(1)』、樋口勇夫「臨汾屯里方言詞彙集」、1994 年 3 月。

『中国の方言と地域文化(2)』、岩田礼(責任編集)、「漢語方言地図集」、1995 年 3 月。

『中国の方言と地域文化(3)』「書評集 中国地域文化研究の諸相(1)」、1995 年 3 月。

『中国の方言と地域文化(4)』「報告、書評集 中国地域文化研究の諸相(2)」、1995 年 3 月。

『中国の方言と地域文化(5)』「中国語方言記述研究(主題別)目録稿」、1996 年 3 月。

『中国における言語地理と人文・自然地理(1)』, O.I.Zavyalova & E.B.Astrakhan, *The Linguistic Geography of China.* 1998 年 3 月。

『中国における言語地理と人文・自然地理(2)』、佐藤進編「宋刊方言四種影印集成」、1998 年 3 月。

『中国における言語地理と人文・自然地理(3)』「漢語方言学論文集」、1998 年 3 月。

『中国における言語地理と人文・自然地理(4)』、松江崇「揚雄《方言》逐条地図集」、1999 年 3 月。

『中国における言語地理と人文・自然地理(5)』、岩田礼(責任編集)「漢語方言地図集(稿) 第 3 集」、1999 年 3 月。

『中国における言語地理と人文・自然地理(6)』、佐藤進編「揚雄方言研究論文集」、2000 年 3 月。

『中国における言語地理と人文・自然地理(7)』、「言語類型地理論シンポジウム論文集」、2000 年 3 月。

前２期の報告書は既にほぼ品切れであるが、国会図書館で閲覧・複写できるはずである。

この３つのプロジェクトは 1987 年の橋本萬太郎教授の逝去後、岩田礼氏の提唱により 1989 年度より開始されたもので、いずれも方言地理学を中心的な課題としている。平田昌司氏が代表者であったプロジェクトからは漢語方言学のみならず中国を対象地域とする隣接諸分野の研究者も含む形となり、今期においては更に「言語班・古代方言小組」として文献学を主とするグループも設けられた。

今期プロジェクトは1997年度の10月下旬になって追加採択の通知があったもので、全体としての活動はその後から始まっているが、言語班・現代方言小組は既に前２期での経験の蓄積があり、また古代方言小組も既に揚雄『方言』の会読を開始していたため、プロジェクトは速やかに立ちあがった。

1997 年 12 月には東京都立大学において現代方言小組の会合が持たれ、方言地図作成の方針・項目・分担者などがほぼ決まった。

1998 年 3 月には中国語方言地理学において岩田礼氏をリーダーとする我々のグループを除いては唯一本格的な研究を進めているロシア科学アカデミー極東研究所のオリガ・ザビヤロバ博士とモスクワ大学のエレーナ・アストラハーン教授を招聘し、青山学院大学にて研究会を行った。

この間、古代方言小組では揚雄『方言』の会読をほぼ月に１回のペースで進めた。

1998 年 3 月にはこの年度の研究成果報告書・第 1-3 分冊を刊行した。そのうち、第 1 分冊はザビヤロバ・アストラハーン両氏にロシア語で書かれた中国語方言地理学の専著を自ら英訳していただいたもので、版下作成にあたっては池田巧氏が非常な努力をなした。第 2 分冊は揚雄『方言』の宋本の流れを汲む諸テクストの影印で、佐藤進先生の周到な解説が付されている。第 3 分冊は各分担者・協力者の研究成果を収めている。

1998 年度は現代方言地図の作成と揚雄『方言』の一条ごとの地図化が主な課題であった。

1998 年 7 月には斎藤成也先生のお世話で静岡県三島市にある国立遺伝学研究所で香港城市大学のベンジャミン・ツォウ教授を招聘して研究会を行った。漢語方言学に関する各種発表・討論の他、方言地図作成作業の打ち合わせも行われた。ほか、遺伝学研究所の見学もあり、人文系では思いもよらない堂々たる研究体制で活発な活動が行われている様を目の当たりにして一同感銘を受けた。

1999 年 3 月には横浜・神奈川近代文学館ほかで研究会を行い、現代方言班の各担当者が作成した方言地図の発表・討論の他、古代方言班の方からは揚雄『方言』の地図化の進捗状況や出土資料研究の新動向につき報告があり、学問の醍醐味を感じさせる美しい火花が発表者・大西克也氏と質問者・古屋昭弘氏の間に散った。

1999年3月には研究成果報告書・第4分冊として松江崇氏の労作『揚雄《方言》逐条地図集』、第5分冊として岩田礼氏の責任編集により現代方言小組のメンバーによる『漢語方言地図集(稿) 第3集』を刊行した。

1999年12月には青山学院大学で公開シンポジウムとして「言語類型地理論シンポジウム」を開催した（拙稿「『橋本萬太郎著作集』刊行開始と言語類型地理論シンポジウム」『中国図書』1999年12月号に関連記載あり）。第1日は今期プロジェクトの課題名と同じ「中国における言語地理と人文・自然地理」をテーマとして、岩田礼氏より言語班・現代方言小組の作成した方言地図とその内含する意味について発表があり、松江崇氏より言語班・古代方言小組の主対象とした揚雄『方言』につき自身の作成した逐条地図集のデータを元とした方言区画や諸方言間の連続性・断続性に関する数量的研究の報告があり、更にそれらの言語班の研究成果をふまえて諏訪哲郎先生からは文化地理学の立場から、大貫静夫先生からは考古学の立場からそれぞれ興味深い講演がなされた。

第2日は「世界諸言語の類型地理とその意味」をテーマとして、近年諸類型特徴につき世界全体の諸言語を対象として広く深い研究を展開していらっしゃる松本克己先生とその高弟でやはり世界諸言語につき基本語順の研究を進めておられる山本秀樹氏にご講演いただき、更に古気候学をホームベースとして自然環境と宗教・言語を始めとする人間の文化との関係につき広範にして斬新な論を以前より構築しておられる鈴木秀夫先生にここ1万年来の世界各地の気候変動と言語を含む人文現象の関連につきご講演いただき、また本プロジェクト人文・自然地理班の斎藤成也先生より人類学の立場から所見が披瀝された。

両日とも「総合討論」においてフロアーから活発な意見・質問が提出され、質疑応答が行われた。

2000年3月には佐藤進先生の編により古代方言小組の会読と研究成果を収める研究成果報告書第6分冊と言語類型地理論シンポジウムのProceedingsおよび研究協力者の漢語方言学関係の論文を収める第7分冊を刊行した。

研究代表者自身は全く浅学菲才にして怠惰・非力であったが、研究分担者・協力者・ゲストメンバーや参会者の積極的な貢献によって今期プロジェクトは大きな成果を挙げることができ、まことに感慨深く、このプロジェクトに参画された全ての方々に深甚なる謝意と敬意を捧げる。

今後は、太田斎氏を研究代表者としてこのグループが行ってきた研究活動を更に継続するプロジェクトを企画しているが、次期の規模は第1期に戻り、漢語方言学者のみをメンバーとするものが考えられている。これは、現実的であり、またある意味で賢明でもある。これまで10年間続いた漢語方言地理学の研究が更に深化・発展することを心底願っている。

その一方で、大学院重点化や日本に在住する中国人の増加により人数は大幅に増えたものの、学問のスケールからすると縮小再生産が続き、どんどん小粒になっている日本の中国語学のアナーキーな現況には何とか手を打たねばならないとも痛感する。

かつて川喜多二郎は学問をフィールド科学と実験科学と書斎科学に分け、それらを統合する立場を唱えたが、今回のプロジェクトでは方言学と文献学の統合は目指したものの、実験科学までは及ばなかった。今日では音響学や音声生理学のレベルから更に中枢に近づいて脳波レベルで言語を研究することが可能になっている。また、一方ではコーパス言語学も急速な進展を見せている。

そして、その3つのアプローチを言語学の理論研究（たとえば言語類型論や普遍性についての研究）によって統率するような研究体制を敷くのが理想である。

古典の会読も行い、実験も行い、フィールド調査の策定地ともなり、天下の豪傑が雲集して活発な総合的研究活動を行うような拠点を中国語学の分野で是非建設すべきである。

本プロジェクトの活動と並行して、かつてAA研での刺激的な研究集会によって我々のグループを育んだ故橋本萬太郎先生の著作集の編集・出版も進め、既に第一巻・第二巻は刊行済で、第三巻も近々出版の運びとなる。言語類型地理論シンポジウムにおいて松本克己先生や鈴木秀夫先生のような私どもの平素より尊敬してやまない碩学がご講演くださったのも橋本先生の遺徳によるものと言えよう。

これで本プロジェクトは終了するが、研究集会や様々の機会に刺激をいただいた諸先生・同学におかれては今後ともご指導・ご高誼のほどお願い申し上げる。

最後に、この報告書シリーズの印刷では好文出版の尾方敏裕氏に大変お世話になっており、記して謝意を表する。

音節言語とモーラ言語

遠藤光暁

中国語と日本語とでは，個々の音やそれらのなす体系が異なることは無論のこと，音声連続の時間軸上の基本単位も根本的に異なっている。ここではそのようなシンタグマティクな側面に的を絞って両言語の音的側面の異同を素描してみよう。

中国語の基本単位は音節であり，その内部構成は次のように図式化されている：

S＝IMVF／T

天　tian　1

つまり，一音節Sは頭子音Ｉ，半母音M，主母音V，末尾の半母音ないし鼻音・ｒのFからなり，それら全体に声調Tがかぶさっている。またV以外はゼロ要素であってもよいが，その場合でもその他の要素がその分の長さを占有するため音節全体の長さは変らない。この「音節」なる単位は音声面から捕えた概念だが，中国語では意味・文法面における基本単位である「形態素」や書写面における基本単位，つまり漢字一字とも絶対多数の例においては一致し，中国語の根幹をなす最も安定した単位である。

一方，日本語の基本単位はモーラ連続であり，それは次のように図式化される：

$C_1V_1 \cdots C_nV_n$／A

te　N　①

「天」の読音「てん」は，２つの拍（即ちモーラ）からなるものと考えられる。一般に一つのモーラは頭子音Cと母音Vからなり，第２モーラ以下ではそれが撥音N，促音Qであることもある。そして，それらのモーラ連続の上にアクセントAがかぶさる。東京方言では高いモーラから低いモーラに下降する位置に「アクセント核」があると言われ，「てん(天)」の例ではそれが第１モーラの後にあるので「①」としておいた。日本語では「胃」とか「蚊」のように一モーラが一語である例もあるが，大多数の場合においては「はな」「やなぎ」のように一語（ないしは形態素）が２モーラ以上からなっており，また音声的にもアクセントのかぶさる単位は各モーラではなく「モーラ連続」であるから，それが基本単位であると認められる。

さて，ここで中国語の「一」と日本語の「胃」を発音してみよう。同じく母音ｉの筈なのだが，中国語の方は長く日本語の方は短い。また，中国語の yì（意）を耳にした日本人にはそれが「いい」(良い）に近く聞こえるであろう。つまりこれが音節勘定の中国語とモーラ勘定の日本語との違いの一端であり，中国語の１音節は日本語の２モーラよりはやや短いものの，ほぼ同じ程度の時間配分をもっているのである。この違いは両言語の話者が相手の言葉を話す際に様々な形をとって露呈してくる。

ここでも「天」を例にとろう。日本人でも若い学習者は tian をまねるのにさほどの困難はないが，年輩の人だと「ティエン」ではなく「テン」となることが時折ある。これは単に日本漢字音に影響されてそうなるのではなく，日本語の構造自体にそうなる要因があるのである。まずｔとｉは現代日本語では「ミルクティー」のような近年になって借用された外来語以外では連続することがない。そして，「ティエン」だと３モーラの勘定になるが，それを中国語の１音節に与えられた時間内に収めて速く発音しなければ，ということで２モーラに縮めて模倣することとなるのであろう。

歴史的に遡っても，中国語の１音節を２モーラで受け入れようとする傾向は上代からあって，日本漢音では漢字１字（＝音節）に仮名（≒モーラ）２つを当てるのが大勢である（歴史的仮名遣だとそれが一層よく分かる)。「天」は漢音の母胎と目される唐代長安音でも既に現代北京音とほぼ同じ音価であったと思われ，また上代日本語では ti という音声連続も可能であった（つまり現代の「チ」の祖先)。にも拘らず，「テン」として受け入れたのにはそういう背景があったと考えられる。

また，初学の日本人は jiang をチャンの如くまねることがある。日本語の拗音は仮名では「チャ」とか「キュ」とか「ビョ」のように小さなヤ行字を添えて表しており，確かにＣとＶの間に半母音があるとする分析もある。だが，音声的にはそれらは口蓋化した（つまりｉの調音的・音響的特質を兼ね備えた）単一の子音としてふるまい，Ｃに与えられた時間のみを占有しているに過ぎないようである。それに対して，中国語の半母音Ｍは音節の構成要素の一つとして相応の時間配分が与えられており，jiang 中の－i－はずっと長くはっきりと発音される。試みにこれを仮名で写そうとするならば「チャン」といったことになろうか。つまり，はっきりとｉを伴って「チ」を発音する必要があるのだが，そうするとやはり日本人にとっては３モーラ相当だということになり，初めのうちはこれを１音節（≒２モーラ）分の時間にうまく収めることが困難な人がいる。

逆に，中国人が日本語を話しているのを聞いていると，今度はモーラ勘定を音節勘定に当てはめていることが窺われることがある。例えば，撥音「ン」は中国語の -n･-ng とは調音面で異なるのみならず時間配分も異なっており，単なる１音節内の構成要素としての時間しか与えられていないのではなく，１モーラ分の時間を占有するものである。ところが，相当うまい人でも「ン」を前のモーラとくっつけて中国語の１音節相当として発音していることがあり，わずかな違いではあるが，どうも「ン」が短かすぎる，と感ずることがある。これは長母音や促音の場合もそうで，いずれも１モーラ分多く時間配分すべきなのだが，短かすぎて長母音や促音に聞こえにくい発音をする中国人が見受けられる。

また，初学の中国人は日本語の「エ」を ei と発音することがある。もしも純粋に相手の言語の音をそのまま真似ようとするならば，ｅはｅで真似る筈であり，更にｉが付くことはないだろう。この現象は，日本語において母音エをもつモーラに対して中国語の音節の中で最も近いものを引き当てたために起こったものである。つまり，現代中国語では「エ」に近い音色の母音は，前後にｉや－ｎのような前舌性の要素がある場合にのみ現われ，単独で音節をなすことがないのである（因みにエ類の音が単韻母をなすことがない点は中国語音韻史上一貫してそうである)。

ところで，中国語の１音節≒日本語の２モーラ，という変換関係は文字の面でも見られ，中国語の文章を日本語に訳すと分量が1.3～1.4倍ほどに膨れ上がるのが通例である。これは漢字の約半分の重みしかない仮名も漢字と同じ升目をとるからだが，もしそれを漢字仮名まじり文ではなく仮名のみで書いたとしたら分量は２倍くらいになっている筈である。

このことは，中国語の１音節と日本語の１

モーラとでは担っている情報量に大きな差があることを示唆する。現代中国語では約四百種の音節があり，これに声調による違いを掛け合わせると，千のオーダーになる。一方，日本語では仮名の基本的なレパートリーは五十音であり，これに拗音やアクセントの違いを勘案しても，モーラの異なり数はたかだか百のオーダーである。

常用の単語の種類はどの言語でも数万からせいぜい十数万だと思われるが，それを構成する最小要素である形態素の種類はそれよりもひと桁は少ないであろう。中国語では形態素のレベルでは曲がりなりにも一形態素一音節で通している（但し同音衝突する例も少なくない）が，日本語では１モーラではどう逆立ちしても百程度の違いしかないから，大多数の形態素が２モーラ以上であるのも必然的なことである。

両言語のこのような基本単位の違いは，詩形の違いをももたらしている。日本語ではモーラの構造が単純で，しかも母音が現代では５種しかなく，この状況は有史以来さして変わっていない。こういう有様では韻を踏むことが殆んど不可能である。何となれば，韻は踏んだ箇所が共通の要素を持っている必要があるだけでなく，それ以外の部分には韻の要素と同じものが現れてはならず，さもなければ押韻箇所が際立たないのだが，母音の種類が５種程度しかなくてはそれを貫徹することは至難のわざだからである。だから，日本語では五・七・五のような音数律以外はほとんど詩律が確立しなかった。これに対し中国語では音節構造が複雑であり，頭子音を除いた部分の違いは，時代や方言によっても差があるものの，概ね百から五百位はあって，詩行の中で韻の部分のみを卓立させることが十分に可能であった。そこで，『詩経』以来，音数律は無論のこと，韻を踏まぬ詩は絶無に近く，しかも声調が各々の音節に固有の特徴として賦与されていることから５世紀末以降は句中でも声調を整えることが提唱され，やがて平仄律として確立した程である。

日本語の基本単位が単純な構造からなるモーラであったことは，日本で仮名のような文字を早い段階に発達させることとなった内的要因の一つとしても挙げられる。さきほど日本語の「エ」に中国語の ei を当てる現象を見たが，中国語で日本語を写す場合，１音節より小さい独立の単位はないから１モーラに対して１音節（つまり漢字１字）を当てざるを得ない。現に日本で漢字を受け入れた初期（具体的には記紀万葉など）は，日本語の固有名詞や歌を音訳する際にはそのようにしている。だが，担っている情報量が半分程度しかない日本語の１モーラに対して漢字１字を当てることは著しく不経済である。そこで，漢字の偏だけ書いたり筆画を省略したりするうちにモーラ文字としての仮名が確立されることとなった。同じ漢字文化圏の言語でも，朝鮮語やベトナム語では音節構造が中国語なみかそれ以上に複雑であり，独自の文字を発達させる言語内部の必要性が日本語ほどは緊迫していなかったこともあって，漢字以外の文字を使用し始めるのは大分あとになってからのことである（国民文学に対する情熱が各民族で異なっていたこともむろん大きな要因ではあるが）。

最後に付言すると，音節は中国語の音声連続における基本的単位ではあるが，実際にはそれらはより高次の単位である「音節連続」に統合された形で具現する。一般式は：

$S_1 \cdots Sn / A$

つまり，各音節Siの連続の上に強さアクセントAがかぶさり，各々の音節連続にはアクセント核が１つ存在する。

　そして，日本語のモーラ連続では各々のモーラにほぼ均等の時間が配分されるのに対して，中国語の音節連続においてはアクセント核を担う音節のみが普通なみの長さと強さを持ち，それ以外の音節は影が薄くなる。つまり，中国語の強さアクセントは核音節の増強ではなく非核音節の縮約という形で現れる。これも両言語の根本的相違の一つである。

（えんどう・みつあき　青山学院大学）

特集

北京語と“普通话”

遠藤光暁

北京語は「中国語」ではない?!

もう二十年ほど前，香港に行って「中国語」がほとんど通じないのに驚いたことがある。この場合，土地の言葉は広東語なので，当然と言えば当然だが，実は似た経験を北京留学中にもしたことがある。パンクの修理や散髪のため市井の人と接すると，それがさっぱり分からないではないか！

大学の構内では中国語で授業も聴けば討論もし，何も言葉の面で不自由したことはなかった。そこで，次のように考えざるを得なかった：もしも広東語が「中国語」でないと言えるなら，北京語だって「中国語」ではない，少なくとも自分が日本で学んだ「中国語」とは違う，と。

ふつうに言う「中国語」とは“普通话”のことで，それは“以北京语音为标准音，以北方话为基础方言，以典范的现代白话文著作为语法规范”と定義されている（<国务院关于推广普通话的指示> 1956年）。端的に言えば，北京放送のアナウンサーの言葉が“普通话”の最も典型的なサンプルであり，中国語学習者はこれをお手本として学んでいる。だが，それはいわば楷書体のようなもので，北京の土地の人は草書体のような言葉をしゃべっていて，人を大いに戸惑わせる。

この特集では，北京の土地の言葉と“普通话”がどのように違っているか，その際だった点を見て，更にその地理的・歴史的背景についてお話ししてみたい。

辛口クイズ：*Do you understand Pekinese?*

さて，私が大げさなことを言っているのではないことを身にしみて分かっていただくために，まずちょっとしたクイズをしてみよう。

問1．“别说得那么 xiéhu。”と言われた。外人はよく日本人はあいまいな表現をするので理解しにくい，と言うから，もっとはっきり言った方がいいのだろうか。

問2．ある北京人と話していたら，chái という表現が出てきたので，どういう意味かと聞いたら，lóu のことだという。それでも分からないので，lóu の意味を聞いたら，chái だという。はて？

問3．中国人には“健谈家”が多いが，「おしゃべりする」は北京語では何と言うか。

答：ふつうの辞書にもけっこう北京語は出

ているから1と2が「大げさな」と「駄目な」という意味であることは調べがつく。3は“闲谈”“谈天儿”とかだと“普通话”だろうから，“聊天儿”かな，というあたりまでは出てくるだろうが，“làokēr 唠嗑”や“kǎndàshān 砍大山”は北京で生活したことのある人でないとなかなか思いつかないだろう。

実はこのクイズ，大学で中国語を教えているある日本人の先生に出してみたら全部降参だった（もちろん，語学専攻の優秀な先生であることは急いで付言しておかねばならない。…意地悪クイズを出してすみません）。だから，読者の皆さんは分からなくても全然さしつかえない。だが，北京語があなどり難い対象であることは理解していただけただろう。

発声法とスピード

実は，今のように文字になっているなら，話し言葉のままよりも遥かに分かりやすい。慣れないうちは，まずもって北京語の発音というか発声法につまずいてしまい，辞書を引く手がかりすら得られないことが多いのだから。

北京語の特徴はｒ化する単語が多いことだが，殊に若者などは発声法自体が全体としてｒ化し，舌全体が奥よりになっていて顎がはずれたような発音をしたりする。また，鼻にかかっているというか鼻から息が抜けながら話す人もいる。これはいわばアメリカ英語みたいなもので，文字で見るとごく簡単なことを言っているのに，発音だけ聞いていると「おじや」のようになっていて一粒一粒に分けることが難しい。

それから話すスピードが非常に速い。これは些細なことのようだが，タイミングというのは何によらず本質的なものである。語学力もそうで，語彙数や文法の理解度といった指標は外面的なもので，反応する速度やどれだけ長いタイムスパンを頭の中で掌握できるか，といった能力の方にむしろ総合力が表れるものと私は考えている。すると，北京人の話す北京語というのは自分の母語なので脳裏における処理過程が単純であり，スピードも速くなる。それに対して，その他の方言区の人が“普通话”を話す時には脳裏の母語から発音や語彙を北京風のそれに変換した上で話すので，勢い相対的にゆっくりしていて分かりやすい。知識人は伝統的に江蘇省などの南方出身者が多く，学生も北京大学のような全国区の大学では地方出身者が大多数を占めるから，大学構内にいる限り“普通话”に接することの方が多いので，言葉も分かりやすい道理である。

ストレスと異読

それから，漢字というのは一文字一文字が同じ大きさで書いてあるから，発音においても一音節一音節が同じ比重を持ったものだと考えやすい。これは広東語や客家語のような南方語や四川語などでは誤りではないが，北京語ではストレスアクセントが存在し，一フレーズの中で一音節のみが単独で発音した時の長さ・強さ・明瞭度で発音され，あとの音節は様々な程度に弱化してサラリと発音される。例えば，“真是的！”（ったく，もう）はこの文字づらを見る限り軽声の de 以外は普通の強度を以て三音節分の長さで zhēn shì de と発音されるように思われ，事実役者が劇でセリフとして言う時などにはそのように丁寧に発音されることもあるが，実際には zhēnshide の如く zhēn だけが強く（そして普通の一声より高くなり），あとは全部軽声で，これ全体で一音節程度の長さで素早く発音される。

地名もそんな具合に発音するので往生する。“木犀地”は dì だけが強く発音され，“白石桥”は第二音節 shi が軽声になるばかりか -r にすら弱化して bárqiáo となるし（類似例：“不知道”は“老北京”の発音では būrdào となる），“大栅栏”は dà shān lán ではなく dàshilàr（最後の音節のみが強い）と発音され，初めは皆目見当がつかない（三音節語は一般に「中弱強」のストレスパターンが優勢※だが，そのメリハリは想像以上に極端である）。

※ちなみに“大学生”が dàxuéshēng となるのは，この三音節語のストレスパターンを担うため“生”が軽声化せず本来の声調1声となる。

それから，字によっては“普通话”と違う発音となっているものもある。“比較”が bǐjiǎo だったり，“传达室”（受付のこと）が chuándáshǐ だったりする。また，“色”が sè ではなく shǎi だったり，“鹤”が hè ではなく háo だったりする。こういうのは旧「入声」字（カク，シツ，ショク，カクのように日本漢字音で読むと「－ク」や「－ツ」などで終わる音節のこと）に多い傾向がある。また，“结束”（終わる）が jiéshù ではなく jiésù となるなど，こうした異読の例は枚挙にいとまがない。

とはいえ，北京語だけにあって“普通话”にない発音はほとんど皆無で，強いて挙げるなら“好 lê ！”（いいとも！）の語気詞 lê（きっぱりした語気を表わす）は lei ではなくレ[lɛ]と発音され，この母音は“普通话”では現れないものである。それから w- で始まるある種の音節は，“蚊子” vénzi や“忘” vàng のように明瞭な v- ないしは摩擦をほとんど伴わない唇歯音[ʋ]となることがある。ただし，これは人によっても音節のタイプによってもかなりのばらつきがあり，また同一人でも時に w-，時に v-，時に ʋ- となるようなユレがある。それから -u で終わる音節が r 化した発音は極度に困難で，日本人はおろか北京出身でない中国人すら正確には発音できないだろう。-u の後に -r が後続するのではなく，-u が「そり舌母音の -u」に取って代わられるのである。ずっと前テレビの中国語講座を見ていたら，講師の日本人の先生も間違った発音をしていたが全く無理もない話である（暴言多謝）。それから，“傻丫头儿”などがおどけた発音では [throu]（[h]は有気音，[r]は弾き音を表わす）のように二重子音になることすらある。

語彙の違い

だが，北京語が最も“普通话”と異なるのはやはり何といっても語彙である。「見る」は“普通话”なら“看”だが，北京語では“瞧” qiáo で，それが“瞧不起”や“瞧病”のように“看”の代わりにどんどん使われるから，とまどう。また“普通话”なら“两个地方”と言うところを“俩地儿”と言われると一瞬なんのことか見当がつかなくなってしまう。それから，“盖了帽了！”（すごくいい，“真盖！”“真震！”などとも言う）といった熟語的な言い回しも大変多く，例を挙げだしたらキリがない。

また頻度が殊に高い「機能語」(名詞や動詞や形容詞以外の文法的機能を表わす語)も多く北京語独特の語が使われる："很"のかわりに"挺" tǐng や"特" tè が愛用され，禁止を表わす"别"のかわりに"甭" béng (bíng という発音もある)が多用されて"不管～"も"甭管～"と言うし，"把～"は bǎi と発音され，また例えば"放在桌子上"のような結果補語の"在"は zài ではなく de と言うのが普通である。

"北京话调查"

さて，私が留学に行った1982年の新学期から林焘先生が北京大学で〈北京话调查〉という授業を開講された。その意とする所は現代の生きた北京語の実態を実地調査しようというものである。始めの二三回はイントロダクションとして，北京語の内部差異や歴史的変遷を講じられた。今その時のノートを見返してみると，「角を曲がる」というのを北京の西城では"拐弯儿"というが東城では"抹角儿"というそうだとか(或いは逆だったかもしれない，と付け加えられた)，元は"七"や"八"が"一"や"不"のように4声の前で2声に変化していたが若い世代はそうしなくなって来た，といった地理差や年代差の例を挙げておられるが，アメリカの都市での社会言語学的調査で名高いラボヴを引き合いに出し，むしろ社会層による差異に強い興味を示された。ほか，明初，清初に北京に余所の土地からの大量の移民があったことなどもやや詳しく紹介しておられる(後に〈北京官话溯源〉《中国语文》1987:3として発表されている)。

講義の後は調査で，四五人のグループに分かれて鼓楼のあたりや回族の多い牛街などに行くこととなった。純粋な北京語を引き出すために，北京出身の学生ができるだけ北京語を使って調査し，地方出身の学生は口を交えないこと，と指示された。これは北京人同士でないとすぐに"普通话"にスイッチしてしまいがちだという配慮によるが，私は外人なのでなおさらよくないけれども外見からは見分けがつかないから，というので，まんまる顔だが"方"という苗字の女子学生がリーダーの班にくっついて行かせてもらえた(ちなみに彼女は現在北京の語言研究所の研究員になっている)。

調査項目は r 化の状況，w- が v- などとなるか否か，親族語彙，"在家吃午饭"の"在"に相当する形(普通の zài の他，zǎi, āi, gēn, dǎi, hài, hàn などがある)，等々であった。

私がついていった所は2～3地点に過ぎず，全体の傾向は分からなかったが，この調査はその後さらに二回行なわれ，w- が v- などとなるか否かの項目については沈炯の〈北京话合口呼零声母的语音分岐〉《中国语文》1987:5に北京市の449人に対する調査結果がまとめられている。それに拠ると，v- と発音するのは音節のタイプにより大きな差異があり(これについては平山久雄「北京語〔ʋ-〕の音韻論的解釈」『現代言語学』三省堂，1972年がつとに詳論している)，地理的には近郊・城区・遠郊の順に v- で発音する比率が高く，年齢的には若年層，教育水準では高学歴，男女では女性の方が v- となる比率が高くなっている。中国語音韻史の上では本来は v- という子音があったのだが，北京語ではそれが一旦消失し，別の条件でそれが

〈図①〉 北京官話分布図

また新たに形成されつつあることがこれにより示されている。

同じ頃，中国人民大学と北京語言学院でも北京語の調査が行なわれていた。胡明扬〈北京话社会调查（1981)〉(《北京话初探》商务印书馆，1987年所収）には500人を対象とした人民大学の調査の結果が分析されていて，これも非常に面白い。そこでは父母とも北京人で本人が北京で生まれ育った“老北京人”と，父母の両方ないし一方は北京人ではないが本人は北京で生まれ育った“新北京人”が対象とされ（“新老”の定義は年齢によるものではないことに注意)，“我们”の意のm̌me“姆末”，“从”の意のqiě“且”，“今天”の意のjīnrge“今儿个”といった北京の土語が新北京人では使用頻度がかなり低くなっていること，また地理的には南城区（ことに牛街)，教育水準では低学歴ないし文盲になるほど北京の土語を良好に保持していることを示している。また，先にちょっと触れた“盖”であるが，30歳以上はほとんど使わないが，30歳以下だと30〜50パーセントの人が使っており，また同じ意味の“棒”だと5，60歳以上だと30パーセント位，それ以下だと50〜60パーセントの人が使っているから，“棒”はだいたい五四以後に起こって40〜50年代に拡がり，“盖”は70年代に流行し始めた新語であることを明らかにしている。

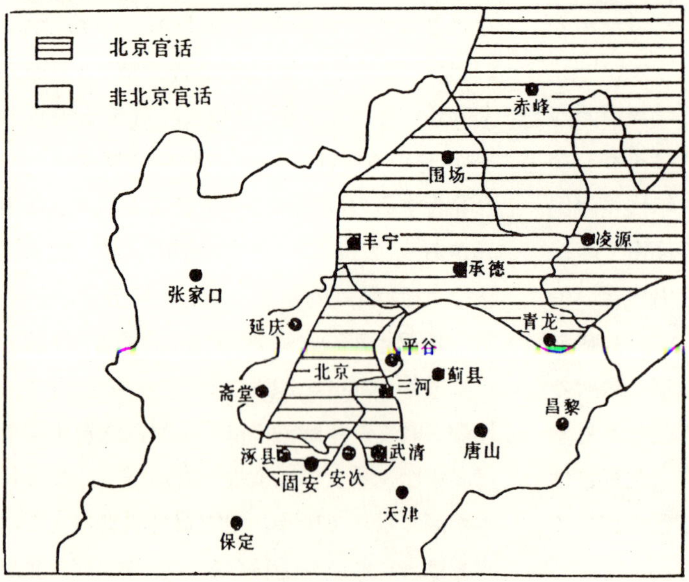

〈図②〉 北京官話区南部

ほか，語言学院による北京語調査のテープと機械可読転写資料からなる大規模なコーパスが最近発売されたようだが，高価のため内容を確認していない。

北京語の分布範囲

以前，北京周辺の声調の地理分布を図にしていて，北京と全同の地域が非常に狭いのに驚いたことがある（「河北省・遼寧省・山東省に於ける声調の地理分布と変遷」『開篇』8，好文出版，1991年)。

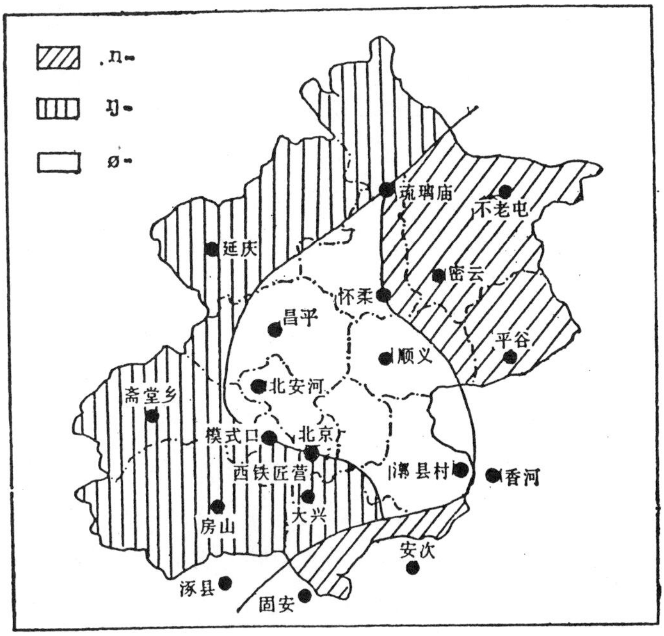

〈図③〉 **北京市“爱安藕恶”の音節頭子音**

林焘先生の〈北京官话区的划分〉《方言》1987:3は同じ基準に基づいて“北京官话”を定義している（図①・②を参照)。北京語と同じ声調体系を持つのは河北省ではほぼ北京市と承徳専区に限られ，あとは遼寧省を跳ばして吉林・黒龍江省だけなのである。このうち，承徳というのは清朝の皇帝の避暑地であり，この辺は荒涼たる地で人口密度は低く，東北地区，殊に吉林・黒龍江省の現在の住民は清朝の後期になってようやく漢人の入植が許されて山東省などから来た非常に新しい由来のもので，新開拓地というのはアメリカや北海道の例を想起すれば分かるように言語の平準化が行なわれ，共通語化が徹底しやすいものである。

また，林焘先生は“爱安藕恶”が北京市の郡部（中国語では“县”，その規模は日本の「郡」に相当する）で n- や ng- の子音で始まることから，狭義の北京語の分布範囲が行政区画上の北京市より更に狭いことを示しておられる〈図3〉。

以上は音声特徴に基づいたものだが，語彙・文法面でも北京語が孤立状態になっている例が見いだされる。

例えば「さつまいも」の中国全土における語形の分布図を岩田礼氏が作成しておられる

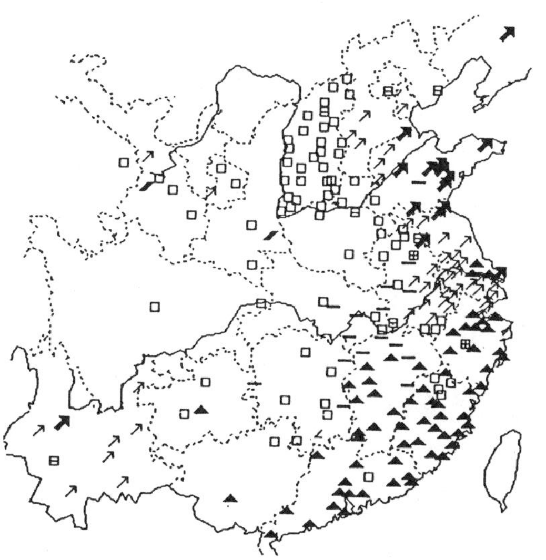

〈図④〉 **さつまいも：修飾成分**

〈図⑤〉 **さつまいも：語幹**

ので御覧いただきたい〈図④・⑤，岩田礼編『漢語方言地図集』所収，文部省科学研究費報告書『中国の方言と地域文化⑵』研究代表者・平田昌司，非売品，1995年〉。図④は修飾成分で，東南部に分布する黒三角は“番”，揚子江下流部などの細矢印は“山”，山東・遼寧などの太矢印は“地”，西部・中央部に広く分布する白四角は“红”，そして北京などの白四角に横棒の印が“白”を表わしている。図⑤は語幹で，東南部・山西省そして北京などの黒三角は“薯”，揚子江下流部の白矩形は“芋”などを表わす。すると，語幹を“薯”とする地域は広いが，散発的な地点を除くと“白薯”というのはまさに北京のあたりに限られることが分かる。（ちなみに“白薯”というのは生の時の中身の色に着目した名称か。だが，北京の焼き芋は黄金色をしていて，あの極寒の冬にほおばる熱々のほくほくしてとろけるような甘い“烤白薯”は天下の逸品である。）

また，文法面では従来中国語方言の内部での差異は非常に小さいものとされてきたが，近年は方言文法の記述が飛躍的に進みつつあり，細かに見ていくとなかなか豊富なバラエティーがあることが明らかになっている。図⑥は北方における可能補語の形式の分布図だが，“吃完”の可能補語を例とすると，蝶の印は肯定形／否定形が“能吃完／吃不完”で，眼の印は“吃完了／吃不完”で，白四角が北京のような“吃得完／吃不完”のタイプである（Christine Lamarre, “Potential Suffix Liao 了 in Northern Mandarin”, H.Kitamura et al. eds., *Current Issues in Sino-Tibetan Linguistics*, Osaka, 1994）。すると

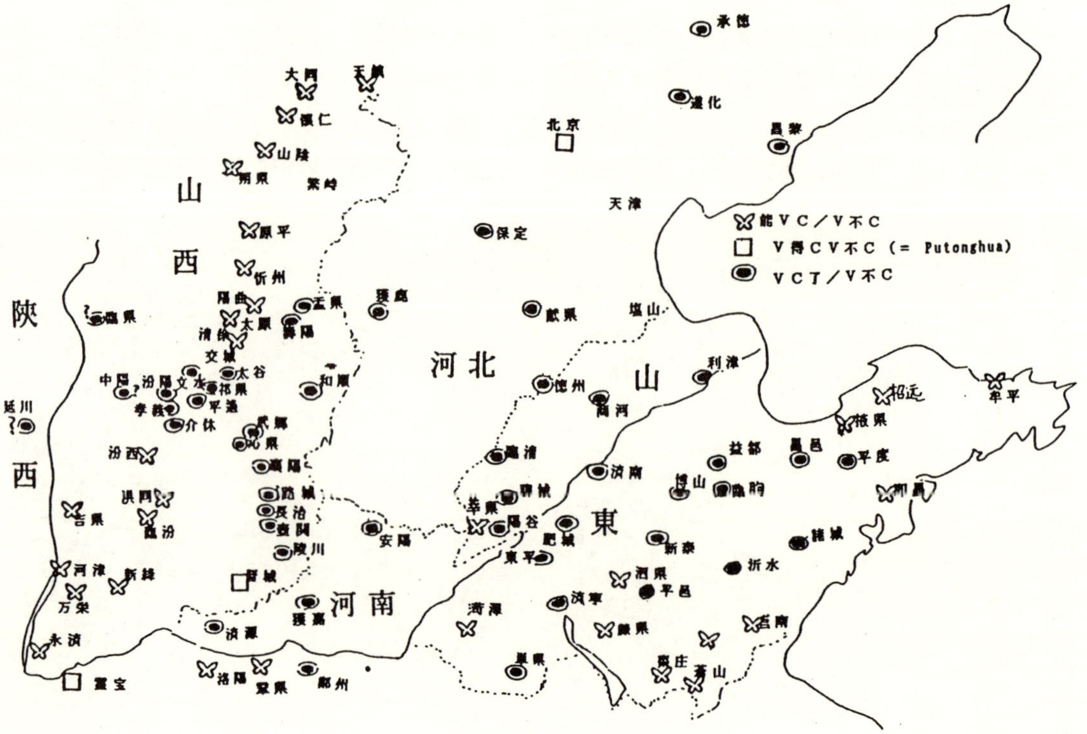

〈図⑥〉可能補語の分布

この地図の範囲では周辺部に蝶の印，その内側に眼の印，そして散発的な地点を除くと北京のごく近くのみが北京型となっていることが見てとれる。更に南方の方言では広東語の“食得／唔食得”のようにもっと違った形が現れる。

“普通话”とは？

以上では純粋の北京語の分布範囲が非常に狭いことを見た。だが，実はそれだけだと物事の一面だけを誇張しすぎていることになる。冒頭で触れた“普通话”の定義では，まず“以北京语音为标准音”と言った後，“以北方话为基础方言”とうたっている。この“北方话”とは何か。

さきほど，「さつまいも」の分布図で，それを“番薯”という地域が上海から浙江・福建・広東・広西・江西あたりに拡がっていることを見た。これら東南部の諸方言を除く広大な地域が“北方话”といわれる大方言群をなしている。この内部では発音・語彙・文法面での共通点が多く，お互いの方言同士で話しあってもある程度の意志疎通ができる。

また，語彙の中にもローカルなものと通用範囲の広いものとがあって，“瞧”や“白薯”は北京付近のみでの言い方だが，“看”“甘薯”だと広い地域の人に通じる表現である。そして，日常よく使う卑近な物事を指す言葉ほどローカルな言い回しが多く，抽象度の高い文化語彙になるほど普遍性が高くなり，どこの方言でもほとんど同じ言い方をする。例えば，“政治”とか“经济”はどの方言でもこの語彙しかない（もっとも発音はそれぞれ違っているわけだが）。そうすると，非北京人でも発音さえ変えれば全中国的に通用する文化語彙や普遍性の高い「硬い」語彙を使えば自分の方言をベースにして“普通话”を話すことがかなり容易にできる。

北京以外の土地だと，固有の方言が“普通话”と少なくとも発音の面で違っているから，両者はわりあい明瞭に区別することができる。だが，北京では発音がほぼ同じため，ローカルな部分と普遍的な部分が一体化しており，よその土地の人とあまり接したことのない北京人にどれが北京語でどれが“普通话”かと訊ねても大抵は意識して区別し分けることができないものである。

よその土地の人と接すれば接するほど，また教育を受けて書き言葉になじめばなじむほど普遍性のある表現が強化されて，ローカルな表現を使わなくなっていくのは必至である。だから，大学で抽象的な議論をするというのは最も“普通话”が現れやすいシチュエーションなのであった。そして，更に言えば，文化語彙というのは日本語に借用された漢語とも共通することが非常に多く，日本人にとっては分かりやすいのもむべなるかなである。市井の人と日常の些事について話すと途端に分からなくなるというのも，その領域こそ土地のカラーが強く出て，ローカルな言い回しがふんだんに混じることによる。

地方の人の話す“普通话”はベースにそれぞれの方言があるものなので，その影響が露呈することがよくある。上海などで“你几岁？”ときかれても，人を子供あつかいにして，と腹を立ててはいけない。上海などの方言では“几”は十以下の答えを予想して訊く時に使うという制約はないのだから。書き言葉でも似たことがあり，学生の頃，鲁迅の《祝福》を読んでいて“说说清楚”という表現が出てきて何故そう言うのか不思議に思ったが，後に杭州に方言調査に行き，あのあたりの方言（魯迅は杭州の近くの紹興の人）では結果補語がつく時に動詞が重ね型になることが分かり，疑問が氷解したことがある。

“白话”とは？

“普通话”の定義の最後に“以典范的现代白话文著作为语法规范”とあるが，それが指すのは具体的には例えば毛沢東や魯迅の作品ということになる。魯迅はいま触れたように紹興，毛沢東は湖南省の出身で，いずれも呉語・湘語という東南部方言の話し手なのだが，文章を書く時は“北方话”に沿った“白话文”になる。

“白话”とは“文言”に対して言ったもので，“文言”とは《论语》や《孟子》などに見られる先秦の文章語で，日本で「漢文」と言われているものに相当する。もとは“文言”もその当時の口語を基礎にしたものであったが，ひとたび書き言葉として確立した後は口語が別の形に変化してからも正統的な文章語としての地位を五四運動期まで保った。

さて，“文言”が確立してから後も，実際の話し言葉が会話の引用などの形で書き言葉の中に現れることがあった（5世紀の《世说新语》など）。そして，唐代になってお経の物語や僧の言行録などを話し言葉で書いたものがまとまって出始める。これには仏教が知識人のみを相手にするのでなく，広く庶民に説法するものだったことも与かっている。

また宋代には《朱子语类》のような儒学者の語録もその性質上“白话”で記されている。朱子とその弟子たちは主に福建のあたりで活動しており，宋代には既に北方方言と東南部方言の差異はかなり大きかったはずだが，《朱子语类》は福建語ではなく“北方话”を基調とした言葉で書かれており，当時すでに全国に通じる共通語的なものが形成されていたことが窺われる。

元代はモンゴル人が支配した時代なので，漢民族の文化伝統の重圧が弱まり，あからさまな口語文が皇帝の勅諭として碑文に彫られ，今でも曲阜や少林寺に行くと見ることができる。14世紀の初め，江西省で生涯を過ごした周徳清が北京を中心として盛行していた元曲の押韻基準を記した《中原音韵》を編んでいるが，その中で，南宋・金に分裂していたのが元朝によって統一されて以来，上は官吏が行政を行なったりモンゴル語—漢語間の通訳・翻訳や漢語の教育から下は法廷で民を裁判するに至るまで全て“中原”の音に拠っている，という意のことを言っており，官吏は北方音をもととした標準語を全中国で使っていたことが知られる。このことからそのような標準語を“官话”とも呼ぶようになる。明清になると《水浒传》や《红楼梦》など“白话”で書かれた小説が多く現れ，五四運動期に“白话文”で書くよう提唱された時には既に立派なお手本に事欠かなかった。

新中国が成立してから文字改革とならんで“普通话”の普及が提唱され，北京語の中のローカルな要素を規範化してできたのが現在の“普通话”だということになる。

北京語を学ぶために

老舎の作品が現代北京語の最良の代表であることは申すまでもない。私は北京で一年暮らした後，大陸放浪の列車の旅のつれづれなるままに《四世同堂》を読んだが，北京の雑踏のざわめきが聞こえてくるような心地がした。だが最近，牛島徳次先生の『老舎「駱駝祥子」注釈』（同学社，1995年）が出て，衝撃を受けた。寝転がって読んだこの小説を自分は本当の所はよく分からずに筋だけ追っていたに過ぎなかったことを悟った。この極度に良心的な注をしかし私はまだ読んでいない。魯迅なら克明に読むに値いするだけの含蓄があるが，老舎はかなりのスピードをもって読まないと楽しめないような気がするからだ。しかし，中級から上級に移るくらいの学習者はこの注釈を丹念に追いながら読めば報われるところが多いことを保証する。

北京語の辞書はいま非常に多く出ている。ここでは陈刚《北京方言词典》（商务印书馆，1985年）と徐世荣《北京土语辞典》（北京出版社，1990年）の二冊だけ挙げておこう。上級レベルの人は中中辞典として《现代汉语词典》を使っていることと思うが，これにも〈方〉としてかなりの北京語の語彙を収めている。だが，日本には早くから現代の北京で使用される耳で聞いて分かる語彙を網羅した辞書が存在していた。本誌の創始者であられる倉石武四郎先生の『岩波中国語辞典』がそれで，1963年に出版されたこの辞書は私の知る限り現在までに出た世界中のいかなる中国語辞典にもない優れた特徴を備えている。それは語彙の「硬度」を11のランクに分けて各語の意味・用法ごとにつぶさに表示していることである（「序説」16頁を参照）。何も数字がついてないものは「きわめて普通なことば」で，下の1は「ややくだけた言い方（いわゆる北京語）」，下の2は「北京の下町ことば，スラングなど」，上の1は「ラジオ・テレビ・講演などで話されることば」，上の2は「文学作品に現われることば」，などなどである。それぞれの単語の意味だけでなく「硬さ」も的確に把握することは，文体的に統一のとれた文を書いたり話しをするのに極めて必要なことである。

私は実は自分で書いたり話したりする時，意識的にこの中の無表示ないし上の1の単語に限って使うよう努めていた時期がある。つまり北京語は排除して，“普通话”のレベルのみで通そうというのだ。これが外国人としての矜持だ，というのが私の居直りだが，いい意味でのスノッブが似合う人ならとことん北京の庶民の言葉に浸るのもよいと思う。

今なら例えば王朔の作品が北京語を意図的に使っており（白公・金汕《京味儿一透视北京人的语言》中国妇女出版社，1993年に紹介あり），その連続テレビドラマ《编辑部的故事》は評判になった（そのテキスト付きビデオを中国語情報サービス03-3360-8334で扱っている）。また普通のレンタルビデオ店にもある『グレートウォール』や『北京バスターズ』でも生の北京語が聞けるそうだ（これは友人よりの伝聞による）。こういったものを見る際，周一民《北京现代流行语》（北京燕山出版社，1992年）も参考になるだろう。

《红楼梦》や《儿女英雄传》のような北京語の名作に触れるゆとりがないが，太田辰夫先生の『中国歴代口語文』（朋友書店，1982年）と『中国語文論集・語学篇元雑劇篇』（汲古書院，1995年）は白話史をたどる上でたいへん有益である。また常瀛生《北京土话中的满语》（北京燕山出版社，1993年）は広く北京語の形成史を概観した良書である。

（えんどう・みつあき　青山学院大学）

中国語の言語習得と言語障害研究文献目録

遠藤 光暁 編

略称: JCL=Journal of Chinese Linguistics
後に*がついているものは編者未見。

Ahrens,Kathleen.1990. "The Acquisition of English and Chinese Syntax in Chinese Children", 國際漢語與英語理論與應用研討會論文, 香港城市理工學院。*

Alajouanine,T.et al.1973. "La problématique de l'aphasie dans les langues à écriture non alphabétique.A propos d'un cas chez un Chinois",Revue Neurologique,128:4,229-243.

April,R.S. and Tse,P.C.1977. "Crossed aphasia in a Chinese bilingual dextral", Archives of Neurology,34,766-770.

Baudoin-Chial,Sonia.1982.Latéralisation hémisphérique du traitement des tons en langue Chinoise (Pékinois), Unpublished Doctoral Dissertation, Ecole des Hautes Etudes en Sciences Sociales, Paris.*

----.1986. "Hemispheric Lateralization of Modern Standard Chinese Tone Processing", Journal of Neurolinguistics, 2:1, 189-199.

Beck,Sylven S.1981.A Study of Patterns of Mental Ability and Language Development of Chinese-American Children in a Two-Language Environment.Ph.D.Dissertation,The George Washington Univ. UMI 81-20345.

Chang,Cecil Guang Shiung,Fred C.C.Peng & Jeng-Yih Yu.1986. "Patterns of Information Retrieval from LTM in the Process of Verbalization by A Fluent (Conduction) Aphasic: A Chinese Case", Journal of Neurolinguistics, 2:2,277-296.

Chen,Rey-Mei.1986. Phonological acquisition in Mandarin by hearing-impaired children: a longitudinal case study, M.A.Thesis, Fu Jen University.*

----1987.The Private Speech of a Chinese-English Bilingual Child: A Naturalistic Longitudinal Study, Ph.D. Dissertation, University of Illinois at Urbana-Champaign.

Chen,Victoria,David Ry Back.1974. "Language Acquisition in Chinese Children", Acta Psychologica Taiwanica,16,1-6.*

Cheung,Sik Lee.1990a.The acquisition of locative constructions in Cantonese Children, Ph.D.Dissertation,Stanford University.*

----.1990b. "The acquisition of locative constructions in Cantonese Children", Papers and Reports on Child Language Development, 29, 20-27.

Chia,Yi-Wen,Fred C.C.Peng,Yi-Chi Wang & Chun-Jen Shih.1986. "Agrammatism of Chinese Transcortical Aphasics", Journal of Neurolinguistics, 2:2, 233-259.

Chien,Yu-chin.1983.Topic-Comment Structure and Grammatical Subject in First

Language Acquisition of Mandarin Chinese, Ph. D. Dissertation, Cornell Univ. UMI 83-09532.
----& Kenneth Wexler. 1989. "Children's knowledge of relative scope in Chinese", Papers and Reports on Child Language Development, 28, 72-80.
Chu, Yiu-Tong, Fred C.C. Peng & Hoi-Keung Yiu. 1986. "Agrammatism and Conduction Aphasia: A Chinese Case", Journal of Neurolinguistics, 2:2, 209-232.
Clumeck, H. 1977a. "Acquisition of the Tonal Contrasts of Mandarin", in W. Dressler ed. Phonologic 1976, v.19 in the Series Innsbrucker Beitrage Zur Sprachwissen schft.*
----. 1977b. Studies in the Acquisition of Mandarin Phonology. Ph. D. Dissertation, University of California, Berkeley.
----. 1977. "Topics in the Acquisition of Mandarin Phonology: A Case Study", Papers and Reports on Child Language Development, 36-73, Stanford University Press.
----. 1980. "The Acquisition of Tone", in G.H. Yeni-Komshian, J.F. Kavanagh, and C.A. Ferguson, eds., Child Phonology, 257-275.*
Clumeck, H., D. Barton, M. Macken and D. Huntington. 1981. "The Aspiration Contrast in Cantonese Word-initial Stops: Data from Children and Adults", JCL, 9:2, 210-225.
董作賓1924.《"研究嬰孩發音"的提議》《歌謠周刋》50, 3-5頁。
Erbaugh, M. 1974. "An Examination of the Mandarin Spoken by a Three Year Old Girl" MS.*
----1978. "Acquisition of Temporal and Aspectual Distinctions in Mandarin", Papers and Reports on Child Language Development (Stanford Univ., Dept. of Linguistics), 15, 30-37.
----. 1980?. "The Acquisition of Mandarin Syntax: 'Less' Grammar isn't Easier", Journal of the Chinese Language Teachers' Association. (?, 該誌にこの論文見あたらず。)* 1983. 18:1, 51-63.
----. 1982. Coming to Order: Natural Selection and the Origin of Syntax in the Mandarin Speaking Child, Ph. D. Dissertation, University of California, Berkeley.
Farris, Catherine S.P. 1988. Language and Sex Role Acquisition in a Taiwanese Kindergarten: A Semeiotic Analysis, Ph. D. Dissertation, University of Washington.
馮穎霞1987. A Developmental study of the acquisition of the singular pronouns in spoken Chinese, M.A. Thesis, Fu Jen University.*
高覺敷1933.《兒童語法中的並列作用》《東方雜志》30:6, 11-17頁。
葛逸璇1988. Chinese children's verb acquisition, M.A. Thesis, Fu Jen University.*
郭燦然1930.《兒童語言之發展》《銘賢校刋》8:3, 1-6頁; 8:4, 1-18頁。*

——1931.《兒童語言研究的新材料》《銘賢校刊》9:1, 1-12頁。*
郭榮昇1934.《兒童語言之發展》《南大半月刊》10, 1-14頁。*
哈平安、徐方1991.《病理語言學中的異常發音類型》《漢字文化》1991:1,54-55頁。
Hashimoto,A.O.Yue.1980. "Word Play in Language Acquisition:A Mandarin Case",JCL, 8:2,181-204.
Hong,Beverly Fincher.1986. "The contribution of the verb in Children's story-telling" in Kao et al. 1986, 147-153.
Hsieh,Hsin-I.1972. "Lexical Diffusion:Evidence from Child Language Acquisition", Glossa,6,89-104; also in ed. by W.S-Y. Wang,The Lexicon in Phonological Change,133-147,The Hague,Mouton,1977.
Hsu,Hui-chuan.1988. "Tone acquisition: A case study.",Unpublished manuscript,pp. 14.*(cf.Li 1988)
胡依裴1988.Towards constructing a diagnostic test for the various stages of language development in Mandarin-speaking children: sample materials and suggestions, M.A.Thesis, Fu Jen University.*
Huang,C.Y.1983. "Varieties of Deep Dyslexia in Chinese Orthography", Excerpta Medica, Asia Pacific Congress Series No.22, 36.*
----1984. "Reading andWriting Disorders in Chinese: Some Theoretical Issues", Kao,Henry S.R. & Rumjahn Hoosain eds., Psychological Studies of the Chinese Language, 39-56, Hong Kong, Chinese Language Society of Hong Kong.
Huang,C.Y. & W.K.Lau.1985. "Semantic Locked-in Dysphasia: Relatively Preserved Reading and Writing in A Case of Global Dysphasia", Journal of Neurolingui-stics, 1:1, 193-208.
Huang,San-Yong & Fred C.C.Peng.1986. "Semantic Jargonaphasia: A Taiwanese-Japanese Bilingual Case", Journal of Neurolinguistics, 2:2, 261-276.
黃憲妹、張璟光1983.《幼兒口語發展的一些特點與問題》《心理科學通訊》1983:6,47-48頁。
黃翼、祝雨人1936.《兒童語言之功用》《中華教育界》23:7, 69-94頁。*
Jeng,Heng-hsiung.1979. "The Acquisition of Chinese Phonology in Relation to Jakobson's Laws of Irreversible Solidarity",Proceedings of the Ninth International Congress of Phonetic Sciences,II,155-161.
----1982. "The development of topic and subject in Chinese and English"*
----.1985. "A Developmentalist View of Child Phonology", Studies in Language and Literature (Department of Foreign Languages and Literature, National Taiwan University),1,1-29.
Jepson,Jill Christine.1985. Chinese Word Order: A Study of Language Acquisition and Linguistic Change,Ph.D.Dissertation,University of Chicago.
江永1759.《辨嬰童之音》《音學辨微》音韻學叢書本, 28b-29b.
荆其桂、孫汀蘭、許寶珍、曹子方1979.《幼兒口頭言語發展的初步調查報告》《吉林師大學報(社會科學版)》1979:3,127-135頁。
Kam,Tak Him.1975. “Child Language and Jiang Yong”,JCL,3:1,76-78.
Kao,Henry S.R. & Rumjahn Hoosain eds.1986. Linguistics, Psychology, and the Chinese language, Centre of Asian Studies, University of Hong Kong.
Keats,J.A. & D.M.Keats.1986. “The role of Language medium in the acquisition of concepts” in Kao et al. 1986, 105-113.
Keats,J.A., D.M.Keats & Wan-Rafaei,A.R.1977. “Performance of Malay and Chinese children on vocabulary and operational tasks in two languages”, Australian Psychologist, 12:1, 63-68.*
King,Brian.1980.The Acquisition of Tone in Taiwanese.Unpublished M.A.Theses, Fu Jen Catholic University.*(cf.Li1988)
Kou,Teresa.1982.Self-Esteem of Immigrant Monolingual Chinese and Bilingual Chinese-English Speaking Children.Ph.D.New York Univ. UMI 82-26773.
Kuo,Eddie Chen-yu.1972.Bilingual Socialization of Preschool Chinese Children in the Twin Cities Area,Ph.D.Univ. of Minnesota, UMI 73-10594.
Kuo,Hsin-Hui.1937. “兒童語言之研究”,《中華心理學報》燕京大學, 1,334-365頁。*
Kwoh,Stella Yu-mei.1991.English-Chinese bilingual children's acquisition of the complex temporal sentences containing the terms “before” and “after”, Ed.D., Boston University, GAX 91-20023.
Lee,Thomas Hun-Tak.1981. “Acquisition of Negation in a Mandarin-Speaking Child”, M.A.Thesis of University of Hong Kong.*
----.1986.Studies on Quantification in Chinese (Syntax,Language Acquisition, Quantifier Scope, China),Ph.D.Univ. of California, Los Angeles,QEK87-02584.
Leung,Cheung Shing Samuel.1990. “Acquisition of Two Languages: A Case Study of a Cantonese-speaking Child”, 國際漢語與英語理論與應用研討會論文, 香港城市理工學院。*
Li,Charles.N.,S.A.Thompson.1976. “The Acquisition of Tone in Mandarin-speaking Children”,UCLA Working Papers in Phonetics,33,109-130 ; also in Journal of Child Language,4,185-199,1977.
----.1978. “The Acquisition of Tone”, in V.Fromkin ed.Tone, A Linguistic Survey, 271-284.
Li,Paul Jen Kuei.1978. “Child Language Acquisition of Mandarin Phonology”, Studies and Essays in Commemoration of the Golden Jubilee of the Academia Sinica,615-632*; also in R.L.Cheng et al. eds. Proceedings of Symposium on Chinese Linguistics, 1977 Linguistic Institute of the Linguistic Society of America,Taipei,Student Book Co.,Ltd.293-316.
----.1988. “Some Aspects of Child Language Acquisition of Taiwanese”,Paper presented at the 21st International Conference on Sino-Tibetan Languages and Linguistics, Lund,Sweden.

----.1989. “Some aspects of child language acquisition of Mandarin syntax.”《中央研究院第二屆國際漢學會議論文集》語言文字組，下册，619—636頁。

Li,X.T.,C.Q.Hu,Y.L.Zhu,Z.W.Song & Y.Li.1986. “Language disorders in Patients with cerebral vascular accidents” in Kao et al. 1986, 265-277.

李向農、周國光、孔令達1990.《2-5歲兒童運用“把”字句情況的初步考察》《語文研究》1990:4,43-50頁。

李宇明等1987.《試論成人同兒童交際的語言特點》《華中師範大學學報》1987:6,*

----1989.《文化對兒童語言習得的影響》，1989年全國第二次社會語言學討論會（江西九江）論文。*

李宇明、唐志東1990.《三歲前兒童反復問句的發展》《中國語文》1990:2,91-96頁；1988年北京青年語言學沙龍討論會論文，18頁。

——1990.《四歲前兒童“誰”字句的發展》《語言研究》1990:2,46-51頁。

李宇明、汪國勝1988.《中國兒童語言研究概況》《語言學通訊》1988:3,23-28頁；1988:4,24-27頁。

李枝眞等1986.《兒童智力奧秘》，中國婦女出版社。*

Light,Timothy.1977. “Clairetalk: A Cantonese-Speaking Child's Confrontation with Bilingualism”,JCL,5:2,261-275.

Lin,Hwei-Jane.1986. “A Developmental Study of the Acquisition of Aspect Markers in Chinese Children”, MA Thesis, Fu Jen University.*

Lin,H.N.,M.T.Tsai & H.Rin.1984. “Psychiatric disorders among old people in rural area”,Bulletin Chinese Society of Neurology and Psychiatry,10,Special issue, Psychogeriatric Studies,1,65-78.*

林清山1966.《兒童語言發展的研究》《師大教育研究所集刊》9,145-296頁。

——1968.《男女學前兒童語言發展各變數的比較研究》《心理與教育》2,121-137頁。*

Loke,Kit Ken & Godfrey Harrison.1986. “Young children's use of Chinese (Cantonese and Mandarin) Sortal Classifiers” in Kao et al.1986, 125-146.

Lyman,R.S.,Kwan,S.T. and Chao,W.H.1938. “Left occipito-parietal brain tumor with observations on alexia and agraphia in Chinese and in English”, Chinese Medical Journal,54,491-516.

繆小春1986.《幼兒對疑問詞的理解》《心理科學通訊》1986:5,1-5頁。

繆小春、陳國鵬、應厚昌1984.《詞序和詞意在漢語語句理解中的作用再探》《心理科學通訊》1984:6,1-7頁。

Naeser,M.A & S W.-C. Chan.1980. “Case study of a Chinese aphasic with the Boston diagnostic aphasia exam”,Neuropsychologia,18,389-410.

Packard.J.L.1984. “A Linguistic Investigation of Tone Laterality in Aphasic Chinese Speakers”, Ph.D., Cornell University, UMI No. Gax84-27199.

Sagart,Laurent.1979. “Babbling and early language in Cantonese”,Working papers on language and language teaching (Hong Kong),1979:2,1-5.*

蘇宜青1991.《漢語失語症之語音研究》，清華大學語言研究所碩士論文。*

蘇秀妹1988.The acquisition of directives in preschool children in pragmatic and syntactic perspectives, MA Thesis, Fu Jen University.*

Tai,Chyun-chia.1986. "A Developmental Study of the Acquisition of the Singular Pronouns in Spoken Chinese",MA Thesis, Fu Jen University.*

唐自傑1964.《低年級兒童書面語言與口頭語言相互關係的研究》《心理學報》1964:2,185-193頁。*

唐志東、李宇明1989.《漢族兒童"嗎""吧"問句的發展》《語言研究》1989:2,1-11頁。

湯廷池1988.《漢語詞法與兒童語言習得:(一)漢語動詞》《歷史語言研究所集刊》59:1, 211-247頁;《漢語詞法句法續集》, 43-92頁, 1989年, 臺北:臺灣學生書局。

陶紅印1989.《兒童對三種疑問形式的感知》《語言學通訊》1989:3・4,41-44頁。

Tse,J.K.P.1978. "Tone Acquisition in Cantonese: A Longitudinal Case Study", Journal of Child Language,5,191-204.

Tse,Sou-mee.1982.The acquisition of Cantonese phonology, Ph.D.Dissertation,The Univ. of British Columbia, DAI,43,3898A.*

Wang Xinde & Cai Xiaojie.1986. "Agraphia in Chinese aphasic patients" in Kao 19 86, 245-254.

王新德、李金1981.《失寫症》《中華神經精神科雜誌》14:3, 148頁。*

王永炳1990.《新加坡學前兒童華語口語詞匯》《世界漢語教學》1990:3,166-172頁。

王萸芳1988.Chinese children's metalangugage awareness of the Ba construction, MA Thesis, Fu Jen University.*

王志1990.《兒童語言中否定的發展》《語言學通訊》1990:1・2,15-20頁。

Wu,Chang Hsing.1986. "Young children's comprehension of the Chinese passives" in Kao 1986, 115-123.

吳天敏、許政援1979.《初生到三歲兒童言語發展記錄的初步分析》《心理學報》1979:2, 153-165頁。

武進之、朱曼殊1982.《影響兒童語言獲得的幾個因素》《心理科學通訊》1982:5,23-28頁

武進之、應厚昌、朱曼殊1984.《幼兒看圖說話的特點》《心理科學通訊》1984:5,6-12頁。

辛安亭1980.《對三歲前幼兒語言發展教育的試驗》《教育研究》1980:5,74-80頁。*

許洪坤1984.《中國兒童學習國語及語言發展階段研究》《漢學研究通訊》3:4,219-220頁。

Yan,Victoria Hsui.1990. "Discourse Dynamics: Interaction among English-speaking Chinese Children during Play", Ed.D.,Columbia University Teachers College, UMI No. Gax90-21309.*

楊國樞、張春興1974.《中國兒童行爲的發展》, 臺北*

Yau,Shun-chiu.1981. "Development of sentence patterns among Chinese (Cantonese-speaking) children", Computational Analyses of Asian & African Languages,16, 13-28.

應厚昌、陳國鵬、宋正國、邵渭冥、郭英1983.《4-7歲兒童掌握量詞的特點》《心理科學通訊》1983:6,24-32頁。

苑寶貞1977.《由一個縱貫研究實例看兩歲幼兒的語言發展》《中華家政》6,11-16頁。

張仁俊、朱曼殊1987.《嬰兒的語音發展》《心理科學通訊》1987:5,7-11頁。
張壽康1980.《讀了<幼兒口頭言語發展的初步調查>以後》《吉林師大學報（社會科學版)》1980:2,83—84頁。
張述祖、詹龍澤、沈德立1957.《詞在兒童概括認識中的作用》《心理學報》1:2,134-142頁
趙元任(Yuen Ren Chao)1935.《方言性變態語音三例》《歷史語言研究所集刊》5:2,241-253頁。
———.1951. "The Cantian idiolect: an analysis of the Chinese spoken by a twenty-eight-month-old child.",Semitic and Oriental Studies,11,27-44*; also in Anwar S. Dil ed. Aspects of Chinese Sociolinguistics,204-228, Stanford University Press,1976.
鄭秋豫1987.《幼兒習得母語過程中的一些現象初探》《歷史語言研究所集刊》58：4, 719-741頁。
朱曼殊主編1986.《兒童語言發展研究》，華東師範大學出版社。
朱曼殊、陳國鵬、張仁俊1986.《幼兒對人稱代詞的理解》《心理學報》1986:4,356-364頁
朱曼殊、武進之、繆小春1979.《幼兒口頭言語發展的調查研究1.幼兒簡單陳述句句法結構發展的初步分析》《心理學報》1979:3,281-296頁。
朱曼殊、曹峰、張仁駿1986.《幼兒對指示代詞的理解》《心理科學通訊》1986:3,1-6頁 。
Zhu,Man-shu and Wu Jing-zhe.1981. "Children's Comprehension and Production of Passive Voice Sentences and Double Negative Sentences", Report of Psychological Science,1,Shanghai: East China Normal University, Department of Psychology.*
朱智賢、錢曼君、吳鳳崗、林崇德1982.《小學生字詞概念發展的研究》《心理科學通訊》1982:3,23-29頁。

付記

20世紀言語学の紀念碑的著作・ヤコブソン「幼児言語，失語症および一般音法則」（もと1941年，服部四郎編・監訳『失語症と言語学』，岩波書店，1976年所収）は，数学の自然科学における地位と同様に音韻論が人文学の女王であることを実感させる。その所説を要約すると：

幼児が音韻を習得する順序は様々の言語を通じてコンスタントな秩序に従い，それは世界の諸言語の音韻体系の類型論的な一般法則と正確に対応する。例えば，幼児言語において摩擦音の習得は閉鎖音の習得を前提とするが，世界の諸言語において摩擦音がなく閉鎖音のある体系は多くあるが，閉鎖音がなく摩擦音のある体系は存在しない。また，世界の諸言語で出現することの少ない音は幼児言語においても最終段階に習得される。このことは音韻体系が層序構造をなすことを示しており，幼児の言語習得においては基本的な特徴の上により有標的な特徴が重なっていき，逆に音韻体系の崩壊過程・即ち失語症においてはそれとは正に逆の順に上の層の特徴から除去されていく。このような層序関係は共時的にも通時的にも現れる汎時的なものであり，音韻変化も同一の原理に従って生じる。……

原著は非常に豊かな内容をもち，重要な箇所に下線を引きながら読むと，ほとんどすべてに線を引かなければならないほどである。具体的な層序関係についても多く論じられている。のちに音響音声学に依拠して打ち上げたDistinctive featuresの理論も，トルベツコーイの発見した欠如対立なる概念とともに，上の構想を元にして紡ぎ上げられたものと考えられる。

私は学生時代にこれを読んで，研究の究極的な目標を人間の言語を律しているこのような普遍的な原理を中国語に即しつつ実証的に明らかにすることに置いたのだが，今までの所，個別の方言なり文献なりの辛気くさい研究に終始している。だが，中国語の言語習得と失語症については十数年来関心を寄せ続けており，ことに長女が言葉を覚え始めた四年前からは成長日記がてら中国語と日本語の習得過程を折に触れて書き留めて置いた。但し，三歳を過ぎてからは俄かに複雑なことを話し出し，幼稚園に通うようになってからは日本語の方がはるかに優勢になってしまったので記録をあきらめてしまった。今また次女が言語習得期に入ったが，遊ぶのに忙しくて記録を怠っている。ともあれ，一つのケーススタディとして報告したいと考えているが，それに先立ち，この分野の研究文献目録をまず発表することとした。異色の清儒・江永を嚆矢とし，1904年に12歳の趙元任少年のなした観察や方言調査会にいた董作賓などの先駆的な仕事に始まった研究は，中国本土・台湾・アメリカの心理学者らのなした業績を中心として膨大な蓄積を持つに至っており，既に後発者の研究意欲を阻喪させるほどである。今後は，個別的な観察を継続するのは無論のこと，これらの結果を綜合し，中国語史・方言に見られる平行現象との対応を見いだし，言語理論に組み入れることが重要な課題となろう。

幼児言語と失語症の研究はヤコブソン以来半世紀を経て長足の進展をとげ，いずれの分野でも汗牛充棟の文献が出ている。これに深入りしていると人生がいくつあっても足りなくなるが，例えば太田朗／フェリス・ロボ編『海外言語学情報』第４号，大修館書店，1987年所載の松本曜・吉田研作「幼児言語習得・発達」などに最近の研究動向の紹介がある。

失語症に関しては，10年前に聴講した専門家の授業によると，ヤコブソンの頃は資料が少なかったので単純明解な理論づけができたが，その後事例が多く知られるようになって一筋縄にはいかなくなっている由である。

中国本土では『語言学動態』1978年4期，32－34頁に余前文訳述，羅曼・雅可布遜「為什麼叫“媽媽”和“爸爸”」があり，ヤコブソン理論の一端が紹介されている。台湾では輔仁大学を始めとして幼児言語の研究がたいへん盛んであり，失語症の研究も進んでいると仄聞する。この文献目録はまだ不完全なものなので，大方の御教示をお願いする。

『開篇』単刊3所載「老乞大・朴通事研究文献目録（初稿）」補正

略称：濯足＝駒沢大学図書館濯足[庵？]文庫（金沢庄三郎氏旧蔵，昭和49年に永平寺より同館に寄託，昭和60年に寄贈）

225頁　A.a.iii.影印本『旧刊老乞大諺解』（1745年，奎·2303の影印），弘文閣，1984年。
A.a.vi.木版本　慶応義塾大学三田情報センター
A.a.vii.木版本　慶応義塾大学三田情報センター（以上二本は小倉進平旧蔵書で『東城書店目録』56，1991年10月号所載のもの），濯足466,2
226頁　A.b.v.木版本　濯足385,4（東洋文庫マイクロフィルム1-004）
227頁　A.e.i.木版本　濯足422,1,3059
A.e.ii.木版本　国会(820.7-Ke116)を削除
A.f.i.濯足239,1
A.f.ii.刊本　濯足417,1,2887
228頁　A.j.木版本　濯足463,2
229頁　A.l.木版本　濯足468,3
B.5.蘭州大学中文系語言研究室、計算機科学系編『老乞大朴通事索引』，北京，語文出版社，1991年。
C.a.魚返善雄『日本語と支那語？』戦時中発行だと思うが，朝鮮資料を紹介した一章がある。
231頁　C.c.i.9.尉遅治平論文，『語言研究』1990:1,11-24頁に発表。
234頁　D.b.ii.8.韓亦琦「朝鮮《老乞大諺解》研究」『語言研究集刊』2，205－229頁，江蘇教育出版社，1988年。
D.c.9.李得春「《四声通解》今俗音初探」『民族語文』1988:5,29-41頁。
D.c.10.孫建元「《四声通解》今俗音研究」，広西師範大学碩士論文，1985年？
D.c.11.孫建元「四声通解俗音今俗音的性質」，『広西師範大学学報』1989:1。
D.c.12.孫建元「《四声通解》今俗音研究」，『語言学新探－－1978-1983年全国語言専業研究生論文提要集』，73-74頁，高等教育出版社，1990年。
D.c.13.劉教蘭『四声通解之研究』，政治大学中文研究所碩士論文，1990年。
238頁　E.　Wadley,Stephen Alexander. A translation of the “Lao Qida” and

investigation into certain of its syntactic structures, Ph.D.,Univ. of Washington, UMI 87-13413, 1987.
陳志強「《老乞大》“将”“的”初探」『広西師院学報（哲社版）』1988:1。
朴淑慶『老乞大、朴通事詞彙演変研究』，政治大学中文研究所碩士論文，1989年。
姜信沆「「訓世評話」研究」『第三屆中国域外漢籍国際学術会議論文集』，聯合報基金会国学文献館，1990年。
王森「《老乞大》《朴通事》的複句」『蘭州大学学報（社会科学版）』1990:2，146-155頁。
大塚秀明「『方言類釈』の「中州郷語」について－朝鮮資料に残る中国方言記録」『言語文化論集』31,83-94頁，1990年。
福田和展「『伍倫全備諺解』のことば」『中国語研究』32,32-46頁，1990年。
太田辰夫「『訓世評話』の言語」『中国語研究』33,29-49頁，1991年。
王森「《老乞大》《朴通事》里的動態助詞」『古漢語研究』1991:2,16-20頁。
Eifring,Halvor.（艾皓德）「近代漢語以「時」煞尾的従句」，手稿。
F.2.太田辰夫「漢児言語について」『（竹田博士還暦記念）中国文化研究会論文集』2:4，特輯，1952年。
寺村政男「『伍倫全備忠考記』に見える胡語考」『中国文学研究』（早稲田大学）16,左14-31頁，1990年。

謝辞

志部昭平先生には駒沢大学図書館の金沢庄三郎旧蔵本の存在を教えていただき，金文京，大塚秀明，Halvor Eifring，渡辺浩司の諸氏には原資料・研究文献について御教示いただいた。ここに厚くお礼申し上げると共に，今後も何かお気付きになられた方は情報をお知らせいただけるよう希望する。

中国語発音教育に関するメモ

遠藤　光暁（一般科講師）

1. はじめに

中国語の発音を誰もがわかりやすく確実に習得できるような方法を確立することを私は初級を担当するたびに目標としている。ことに日中学院一般科のように老若男女さまざまの人が集まってくるクラスで教えることは難しくはあるが，それだけに又やりがいもあって，教師の修行場であるとも言える。まだ青二才の教師なので経験も浅いが，平素発音を教えていて感じる点をすこし記して，今後の向上のための足がかりとしたいと思う。なお，教室では音声記号（ＩＰＡ）を使うのを禁じ手にしているが，小文では音声細部を表現するのに必要な場合は適宜使用することにする。

教師の役割は，各学習者が新しい言語に対して自分の耳と口を適応できるように手助けすることにある。ものわかりの速い学習者だと，模範発音をしてリピートしてもらうだけで，ただちに新しい発音を習得してしまう。以前小学生にごく簡単な中国語を教えていたことがあるが，その時はほとんど何も説明しなくとも（説明しようにも幼稚園児や小学一年生にわかるような説明などできないのだが）難なくこちらの発音をまねてしまうので驚いたものである。このような場合は正しい発音を聞かせてどんどん発音練習をしていけばよいだけだが，大抵は当然ながらいきなり発音してもらってもすぐにはできるようにならない。そこで，教師の腕の見せどころになるわけだが，学習者に対する手助けには二段階あって，第一にはある発音をするにはどのようにしたらよいかを説明すること，第二には一人ひとりの発音を矯正することである。この両者は互いに密接にかかわりあっており，一人ひとりの発音の誤りは全く人によってまちまちなのではなく日本人学習者に共通した少数のタイプに絞られるので，その中の代表的な誤例についてはあらかじめ全員に対して行う説明の中に組込んでいくことによって，誤りを未然に防ぐことができる。

この二段階はどちらも重要だが，教室においては第二段階の方がより重要だと思う。それは，発音の説明や模範発音を聞くだけならラジオやテレビでも可能だし，テープ付の教科書で独習するのもよい。むしろその方が質のよい説明やよく選ばれた中国人の発音を聞くことができるだろうし，センスのよい人ならそれで相当の程度までマスターしてしまうかもしれない。しかし，わざわざ金と時間と労力を使って教室に通うのは，そういう一方通行の学習をするためではなく，自分のくせを直してもらったり，疑問をただしたり，といったフィード・バックを期待しているからである。教師にとっても，様々な発音の誤りがどうして出てくるのか，またどのようにしたらそれを直すことができるのかを考えることによって，いろいろと開眼する点があり，教育の質を高めるのによいきっかけとなる。このようなわけで，中国語を教え始めて以来，発音の誤例とどのようにして矯正したかの例をできる限り多く集めて，それらを帰納的に研究する必要と興味を感じてきたが，今までのところ学習者ができるようになるとその場限りで終わりにしてしまい，記録をとってないので，ここでは私の印象に残っている例を引合いに出すことにする。

個々の発音に関することは次節以降に記すことにし，まず私の心がけている一般的な態度について述べておきたい。

第一には，中国語の発音の説明にはしばしば玄妙な言葉使いがあって，とくにソリ舌音の説明などを見ると試しにその指示に従ってやってみようとしてもさっぱりできず首をかしげざるを得ないことが少なくない。

どんな不合理な説明であれ，それが発音習得に有益なのであればそれを採用することはよいことだが，私としてはできる限り合理的な説明をしたいと思う。一方その逆に，声調の高低の測定結果や口腔のレントゲン図などをそのまま掲げたりして体裁は“科学的”だが，実際には普通の学習者にはあまり益がなく，かえって混乱を招いたり，難しいという印象を与えたりすることがある。学問的な研究成果を教師がふまえていることは極めて望ましいことだが，教育の場にあってはそれをじかに出すのではなく適宜単純に割切って簡単明瞭で確かに効果が挙がるような形にした方が有益であろう。

第二には，日本語の発音との対比をできるかぎり行うことである。外国語を学ぶことは自分の母語の先入観を捨てていく過程でもあるが，成人が外国語を学ぶ場合には，新しい言語習慣を全くのゼロから作り上げていくわけではなく，必ず母語の基礎の上に立ってそれにない要素をつけ加えていくことに結局はならざるを得ない。そこで，はじめから意識的に日本語を引き合いに出し，どこをどう変えれば中国語の発音になるかを説明する。

第三に，調音の面と同時に聴覚の面を重視することである。それは自分で聴き分けられない音は発音し分けることもできないからである。例えば韻尾の－nと－ng の違いについて，調音的説明のほか聴覚的にどのような点に着眼すると両者の違いが聴き分けられるかも説明し，聴き取りテストを8－9割以上の正答率になる位まで行う。このようにしてまず聴き分ける能力をつけておいて，いわば自分の耳の指導の下に自分の発音が正しくできているかをチェックできるようにするのである。

第四に，類似の音を対立させながら提示することである。ミニマル・ペアー（ほかの部分は同じだがある一つの音的特徴だけが異なる対）を随時提示し，両者を明確に聴き分け，発音し分けられるよう練習する。個々の学習者がある発音を別の発音と混同している場合にその場で適当なミニマル・ペアーを作って区別する練習をすることは殊に必要な事である。そして，更にその対の二つの項を対等なものとはせずに，発音する際により注意を要する方を特に強調する。例えば，有気音と無気音では有気音の方，－nと－ngでは－nの方が間違えやすいので，そちらの方を発音する時に特に気をつけるよう注意し，また練習もより多くする。

以下では，声調，韻母，声母の順に検討していく。それぞれの項目では，〔説明〕の欄で学習者にどのように説明するか，〔誤例〕の欄ではどのような誤りが現れやすいか，〔対策〕の欄でそれらの誤りをどのようにしたら直せるか，〔注釈〕の欄でこれらの点について補足すべき事，などを記す。

2. 声調について

2.1. 単音節

〔説明〕 まず，下のような図を提示する：

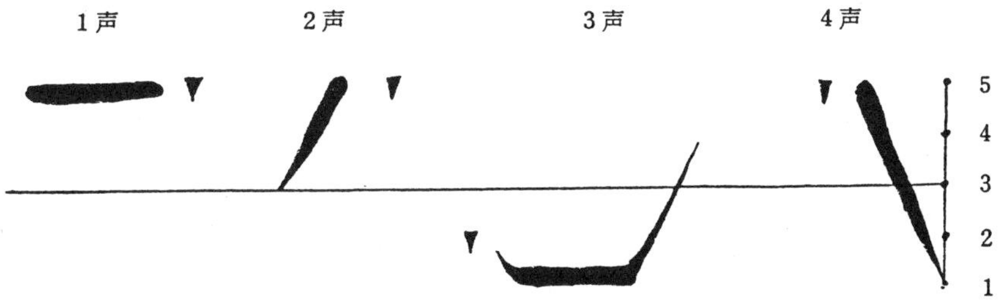

3の高さに引いた線は普段話している時の普通の声の高さで，これを基準線とする。5は最高の高さ，1は最低の高さを表す。それから，上図で線が太くなっていく所では声を意識的に普通の高さよりも高くしたり低くしたりするように努力し，細くなっていく所では声を高めたり低めたりする努力を放棄して結果とし

て普通の高さに自然に戻るようにする。

1声は高い平らな調子で，普通の高さより高く始めそのままの高さを最後まで持続させる。2声は普通の声の高さから始め速やかに最高の高さまで上昇させる。3声は自分の出せる最低の高さの声から始め，そのまま低く平らな状態を長く持続させ，最後に低くする努力を放棄し，結果として普通の高さに戻るようにする。図では初めが2の高さでそこから1の高さに下がるようになっているが，それはいきなり低くしようとしてもすぐには低くならないため自然にそうなるのに過ぎないので，自分で発音する時の意識としては初めから一番低い高さにすべきであり，2から1へと意識的に下げようとすると不自然な発音になる。要するに3声は低くて平らで長いという点が最も肝腎である。4声はまず最高の高さに上げてそれから下降させる。

1声と2声は音節の後ろに重点があって，末尾が最高の高さになるように意識し，3声と4声は音節の初めに重点があって，初めを低くしたり高くするように意識する。図の中の"▼"はその重点を示す。

〔誤例1〕3声の初めが十分に低くならないで，〔314〕のようになったり，〔335〕のようになったりする。

〔対策1〕中位の高さから一旦下げてまた上げようとはしないで，初めから最低の高さに下げて低い平らな調子になるようにする。

〔誤例2〕2声と3声がうまく区別できない。

〔対策2〕2声は上昇することが重要だが，3声では末尾の上昇はいわば付けたりに過ぎず，音節の大半を占める低平らの部分の方が重要である。聴き取りの際には，上昇するタイミングに着目し，直ぐに上昇するのが2声，低平らの部分が長く続くのが3声である。発音する場合には，2声は素早く高く上昇させ，3声は低平らの部分を長く持続させ，末尾の上昇は意識的に高く上げるのでなく結果として普通の高さに戻るようなつもりでやる。

〔誤例3〕4声の初めの高さが十分高くなく,〔31〕のようになる。

〔対策3〕4声を発音する場合，初めを最高の高さにするよう特に意識する。

〔誤例4〕1声の末尾が下降して〔553〕のようになり，4声に近くなってしまう。

〔対策4〕最後まで力を緩めず，最高の高さのまま終わるよう意識する。

〔注釈〕声調の模範発音と練習をする場合，必ずなんらかの母音をもとにしてそれに4声をつけるわけだが，声調の導入につかう母音としてはｉがよいと思う。それは，ｉは日本語ともｕやｙｕほどは違わないので母音の発音をあらかじめ練習する必要がなく，また例えばａのような広母音だと高音を出すのが比較的困難であるが，ｉのような狭母音だと高音を出すにも低音を出すにも音高のコントロールが容易なためである。

声調で最も問題になるのは言うまでもなく3声である。しかし，学習者が3声を正しく習得しにくい理由は，それ自体の音声的性質の他，従来の教え方が不適当だったことにもよる。3声はふつう〔214〕と記述され，機械測定の結果もそのようなピッチ曲線を示すことが多いが，かといって例えば「3声はやや低く始まり，そこから最低の高さまで下げ，それから上昇させる」と説明すると大抵の人は前半の下降する部分を表現するために初めの高さを高くしすぎ，3声の前半の下降部が不自然に強調されてしまう。そればかりではなく，3声を下げて上げる複雑な声調だと意識する結果，二音節以上の組合わせに出てくる時にいろいろと面白くない誤例を引起こす。上記の〔説明〕のように初めから低いつもりで発音するように指示すると，〔誤例1〕のような誤りは目立って少なくなり，大半の人が問題なく3声を（少なくとも単音節の場合は）正しく習得する。

基準線を3の高さに引き，そこからの逸脱という観点から音高のパターンを把握することにより，意識的に高くしたり低くしたりする必要のある場合が明瞭にわかるようになる。

この図はザドエンコ等『漢語教科書』第2版（科学出版社，モスクワ，１９７３年）の１５頁を元にし，基準線を引いた点，1声の太さを末尾まで太くした点，重点を表す記号を付けた点を改めてある。

2．2．二音節の組合わせ

普通の教え方では，単音節で声母と韻母を全て導入した後で二音節の組合せに入るが，そうするといわゆる半3声がなかなか出てこないことになり，末尾が上昇する形の3声がすっかり定着してしまい，実際にはより頻度の高い半3声が習得しにくくなってしまう。この半3声という名称からしてミスリーディングなのだが，これでは半3声は完全な3声なのではなく，半分しか実現していない不完全な特殊な形だという印象を与えてしまう。いわゆる半3声を"3声基本形"，末尾が上昇する形を"3声強調形"とでも呼ぶほうが適切だと思う。この3声強調形は単独で発音した場合と，"文節"の末尾にだけ現れ，しかも文節末でも，特にストレスが置かれた時を除くと，3声末尾の上昇部分は単独で発音した場合ほどははっきり現れず，むしろ3声基本形（いわゆる半3声）のつもりで発音したほうが自然に聞こえる位である。そこで，単音節の声調といくつかの単母音をやった位の段階で二音節の組合わせを導入してしまい，3声とは低い平らな声調であるということを非常に早い段階から徹底させる。この段階で既習の音節は少ないので，yi yi, a yi, yi aといったナンセンスな音節の組合わせを使って4声調×4声調＝16組の組合わせを練習する。そのほうが，声調だけに注意が集中するのでかえって好都合でもある。

〔説明〕次のような表を提示する：

yīyī	yīyí	yīyǐ	yīyì
yíyī	yíyí	yíyǐ	yíyì
yǐyī	yǐyí	yǐyǐ	yǐyì
yìyī	yìyí	yìyǐ	yìyì

初めに3声が来た時には低平らになることに特に注意する。3声＋3声の組合わせは2声＋3声に変わる。2声は後ろに来た場合，末尾は単独の場合程は高く上がらない。

〔誤例1〕3声基本形（半3声）が低平らにならず，末尾が上昇した形になってしまう。

〔対策1〕末尾は上昇させず，単純に低く平らのまま発音するように意識する。ちなみに，この誤りは従来非常に多く見られたが，3声基本形を非常に早く導入することにより未然に防ぐことができ，現在ではあまりでくわさなくなった。

〔誤例2〕3声基本形（半3声）が十分低くならず，中平らや高平らになって1声とまぎらわしくなってしまう。

〔対策2〕単音節の場合の3声の図をもう一度示し，普通の高さ3よりも低い最低の高さ1になるということを再度強調する。

〔誤例3〕2声が第1音節に来た場合や3声の後に来た場合に，中位から上昇するのではなく，いきなり高くなってほとんど上昇せずに〔45〕のようになったり，1声と同じになってしまう。

〔対策3〕単音節の場合の2声の図をもう一度示し，中位から上昇する形を表す必要を強調する。また，完全な1声と対比して発音してみせて，違いを明白に認識してもらう。

〔誤例4〕1声＋4声の組合わせで，1声が中平らになって〔33 51〕のようになってしまう。

〔対策4〕単音節の場合の1声の図をもう一度示し，平常の高さよりも高く始め，1声の終わりの高さと4声の初めの高さが同じになるよう注意する。

〔注釈〕二音節の組合わせを模範発音する際は，一音節づつ切ってゆっくりと粒よみにするのでなく，二音節で一つの単位になるように連続させて発音し，かつそのようにして発音練習するのがよいと思う。初めはとかくゆっくり，丁寧に発音しがちだが，そうすると不自然なぎこちない発音習慣を植えつけることになりかねない。

4声と2声を比べると，4声は比較的容易に習得されるのに対し，2声では〔誤例3〕のような誤りが現れやすい。これは日本語の多くの方言のアクセントでは下降が重要であるのに対し，上昇は語の弁別に関与しないことと関係があるかもしれない。

2．3．軽　声

〔説明〕軽声は弱く短く発音され，その高さは前の音節が何声であるかによって自動的に決まる。3声の後では高くなり，その他の声調の後では低くなる。（単音節の声調の図を再び示し，それぞれの声調の後に軽声の高さを書き入れる）

〔誤例1〕"3声＋軽声"が3声基本形（低平ら）＋高"にならず，"3声強調形（低昇り）＋高"になったり，"高平ら＋低"すなわち"1声＋軽声"になってしまう。

〔対策１〕軽声の前の３声は低平ら，すなわち３声基本形になること；及び，３声の後の軽声は高く付くことを再確認する。

〔誤例２〕３声以外の声調の後で軽声が低く付かない。

〔対策２〕３声以外の後では軽声が低く付くことに再度注意を喚起する。

〔注釈〕〔誤例１，２〕は軽声の高さが決まる条件をはっきり説明しない場合には多く現れるが，明確な説明と練習を行えば普通は問題にならない。

２．４．変　調

３声が２つ連なった場合の変調は機械的に前の方を２声に変えればよく，これは練習をつむことにより難なくできるようになる。問題は３つ以上連なった場合だが，どれを２声に変えるかは文法的構造と係わっており，まだ簡単明瞭な規則は得られていないようだ。これについては，発音の部分では触れず，本文に入ってからその都度個別的に指定するより今の所はしかたない。

〝一，七，八，不〞の変調については，現在では〝七，八〞は変調させない方が有力になってきているようなので，〝一，不〞だけについて教えるのが至当だろう。

〔説明〕〝一〞と〝不〞に限っては，後ろにどんな声調が来るかによって声調が変わる（ことがある）：

	４声の前	其他の前	単独
一	yí	yì	yī
不	bú	bù	bù

つまり，〝一〞も〝不〞も４声の前では２声になるので，この点を特に注意する必要がある。〝不〞はその他の場合は全て４声となる。〝一〞は４声以外の前では，〝不〞と同じく４声となり，単独で発音した場合は１声となる。

〔注釈〕これは新しい発音を習得するというよりも，交替の規則を身につけるという要するに慣れの問題なので，練習を多くやればほとんど問題なく習得できる。

なお〝一〞の変調は基数でのみ起り，序数では起こらない云々の説明は発音の部分でなく文法の部分でやってもよい。

２．５．そ の 他

３音節以上の組合わせは適宜練習をすることにし，例えば３音節の組合わせで第一音節が１声か２声で，第二音節が２声の場合，その２声が１声に変わる，といった規則は入門段階ではあまりに煩瑣なので教えず，半年なり一年して〝頤和園〞yí hé yuán→yí hē yuán のような単語が出てきた所で教えるのがよいだろう。

そのほか〝什么〞はよく出てくる単語だが，不規則な声調をもつ。ピンインでは〝shénme〞と２声＋軽声と表示するが，普通の２声＋軽声のように〔35　3〕とはならず，〔33　5〕のように発音される。３声＋軽声〔11　4〕と似たパターンとなるため，学生が〝shěnme〞と綴ることがあるが，これは間違いと言うよりもむしろ〝什么〞の発音の特殊性を鋭敏に捕えたものとして表彰すべきものである。しかし，〝什么〞はやはり３声＋軽声とは違う。それは前に３声がくる場合もそれを２声に変える力を持たず，例えば〝讲什么〞が〔11　33　5〕となることからも知られる。このような声調パターンをもつのは〝什么〞一語だけのようで，これを疑問イントネーションがかぶさったものとして説明する考え方があるが，はたして本当にそうなのか十分には納得しがたい。

また，〝个〞ge が前の〝一〞を２声に変えるのは本来は４声だったためだとか，〝里〞li が前の３声を２声に変えるのはピンインでは軽声として表示しているが実際には弱くはあるが現在でも３声であるため（例えば〝锅里有菜〞guōlí yǒu càiのように後ろに３声がくると〝里〞lǐ が２声に変わることなどからもそれは窺える）……といったことは，本文でそれらの単語が出てきたところで教えればよいだろう。

3. 韻 母 に つ い て

３．１．単母音

〔説明〕中国語の単母音はみな長く発音する。i：日本語のイとほとんどおなじだが，口角をできるだけ横に引くようにする。u：音色は日本語のウと似ているが，唇の形と舌の位置の二点がかなり違う。唇は，日本語のウでは円めないが，中国語のuでは唇の真中を円めかつ突出し，口笛を吹く時のようなかまえにする。舌の位置は，日本語のウは実は相当前よりなのだが，中国語のuは舌が全体に奥よりになっている。日本語では奥舌の母音にはオがあるので，オーーと言いながら，舌の位置は変えずに唇だけを円くすぼめるようにするとuに近い音になる。日本語のウのつもりで発音して唇だけ円くしてもuとはならない。ü：これは調音的にはiとuの両方の口の動作を兼ねた音である。まず，口角を横に引いてiの唇のかまえにし，できるだけその状態をくずさずにおいて，更に唇の真中を円める。逆にまず唇の真中を円めておいて，その後で口角を横に引いてもよい。その状態で〔y〕と言う。a：日本語のアとほとんど同じだが，もっと口を大きく開けるようにする。o：日本語のオとほとんど同じだが，やや唇を円める。e：まず，唇をiのようにして，口角を横に引く。唇をそのままにしておいて，日本語のオを言うと，この母音に近くなる。なお，軽声のeはゆるいア〔ɐ〕となる。

〔誤例1〕iが鋭い音色の〔iː〕にならず，ゆるんだ〔ɪ〕や〔e〕に近くなる。

〔対策1〕口角をちゃんと引いているかどうか確認する。ただし極端に引きすぎているとかえってゆるんだ音色になることがある。

〔誤例2〕uが奥舌の深い音色の〔u〕にならず，前よりの〔ʉ〕になってしまう。

〔対策2〕この誤例は若い女の子によく見られ，年配の男性は比較的奥舌の〔u〕に近い発音ができることが多い。まず〔ʉ〕と〔u〕の音色の違いを聴き分けられるよう練習する。〔ʉ〕は浅い明るい音色がするが，〔u〕は深いこもった音色がする。そして〔u〕がどのような音か分った後で，自分でそのような音を出すことを試みるわけだが，日本語のウを発音しようとするとどうしても舌が前よりになってしまうので，オから出発し，唇をぐっとつぼめるようにする。別法としては，唇を円めた上で，口の中にタマゴを入れたようなつもりで口の前方の空間を大きく作るようにして舌を奥の方に持っていく。

〔誤例3〕üが日本語のイーのようになってしまう。

〔対策3〕唇の真中をつぼめることを再確認する。

〔誤例4〕üが日本語のユーのようになってしまう。

〔対策4〕ユーは長く延ばすと，最後はウの音色になるが，中国語のüはそうではなく，むしろiの音色に近いので，そのようなつもりで発音する。

〔誤例5〕üがユィのように二重母音になってしまう。

〔対策5〕初めから終わりまで唇も舌も同じ状態を保ち，終始同じ音色の単母音になるようにする。

〔誤例6〕üが唇の真中をつぼめるだけの〔Y〕にになってしまう。

〔対策6〕そのような場合，試しに以前ドイツ語をやったことがあるかどうか聞いてみると案の定そうであることが多い。üという文字は同じだが，ドイツ語の場合は唇の真中をすぼめるだけでしかもややゆるい〔Y〕という発音だが，中国語のüはさらに口角を横に引かねばならない。その点をはっきり説明する。

〔誤例7〕eが日本語のウに近くなったり，アに近くなってしまう。

〔対策7〕eの代わりにウやアと発音するとどうなるか実演してみせて，音色の違いを把握してもらう。日本語だとオの音色に一番近いだろう。

〔誤例8〕eが英語のerのようなソリ舌母音になる。

〔対策8〕舌の先を下の前歯の後ろにつけておいて発音すると，舌先の巻きようがなくなり，普通の舌面母音になる。

〔注釈〕uは私の見るところ日本人にとって最も習得しにくい母音の一つである。それは，üなどは明らかに日本語にはない音なので意識的に習得するよう努力するが，uは日本人の耳には日本語のウに近く聞こえるのでついそれで代用してしまい，自分の発音が間違っていることすら気付かないことが多いためである。中国語のuを習得するにはまず日本語のウとの違いを明白に把握する必要がある。日本語のウは音声記号では〔ɯ〕すなわち舌の位置はuと同じく奥舌高母音で，非円唇だとされることがあるが，これは簡略表記であり，より精密には〔ɯ̈〕すなわち中舌母音だとしなければならない。従って，日本語のウにただ円めをつけただけでは〔ʉ〕すなわち中舌円唇母音にしかならない。しかし，〔 u 〕が発音できるようにする特効薬はまだなく，〔対策２〕の方法の成功率はさほど高くない。上村幸雄執筆『Ｘ線映画資料による母音の発音の研究』(国立国語研究所報告６０，１９７８年）７０～７３頁には〔 u 〕についての興味深い観察があり，発音するための方法が書いてあるので，教室で試してみたことがあったが，うまくいかなかった。もっとも私自身も，自分がuを習得しておらず日本語のウで代用していることに気付いたのは中国語を勉強し始めてから十年近くたった頃のことで，今に至ってもすこし注意を怠るとすぐに日本語のウになってしまうのだが。

〔誤例 6,8 〕のように第一外国語の干渉が現れることは珍しくない。外国語を発音しなければならないのだ，という意識が既習の外国語の発音を引出してしまうのだろう。第二外国語を話す際に，うまく表現が思付かない時にとっさに母語ではなく第一外国語が出てくるという現象があるが，それも母語の方は記憶の奥底にあるのに対し，第一外国語は浅い層にあるため露呈しやすいのだと思う。〔誤例８〕などは中国語のeの音色が英語の舌を巻いたあいまい母音に近く聞こえるので，それで代用したのだろう。

eは厳密には〔 ɤʌ 〕のように二重母音的であるが，そのように教えるとアに近くなったりしてかえって面白くないので，単母音の〔 ɤ 〕だということにしておいた方がよいようだ。

３．２．韻尾の－nと－ng

〔説明〕-ngは日本語のンのつもりでよい。-nを発音する時は，舌先を上の歯茎の後ろあたりにペタッと付ける。(下図を参照）

聴き分ける時の着眼点は，-ngの方は鼻音がぼんやりした音色ではあるがより長くより大きく響くのに対し，-n のほうは鼻音が短く切断したかのようにきっぱりと終わる。

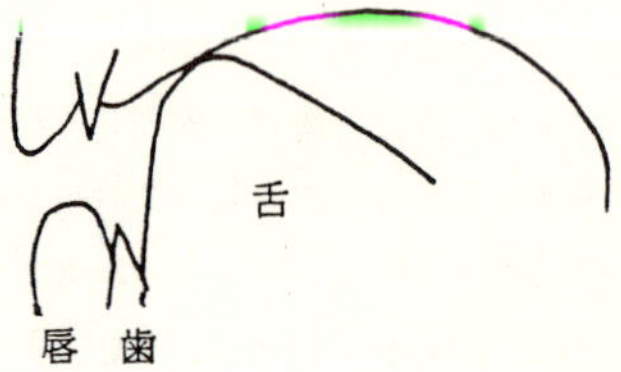

an〔an〕: ang〔Aŋ〕，en〔ën〕: eng〔ɤŋ〕のように，-n の前の母音は前より，-ngの前の母音は後ろよりになるので，母音の音色でカバーできる場合もあるが，in〔in〕: ing〔iŋ〕のように母音の音色があまり違わないこともあるので，やはり-nと-ng 自体をはっきり発音しわけ，聴き分けられるようにしたい。いずれにせよ，-n を発音する時に舌先を上顎にしっかりつけることが最も重要である。

〔誤例１〕-n が日本語のンになってしまい，-ngに近くなる。

〔対策１〕これが日本人学習者に最も多くみられる誤りだが，まず，聴き取り練習を十分行って-nと-ngが聴き分けられるようにしておいて，母音の直後に舌先を上顎に素早くしっかり付けるよう再度強調する。

〔誤例２〕-n を発音する時，唇も閉じてしまい，〔-m〕になってしまう。

〔対策２〕これは若い女性に時々みられる誤例で，しっかり閉鎖させようという意識が唇を閉じさせるのだろう。-m と-n の違いを実演してみせて，唇をとじないように言う。ちなみに若い女性歌手などが，日本語の文節末のンをやはり唇を閉じて〔m̩〕と歌っていることがあるので，その影響もあろうか。

〔誤例３〕an の母音が日本語のアやエ，または英語の〔æ〕になってしまう。

〔対策３〕an の母音〔a〕は日本語のア〔A〕に比べかなり前よりだが，音色からするとやはり一種のアに属し，エの類いの音ではない。これを説明すればエや〔 æ 〕は直るが，アを〔a〕に直す名案は今のところ持ちあわせていない。-n がしっかりできていれば，anが〔An〕となっていても許容範囲には属するだろう。

〔誤例４〕eng がオンのようになって，ong とうまく区別できなくなる。

〔対策４〕単独の母音eをまずおさらいして，口角を横に引くことを再確認する。唇をそのような状態にしたままengと発音するようにする。engとong を交互に対比しつつ発音練習し，唇が，平ー円ー平ー円となることを徹底する。

〔誤例5〕en がエンとなる。

〔対策5〕en〔ën〕が日本人の耳にはエンと聞こえるためだが，中国語のen の主母音〔ë〕は日本語のエ〔E〕に比べると舌がより奥よりでかつやや狭い音である。この両者の音色の違いを対比しながら実演し，en の主母音を発音する時には舌全体をエよりも奥よりにするよう注意する。但しこのあたりにはあまりこだわらないようにしている。微妙な差なので矯正に時間がかかるのに比してさほど致命的な誤りではないためである。

〔誤例6〕in と ing が区別できない。

〔対策6〕調音的には -n を発音する時に舌先を上顎にしっかり付けるよう再度注意する。聴覚的には -n と -ng自体の違いの他に入りわたりの母音の音色の違いも実際にはあって，in の場合は i と n の 間に弱く短くややエに近い音が入り，ing の場合はi と ngの間に弱く短いがin の場合よりは明瞭なややウに 近い音が入る。その点を補助手段としてもよい。

3．3．その他の問題

残りの韻母については問題点のあるものを順不同で取上げる。

〔説明〕er について。母音はピンインでは e と綴られているが，アのつもりでよい。そして，舌先を口の奥の方に巻き上げて発音する。

〔誤例1〕アルになってしまう。

〔対策1〕ルだと，舌先が上顎に接触するが，erの場合舌先は上顎に接触させない。

〔誤例2〕舌先の巻上げ方が足りない。

〔対策2〕舌先で上顎を上前歯の所から出発して段々と後ろの方向になぞってもらう。そして歯茎の終わりにガクンと凹む所があるのを自分で確認し，始めは舌の表側で上顎をなぞっていたのが，その歯茎の末端部を越えると舌の裏側で上顎をなぞるように変わることを自分の感覚で納得してもらう。舌先がそのように裏側で上顎に相対するまで舌を後ろにやっておいて，しかも舌先を上顎に付けずに発音すると er になる。

〔説明〕r 化について。後ろに -r が付いた形になることがある。その中で -i や -nに終わる音節についた場合は，-i や -n を落として -r をつける。

〔注釈〕r 化は本格的にやろうとすると極めてやっかいである。（後述）普通の学習者に対する入門段階の説明としてはこの辺でお茶を濁しておくよりしかたなかろう。

〔説明〕介音の i や u について。中国語の iaや iao などは，日本語のヤやヤオとは違い，i がもっと長くはっきりと発音される。いわば，イヤーやイヤオのようなつもりで発音する。但しあくまでもこれで一つの音節になるので，i と後の母音が離れて二つの音節にならないように注意する。u も同様で，長めにはっきりと発音しなければならない。

〔誤例1〕jiao や jiang が チャオ，チャンになってしまう。

〔対策1〕声母がついた時にこの問題はより顕わになる。介音 i を長くはっきりと発音するように特に注意しながら練習する。

〔誤例2〕介音の u が日本語のウになってしまう。

〔対策2〕単母音の u をもう一度おさらいし，介音の u も深い音色の奥舌の〔u〕であることに気をつける。

〔誤例3〕uo と ou がどちらもオーとなってしまう。

〔対策3〕uo の方は介音の u を強く長くはっきり発音するよう意識する。ou の方は，o で口を大きく開けておいて，-u で口をつぼめる。

〔説明〕声母のある時とない時とで韻母が異なる場合。iou, uei, uen などは，声母がついた場合，主母音が弱くなってしまうので，ピンインでは主母音を取って，それぞれ -iu, -ui, -un と綴る。しかし主母音は完全になくなってしまうのではなく，特に3声，4声ではやはり $-i^{o}u$, $-u^{e}i$, $-u^{e}n$ のように多少主母音のおもかげが残る。なお，ピンインでは，主母音に声調符号を付けることになっているが，-iu と -ui では主母音が文字にあらわれないので，便宜的にどちらの場合も後ろに声調符号を付けるように決めてある。

〔注釈〕ueng と -ong は，別の韻母として扱い，説明をしない方がすっきりする。yuan については次の項目を参照。

〔説明〕yuan の発音は何通りかある。1）声母がついた時は〔yɛn〕ユエン，単独では〔yɐn〕ユアン；2）一律に〔yɐn〕ユアン； 3）一律に〔yɛn〕ユエンとなる；等々。〔yɐn〕でなく〔yan〕（〔a〕は普通の日本人にはアともエともきこえる母音）とする人もいる。私は1のタイプの発音をするが，先生によっては3のタイプで教える人もある。どちらのタイプにしてもよい。

〔注釈〕2のタイプが伝統的な北京語であるらしい（例えば老舎などがそうだ）が，今ではすたれつつあるようだ。3のタイプは割合い近年になって見られるようになったもので，北京放送のアナウンサーなどでも人によってはそのように発音する人がいる。yuanを〔yɛn〕と発音しようと，〔yɐn〕と発音しようと北京人にはどちらもyuanだとして認識されるようだから，どちらで教えてもよいだろう。困るのは複数の先生で教える場合にそれぞれ別のタイプで教え，学生が混乱する場合があることである。これは今述べたように中国人の発音自体にいくつかのタイプがあることを説明し，自分の好みでどちらかを選ぶように言うほかなかろう。

〔注釈〕yongについて。これについては介音が〔y〕であることを正統的な先生は強調されるだろう。しかし，実際の発音では介音は〔i〕と〔y〕の中間であるように観察される。ピンインに対する批判の一つはこれをiongとして，i介音に分類することであるが，音声学的にはこれはこれでよいとも言える。学生が文字通り発音したとしてもそれほど目くじらをたてて〔y〕に矯正する必要はないかもしれない。yunについても，これを〔yn〕でなく日本語風に〔iʉn〕と発音する学生が少なくないが，中国人の発音自体でもyunの母音は単母音のyuほど明瞭な〔y〕で終始するわけではなく，〔yʉn〕と記述したくなるような発音に聞こえる。

〔説明〕z，c，sのiは〔i〕ではなく，日本語のウにやや近い〔ɿ〕という母音で発音する。

〔誤例1〕ziがツー，siがスーのようになる。

〔対策1〕口角をyiと同じようにしっかり横に引く。また，zi：zu，ci：cu，si：suなどのペアを唇が平ー円ー平ー円となることに注意しながら発音練習する。

〔誤例2〕ziをツィ，siをスィのように発音する。

〔対策2〕これはピンインの文字使いに慣れないために起こる間違いにすぎないので，z，c，sのあとのiは〔ɿ〕と発音することをこのような間違いに接するたびに繰返し注意を喚起する。

〔注釈〕〔誤例1〕はそうとう発音のうまい人にも見られる誤りで，その性質はuと同じで，ziなどの母音が日本人にはウに聞こえるのに対し，実際は完全に同じではないことによる。ウは舌先の関与しない舌面母音だが，ziなどの母音は舌先が〔ts〕の位置にあって発音される舌尖母音である（中国語学界ではこれを“ɿ”と表記する習わしになっているが，これは国際音標字母ではなく，カールグレンの記述に由来するスウェーデン方言字母である）。実際にはそのようなことには全然ふれず，〔対策1〕を講ずれば大抵問題は解決する。なお，このような誤りは関西系の方言を話す人に比較的多いという傾向があるような気もする。関西系方言のウはやや円唇的で，関東系方言のウは平唇だと言われる。

〔誤例〕ianをイヤンと発音する。

〔対策〕iとnに挟まれたaはエと発音することを繰返し注意する。これは発音の問題ではなく，単に表記法に慣れていないことによる誤りだが，始めは非常によくある間違いなので記しておく。

4. 声母について

声母の最大のポイントは有気音とソリ舌音だが，この2つの系列と個々の声母について順に検討する。

4.1. 有気音と無気音

〔説明1〕有気音とは息のでる音で，無気音とは息のでない音である。（と言って，口の前に薄い紙をやって，例えばbaとpaを実演してみせる。）

〔説明2〕まず，右のような図を書く：日本語にはバとパという清濁の違いがあるが，中国語のbaとpaの違いは清濁の違いではなくて，〔h〕という息が出るか出ないかの違いで，息が出ない方を無気音とい

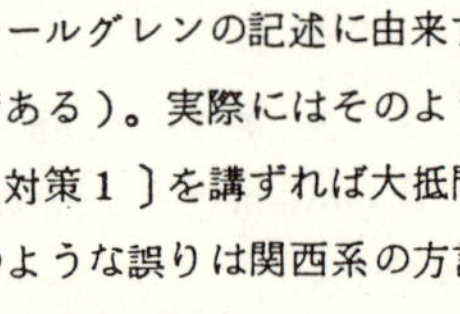

い，ピンインではｂ，ｄ，ｇ，ｊ，ｚ，zh などの濁音字をあて，息が出る方を有気音といい，ピンインではｐ，ｔ，ｋ，ｑ，ｃ，ch などの清音字をあてている。両者の違いは，baとpaを例にとると，baは〔p〕と言った後ただちに母音〔a〕が続くのに対して，pa は〔p〕といった後に〔h〕という息の音がはいり，その後で母音の〔a〕が始まる。

ところで，paを発音する時に積極的に息を出すようにするのとちょうど逆にba を発音する時には息が漏れないように止めておかなければならない。その息の調節は，喉仏のところに声門というのがあって，そこを開けたり閉めたりすることによって行っている。有気音を発音する時には声門を開けておいて息が出るようにするが，無気音を発音する時には声門を閉じておかねばならない。声門を閉じたり開けたりすることはふつう意識的には行わないが，例えばセキをする時は声門を一旦きつく閉じてその後すぐに声門を開けて勢いよく息を出す。これを音声記号で表すと〔ʔh〕となる。無気音のba を発音する場合，〔p〕の部分では喉をつめるようにして声門を閉じて息が漏れないようにしておく。いわば" $\widehat{pʔ}a$ "（但しpとʔは同時の動作である）のつもりで発音するのである。有気音 pa を発音する場合には，息を強く出す必要があるので，まず息を吸っておいてpを発音する直前には息を止めて，両唇を閉じてpを発音している段階ですでに声門を開けて（少なくともそんなつもりにして），pが終わると同時に激しく息が出るようにする。

〔誤例１〕無気音が濁音になる。

〔対策１〕これは文字にひかれている面もあるが，中国語の無気音自体が３声や軽声では濁音になる。しかしそれ以外ではやはりどちらかというと清音のつもりで発音した方がよい。

〔誤例２〕有気音の息が充分でない。

〔対策２〕強く息を出すよう再度注意を喚起する。この誤りが日本人には最も多いので，有気音には常に気をつけるよう繰返し強調する。

〔誤例３〕文節頭では問題なく有気音が発音できるのに，文中に有気音がでてくると，息が出ずに無気音的になってしまう。

〔対策３〕単音節だけで練習をせずに，baba，papa，bapa，pabaのように二音節以上でいろいろな位置に有気音がでてくる場合も練習する。

〔誤例４〕特に文頭で，無気音が有気音に近くなる。

〔対策４〕日本語の清音は文頭では弱い有気音であるため，その発音習慣が出たものであろう。無気音では喉をつめて息を止めることを再確認する。

〔注釈〕〔説明１〕は"非科学的"なようだが，実際には非常に端的にわかりやすい有用な説明法だと思う。これで済むなら，それだけで充分である。〔説明２〕は蛇足のようなものだが，私はいまこの二つの説明を併用している。ところで有気音にはいろいろの出し方があるが，ここの説明に出したのは強い有気音の調音法である。たとえば，朝鮮語には弱い有気音である平音（但し文節頭に出てきた時に限る）と強い有気音である激音とがあるが，激音では〔説明２〕に記したようにまず声門を閉じて息をためておきその後で激しく息を出す。いわば〔ʔph-〕となる。このことは激音が語中にきて前の音節が母音で終わっている場合にはその前の音節を促音にすることにも明らかに表われている。また，朝鮮語では激音の後のピッチが高くなるという実験結果が報告されているのも，このようにまず声門を強く閉鎖させるという調音法からよく理解される。ところで平音の方はこのような声門閉鎖をともなわず，声帯は弛緩していて，文節頭では呼気量が多いため結果として声門が開いて弱い有気音となっているかの如くである。平音が母音間で有声音になることも声門特徴が関与的でないことを示す。中国語（北京方言など）の有気音の調音法はどちらかというとこの朝鮮語の平音に近いように私は思う。しかし，入門者に対しては〔説明２〕のような強い有気音を導入した方が習得率が高いようであるから，始めはいくらか大袈裟な発音となっても，後に有気音と無気音の対立を弁別できるような耳ができあがってくれば，聴覚的に有気音の条件をきちんと満たす，より力を抜いた自然な発音に自ずと移行していくだろう。

なお，有気音・無気音の対立を導入する時には，両唇音がもっとも好都合だろう。閉鎖のコントロールがしやすく，また口の外に出る息の量も最大であるからである。

4．2．ソリ舌音

ソリ舌音は舌面音 j，q，x と対比しつつ導入するのがよいだろう。

〔説明〕自分の舌先でまず下の前歯にふれて下さい。この位置を〔1〕とします。つぎに上の前歯にふれます〔2〕。それから上の方になぞっていくと歯が終わって歯茎につきます〔3〕。さらに上の方になぞっていくとちょっと突出たところがあります〔4〕。そこを越えた直後で一旦ガクンと凹み，さらに奥の方にずっとなぞっていくと，もうこれ以上舌先が行かない辺りに来ます〔5〕。これは余談ですが，舌先の感覚でもわかると思いますが〔5〕より前は堅いのにその後ろは軟らかくなっています。興味のある人は家で指かなにかで触ってみるとはっきりわかります。

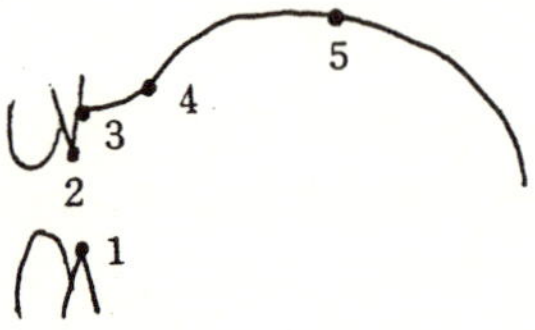

さて，今度は舌先の状態に注意しながら，もう一度〔1〕から〔5〕までなぞってみて下さい。〔1〕ではbが，〔2〕から〔4〕の前まではaが上顎に接触します。そして，〔4〕ではまたbが接触し，〔4〕を越えると今度はcつまり舌の裏側が上顎に接触することになります。このように舌の裏側が上顎に相対するようにすることがつまり〝舌をそらせる〞ということです。

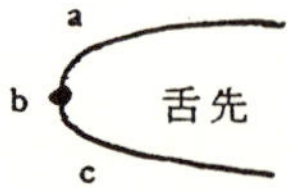

それでは，zhi, chi, shiとji, qi, xi を対比しながら発音してみます。舌の位置はjiなどは〔1〕にbをつけてそのままの状態を保ち，日本語のチのつもりで発音します。それに対して，zhiなどは舌の裏側cを上顎をなぞっていった時にガクンとくるあたり〔4〕よりやや後ろにつけて，そのままの状態を保ちながらやはりチのようなつもりで発音します。どちらも日本語だったら，チに近い音ですが，舌先の位置，それから音色も大分違うことがおわかりになるでしょう。

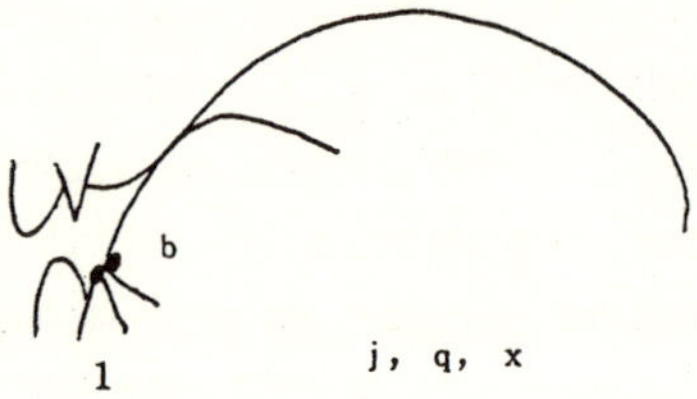

j，q，x

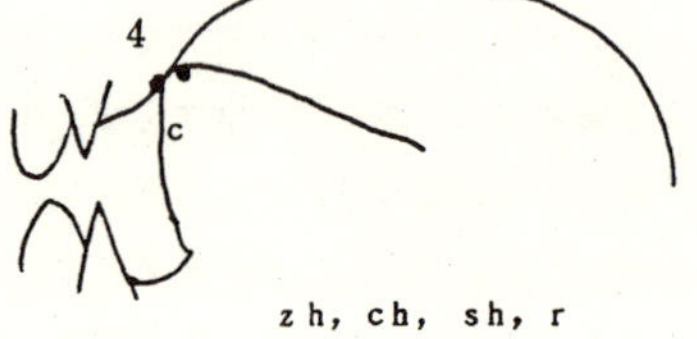

zh，ch，sh，r

〔誤例1〕ソリ舌にならずに日本語のチのようになる。

〔対策1〕舌先の位置が指示通りになっているか，もういちど確認する。

〔誤例2〕ソリ舌音が英語の〔ʧ〕のようになってしまう。

〔対策2〕確かに英語の〔ʧ〕も〔4〕の辺りで発音され聴覚的にも似た音であるが，ソリ舌音のソリ舌音たるゆえんは舌が反っている，つまり舌の裏側cが上顎に相対する点がポイントであり，英語の〔ʧ〕はそうではなく，舌の表側aが上顎につく。その点をはっきり説明し，もう一度舌先で上顎をなぞる練習をし，舌を反らせる感覚を身につけてもらう。

〔誤例3〕舌先が奥の方にいきすぎて，苦しげな音になる。

〔対策3〕舌先はそれほど極端に奥にやらなくともよいことを説明し，もう一度上顎をなぞってもらって場所を確認する。

〔誤例4〕jiなどが，チや〔ʧ〕になる。

〔対策4〕この誤りはjiなどの舌先の位置を上のように明確に指示すればほとんど現れない。

〔誤例5〕xiが〔si〕となる。

〔対策5〕これは英語の影響だろう。むしろ日本語のシーに近い旨言う。

〔注釈〕この説明の調音点は実際の北京語のソリ舌音よりも更に奥よりであろう。しかし，有気音と同様，初めはやや誇張した音でもとにかくソリ舌音を出せるようにするのが，先決である。j，q，x の説明は調音点に基づいた普通の把握のしかたとは異なる。一体，舌は自分の意思で動かせる部分は舌先くらいのもので，他の部分はどうこうしろと指示したところで，普通はできるものではない。そこで，調音点ではなく容易にコントロールできる部位を重視するのである。

なお，後ろの母音を変えることにより，人によっては一層ソリ舌音が出しやすくなることがある。たとえば，zhi ではソリ舌音が出せないのに，zhe を発音してもらうとソリ舌音になった，という例がある。このように他の要素との結合関係で最もその音を出しやすい場合を捜し出し，そこを突破口として他の比較的発音しにくい結合の場合にも及ぼしていくという方法を他の音についても今後更に開発する必要がある。

4．3．個々の声母

特に問題になるものに限り順不同で検討する。

〔説明〕f について。日本語のフは上下の唇を接近させて摩擦音を出すが，中国語の f は上の歯を下の唇の裏側に軽くあてて摩擦する。あまり強く唇を噛みすぎると摩擦がかえって起りにくくなる。

〔誤例〕d や特に t が英語式の発音になる。

〔対策〕これは，英語がうまい人に時に見られる誤りである。英語の t などは，舌先が日本語などよりも後ろよりの位置にあるが，中国語の d や t などの調音点は日本語とほぼ同じなので，日本語のタ行音のつもりで発音するように言う。

〔説明〕l について。日本語のラ行音は舌先が上顎にポンとついてすぐに離れるが，中国語の l は舌先が上顎についている時間がやや長い。現にルは長く伸ばすと終りは母音のウになってしまうが，l は l だけ長く発音することが可能である。（〔l̩〕を実演する。）

〔説明〕h について。日本語のハ行音に比べてずっと摩擦が強い。喉の奥の方を強くこするようにして発音する。（〔x〕を実演。）

〔説明〕r について。r は sh に対する濁音だと考えてもよい。音色としては，英語の r に近い音と zhi のような濁摩擦音との両者が兼ね合わされたような感じになる。

〔誤例1〕英語の r のようになる。

〔対策1〕英語の r〔ɹ〕は舌先と上顎との距離がやや離れているが，中国語の r は舌先を上顎にくっつくぎりぎりの程度まで接近させ，かつ zhi のような濁摩擦音が同時に入るようにする。

〔誤例2〕zhi に近くなる。

〔対策2〕zhi を発音するときは，舌先が上顎に接触するが，そうしないで，多少あいだを開けるようにする。

5. おわりに

以上で入門段階で教えるべき発音についてはほぼ検討を終えたことになる。あと残された課題としては，r 化，ストレスやイントネーションなどの点がさしあたり挙げられる。

r 化は，韻尾が -i と -n の場合それが脱落して -r がつくという点だけを普通は教えるが，韻尾が -ng の場合は韻尾は脱落するが前の母音が鼻母音になったうえで -r がつくとか，韻尾が -u の場合は -u の後に -r が後接するのではなくソリ舌母音の〔ɰ˞〕が韻尾 -u にとってかわる云々はあまりに難しいため練習しないのが普通である。ましてその他諸々の場合に極めて微妙な発音となることについては触れることすらしないであろう。そもそも北京人以外の教師は中国人ですら r 化が完全にできる人は稀だろう。そして，r 化をマスターするために要求される精度は普通の発音と比べオーダーが一桁ちがい，大抵の学習者はそれ以前の段階で既に精一杯なので，そのような状態で r 化を詳しく教えることはほとんど無意味でもあり，しかも r 化が完全に出来なくとも北京語的でないだけのことで，コミュニケーションにはなんら差支えがない。というわけで，今後とも普通は r 化を完璧に教える必要はないだろうが，日中間の往来が頻繁で中国に続々と留学に行く時代になっているので，少数のエキスパートとなるべき人材には教えられる準備を整えておいた方がよいだろう。

今後の中国語教育で解決を迫られている更に重要な課題はストレス（強さアクセント）やイントネーションである。日本人の話す中国語は大抵"広東人のような発音だ"と言われる。その理由を考えてみると，一音一音おなじ強さと時間配分で発音することによる面が大きいと私は思う。ちなみに広東語には軽声がなく，どの音節も強く発音するため北京語に比べるとメリハリに乏しいようだ。北京語風の発音にするためには，強い部分は特に強く長く発音し，そうでない部分は力を抜いてサラリと流さなければならない。日本人の中国語が平板になりやすい理由は，むろん第一に日本語自体に強さアクセントがないことによるが，その他の理由としては従来の音声教材が放送であったり，文章の朗読であったり，会話体のテキストでもやはり朗読したという感じの強いものであったことや，そもそもそのような問題点があることにすら気付かれず，ましてやストレスやイントネーションについての組織的な教育が行われることがなかったことによる。現在日中学院一般科で使用している『実用漢語課本』はその点ストレスやイントネーションについての説明を各課で行っており，これは斬新な試みである。しかし，残念ながら説明が説明だけに終わってしまい，この教科書によって皆が中国語のストレスやイントネーションを体得できるという段階にはまだ達していない。それは研究面にあってすら中国語の重音の性質が充分解明されているとは言い難い状態にあるためで，教育への応用においても当然その水準が反映されるわけである。

但し少数の先覚者による研究や教育への応用は必ずしも水準は低くない。例えば倉石武四郎『中国語法読本』（日光書院，１９４８年）などは文字の大小で強さを表記し分け，間隔の長短でポーズの長さを示している。この仕事の実際の担当者の一人である那須清氏はその延長線上にある一連の労作を発表しておられる。また，語アクセントの面では松本昭氏・平山久雄氏の研究がある。中国では徐世栄氏が有益な論文を多数出しておられ，『実用漢語課本』の説明もかなりの部分はそれに拠っており，また趙元任氏による先駆的なイントネーションの記述がある。他，カールグレンによる北京語のストレスの詳細な記述があり，ダニエル・ジョーンズを含む委員会によってなされた老舎の発音の記述ではストレスの比較的細かな表記がなされている。そのほか中国語のストレスの研究はロシアーソビエトの学者の御家芸であり，現在ではザドエンコ女史などが研究面・教育面ともにまとまった著作を出しておられる。フランスでも最近専著が出された。これらの土台の上に立って中国語のストレスとイントネーションの体系的な研究を行うことは，実用面から言っても望ましいことである。

おわりに，今まで長々と書きつらねてきたことと矛盾するかもしれないが，教師が広長舌をふるって理屈を説くよりも，実際の音をできるだけ多く聴かせ，多く練習した方が効果が高いというのもよく経験するところである。学習者がつまづいた時に手助けをする用意はいつも持ちつつも，教師の側からの説明はできる限り簡にして要を得たものにし，学習者自身が直接中国語の発音に接して，みずから習得できるよう練習の時間をできるだけ多くとるのが理想であろう。

特集　海外図書館事情

ヨーロッパ諸国の図書館

遠藤光暁

人はなぜ図書館に行くか。そこにしかない本を見るためである。殊に古文献を扱う場合、どうしても自分で原資料を見たいという願望にかられることがある。少し前までなら本を見るためにわざわざ外国の図書館に行くなどというのはごく少数の人にのみ可能だったが、ここ数年来の急激な円高でそれが万人にできるようになっている。外国を対象とする研究者（やその卵）にとって開国以来空前の有利な状況が出現しているというべきである。私は中国語史を専攻しているが、その資料を見るために全ヨーロッパ（但しアイスランドとアルバニアを除く）の主な図書館を回ったので、その経験を少し記してみたい。

まず、図書館にアクセスするために何が必要かだが、普通はパスポートさえあれば大抵どこの図書館でも入れてくれる。この点が日本の大学図書館と大違いの所だ。日本だと有力な大学ほど閉鎖的で、自分の所属大学の図書館から紹介状を持って行かねばならず、しかも紹介状に予め明記してある文献のみ利用できる、といったことがしばしばある。ヨーロッパの大学図書館のオープンな運営に接すると、日本の市場が閉鎖的だと欧米諸国に批判される理由の一端がよく分かる。但し例外はオックスフォード大学のボドレイ図書館とバチカン図書館で、いずれも所属大学の紹介状が必要だった。しかし、それもその道理で、一旦なかに入ると世界中でそこにしかないという古写本でも請求すればどんどん出してくれるのだから、ふらりと来た何の保証もない旅行者をそのまま入れる訳にはいかないだろう。オックスフォード大学ではガウンを羽織った係官のインタビューを受け、図書館の規則を守る旨の宣誓文を日本語で読み上げて（数十か国語で用意してある）ようやく入館証が手に入ったのだが、時代がかっていてかえって面白かった。ただし、貴重書が見たい場合にはどの図書館であれやはり事前に手紙を書いて許可を得ておいた方が確実である。

どの国でも中央図書館というのはたいてい首都の中心部の一番いい場所に位置しており、しかも堂々たる建物であることが多い。その代表はロンドンの英国図書館 British Library である。BLは本来大英博物館の一部門だったので今も本館は大英博物館1階の奥にあり、その“Reading Room”は「閲覧室」のイメージを遥かに超えたもので一見の価値がある。途方もない大ドームの下にぐるりと広がる壁一面を皮表紙の堂々たる蔵書がぎっしりと埋めている。ここは1857年に落成したというから明治維新より10年ほど前になるが、幕末や明治の日本留学生にとっては、この建物だけでも一つの啓示だったであろう。精密にして雄大、堅牢にして壮麗であり、天を突き抜ける上昇力と全体を覆いつくそうという拡張欲を一つ一つの小さなレンガを積み上げることによって実現したこの建築は正にヨーロッパ精神を象徴するものである（次頁の挿絵参照）。

「二都物語」というが、ちょっと海を越えただけでも大分雰囲気が変わるもので、パリの国立図書館はまたそれはそれで一流の様式を具えている。その違いはあたかもウエストミンスターに対するノートルダムのようなもので、こちらは少し華奢な感じのスタイルである。ベルリンは、西に大きなモダンな図書館があるが、東のウンター・デン・リンデン通りにある旧プロシア図書館を受け継いだ建物の方が風格がある。東独が吸収合併されてからは、名称は東ベルリンの方が国立図書館1、西ベルリンの方が2となったが、貴重書などは西の機能的で大規模な建物の方に移されたという。レニングラードの科学アカデミー東洋学研究所は昔の貴族の建物を接収したものの由で、閲覧室は豪華なシャンデリアがかかっており窓はフリルのついた紗のカーテンでエルミタージュと同じ華麗な内装だった。イスタンブールの国立公文書館は尖塔の立ち並ぶ立派なモスクの付属になっており、図書館自体も中庭をもったイスラーム様式の落ちつく建物であった。

言葉は英語で大抵は用が足り、北欧・オランダ・ドイツなどのゲルマン語圏ではそれでほとんど問題はないが、フランス・イタリア・スペインなどのロマンス語圏ではあまり通じず、チェコ・ハンガリー・ポーランドなどの東欧ではドイツ語の方がむしろよく通じる。セビリアのインド公文書館はコロンブスのアメリカ探検以来の手紙や写本などを保存したユニークな図書館だが、ポルトガルの宣教師の編んだ中国語文法書の稿本があるので訪れたところ、入館手続きは英語で済んだものの、閲覧する際は担当者が英語ができず、フランス語でようやく意思の疎通ができた。ローマのイエズス会本部の公文書館でもフランス語かドイツ語で話してくれと言われた。ハンガリー南端の街セゲドの大学図書館では係員がドイツ語しか話せず、私はドイツ語ができなかったので困った。

どこでも図書館員は非常に親切だった。特に印象に残っているのはやはり英国図書館である。私が利用したのは東洋写本刊本部で、ここには東洋諸国の稀覯書が多く収蔵されており、日本なら国宝・重文級の善本がごろごろしているのだが、それを気前よく見せてくれるのである。ここを運営するには途方もない予算がかかっている筈だが、閲覧者は大半が東洋人で、欧米人は少なかった。そして出納係の人たちはとても感じがよく、私が天下一品の写本を返却するとあちらの方から先に“Thank you.”と言うのだった。そこの公用箋には“Our purpose is to advance knowledge”というモットーが印刷されていて、“knowledge”に一切の限定辞がついていないことに大英帝国から福祉小国へと転換したイギリスの心意気が感じられた。また、グラスゴー大学の貴重書室の司書はラテン語がななめ読みできる人で、ヨーロッパの知識人としては当然なのかもしれないが、実際にそういう人物を目のあたりにして感銘を受けた。

それぞれの図書館にはそれぞれの蔵書構成があり、それは大げさに言えば世界観を反映するものでもある。その意味でロンドン大学の東洋アフリカ学部の書庫を見た時は世界を見る目がひっくり返るような驚きを味わった。ここは善本稀書こそ少ないが、私の専門の中国関係の研究書がまんべんなく揃っていて感心した。といっても中国研究のメッカである日本ならこの程度のコレクションはさほど珍しくない。だが一通り自分の専門のあたりの書架を見終わってから全館をぶらついてみると、中国や日本関係はここの蔵書のごく一部に過ぎず、アラビア語・ヘブライ語などの中近東関係やインド・パキスタンなどの比重の方がはるかに大きいのであった。ここにおいて中国や日本を「極東」と呼ぶことの意味が実感として分かった。日本からみると朝鮮や中国などの漢字文化圏が我々に近しく、東南アジアがそれに次ぎ、インドとなるとかなり親しみが薄くなり、イスラーム圏に至っては全く視野に入っていない。だが、こうして東アジアを遠く離れた地点から世界を眺めることによって、グローバルなパースペクティブを得ることができたのである。

（経済学部助教授）

ことのある地方というものは他の研究者のまとめた方言調査報告を読んでいてもなんとはなしにしっくり来る感じがするのだが、逆に全く訪れたことのない地方の方言は研究する勇気が湧きにくい。というわけで方言研究に必要な土地勘をつけるためにも、二年間のうち通算六か月を大陸の放浪の旅に費やすこととなった。これは誠によい武者修行であり、本物を自らの目でしかと見聞するためには労苦を辞さぬ気概を涵養することができた。この時の経験は後になって敦煌文書を実見するためにヨーロッパ諸国を遍歴する時にも十分に役立った。

また留学中に机を並べて学んだ中国人学生や他国からの留学生がその後研究者として成長し、学報類で論文を見かけたり国際学会で顔を合わせたりすることもあるようになった。この人脈は今後ますます貴重な財産となるものと思う。

二年間という留学期間はやや短い感があったが、その時間内で中国でできることはほぼすべてやったから思い残すことはない。ただ、これは中国に限らず他のアジア諸国を通じてそうだと思うが、本国で勉強すればそれでその国に関する学問を一通り修得できるわけではない。欧米や日本の東洋研究も本国に劣らない水準をもっており、またそれぞれの学問が拠って立っている一般理論（私の場合は言語学）も欧米で発達したものなので、本格的な修練を積もうと思うと対象がアジア諸国であっても依然として欧米に学ばなければならない面が少なくない。かつてライシャワー大使の自伝を読んでいて羨望の念を禁じ得なかったのだが、同氏は専門とする日本と中国に留学した後、当時中国研究のメッカであったパリで更に研鑽を積んでおり、二〇代の修行時代に通算五年ほども留学している。日本でも同一人が若いうちに研究対象国と欧米でそれぞれ何年か留学することが可能な条件が与えられるようになれば、ライシャワー級の大知識人が育つ可能性もあるだろう。

この留学は文部省アジア諸国等派遣留学生制度により可能になったものである。この制度は一九六八年に始まり、インド・カンボジア・ネパール・フィリピン・タイ・インドネシア・マレイシア・韓国・中国・シンガポール・エジプト・トルコ・スリランカ・ビルマなどを対象とした歴史・人類学・考古学・芸術・哲学・宗教・文学・言語・法律・経済など主に人文・社会系の大学院生や若い研究者を毎年数名ずつ現地に二年間派遣している。この制度と一九六四年に設置された国立共同利用研究所・アジアアフリカ言語文化研究所（東京外語大に付設）は日本のアジアアフリカ諸国の文化に対する深い研究を促進する上で大きな貢献をなしている。

古来、留学の最優先目的は先進国の優れた文明を導入することにあった。日本は明治以来の欧州留学生や戦後のアメリカ留学生の努力もあって曲がりなりにも近代化を達成した。欧米諸国に学ぶべきことは依然として少なくないし、科学技術や経済の発展も重要である。だが、「廃藩置県」が世界的規模で始まりつつある現在では、隣国との相互理解と友好関係がますます大切になってきている。そのためには迂遠なようだが民族の心の内奥を反映する文化の理解が欠かせない。アジア諸国への留学が一層さかんになることを願うゆえんである。それは当該国の研究者の卵にとって有益なだけでなく、高度成長期以降に育ったひ弱な日本の若者を鍛錬する上でも意味があるだろう。他国に身を置くとその国の価値観と論理で処遇されることになる。それは日本の価値基準からすると間尺の合わないことも大いにありうる。そのぶつかり合いの中で、自らを相対化して眺める視点を獲得し、より普遍的なルールを求める過程は貴重である。

事例紹介

アジア留学の現状と課題

青山学院大学経済学部助教授　遠藤光暁（えんどうみつあき）

私は日本人のアジア諸国への留学の実状を幅広く理解している者ではない。ここでは専ら私自身の留学体験を紹介し、標題に関する一つの実例を提供したいと思う。私が中国に留学したのは一九八二年からの二年間であり、中国語学を専攻した。以下はあくまでもこの限られた対象国と時期と専門分野における一個人の経験と感想に過ぎないことを予めおことわりしておかねばならない。

私が北京大学中国語学文学科に留学したのは大学院博士課程に進んですぐの二四歳の秋のことであった。修士論文では一六世紀の朝鮮資料に反映された北京一帯の中国語を扱い、その時に遷都に伴って前の首都の言語が移植される現象に強い興味を抱いた。そこで、研究課題を「北京語音韻の歴史的形成に関する研究」とし、一方では近世の文献資料を収集するとともに、歴代の首都所在地の方言を調査しようと計画した。

北京に到着するとまず人民服を買い求め、中国人と同じようにふるまおうと努力を始めた。これは私の師の一人で『私は日本人になりたい』という自伝をものされたベルギー人の方言地理学者グロータース神父のひそみに倣ったのだけれども、かなりの苦行であった。後には閉口して「可能な限り」という限定条件をつけて現実路線に転向することになるのだが。

大学では新学期の始まったところで、授業は充実していた。私の狭義の専門である中国語史や方言学の授業があるのは勿論、古代中国語、現代語文法、文字学、北京語調査、シナ・チベット語概論など、私が学部・修士課程を過ごした慶応大学・東京大学であまり聴く機会のなかった授業が目白押しであった。教員の質も高く、周祖謨、朱徳煕といった当代随一の学者を始めとする優れた先生が多かった。また折りよくコーネル大学から半年間の講義に来た梅祖麟の近代文法史の授業を聴講することもできた。北京大学はこの分野における中心地なので中国内外の学者が来訪することも多く、講演会などで多くの第一線の研究者の謦咳に接する機会があった。

一年後の初夏には方言学の授業の調査実習として学部の三年生たちと一緒に湖南省に一か月滞在した。食べ物が口に合わず五キロもやせてしまったが、中国人学生達と寝食を共にし、二年間の留学中で最も密度の高い日々だった。これによって中国流の方言調査方法を実地に体得することができ、次の年の初夏、帰国まぎわに南宋（一二・三世紀）の故都・杭州に単身で一か月あまりの方言調査に出る自信がついた。

休暇中にはよく列車に何日も乗る大旅行に出かけ、雄大な自然と絢爛たる文化遺産を嘆賞した。単なる旅行ではもったいないので、夜に空いた時間を利用して宿泊先のホテルの接待員に相手になってもらって簡略な方言調査をよく行った。二〇地点くらいにはなったと記憶するが、方言学では自分の耳で聴くということが最も基本なので、たいへん有益であった。そこまでしなくても自分でその土地を踏んだことがあったり沿線の景色を眺めたや元の南戯、明の昆曲などのように時代的にも地域的にも異なる作品を調べると同様の傾向が見られ、これは奇妙なことである。時代・地域が異なれば声調はむしろ異なっていなければならない筈だからである。これは乾隆帝の命により編纂された書であり、結局のところ昆曲を好んだ乾隆帝の好みに迎合して当時の昆曲のメロディーを採録した可能性が高い。だが、元代のものではないとしても十八世紀中葉の資料としての価値は高い。

終わりに

声調調値の歴史的研究は日本の中国語学のお家芸なのだが、Pang-hsin Ting, "Tonal Evolution and Tonal Reconstruction", C.-T. J. Huang et al. Eds. *New Horizons in Chinese Linguistics*, Kluwer Academic Publishers, 1996の如きはそれを知らぬではないのに故意に日本の学者の研究を全く引用していない。引き続きわが国でこの独特の研究伝統を継承・発展させる若い世代が育ってほしいと願うゆえんである。

（青山学院大学・中国語学）

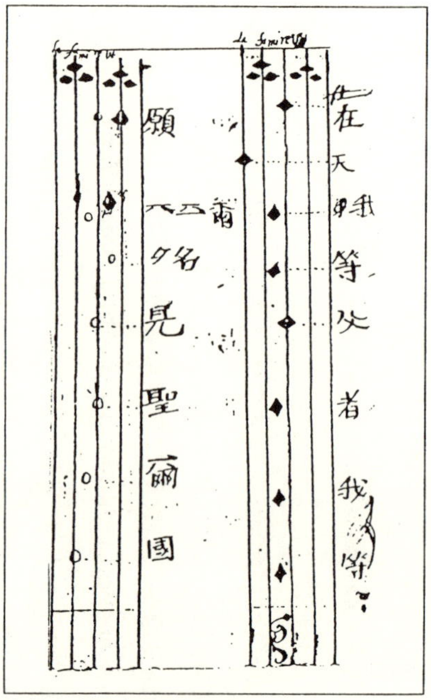

音符による声調記録の例
(*Arte de lengua china*)

がラ、陽平がド、上声がミ、去声がレ、入声がファと記され、「主禱文」が楽譜つきで出ているが、そこからも同様の結論が帰納される（標準語たる南京方言を記録したと書いてあり、ちなみに牙喉音の口蓋化は北京語では生じているが南京語では生じていないことも記されている）。この資料はセビリヤ公文書館にスペイン語の稿本が所蔵され、わが東洋文庫にはラテン語の清書本が収められている。

音楽のメロディー

円仁が唐土からもたらした仏教音楽・声明（しょうみょう）のふしに反映された晩唐の声調調値を頼惟勤先生が帰納しており、その一連の研究が『頼惟勤著作集Ⅰ　中国音韻論集』（汲古書院、一九八九年）に収められている。

宋詞は本来メロディーにあわせて歌われたものであるが、宋代の姜白石（きょうはくせき）による自作の曲が残っており、それと声調の関係を調べると平声の後では音調が高くなり、仄声の後では音調が低くなることが分かる（楊蔭瀏ほか『宋姜白石創作歌曲研究』音楽出版社、一九五七年）。これが何を意味するかは解釈が難しいが、一解としては平声は上昇調であり、仄声は下降調であった可能性がある。

冒頭で引いた石川忠久『漢詩の風景』のテープには十七世紀の杭州府出身で水戸に住した心越禅師の伝えた琴曲も収録されており、例えば「何日平胡虜」を「オージビンウーロー」と発音する如くこれは唐音の系統の漢字音であり、メロディーに反映した声調も現代杭州音に近いものである。

一七四六年に刊行された『九宮大成南北詞宮譜』には元曲の楽譜も収録されており、それを帰納すると、平声は平板調、上声は降昇調、去声は単独・末位では昇降調、非末位では上昇調となっている。楊蔭瀏『中国古代音楽史稿』（人民音楽出版社、一九八一年）などはこれを単純に元代の音楽だと考えているが、更に同書に収録された金の諸宮調ったことが知られる（拙稿「『悉曇蔵』の中国語声調」尾崎雄二郎・平田昌司編『漢語史の諸問題』京都大学人文科学研究所、一九八八年）。

周徳清『中原音韻』（一三二四年）の「自序」には「陰者即下平声、陽者即上平声。」とあり、周徳清の方言（江西方言）では陰平が低く、陽平が高かったことが知られる。ふつう陰調というのは清音に由来するものなので高く、陽調というのは濁音に由来するものなので低いのが現代諸方言の大勢なのだが、低い音の方が「陰」で高い音の方が「陽」とする方が「陰陽」の意味に叶うものである。だから、『中原音韻』のこの用語法も本来は調値の高低を描写したものなのだが、現在はそれを単に類を指す術語として沿用しているにすぎない。

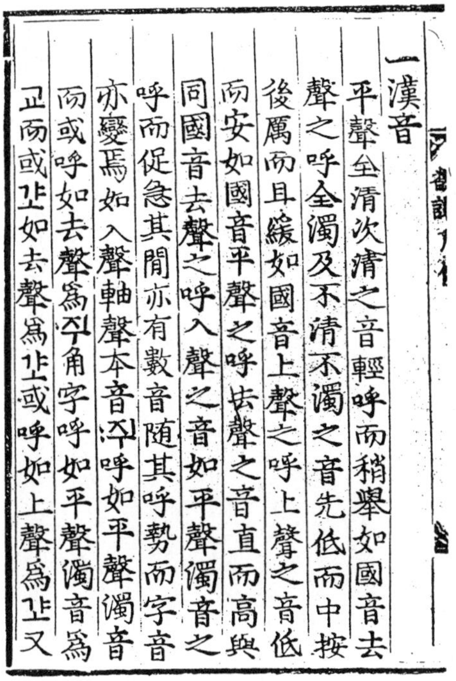
一漢音
平聲全清次清之音輕呼而稍擧如國音去
聲之呼全濁及不清不濁之音先低而中按
後厲而且緩如國音上聲之呼上聲之音低
而安如國音平聲之呼去聲之音直而高與
同國音去聲之呼入聲之音如平聲濁音之
呼而促急其間亦有數音隨其呼勢而字音
亦變焉如入聲軸聲本音쥬呼如平聲濁音
而或呼如去聲爲쥬角字呼如平聲濁音爲
교而或갸如去聲爲갸或呼如上聲爲갸又

崔世珍「翻訳老乞大朴通事凡例」より

朝鮮で翻訳官養成に使われていた中国語教科書『老乞大』『朴通事』に対して十六世紀初の崔世珍が注音と訳を施したものが残っているが、それには調値の詳しい描写があり、陰平―高昇、陽平―低降昇、上声―低平、去声―高平であったことが知られ、入声は母音の調音点の高低に応じて二つに分裂しており、高母音の方は高平、低母音の方は低昇であった。更に上声と上声が連続すると前の上声が陽平に変わる、という現代北京語と全く同様の変調が存在していたこともテキストの実例により跡付けることができる（但し文法構造上の制約がある）。ほか、軽音も存在していたことが確認でき、声調に関してこのような細部まで分かる歴史的資料は稀有のものである（拙稿「《翻訳老乞大・朴通事》里的漢語声調」『語言学論叢』一三、一九八四年）。

十七世紀になると宣教師が中国語の教科書や文法書を編纂するようになるが、その中には音符で中国語の声調を記録したものがある。一例を挙げると、一七七五年以後に広州で作られたRodriguezの*Arte de lengua china*には陰平音訳されたが、それは子音・母音のみならず、声調の面でも特別の配慮を込めて行われたことが知られる。梵語には声調も高さアクセントも存在しないが、梵語の母音の長短と中国語の声調（中古の時代には「平上去入」の四種があった）が時代に応じてさまざまな対応関係で用いられるのである。つまり、七世紀頃までは梵語の長母音が中国語の平声、梵語の短母音が中国語の上・去・入声で写される傾向があり（ここから「平仄」とは長・短の対立であったとする説が立てられている）、八世紀頃からは梵語の長・短を表わすのに中国語の去声・上声が当てられる、といった傾向に変わる（水谷真成「梵語音を表わす漢字における声調の機能」もと一九六八年、同氏『中国語史研究』所収、三省堂、一九九四年）。この場合、声調の高低パターンは分からないものの、長短の特徴は窺われる。

　また敦煌で発見されたチベット文字で記された中国語の資料では、中国語の全清音に対して上・去声に限って濁音のチベット文字が当てられる、という現象がある。これはその当時（晩唐）敦煌の方言では上・去声が低く始まったことを示すものと解されている（高田時雄『敦煌資料による中国語史研究』、創文社、一九八八年、五四―五九頁参照）。

日本には唐代の中国語の声調を反映する資料が数多くあり、それは文献資料のほか、現在の口語にも顕わに残っており、京都方言などの漢語のアクセントには中国語の原音の声調の類別を反映するものが見出される（金田一春彦「日本四声古義」『国語アクセント論叢』、法政大学出版局、一九五一年）。

　このほか近世になっての資料でも、例えば『華夷訳語』などで中国語の声調と他の言語の音調との選択傾向に偏りが見られたりして、推定に役立つ。

文献の描写

日本の安然『悉曇蔵』（八八〇年）には当時までに日本に伝えられていた四家の声調調値の描写があり、例えば「表則平声直低、有軽有重。上声直昂、有軽無重。去声稍引、無軽無重。入声径止、無内無外。平中怒声与重無別、上中重音与去不分。…」から、「表」氏の平声は低平調であって陰平と陽平に分かれ、陰上は高平調で、上声の全濁は去声に合流し、去声は一類しかなく、長く発音し（「引」というのは長く発音するという意味で、上で見た梵語の長母音に去声が当てられるという傾向と軌を一にする）、入声は短かっていることから推して、ハ行音の場合も現在のようなhーbではなく、かつては同じ調音点のpーbという交替だっただろうと考えられる。即ち、日本語のハ行音はかつてpだったことが歴史文献や他の言語との比較をせずとも現代語の証拠からだけでも推定されるのである。

中国語ではこのような交替現象は歴史時代前には非常に盛んであったふしがあるけれども、中古以降では語形変化が極めて少なく、従って内的再構を使用する余地も少ないのであった。

しかし、声調については殊に福建語のように非常に大がかりな交替現象が存在する場合があり、それに基づく古い調値の推定をやはり平山久雄先生が行なっている。ごく卑近な例を挙げると、北京語の三声が低平調（いわゆる「半三声」）と降昇調（単独で発音した場合の三声）に交替することに基づき、この交替が生ずる前の時代には三声は低平調であり、それが単独ないし文節末（かつ強ストレスを帯びた場合）に降昇調に変化した、と推定するのである。

この方法は極めて理論性が強く、それを中国語研究に初めて適用した論文「客家桃源方言声調調値の内的再構」（『鳥居久靖先生華甲記念論集・中国の言語と文学』、一九七二年）を読んだ時には美的感動すら受けたものである。

対音資料

仏典の漢訳に伴い、梵語の固有名詞や呪文（陀羅尼（ダラニ））が定する基準は、x＞yなる変化は音声的に自然な過程（その方が調音が楽になったり、弁別がしやすくなる、等等）で起こりうるのに対して、逆のy＞xなる過程は不自然でほとんど起こり得ない、といった「非可逆性の原理」に依っている。

平山久雄先生は声調調値に関して、例えば高平調（現代北京語の一声のような調値）は高降調（同、四声の前半のような調値）に変化しやすい、とか低平調（同、いわゆる「半三声」のような調値）は低昇調（同、単独で発音した場合の三声のような調値）に変化しやすい、といった一連の調値変化の方向性を打ち出し、これを「調値変化の還流」と命名し、これに基づいて方言間対応を歴史的序列に還元し、北方方言における一連の調値変化過程を推定している（最新作「北部晋語声調調値的系譜分類」余靄芹・遠藤光暁編『橋本萬太郎紀念中国語学論集』内山書店、一九九七年からそれらの出所を手操ることができる）。

この「還流」説はそれ自体としてはリアルな音声過程であり、かつ説明力の大きな強力な仮説なのだが、演繹的に導かれていて、これを経験的事象により検証せねば俄に受け入れがたいこともあって、その後に続く研究者はまだ現れていない。日本語アクセントの歴史的研究の第一人者である金田一春彦氏が打ち出したアクセント変化の方向性がこれと正に逆の過程、つまり高降調は高平調に変化し、低昇調は低平調に変化する、といったものを「第一原理」としていることも不安な材料の一つである。中国語と日本語は違うのだから、とは言っても人類の言語を律している原理は根底では同じもののはずなのだから。

以上のように、子音・母音の推定では最も基本的な方法である方言間比較も、声調について言うと資料的な困難は既に除去されつつあるが、方法論的な面では平山説が独走しているというのが現状である。

内的再構

内的再構というのは現代言語学の祖・ソシュールが創始した方法で、一言語内部の交替現象に基づいてその交替が生ずる前の段階の形を復元するものである。最も身近な例を挙げると、日本語では「花」は「ハナ」だが「草花」では「クサバナ」であり、このような複合語で生ずる「連濁」の他の語例、例えば「棚」タナ—「本棚」ホンダナ、「仮名」カナ—「平仮名」ヒラガナがt—d、k—gとな音韻学の部分と頼惟勤『説文入門』（大修館書店、一九八三年）の古音概説の章は易しい語り口で高度の内容を盛った類まれな「入門」の書である。

このような大家による名文が既に幾多もあるからには、小文はオーソドックスな内容を正攻法で説くことは断念し、過去の時代の声調調値（つまり声の上げ下げのパターン、例えば現代北京語の第一声は「高く平ら」である等）の推定という現在もなお草創期にある分野の研究状況をスケッチしてみたいと思う。

長	安	一	片	月
ȶɦiɑŋ ˩	ʔɑn ˧	ʔiĕt ˥	p'ɛn ˧˥	ŋɡɣɑt ˩
万	戸	擣	衣	声
ɱɪɑn ˩˥	hɦo ˧˥	tɑu ˥	ʔɪə̆i ˧	ɕiɛŋ ˧
秋	風	吹	不	尽
ts'iə̆u ˧	pfɪə̆uŋ ˧	ȶɕ'yi ˧	pfɪə̆t ˥	tzɦiĕn ˧˥
総	是	玉	関	情
tsŏuŋ ˥	ɕɦi ˧˥	ŋɡɪɔk ˩	kuan ˧	tzɦiɛŋ ˩
何	日	平	胡	虜
hɦɑ ˩	ȵʑiĕt ˩	pɦɪaŋ ˩	hɦo ˩	lo ˥
良	人	罷	遠	征
liɑŋ ˩	ȵʑiĕn ˩	pɦai ˧˥	ɣɑn ˥	ȶɕiɛŋ ˧

復元された唐代音による「子夜呉歌」（『漢文教室』121号）

方言間比較

歴史言語学の最も基本的な方法は方言（ないし言語）を比較することによってそれらの祖形を復元することである。

カールグレンは二十世紀の初頭に二十代前半の若さで単騎中国に赴き数十地点の方言調査を行い、それを元として子音・母音の比較言語学的研究を行い、中古音を復元したのだが、声調調値についてはあまりにバリエーションが大きいので推定を断念した。今日のように千地点内外の方言状況が分かってみると、カールグレンのこの措置は極めて賢明だったことが分かる。こと声調調値については、たかだか数十地点であの広い中国の地域変異を代表させることは到底不可能なのである。

一般に、方言間比較では、A方言ではxなる形になるものがB方言ではyとなる、という対応関係をまず求め、それをx＞y（xの方がより古い形でそれがyに変化した）ないしy＞xといった歴史的変化に還元して理解・説明する。その際、それがどちらからどちらの方向に変化したかを決

失われた漢字音を復元する

——声調調値の推定を例として——

遠藤光暁（えんどう　みつあき）

はじめに

歴代の中国語の発音は既にかなり復元されており、その中でも最も代表的な時代の発音、上古音（周・秦）、中古音（隋・唐）、『中原音韻』音（元）などは藤堂明保『学研漢和大字典』につぶさに注記されているので、誰でも手軽に利用することができる。更に、唐代音による朗読をテープで聞くことすらも可能で、石川忠久『漢詩の世界』『漢詩の風景』（大修館書店）の付属テープには中国語音韻学者の平山久雄先生による実例が収録されている（引用例は李白の「子夜呉歌」其三）。

このような復元音が可能になったいきさつについては、中国語音韻史研究のパイオニアであるカールグレンの『言文学と古代支那』（岩村忍ほか訳、『支那言語学概論』所収、文求堂、一九三七年）と『中国の言語』（大原信一ほか訳、江南書院、一九五八年）が今もなお最も優れた解説を施しており、創業者のみがもつ初発的な発見の喜びを追体験することができるのだが、残念ながら両書とも絶版のままでリプリントが出ていない。平山久雄「『唐代音による唐詩の朗読』について」（『漢文教室』一二〇・一二一号、一九七七年）も学問的水準を落とさずに興味深い筆致のもとに中古音推定のあらましを概説したもので、このテーマについてこれ以上の文章をものすることは困難である。また、頼惟勤『中国古典を読むために』（大修館書店、一九九六年）の

遠藤　光暁
（青山学院大学　中国語学）

九九年には中国語学の分野では河野六郎・頼惟勤・太田辰夫・グロータースといった世紀の碩学が相次いで逝去され、一つの時代の終焉をひしひしと感じさせられた。かくの如き雄渾な学問が二十一世紀にもなしうるのか否か？研究者をめぐる物質的条件は格段の改善を見たにも関らず、志と実力の矮小化は覆うべくもなく、心細い限りである。

①W・A・グロータース著『**それでもやっぱり日本人になりたい**』（五月書房、一九九九年）

家学の方言地理学を中国に移植し（『中国の方言地理学のために』好文出版、一九九四年に詳しい）、宣教師として中国に留まれなくなってからは日本の方言地理学を育んできた著者の遍歴をユーモラスに、時にシリアスに綴った一代記であり、日本への遺書でもある。この本には師の茶目っ気あふれる人柄が存分に出ていて、声をたてて笑った箇所がいくつもある。

②岩田礼編『**漢語方言地図集（稿）第3集**』（『中国における言語地理と人文・自然地理』5、一九九九年）

そのグロータース師の遺志を継承・発展させた岩田礼氏をリーダーとする共同研究の成果。方言地図を初めて描く院生・学部生多数の作品も含むが、一つ一つはささやかな研究であっても、一つのグランドデザインの下に集団作業を行うといかに大きな力となるかの好例である。この中から（も）次代の大学者が育ってほしい。このプロジェクトの代表者は私であるが作業に関与していないので、ここで堂々と称揚しておいた（入手ご希望の方に進呈いたします）。

③牛島徳次著『**回光返照**』『**中国語、その魅力と魔力**』（同学社、一九九八年、一九九六年）

私は学部一年の時、廃校になった教育大に残る牛島先生の研究室で行われていた「漢語研究会」に他大学の学生でありながら「記録新聞」の書き取りに参加させていただいた（相原茂『中国語の学び方』東方書店、一九九九年、「第一話」に同研究会の情景が描かれている）。日中学院を創始された倉石武四郎先生や藤堂明保先生・牛島先生のような自己の研究を犠牲にして中国語教育に粉身砕骨された先駆者によって今日の自分があるのだと感ずる。牛島先生は研究会の場とその後の飲み屋でのお姿がまったく異なり、そのどちらにも敬愛の念を抱いたものであった。

河野六郎博士については古屋昭弘氏による追悼文（『東洋学報』最近号所載）があり、頼惟勤先生については弟子筋の追悼文を待ちたい。

④佐藤晴彦・竹内誠著「**太田辰夫先生を偲んで**」（神戸外大同窓会『楠ヶ丘』三八、一九九九年）

コーネル大学の梅祖麟先生は北京大学での白話歴史文法に関する連続講義（一九八三年）で太田辰夫・入矢義高・志村良治といった日本の学者を極めて高く評価され、それが機縁となって『中国語歴史文法』の中訳本も出た。梅先生は後に台湾でも「宣教」活動を行われ、今日の大陸・台湾での白話歴史文法研究の活況をもたらしたが、それまでは白話歴史文法は呂叔湘のような少数の例外を除くと日本の学者の独壇場であった。最近、教科書を編む参考のため太田辰夫「北京語における〝進行〟と〝持続〟」（『中国語文論集語学篇・元雑劇篇』汲古書院、一九九九年所収）を読み直し、終戦直後に出たこの論文の新鮮さに改めて感銘を受けた。しばらく品切だった『中国語史通考』（白帝社）も最近普及版が出て、学生でも容易に買えるようになったことは喜ばしい。表題の追悼文は同じく佐藤晴彦氏による聞き書き（『中国語』九二年四月号―六月号）と共にその人となりを彷彿させる得難いものである。

その解題で更なる知見を開陳しておられる。ちなみにこの会読は現在も進行中であり、今年度末には揚雄『方言』の方言地図、来年度末には佐藤氏の監修による巻一の訳注の刊行を予定している。このプロジェクトは評者が代表者を務めていて、報告書がお入用の方には進呈しており、また会読も諸賢の参加を歓迎しているので、興味をおもちの方は私宛にご連絡いただけると幸いである。

古屋昭弘「明代知識人の言語生活――万暦年間を中心に――」は本国資料とヨーロッパの宣教師による資料を縦横に駆使しつつ、官僚たちが非常に文語的な色彩を帯びた典雅な文体で話していたことを詳細に跡付ける。宣教師資料は近年古屋氏が読みにくい手書きのローマ字から漢字を同定し、音韻・語彙・文法・文体に至る精密な研究を行い、東洋文庫に蔵せられる後世の一連の資料も渉猟して、国語史におけるキリシタン資料に比せられるジャンルとして確立せられた分野である。古屋氏は『字彙』『正字通』といった明代・清初の字書に対する系統的な研究も行っておられ、その漢・洋にわたる着実な学識を融合させたのが該文である。

結尾の望月眞澄「『字彙』付録「韻法直図」を調べる」は明代の字書『字彙』付録の「韻法直図」が編者・梅膺祚の出身地である安徽省宣城の方言に基づいたものである、と推定する。「韻法直図」は独立の資料ではなく、「韻法横図」と表裏をなすもので、しかもそれらは『字彙』本体の反切に対する解説となっているので、少なくともこれら三つの資料は同時に研究する必要があり、しかもこの三つの資料ともそれぞれ承ける所となった参考資料がある如くであるのでその研究はなかなか容易ではない。該文で挙げられた諸々の論拠についてはこのような短い書評の中では論じ尽くせないが、従来簡単に官話音を反映するとされてきた該資料に新たな照明を当て、問題提起を行った点で有益であった。

神奈川大学中国語学科に在任した中国語学専攻の教員としては他に大西克也氏がおられ（現在東大に転任）、新出土資料による古代漢語語法の研究で新生面を切り拓く一連の論文をものし、将来が嘱望される。

神奈川大学中国語学科は意あってゲストメンバーの応援も得つつ「新シノロジー・歴史篇、文学篇、言語篇」の三部作を世に送られた。同学科の更なる発展をお祈りするとともに、近年続々と新設された各大学の中国語学科におかれても同種の企画を実行に移されることを希望する。

（青山学院大学）

であろう」という解釈を与えている点が私には最も面白かった。

杉村博文「文法——データ・分析・記述・生成——」は個人的には最もワクワクしながら読んだもので、大河内康憲教授の唱導の下に大阪外大で入力された中国語テキストデータを元にしたケーススタディであり、「一眼」という字組を検索して得られた用例を整理している。その結果自体はあまり華々しいものではないように私などには思われるけれども、『しにか』一九九八年五月号所載の同氏の文と同じく、パソコンとインターネットを活用した夢のある中国語研究の近未来像を描いている。

松村文芳「「名詞中心の統語論」と「語素の分布規則」」も同様の傾向のもので、同氏の入力になる茅盾『子夜』の電子テキストに現れる「眼光」ないし「眼」と「射」の共起する用例を検索した結果を列挙し、その分布を論理式で表現したものである。

このような電子テキストによる文法・語彙研究は英語学や日本語学では既に「コーパス言語学」として活発な研究が行われている独立したジャンルとなっているが、中国語についても例えば台湾では既に十年前から計算語言学学会が結成され、年次大会の論文集を始めとする多くの業績を刊行しており、*International Journal of Computational Linguistics & Chinese Language Processing* という学会誌も出ている（連絡先：Computational Linguistics Society of R.O.C., CKIP Group, Institute of Information Science, Academia Sinica, Nankang, Taipei 115, Taiwan; E-mail : rocling @hp.iis.sinica.edu.tw)。上田博人『パソコンによる外国語研究への招待』(くろしお出版、一九九八年）は主にスペイン語を例としたものだが、生々しい例がたくさん出ていて刺激になる。中国語のテキストデータとしては中国語情報サービス（電話〇三—三三三一—七八七〇）が検索ソフト付きで提供するものがあり、日中対照のデータも含んでおり、値段も手ごろで、現在最も手軽に利用できるものであろう。ほか、インターネット上には古典籍も含む大量の中国語のテキストデータが供せられており、その雄である台湾の中央研究院の専門家や大陸・香港などの中国語学と計算機科学の研究者を集めた計算語言学の円卓会議がこの五月に香港城市大学で開かれ、私も参加してきたが、日本でもそろそろパソコン利用の中国語研究の連絡協議会が開かれてよいと思う（大阪外大で準備中であるとも仄聞する)。

佐藤進「揚雄『方言』研究導論」は揚雄と『方言』の関係、諸版本、注などに関する懇切な概観を与えており、随所に新見が見られ、注意深く読むに値する。該文はもともと文部省科研費プロジェクト「中国における言語地理と人文・自然地理」の一部をなす揚雄『方言』会読の皮切りに発表されたもので、佐藤氏はまた『方言』宋本の流れを継ぐ諸本を対照した『宋刊方言四種影印集成』も編み（同プロジェクト報告書第二冊、一九九八年)、生にとって大いに励みになるであろう。逆に言えば、定石破りの新手の提唱者となるチャンスがいくらでもころがっている、ということなのだから。ほか、類義表現関連論文もたくさん挙げられており、中国語を教える教師にとっても有益な文である。

讃井唯允「中国語の「文終止」とコンテクスト性」はやはり中国語教師にとって最も頭の痛い問題の一つである「了」と「文終止」の問題を取り上げ、普通そのままでは文が完結しないと言われる「了[1]」の後に裸のままの名詞が目的語となった組み合わせでも終止する例を挙げ、それは「過去の出来事の全体情報の一部分を構成する情報、つまり「部分情報」となる場合」である、とする。この現象については、先に木村英樹「動詞接尾辞〝了〟の意味と表現機能」(『大河内康憲教授退官記念中国語学論文集』東方書店、一九九七年)が論ずるところであり、「一連の動きの流れや事態の推移を視野に納め、前後の動作や変化とのつながりを意識しながら、当該主体の動作や変化を描こうとするための文」である「過程描写文」においては、そのコンテクストから切り離すと文終止不可能な上述の組み合わせでも文終止する、と述べており、讃井氏の該文はそれと本質的に同じアイディアを別の表現で言い換えたものと見なされる。また、呼美蘭「〝V了O了〟の使用状況とその意味」(『中国語』一九九八年九月号)は離合詞、慣用語だとV了Oでも文終止すると述べる。

中川正之「モノとコトの日中英対照」は副題の示す如く「とくに日本語の「モノ」と中国語の〝的〟と英語の〝-er〟をめぐって」の対照研究であるが、〈動詞+名詞〉の構成(例えば「唱歌」)が日本語では「うたう歌」つまりモノであるのに対して中国語では「歌をうたうコト」であると指摘し、その理由として「日本語がヘッド[主要部、引用者補]を後ろに置くタイプの言語であるのに対して中国語がヘッドを前に置くタイプに属するから

日本の中国語学の現在
——慶祝神奈川大学中国語学科創設十周年

遠藤　光暁

神奈川大学中国語学科編
現代中国語学への視座
——新シノロジー・言語篇
A５判　208頁
東方書店［4500円］

　本書は日本の中国語学界の頂点を支える現世代の饗宴であり、オールキャストではないものの、いずれ劣らぬ名優揃いの豪華執筆陣である。専門課程に進むあたりか卒論のテーマを考慮中の中国語科生を念頭において執筆されているので、専門的な題材を扱いつつも中国語学プロパーでない方々にも読みやすく、各執筆者の学問（その分野の対象・方法のみならず執筆者個人の学風）へのイントロダクションともなっている。

　冒頭の松本昭「もう一つの中国語五十年」は本書の基調をなすもので、文アクセントの重要性を説く。中国語の強さアクセントの研究は実は日本（とロシア・ソビエト）の中国語学のお家芸であり、松本昭・平山久雄、また神奈川大学にも在任せられていた那須清といった諸学者の研究は世界的水準を抜くものであった。来年はプラハで中国語の重音のみに関する専門の会議が行われる予定で（http://udv239-1.ruk.cuni.cz を参照）、国際的にも関心が高まっているテーマである。教育面の応用でも日本は優れた先例があり、倉石武四郎『中国語法読本』（日光書院、一九四八年）は漢字の大小により重音を表示し（『中国語五十年』六二頁の書影参照、実際の作業担当者は博良勲・那須清）、現在でももし重音を表示した教科書を作るならばこの方式を（簡略化・規則化を施して）採用したいところである。

　相原茂「中国語の類義表現」は研究面のみならず、学習・教育面で常にぶつかる重要問題である類義表現を取り上げ、形態素・語・フレーズ・文といった各々のレベルで面白いトピックを例としながら問題の見つけ方・解きほぐし方を軽妙に説く。「類義形態素」のレベルの提唱も、中国に先駆けて逆引き辞典を編纂したこの著者ならではの着想で、例えば衣服関係で「～服」「～装」「～衣」で終わる語を列挙した上で「上下揃いのフォーマルな制服」「ファッション」「最も範囲が広いもの」といった違いがあることを指摘する。また、類義表現の違いを見出すための基準を示す一方で、「ある普遍的な鑑定法などなく、常に新たな問題として、解かなければならない」と述べるくだりは、これから論文を準備しようとする学夫「ペリオ」は、ペリオもさることながら書き手の強力な筆力とその背後にある学識も印象的である。

　編者・高田時雄氏はフランス政府留学生としてパリで学位を取ってきたわが国中国語学界きっての才人であり（『敦煌資料による中国語史の研究』創文社、一九八八年はその学位論文）、最近は Paul Pelliot, *Inventaire Sommaire des Manuscrits et Imprimés Chinois de la Bibliothèque Vaticane*, revised and edited by TAKATA Tokio, Instituto Italiano di Cultura Scuola di Studi sull'Asia Orientale, Kyoto, 1995（京都・朋友書店扱い）を出しておられ、ペリオが編んだバチカン図書館所蔵の中国関係の写本・刊本の目録がこのような完備された形で容易に利用できるようになったことは真に有難いことである。ほか、近年京都大学で欧州の中国語学研究史を講じておられると仄聞し、その公刊が待たれる。また、今年出たばかりの岩波文庫版『千字文』巻末の木田章義「文庫版によせて」には故小川環樹教授を囲む中国音韻学の学社・均社の会合の情景が実名で活写されており近頃まれにみる快文章であるが、その中で高田氏は「不遜と自他ともに認めていた」とあり、また「深夜に前触れもなく、面識もない故・貝塚茂樹先生のご自宅に、『小川環樹先生の弟子です』と名乗って上がり込み、酒を飲んで帰ってきたこともあったが、貝塚先生は『タマちゃんのお弟子さんか』と歓待されたという。」高田氏の筆になる「クラプロート」には、その放埒な生活に対する寛恕やほのかな共感すら感じられるが、これは私の深読みなのであろう。

　この好企画により教えられた点は多いが、いくつか注文も記しておきたい。福井文雅「マスペロ」は「日本におけるマスペロ受容」といった題で本国で講演ができる堂々たる内容であるが、マスペロの生涯と学問について知るための根本資料であるドミエヴィルによるネクロロジー (Journal Asiatique, 234, 1943-45, ほぼ完璧な著作目録付 ; T'oung Pao, 38:1, 1947) にある内容とは重複を避けておられ、参照文献にも挙げられていない。通には月並みを避けたのだと分かるが、ふつうの読者にとってはやはり困るだろう。また、ロシアの学者の紹介の中には原典の表記が付いていないものがあり、ローマ字転写でよいから付して欲しかった。また、生涯と学問のいずれか一方の紹介に偏っている原稿もあった。ほか、執筆者によって文末に注記してくれていることもあるが、学説史の流れを概観した著作や工具書（例えば Miliband, S., *Biobibliograficheskij slovarj sovetskix vostokovedov*, Nauka, Moskva, 1975『ソビエト東洋学者伝記書誌辞典』のようなもの）を組織的に網羅して、この書で取り上げられなかった学者の事績や著作を調べるためのとっかかりを一章設けて一望できるとなおよい。

　世紀末ゆえ学説史の回顧は洋の東西を問わず盛んのようであり、Europe Studies China : *Papers from an International Conference on the History of European Sinology*, Han-shan Tang Books, London, 1995. ISBN 0-906610-16-8 はヨーロッパ各国の代表的学者による概観を集成しているらしい（未見）。巻末に収める座談会で森安氏が述べるようにこれからは日本が欧米の東洋学専攻の留学生を育てて送り返すような時代が来つつある。和漢洋の学統をすべて継承・発展できるよう、特に学生・院生に本書を読んで欲しいと思う。

（えんどう・みつあき　青山学院大学）

熱心な読者が自ら標準的な伝記ないしネクロロジーおよび著作目録に当たる際の手がかりが与えられている。

　では、欧米の東洋学者があのような大学問を形成しえた秘密はどこにあるのであろうか。この問いに正面から答えを与えているのは立川武蔵「トゥッチ」であり、「彼はチベットやインドの文化――例えば絵画にせよ、建築にせよ――を自らの文化と常に比較しながら見ているのだ。彼が比較文化的考察を進めているというのではない。彼は自らの伝統文化を自分なりに全体として把握し、その全体像によって他の文化を見ようとしている。文化なり思想を見る眼がすでに養われており、その洗練された眼で他の文化的伝統をあたかも第二、第三の自らの伝統であるかのように見つめるという態度がトゥッチにはある。」と述べる。私もこれには同感で、これを別の観点から言うと、ヨーロッパの人文学の精華に幼少から常に触れていて、自覚的にその方法論を援用したかは別として、研究の到達度を計る尺度としてその高貴でソリッドな学的背景をバックボーンに持っていたことの力は大きいであろう。より具体的には、ヨーロッパ文明の根底たるギリシャ・ローマ文化を全般的に探求する分野・フィロロギーを基盤として、それを東洋諸地域を対象に及ぼしたものと言えよう。（フィロロギーなる学問が如何なる広がりをもつ分野かは、それを「文献学」と訳しただけでは理解することができない。これについては中島文雄『英語学とは何か』講談社学術文庫、一九九一年を参照されたい。これを読むためには特に言語学の素養は必要ない。）

　また、多くの学者が二十代の修業時代に徹底的な現地体験を経ていることも見逃せない。ハノイにあった極東学院はペリオやマスペロを育んだ揺籃であった。また、まだ「探検」が存在した時代であり、スタイン・ペリオ・ルコックらがもたらした敦煌・トルファン資料が学界に一紀元を画したことは言うまでもなく、有形・無形の現地体験は前代未聞のものであり、それのみでも新しい分野が拓かれるようなインパクトを持っていた。

　この書で取り上げられた学者は各国の学界のその時その時の中心人物であるから、若くして地位と栄誉と安定した経済的生活を享受していた人が多い。まだ貴族が存在した時代で富の集中は甚だしく、ましてや植民地時代のヨーロッパであるから、現今のような民主社会とはそもそも階級的基盤からして根本的に違っており、あのようなノーブルな学問はもはや再現することは難しかろう。その中で感銘深かったのは反ナチのレジスタンスに身を投じ中年に至るまでその才にふさわしい安定した学的環境が得られなかったバラーシュであるが、心臓病により早世した悲劇的結末が痛ましい。

　もとより業余の読み物とは言え、執筆者の力量や個性も如実に反映していて、その意味でも興味深い。興膳宏「ドミエヴィル」は同氏との出会いから筆を起こし、おだやかな筆致でその事績を跡づけ、最後に線装本が整然と並ぶその旧蔵書の中の書架にただ一冊ちょこんと日本語の桃太郎の絵本が載っていたという情景を描き、この大学者のさりげないユーモアを浮かび上がらせてしめくくる。また、「瞑想的な要素を色濃く含む謝霊運の山水詩に彼が傾倒したのは、アルプスの山人（モンタニャール）としての共感であろうか。」という感想も面白い。資料を調べて書いたことよりも、こういう直接的な経験や自らの解釈の方がやはり心に響くものだ。また森安孝

〔書　評〕

東洋学の系譜（欧米篇）

高田時雄編　大修館書店　一九九六年十二月　三一〇頁　四六判　二三〇〇円

評者・遠藤　光暁

優れた学問はいかにして生まれるのであろうか。その秘訣があるのならば自分でもそれを極力取り入れてあやかりたいものだ、という願望から私はよく学者の伝記を読む。一番面白いのはやはり自伝で、シュリーマン・湯川秀樹・ライシャワー・小平邦彦・森嶋通夫のものなどを愛読したが、友人や直弟子の手になるものもよい。服部四郎による有坂秀世の回想記（有坂秀世『語勢沿革研究』三省堂、一九六四年所収）、山田信夫による前田直典の伝記（前田直典『元朝史の研究』東京大学出版会、一九七三年所収）、ポッペによるポリワーノフの回想記（ポリワーノフ『日本語研究』弘文堂、一九七六年所収）など、いずれも早世した天才の意外な人となりが分かり味わい深かった。

さて、標題の書は主に十九世紀から二十世紀前半のヨーロッパの中国学者ら二十四人の生涯と学問を紹介したもので、シャヴァンヌ・ペリオ・マスペロ・グラネ・ドミエヴィルといったフランス中国学の大御所を始めとして、スタイン・ニーダム・ラウファーなど誰もが知る錚々たる大家のポートレートを豪華執筆陣が健筆を揮って描いている。殊に喜ばしいのは、ビチューリン・ブレットシュナイダー・バルトリド・アレクセーエフ・ウラジミールツォフなどのロシアの学者が多く取り上げられていることで、ソビエト時代になって国力に不相応なくらい巨大な科学アカデミーを擁して長足の進歩を遂げ、強力な陣容を持ちつつもロシア語で書かれていることやそもそも原典自体が入手困難なため世に充分知られているとは言えないロシア・ソビエトの学統の淵源に照明を当てている。

それと共に、中国以外をフィールドとした学者は私など平素なじみがないのだが、こんな人物がいたのか、とかえって新鮮な驚きを覚えた。インド学は中国学に輪をかけて汗牛充棟の文献を有し、多種多様の言語を操らねばならぬ分野であるようだが、その中で「蝶の螺旋軌跡」を描きつつ「軽やかな飛翔」をしたというシルヴァン・レヴィ。マンダラを介して洋の東西の比較のみならずかのユングにも類する人間精神の普遍的深層を探求したというトゥッチ。また、中国の民話の形式分類を行なったり中国の地域文化論を展開したというエーバーハルト、などなど、これら三篇だけでも本書を繙く価値があると感じた。

また、クラプロートなる人物も殆ど知られていないと思うが、東洋の諸言語や地理を研究し、宣教師に始まった泰西の東洋研究を学者の手に移し軌道に乗せたこの大立者の生涯と学問が均整よく描かれ、その放埒な私生活に触れて軽妙に一篇を閉じ、注ではベルリンの図書館にあった中国関連写本が大戦中に疎開して今はポーランドのクラクフ大学に蔵せられていることなど新情報を報じ（私がベルリンに行ったときは爆撃で焼失したと言われた）、更に原典やより詳しい書誌にあたる際の参考書が記されていて申し分ない。他の諸篇もおおむねこのような懇切な構成となっていて、字の九八パーセントにあたる七五一例が琉球語の非促音に当てられていることから、入声韻尾が既に消失したものと結論づけている（一〇四頁）。だが、音訳を通覧していると入声字の頻度が著しく高いと感じられ、資料九の表二を集計すると琉では入声字が六九四回現れ、全体の字数の千七百あまり（一二頁）の四十パーセントを占める。入声は字種で言えば『広韻』五巻のうち一巻のみを占め、作意がない限り頻度は二十パーセント程度であることが期待されるところである。これは日本語を記録した他の中国資料でもよく認められることなのだが、日本語の音節（より厳密にはモーラ）は中国語の音節より短いので、その短促性を表すために中国語の入声が当てられることがある（逆に長崎通事などが中国語課本に当てた仮名注音では入声にはカナ一字、他の声調の音節にはカナ二字が当てられることがある）。よって、私は琉の基礎方言ではまだ入声が独立していたものと考える。このことは明代官話南京音説の成立可否とも関わるので特に記しておく。

『華夷訳語』の研究は最近も活発に行われており、福島邦道『日本館訳語攷』（笠間書院、一九九三年）にはそれまでの研究論著が包括的に挙がっており、ほか *The Sino-Jurchen Vocabulary of the Bureau of Interpreters* (Daniel Kane, Indiana UP, 1989) や『朝鮮館訳語의音韻論的研究』（権仁瀚、ソウル大学校博士論文、一九九五年。同書は東京外国語大学朝鮮語学科助手伊藤英人氏の斡旋により著者より恵与を受けた。両氏に謝意を表する。）があり、近年の影印本としては『北京図書館古籍珍本叢刊』六（書目文献出版社、一九九一年）がある。

琉球資料については琉球側の中国語教科書による研究を近年瀬戸口律子先生が精力的に行っておられる（本誌一九九五年七月号所載の六角恒廣教授書評を参照）。

丁鋒氏は一九五二年に江西省上高で書香の家に生まれ、江西師範大学で学び、近着の力作『《博雅音》音系研究』（北京大学出版社、一九九五年）はそこでの修論であり、博士課程は中国社会科学院研究生院で語言研究所所長の劉堅先生を導師として語彙史を治め、九五年に標題作により北京師範大学より博士号を授与された。九一年に来日、当初は駒沢大学、現在は法政大学沖縄文化研究所の客員研究員である。最近は北京図書館で自ら発見した二百年前の琉球語辞書『琉球訳』の研究に従事するなど旺盛な活動を行っておられる。私どもの大学にも来講願い、「大材小用」を忝なくしているが、一層安定した基盤を得て心おきなくわれわれの学界に寄与されんことを願っている。

（青山学院大学）

参照系考察——明代官話音研究」ではここ十年来ことに盛んになった近世音研究の成果を踏まえて多種の資料から知られる明代官話の特徴を概括している。第四章「声母的琉漢対音」および第五章「韻母的琉漢対音」が本書の中核的部分なのだが、それ以前にそもそも対音自体が雑多な成り立ちをもつと見られるので、この書評では資料を『琉球館訳語』のみに限り、いくつかの際だった点を論じたい。

大友信一・木村晟『琉球館訳語・本文と索引』(古典刊行会、一九七八年)には『琉球館訳語』(以下**琉**)と『日本館訳語』(以下**日**)の対応語彙が並記してあり両者の関係を見るのにすこぶる便利であるが、それを見ると語として同じばかりでなく音訳漢字も全同ないしほぼ同じ項目が相当多いことが目につく。そして、例えば**琉**の四七二(これは同書の通し番号、以下同)「瑪瑙　烏馬那達馬」(馬の玉)・四七三「珊瑚　亜馬那達馬」(山の玉)などは奇矯な訳であり、これは瑪瑙や珊瑚をどう訳していいか分からず苦し紛れに「瑪」の「馬」に着目したり「珊」が「山」と漢字音で同音であることから創作した冗談としか言いようがないが、それが**日**でも「達」が「答」となる他は全同である例などはとても偶然の一致とは思えない(ちなみに『日本国語大辞典』『沖縄古語大辞典』『沖縄語辞典』には無論そんな表現は見えない)。

服部四郎博士の「日本祖語について(九)〜(十四)」(『言語』一九七八年十一月号〜一九七九年四月号)は一般に対音研究の模範ともなる精密・周到さで**琉**と**日**の相互干渉を既に詳細に検討しておられ、傾聴に値する。そして、このことは音価推定にも直接の影響を及ぼし、例えば**琉**ではハ行音の対音が中国語のp系の場合とf・h系の場合と両様あるが、f・h系の方は**日**の音訳を沿用したものと見られることなどを示しておられる(丁著はこれらの来歴を識別せず、当時の琉球語にpとΦの音が同時に存在したものとする)。

また、**琉**にはだいぶ安易に作られている項目が少なからずあり、例えば三三六「売　高葉」・三三七「買　烏立」は意味が逆だが、単なる誤刻ではなく、三六六「買売　烏立高葉」(売り買い)より「買」と「売」を分解して切り出してきたものである。また逆に、五九一「有無　阿立乃」(有り無い)は五七一「有　阿立」・五七二「無　乃」より合成して作ったものと思われる。また、**琉**でも**日**でもよく名詞に格助詞がついた形が与えられていることがあり(例、十五「今日　交哇」今日は)、孤立語的な感覚で膠着語を扱っていることが窺われるが、それが失敗した例としては一〇八「樹　那及」があり、これは一一一「柏　馬足那及」(松の木)から一一〇「松　馬足」を参照しつつ前半を切り取って得た形と思われ、「の木」に相当する形である。

以上の例はごく一端に過ぎず、基礎資料自体まだ批判的検討をなす余地が大きいことが了解いただければ幸いである。

音価の問題に関しては、ここでは入声の問題のみを取り上げる。丁著では入声

待望の『華夷訳語』研究書

遠藤　光暁

丁鋒著
琉漢対音与明代官話音研究
一九九五年
中国社会科学出版社［一、九二〇円］

『華夷訳語』は当初モンゴル語の語彙集として明の洪武二十二年（一三八九）に勅命により出され（甲種本）、永楽五年（一四〇七）に四夷館が置かれてより女真語・ペルシャ語・チベット語・ビルマ語等々の『訳語』も加わり（乙種本）、弘治五年（一四九二）に会同館が設けられて十六世紀前半に更に日本語・琉球語・朝鮮語などの『訳語』が成立した（丙種本）。ちなみに『東亜文化史叢考』（石田幹之助、東洋文庫、一九七三年、現在も在庫あり）の言語編はこの分野の古典的論文を収め、『華夷訳語』の雛形である元初の『至元訳語』なども紹介しており極めて有益である。

　これらは朝廷の訳官が周辺の朝貢国からの使節の言語を記したものであり、現在それらの言語史研究においては、時代が古く分量がまとまった数少ない資料として珍重され、盛んに研究されている。これは漢字による対音資料なので漢語史の資料としても使用できるはずだが、殷代からのおびただしい資料をもつ漢語史研究者の目からすると時代が新しく、また韻書と比すれば断片的で、表記も近似的なこの資料は軽視されてきた嫌いがあった。また、『華夷訳語』研究は日本がメッカであり、西田龍雄氏の多数の大著を始めとして応接に暇ないほどであるが、何故か本国ではほとんど研究がなされずにきた。その意味で中国の気鋭の漢語史研究者・丁鋒氏の標題作は誠に歓迎すべきものである。

　本書は正文篇と資料篇に二分され、資料編は『琉球館訳語』を始めとする明・清の数種の琉漢対音資料の影印、被対音語の比定一覧と校勘記、明代官話音系対照表と琉漢対音対照表、文献目録などの内容を含む。文献目録はこの分野の豊富な資料を含み有用であり、影印により古書店では高価の『纂集日本訳語』（京都大学国語学研究室、一九六八年）なしでも原資料の姿が見られるようになっている。

　正文篇は、まず第一章「琉漢対音資料及其性質」で琉球と中国の交流史から説き起こして簡潔に所拠資料にまつわることを紹介している。第二章「琉漢対音研究的原理和方法」が特に設けられているのも用意周到である。第三章「琉漢対音る人でも必ず理解できるであろう。ただ、これはそれぞれの分野で既に定評のある入門書・概説書のダイジェストといった趣のもので、専門家にとってはあまり新味がない。また、困ったことに既に評価の定まった本というのはたいてい一世代前の著作であり、二三十年は前の水準を反映したものなのである。ラムゼイ先生はその後の研究成果も吸収してはおられるのだが、時に一時代前の認識を元にした議論が堂々と行なわれていることがある。例えば、第二章では北方方言の単一性を示す例として東北のハルピンと西南の重慶とで難なく話が通じることが挙げられているが、これは趙元任『国語入門』（一九四八年）の序論の受け売りで、これ自体は誤りではないが、北方でも山間部の山西方言などは北京からさほど離れていないのだが互いに理解しあうのが非常に困難である。山西方言の詳しい報告が続々と出始めるのはごく近年になってからのことではあるが、専門の研究者ならばグロータース師や橋本教授の論文によってとうにこの事実をフォローしている筈である。また、第七章で『切韻』の「序」を『広韻』所引によっているが、これも種本が一時代前のものだからであり、その読解もやや大雑把である。

第二部は少数民族語の概観で、第十章で北方のアルタイ系諸言語、第十一章で南方の諸言語を扱う。私はこれらの諸言語に対する知識が著しく欠けているため、特に期待を抱きながらこの部分を読んだ。そして、確かに相応の収穫があった。ただ、かつて三カ月ほど学んだことのある満州語や二時間ほど接したことのある傣語に関してこの機会に知識が増やせるかと思ったが、あまりに記述が簡略に過ぎて駄目だった。また、チベット語がオミットされているのはなんとも残念であった。ほか、これらの少数民族語と漢語との相互関系についても一章を設けて論ずるに値するテーマだと思う。

著者・ラムゼイ氏は朝鮮語のアクセント研究で名が知られ、特に北朝鮮咸鏡道のアクセントの記述によって比較研究に重要な貢献をなした。博士論文（ソウル、塔出版社、一九七八年）では『鶏林類事』や『朝鮮館訳語』の対音において中国語声調と中期朝鮮語アクセントに対応傾向が認められることなども示し、中国語研究でもあながち素人ではない。

総じて言うと、この書はあたかも名曲のイントロだけを集めたサンプル・レコードのようなものである。面白い挿話が次々に出てきて、さて話が本題に入ろうとすると、そこで終わりになってしまい、欲求不満が残る。この点一つのセオリーを存分に展開した『言語類型地理論』などとは同日の談にならない。しかし、これが旅行のガイドブックのようなものだと考えるならば、これはこれで出色のできばえだと言える。読者はこれによって中国の諸言語の豊饒な世界に誘われるであろう。

（えんどう・みつあき　青山学院大学）

〈書評〉S・R・ラムゼイ著　高田時雄他訳『中国の諸言語——歴史と現況』

（大修館書店、一九九〇年、A5判、四一七頁、五、一五〇円）

中国言語旅行のガイドブック

遠藤光暁

故橋本萬太郎教授の『言語類型地理論』（一九七八年、弘文堂）は伝統的な中国語学に対する新鮮な挑戦であった。それまで「中国語」と言うとふつう現代北京語のみを意味し、その歴史をたどる際もあたかも各時代が直線的につながっているかの如き単純な扱いが主流を占めていたのに対し、該著は多様な姿を示す現代諸方言の分布を北から南にたどり、かつその変容の有様が周辺の諸民族の言語と軌を一にするとして、スケールの大きな議論を展開した。

わが国においても漢語現代諸方言の組織的な研究は早く倉石武四郎博士によって着手され、少数民族語とのかかわりで漢語を研究する試みも藤堂明保博士、頼惟勤教授などによってなされていたが、橋本教授はそれを更に強力に推進したのであった。

だが、日本においては該著に対して書評すら現れず、主な反響としては私の知る限り京都大学の平田昌司氏が橋本説の影響下にある論文をいくつか発表され、また私が非公式に批判的検討を行なった（のち『開篇』5、一九八八年に発表）のにとどまる。

中国においては復旦大学の若い研究者の間では早くから該著が注目され、その刺激もあって漢語と少数民族語、漢語と人文地理などとの関係を探った一連の斬新な論文が出され、また周振鶴・遊汝傑『方言与中国文化』（上海人民出版社、一九八六年）も生まれた。一方、アメリカでは元々こういう大きな議論が好きな風土でもあるから、おおむね好意的に受け取られていたように見受けられる。これから取り上げる『中国の諸言語』も明らかに橋本教授のパースペクティブに沿って構想されたものとしてよい。

第一章は「全中国に一つの言語を」として民国初期の読音統一運動から話しが始まる。これによって中国の方言・言語が収拾のつかないほど多様であることが浮き彫りにされる。これは、まず矛盾を提示して読者にそれがいかなる展開を見せるのか期待を抱かせる巧みな導入部である。

料理屋の味は入る前に門構えを見ただけで大体見当がつくものであるが、この第一章を読んでいて感じたのは、確かに話題も面白いし、語り口も軽快であり、なかなか穿った見方も随所に織り込まれているのだが、結局の所はその面白さはジャーナリスティックなものであり、学問それ自体から自ずと滲み出てくるものではない、ということであった。

本論に入るとその第一印象が誤っていないことが章を追うごとに確認された。第一部は漢語を扱ったもので、第二章「中国、その北部と南部」、第三章「北方からの影響の拡大」は初めてこのテーマに接する人にとっては刺激的であろうが、既に橋本著を知る人にとっては二番煎じの感を否めないだろう。第四章と第五章は普通話の発音と文法の素描で、第六章は現代方言、第七章は歴史の概観である。これらはいずれも要領よくまとめてあり、たいへん読みやすい。いままで他の概説書を読もうとして難解さに閉口したことのあ

《書評》　林燾・王理嘉等著『北京語音実験録』
（北京大学出版社、一九八五年）

地の利を生かした実験音声学

遠藤　光暁

この書は北京大学中文系語音実験室の最近の研究報告六篇を集めたものである。この書名は中国における実験音声学の開拓者・劉復の博士論文『四声実験録』（一九三〇年）を想起させる。現に同実験室はかつて劉復の主宰していた北京大学語音楽律実験室の流れを継いだもので、当時の実験器具の一部は今もなお保存されているという。小文では同書のうち日本人の中国語学習と教育に対しても実用的意義の高い初めの三篇をとりあげる。

同実験室で指導的立場にある林燾教授による第一篇「探討北京話軽音性質的初歩実験」は、軽重音の特徴だけが異なる二音節の同音語七対に基づき、第二音節の強さ・長さ・高さを増減させた音声を合成し、その改変が軽重音の聴取に対してどのような影響を及ぼすかを六十人の被験者について検証している。その結果、長さの特徴（つまり短いという点）が軽音の認識にあたり非常に重要な役割を果たしており、高さの特徴は多少は関与するものの、特に昇降の型は音が短くなるほど影響力が小さくなり、強さの特徴は（常識とは異なり）軽音の認識に対してあまり影響を与えないという。但し最後の点、強さについてはこの実験では一割程度の増減しかさせておらず、高さにおけるように五割程度の増減を加えたらどうなるかを見る必要がある。

第二篇は中堅の王理嘉と現在同仁医院で言語障害の研究をしている若い女性・賀寧基による「北京話児化韻的聴弁実験和声学分析」で、若い世代の北京語における児化韻の分合状況を聴取実験と機械測定により検討している。その結果は従来の主観的記述とさほど違わないが、児化韻の音響的特徴として第三フォルマントの低下を確認した点は重要で、これは調音面で舌尖を後方に反らし、それより前の共鳴洞を大きくすることによるものであろう。

活動的な感じのする若手・沈炯による第三篇「北京話声調的音域和語調」は声調の高低が文中においてどのような変容を受けるかを機械測定したものである。それによると、声調の音域の上限と下限とでは果たす機能が異なり、文節の末尾では声調の音域が低下し、それにより文の構成単位の境界が表示されるのに対し、声調の音域の上昇はその音節に重音が置かれていることを示す。更に、重音があるとそれ以後の部分が低くなるという測定結果も面白く、重音の音声的特質はその音節自体だけでなく、その前後の落差の対比にもあることになる。特に三声の場合は、それ自体の上限は高くならず、後続する部分の相対的な低下によって重音の存在が表示される。その他、疑問イントネーションの音声的実態も明らかにされており、有益な論文である。

北京大学の実験音声学の特長は良質の被験者が多量に得られる地の利を生かした聴取実験にあり、今後の更なる発展が期待される。

（えんどう・みつあき　東京大学）

とが望まれる。日本の中国語学も独特の重厚な伝統と多数のアクティブな若手を擁しており、本来は中国語学の研究条件ではどの国よりも有利な立場にある日本でこそこういう国際会議を開催して世界の学界に積極的に寄与してもよいはずである。

プラハの春

今回の訪問で新動向もキャッチしてきたが、シュバルニー博士について言うならば最近カレル大学で五冊本の中国語教科書を出しておられ、また『現代漢語常用語素彙編』(第一冊、一九九八年、オロモウツ、あと三冊が近刊予定)なる大部の辞書を刊行し始め、いずれも博士の考案になる表記法で強さアクセントやリズムの特徴が詳しく記述されている。

また今回「チェコ・スロヴァキアに於ける中国語研究の歴史の現状」『中国語学』八六、一九五九年の著者であられるハルドリチコヴァー女史にお会いすることができたのも喜ばしいことであった。

私はプラハに行く前にモスクワに滞在し、広東語に関するモノグラフも著しておられるヤンキビェル女史の蔵書の一部を譲り受けて来たが、その編になるЯнкивер, Библиография по китайскому языкознанию (『中国語言学分類参考書目』), 1, 2, Москва, Наука, 1991, 1993 が既に刊行されていることを知った。この目録は特に全貌が把握し難かったソビエト・ロシアにおける中国語学の論著がほぼ完全に知られる点で重要である。

今回のプラハ滞在は会期の三日間と前後一日ずつで正味五日間であったが、七回クラシック・コンサートやオペラを楽しんだ。以前に比べると西側の観光客が遙かに多くなったので、曲目は通俗名曲が多かったものの、紫色の花の咲き乱れるモーツァルト博物館での室内楽や、かの国民劇場でのスメタナのオペラなど、名にしおう「プラハの春」音楽祭を大いに満喫した。毎食チェコ料理のフルコースも楽しみ、学問と芸術とグルメ三昧で、これぞこの世の極楽であった。

(青山学院大学)

規律」『浙江社会科学』一九九八年第一期、「漢語停延的内三層和外三層」『語文現代化』一九九七年第三輯（呂士楠と共著）などが既にあり、殊にわれわれ日本の中国語学習・教育に携わる者にとって喜ばしいのは、その理論を応用した教科書として『新編普通話教程（第二版）』浙江大学出版社、一九九五年（附属テープ四巻あり、未入手）があることで、口語中国語の強さアクセント、イントネーション、リズムの実用的な朗読用テキストとなっている。更に、小学生向けの教材として『甜嘴巴娃娃』児歌巻・散文巻、浙江大学出版社、一九九六年も出しておられ、これで練習した児童が朗読コンクールでどんどん入賞している由である。現在の日本の中国語音声教育はせいぜい子音・母音・声調といった音節レベルにとどまっており、このような文レベルでの自然さや豊かな表現力を訓練する域には全く及んでおらず、呉教授のメソッドを日本で普及することは今後の重要な課題であると感じた。

その他、沈炯教授の報告にも中国語イントネーションの音形と用法に関する概要が含まれており、有用なものと思う。

全体的な会議の印象

その他の発表は少なくとも口頭発表された範囲ではさほど驚くような内容はなかった、というのが正直な感想である。特に機械測定による研究が低調で、「そんなことは私が学生だった頃の二十年前にとっくに常識になっていたことではないか」と言いたくなるようなものが多かった。音響学的レベルにおいては、今日では音声合成を手軽に行うことができるのであるから、単なる測定にとどまらず聴取実験も行わねばアップトゥデートな研究とは言えないであろう。また、生理学的レベルの筋電図や脳波計による研究も見られなかった。

実は私が今回の会議に最も期待を寄せていたのは文法面からの強さアクセントの分析であったが、そのような発表も全くなかったと言ってよい。この面で、強さアクセントの解明に最も威力を発揮すると目される文法理論である Functional Sentence Perspective（文の実勢分析）は正にプラーグ学派のお家芸なのだから、チェコの若い学者たちには頑張ってもらいたい、とハッパをかけてきた。

また、これまでの研究成果に対する言及がほとんどなされず、そもそもそれを踏まえて研究しているのであればもっと違った発表になるのではないか、と思われることも少なくなかった。中国やアメリカ系の研究者はロシアや日本やフランスで行われている研究には無知・無関心であるようだが、殊にソビエト・ロシアは中国語の強さアクセントに関して重厚な研究伝統を有し、その成果を如何に継承していくかも大きな課題であると思われた。

しかし、このようなよく絞られたテーマで各国の研究者が一堂に会し得たことの意味は大きい。今回は急遽参加できなくなったフランスのモニック・ホワを始め、ロシアのザドエンコ、ルーミャンツェフ、イギリスのクラトフビル（元はチェコ出身）、アメリカのシェン・シャオナンなどこの分野ではまだ専門家が何人かおり、今後もこのような会議が開かれるこ大学）、「北京で話される現代普通話における弁別特徴としての重音の特質」
ワジム・カセービッチ（ペテルブルク大学）、「中国語の韻律特徴と構文構造」
呉潔敏（浙江大学）、「漢語基調的九宮調模矩陣及其参数」
第三日・五月八日（土）
午前　沈炯（北京大学）、「中国語の音高特徴：声調からイントネーションへ」
アニェス・ブロテル（ナント大学）、「連続発話における下降線と声調変体」
石基琳（ベル研究所）、「連続発話における声調変体」
張月琴（台湾・清華大学）、「多義文の音声実現」
午後　ニコライ・スピェーシニェフ（ペテルブルク大学）、「中国語の文学作品における文体論的手段としてのリズム」
馮勝利（カンザス大学）、「韻律結構与把字句的産生」
遠藤光暁（青山学院大学）、「漢語軽重音的歴史研究」

シュバルニー翁

会議は発表・討論ともに主に英語で行われたが、上で表題を中国語で表示したものは中国語で発表された。妙なもので、英語で質疑応答している時はとりすました内容だが、中国語にスイッチするとたんに白熱した単刀直入の議論となった。今回の参加者はヨーロッパ人もたいへん中国語が達者であったのだから、いっそのこと始めから中国語を共通語とした方がより実り多かっただろう。

ハンドアウトが配られず細かい字のOHPだけ見せながらの発表も少なくなく、必ずしも十分なプリゼンテーションが行われたとは限らないが、論文選集がJournal of Chinese Linguisticsのモノグラフの一冊として刊行される予定でもあるから、ここでは私の印象に残ったものを重点的に紹介することとしたい。

最大の収穫

私にとって今回の会議で最も大きな収穫は呉潔敏教授の発表であった。同女史は音域を高・中・低の三段階、テンポを速い・普通・ゆっくりの三段階に分け、その組み合わせ（三×三＝九で、題目の「九宮」は易に基づいて命名したという）で様々の感情のニュアンスが表現される、として実演された。それが惚れ惚れとするくらいうまくて、低音域・ゆっくりのテンポで「他説人生没有筆直的路……」と朗読したら正に「流露言者沈重而傷感的情緒、彷彿訴説着自己苦渋的経歴」という感じなので、ハープスマイヤー老がすかさず「嗚呼、哀哉！」と合いの手を入れた。その発表が終わるやいなや、スピェーシニェフ教授も「上有天堂、下有呉潔敏老師的演講」とちゃんと韻を踏んで（たぶん呉先生が杭州から来たこともふまえて）賛美を惜しまなかった。

それで、呉教授に他の論文もいただいたが、「漢語節奏的周期及層次」『中国語文』一九九二年第二期、『漢語節律学』語文出版社、一九九七年、「漢語語調群組合

プラハの春

——口語中国語の声調・ストレス・リズム国際ワークショップ参加報告

遠藤　光暁

シュバルニー博士の業績を称えて

　表題の会議はプラハのカレル大学に附設されている蒋経国国際中国学センターとチェコ科学アカデミー東洋学研究所の共催により一九九九年五月六日から八日までカレル大学にて催された。これは戦後東洋学研究所で中国語音声学の研究を続け、退職後の現在もなおオロモウツ大学で中国語を教えておられるシュバルニー博士（一九二〇年生まれ）の業績を称えて開催されたもので、同博士の中心的な研究テーマである中国語の強さアクセントとリズムをめぐって世界各国の十八名の研究者がよりつどい三日間の討論を行なった。

　日本からの出席者は私のみで、これは私が一九八九年と九二年の二度プラハを訪れたことがあり（拙稿「北京からパリへ」『中国図書』一九九六年三月号参照）、その縁で招待されたのだろう。以下はその参加報告である。

プログラム

　会議の日程は以下の通りであった。

第一日・五月六日（木）

午後　開会式辞　オルガ・ロモバー（カレル大学東アジア学科）

　基調報告　オルドリッチ・シュバルニー（もとチェコ科学アカデミー東洋学研究所）、「北京語の韻律特徴・実験研究と教学実践」

　マシュー・チェン（香港城市大学）、「中国語諸方言に広がる声調－アクセント連続体」

第二日・五月七日（金）

午前　ハナ・トリスコバー（チェコ科学アカデミー東洋学研究所）、「普通話の韻律・文法分析の諸方法、第一部　韻律」

　ダビド・セーナル（カレル大学）、「普通話の韻律・文法分析の諸方法、第二部　文法」

　Yi Xu（漢字は不明、イリノイ大学）、「普通話の声調変体の諸要因」

　葉徳明（台湾師範大学）、「北京話変調規律及其原因」

午後　曹剣芬（中国社会科学院語言研究所）、「普通話のリズム構造」

　クリストフ・ハープスマイヤー（オスロ

石畳と闇の街・プラハ

遠藤光暁

（大学経済学部専任講師）

パリを夜中に出た列車は昼過ぎにドイツとチェコの国境にさしかかり、いったん停車した。九月初めとはいえ既に晩秋の趣があり、あざみの花が雨に濡れそぼっている。この深みのあるさびしげな情景はチェコのイメージそのものであり、ベルリンに行くのにわざわざ迂回して来た甲斐がありそうだと期待が持てた。

国境を越えると深緑の森や牧場が続き、初めて見る景色なのに「なつかしい」気持ちがした。私が子供の頃、夕暮れ時になると「遠き山に日が落ちて」の曲が流れて家に帰ったものだが、チェコの風土はまさにこのドボルザークのメロディーを育んだものにふさわしく、いわば故郷の原風景ともいうべきものであった。

夕刻にプラハに着く。旅装を解くとすぐに街に出た。落ちついた街並みに石畳の道を人々がのんびりと歩いている。あちこちの店先のショーウインドがすっきりと洗練された芸術的なものなので、しばし立ち止まって鑑賞した。ほどなく中心の広場に出たが、もっと散歩してみたい。とある路地裏に入ると、行列があったので私も一番後ろについた。それは「ワッフル」なるお菓子の店で、さっくりしているが柔らかい平らなケーキの上に生クリームがのっていて、ほのかに甘い。そして上にまぶしたココアの粉がアクセントとなって、絶妙のバランスだ。それを食べながら夢見ごこちで更に路地に入っていくと、オルガンの音色が聞こえてきた。音のする方角に回っていくと、そこは教会であった。中に入ってみると荘厳な聖堂で夜のミサを行っている所で、会衆が静謐なる沈黙のうちに祈りをささげていた。諸聖人の像がとりまき、あたかも中世に迷い込んだかの心地がした。

次の日もあちこち歩きまわったが、プラハはこじんまりとした街で、街全体が芸術品のように美しい。それはロンドン・パリ・ベルリンなどの規模壮大な美しさではなく、もっとつつましやかで繊細なもので、日本人の美感にもすんなりと入ってくる。道に日本の盆栽の展示会のポスターが出ていたが、チェコの人々ならば盆栽を自分のセンスそのもので賞でることができるに違いない。

夜はかの国民劇場でドボルザークのオペラ・「ルサルカ」を見る。幕開きは闇夜の森のシーンで、あたかも水墨画のように明暗のみで表現されているが、それが微妙にして明確であり、柳の枝が風にそよいで揺れてすらいる。そこに水色の薄絹をまとった水の精たちが登場して歌い始め、清らかなまめかしさが漂う。音楽といい舞台といい、洗練されていながら心にじかに沁み入る佳作であり、科白が理解できないのが残念だ。劇はやがて大団円を迎え、最後は幕開きのシーンに戻って静かに終わると、あまりの見事さにため息をついた。他の聴衆も同様で、一呼吸おいてからおもむろに拍手の渦が広がった。プラハの聴衆の成熟度は大したものだ。

深い感動のうちに外に出て、モルダウ川にかかるカレル橋を渡りながらプラハを一望すると、河の中洲には白い鳥の群れが羽を休めており、それを取りまく山や街並みが精妙な明度のグラデーションを以て闇の中に広がっていた。

プラハ。私が長いことこの街に憧れてきたのは、第一に私の研究の理論的立場が二十世紀半ばにここで開花したプラーグ言語学派に非常に近いものだったからである。この学派は言語の体系性・普遍性を強調することで知られているが、それはヤコブソンやトルベツコイなどのロシア系のメンバーに顕著な傾向で、マテジウスなどのチェコ系の学者はそのアンチテーゼであるとも一面では言える言語の非構造的側面に対しても目を開き、かつそうした繊細にして微妙な様相を明確に扱うすべを心得ていた。

こうしてプラハの土地を踏んでみると、何故そのようなことが可能であったかが非常によく理解できるような気がする。人間形成にあたって風土は有形無形の影響を与えるが、学風の形成においても知的風土から受ける影響は存外に大きいであろう。

助成金を受けるか、醵金をするか、購読者を二・三百人集めるか、のいずれかをせねば引き受け手がないのがいわば常識であるが、そのいずれもしないにもかかわらず内山書店が出版を引き受けてくださったことに深く感謝している。編集部の船越国昭氏は前回の『紀念論文集』の時と同様に誠心誠意事にあたってくださった。本来の希望は学生でも買えるくらいの値段にすることであったが、部数が多く売れる見込みが立たないので、だいぶ高くなってしまったのは申し訳ないことである。

実を言うと私は今回の著作集の出版に今後の日本の中国語学の隆興いかんを賭けている。かつて中国語学習者人口が現在より遥かに少なかった頃でも、『中国語学事典』『中国語学新辞典』『中国文化叢書・一・言語』などの総合的な企画や藤堂明保『中国語音韻論』、太田辰夫『中国語歴史文法』のような書き下ろしの純粋な学術書が続々と出ていた。しかるに、現今は学界の裾野が大幅に厚みを増しているにもかかわらず、藤堂先生の『中国語概論』以来まともな概説書すら出ていないではないか。中国・台湾・欧米諸国を遍歴した者の目から見ると、日本は中国語学の研究条件が格段に恵まれているのである。

本邦にしかない善本・稀書の影印や、日本が最高水準を保持する隋唐以降の音韻史などの分野のみならず、中国語学の様々の領域で斬新にして悠揚迫らぬ大局観に基づく学術出版活動がもっと活発に行われてもよいはずである。内山書店におかれては中国語学の出版に素志がある旨かねてより伺っている。本著作集の刊行がその力強い第一歩となることができるよう、大方のご支持をお願いしたい。

（えんどう・みつあき　青山学院大学）

「言語類型地理論」も刊行できるよう、現在平田昌司（責任編集）、クリスティーン・ラマール、潘韶穎、中西裕樹の諸氏が最終編集作業を鋭意進行中である。同巻は現在絶版の『言語類型地理論』に中国語訳での増補部分を注記し、更に橋本先生が生前に出版を計画しておられた *Collected Papers on the Geographical Typology of Asian Languages* に収められるはずだった九篇の英文論文と文法関係の論文などを収めることになっている。

第三巻「音韻」もかつて橋本先生の薫陶を受けた岩田礼、太田斎、古屋昭弘、吉池孝一、秋谷裕幸、池田巧および私などの中堅研究者たちが編集準備中で、来年三月の刊行を目指している。また第一巻・第三巻の朝鮮語アクセントに関する部分はその道の専門家である福井玲氏にご協力いただいている。

むすび

最後に言い訳がましいことになり恐縮であるが、私どもはすべて橋本先生の学恩に報い、斯学に寄与したいという動機でやっていて、みな手弁当であり、それどころか出版経費を節減するため版面が影印に適さないものは電子テキストの形で提出するのにかなりの謝金を費やしている。今日、純粋学術出版は世界各国の研究者が利用できるだろうと考えた。

第二・第四冊は、今期プロジェクトの特色として古代方言の研究を項目に加え佐藤進先生の領導で揚雄『方言』の会読を進めてきた成果の一部である。今年度末には更に佐藤先生の編により『方言』巻一の訳注と関連資料を収めた報告書を刊行する予定にしている。

第五冊が今期プロジェクトにおいても中心となる研究成果であるが、岩田礼氏のここ十数年来のたゆまぬ努力と啓蒙により、故グロータース師によって創始された中国語方言地理学は日本で大きく開花し、今や世界に類例のない日本の中国語学のお家芸にまで成長している。

言語類型地理論シンポジウム

さて、そのプロジェクトの研究成果をしめくくり、かつ橋本萬太郎先生の提唱された「言語類型地理論」の更なる発展を期して、この十二月に下記の如き公開シンポジウムを計画している（以下に掲げる演題は当方より依頼した段階のものであり、講演者がより詳しい題を与えることも有り得る）。

●言語類型地理論シンポジウム

於：東京都渋谷区・青山学院大学（最寄り駅・地下鉄「表参道」）総研ビル（正門入ってすぐ）十一階、第十九会議室

◎一九九九年十二月二十日（月）十三時から十七時半まで〈テーマ：中国における言語地理と人文・自然地理〉

現代漢語方言の諸特徴の地理分布
　岩田　礼（愛知県立大学）

揚雄『方言』の方言地図
　松江　崇（東京都立大学・院）

考古学からのコメント
　大貫　静夫（東京大学）

文化地理学からのコメント
　諏訪　哲郎（学習院大学）

総合討論　全体

◎同日十八時半より

橋本萬太郎著作集出版記念パーティー（同キャンパス内・青学会館校友会A室にて）

◎十二月二一日（火）十時から十七時半まで〈テーマ：世界諸言語の類型地理とその意味〉

「言語類型地理論」の学説史的位置
　遠藤　光暁（青山学院大学）

世界諸言語の類型地理：言語学的考察
　松本　克己（元筑波大学）

世界諸言語の基本語順
　山本　秀樹（弘前大学）

言語と気候
　鈴木　秀夫（清泉女子大学）

人類学からのコメント
　斎藤　成也（国立遺伝学研究所）

総合討論　全体

来聴無料で予約不要、演者紹介を含むより詳しいプログラムをご所望の方は内山書店気付「言語類型地理論シンポジウム」係までファックス・郵便・電子メールでご請求願いたい（パーティー出席を希望なさる方は申し込み書を同封いたしますので早めに連絡乞）。また上記報告書を入手ご希望の方も必要号数をお知らせいただければ進呈する（シンポジウムに参加なさる方は当日渡し）。

初日は今期プロジェクトの内容に沿ったものであるが、二日目は顕微鏡的研究に終始することが多い日本の中国語学の研究風土にマクロな観点をもたらした橋本先生の遺志を継承・発展させるため、特に乞うて諸分野の豪華メンバーに講演を依頼した（なお報告書第七冊として本シンポジウムの Proceedings を出す予定）。

このシンポジウムに向けて著作集第一巻

を読んでいて、そこでしばしば論ぜられている「甘粛方言」や「陝西方言」に興味を持ち、大学院に進んだら自から中国語諸方言を研究しようと志を立てたという。実際には「甘粛・陝西方言」というのはソ連領内で話されている中国語西北方言である東干語を指すのだが、本巻に収めた東干語関係の諸紹介文はソ連以外で出た最も系統的な概説であり、本巻末尾の「東干語をたずねて」は後年みずから旧ソ連中央アジアの故地を訪れた際のロマンあふれるエッセイで、方言研究が中国語学、ひいては言語学研究全般に対して占める重要性が易しく生き生きと説かれているので、本編から読み始めるとよいと思う。

「晋語諸方言の比較研究」にはアスペクトを論じた節もあり、ドラグノーフを自家薬籠中にして書いたものだけになかなか読み応えがあり、方言文法研究の今日の盛況を先取りしたものと言える。他の諸論文は音韻特徴を扱ったものが中心であるが、その精密さ・周到さ・本格的な問題意識、といった点で中国語学に携わる人すべてにとって刺激になるであろう。

著者は二十代にこの他に第三巻に収められる中国語音韻史の研究を行い、ヤーホントフの金字塔的著作『中国語動詞の研究』（白帝社、一九八七年）の翻訳を始めとするロシア・ソビエト中国語学の精力的な紹介を行い、倉石武四郎・藤堂明保両先生のもとで『中国語学』の編集や中国語学研究会の例会運営で重要な役割を担っていたのだから、全く超人的である。

中国語方言学の科研費プロジェクト

一九八七年に橋本先生が長逝されてから、日本の中国語方言学は活動拠点を失ってしまうが、その衣鉢を継ぐ岩田礼氏の唱導により文部省科研費を得て共同研究プロジェクトが推進されてきた。第一期は代表者・岩田礼「漢語諸方言の総合的研究」（八九年度から九一年度、報告書を三冊刊行）、第二期は代表者・平田昌司「中国の方言と地域文化」（九三年度から九五年度、報告書を五冊刊行）、第三期は代表者・遠藤光暁「中国における言語地理と人文・自然地理」（九七年度から九九年度）であり、いずれも中国語方言地理学を中心課題とし、岩田氏のリーダーシップのもとに通算して三冊の方言地図集を刊行している。

今期は私が幹事役を務め、既に次の五冊の報告書が刊行済である（だが第三冊の一部に原稿の不備があることもあって未だあまり贈呈していないのは心苦しい次第である）。

1　*Zavyalova & Astrakhan, The Linguistic Geography of China.*
2　佐藤進編『宋刊方言四種影印集成』、
3　『漢語方言学論文集』（岩田礼ほか・遠藤雅裕・吉川雅之・小方伴子ら諸氏の五編を収む）、
4　松江崇『揚雄《方言》逐条地図集』、
5　岩田礼編『漢語方言地図集(稿)第3集』。

第一冊は、日本を除くと中国語方言地理学はロシアでのみ研究されており、その最も有力な学者お二方を日本に招聘し、かつロシア語原版の専著を英訳してもらって刊行したもの。ロシア・ソビエトの中国語学は犀利にして精密・広大な研究伝統を擁するが、中国では中ソ論争のあおりをうけて、私が留学した北京大学にはソ連中国語学の文献自体がまるで欠けており、その研究状況についても全く無知の状態であった。その重厚な伝統をいかに吸収するかは世界の中国語学にとって一大喫緊事であると考えるが、橋本先生はヤーホントフの諸論文のコピーを中国の学者に提供して中訳論文集・雅洪托夫『漢語史論集』（北京大学出版社、一九八六年）の出版を促した。これもよい方法であるが、今一つの方法としてロシアの学者に自ら英訳してもらえば

『橋本萬太郎著作集』刊行開始と言語類型地理論シンポジウム

遠藤　光暁

はじめに

　かねてより計画していた『橋本萬太郎著作集』全三巻をこのほど刊行できる運びとなった。一九九七年六月にやはり内山書店より刊行した『橋本萬太郎紀念中国語学論集』（現在すでに品切）と共に日本の中国語学が生んだこのスケールの大きな稀有の学者を称え、その中心的業績を容易に一望できるようにし、永く後代に伝えようとするものである。

　編集過程については拙稿「『橋本萬太郎紀念中国語学論集』刊行に至る道のり」（『中国図書』一九九七年九月号）に概略を記したが、一九九五年に日本在住の中堅中国語方言研究者に意見を徴し、ルウ・バラード、岩田礼、秋谷裕幸の諸氏が採録論文の具体的な提案をして下さり、文法関係については中川正之、木村英樹の両専家に選定していただき、初案を作成したが、その際、平山久雄、中嶋幹起の両先生より有益な示唆を賜った。そして、秋谷裕幸氏の協力を得て九六年一月末には方言の巻の最終原稿を提出したのだが、さる事情により同年六月の十回忌に刊行できず、一頓挫を来していた。

　この間、私は私で自分の用事に忙殺され、出版社も繁忙であったため三年間のブランクが空いてしまったが、九九年春に新規巻き直しに向けて再度動き出し、この七月に編集会議を開いて当初六巻・後に四巻という構想であったのを更に三巻にスリム化し、今年度内に全巻を刊行すべく具体的作業を進めてきた。

今回配本の内容

　全三巻の内訳は、第一巻「言語類型地理論」、第二巻「方言」、第三巻「音韻」であるが、第一回配本は既に編集作業の済んでいた「方言」の巻である。

　この巻には晋語・客家語・粤語・海南語・東干語に関する諸論文を収めるが、冒頭を飾る「晋語諸方言の比較研究」が修士論文をほぼそのまま公刊したものであるのを始めとして、ほとんど全てが二十歳代の渡米前に研究が完了していたものである。その学風は服部四郎流の正統的な記述言語学に則るもので、後年の『言語類型地理論』『現代博言学』のみを知る人にとっては、あたかもピカソが修行時代にひたむきに描いていた精密なデッサン群を見る時のような驚きを覚えるであろう。

　六百ページを超えるこの第二巻の校正刷りを手にしてみると、その重みに今更ながら深い感銘を受ける。ここ二十年来、中国語の方言記述は飛躍的に増大したが、それにもかかわらずこれらの諸論文は依然として輝きを失わず、一九五十年代になされたこれらの研究がいかに時代の水準を超えるものであったかが知られる。

　著者はもともと学部学生時代にドラグノーフの紀念碑的著作『現代中国語文法の研究』

えば実験音声学で世界的に令名の高い東大医学部音声研の創始者であられる藤村靖先生は東大を去り現在オハイオ州立大学の音声聴覚学科に在職しておられる。橋本先生が学位論文を書いておられた六十年代前半は、アメリカ（のみならず世界）の中国語学をリードする驍将・王士元や格文法で名を馳せたフィルモアが言語学科に在任しており、当時勃興中であった生成文法の一拠点であった如くである。図書館のまわりは森のようになっていてリスが木の実をついばんでいたが、このキャンパスの落ち着いたたたずまいは故国をひとたび捨てて新天地を開拓しようとしておられた三十代前半の橋本先生の心をなごませたであろうと思われた。

　アメリカから戻ってからは余靄芹先生と電子メールで頻繁に連絡をとって著作集や記念論文集に関してご相談することとなったが、何百通の野蛮なジャパニーズ・イングリッシュにはさぞや閉口されたことと思う。そうして、九六年一月末には著作集の第一巻「方言」の原稿を客家語・福建語など中国語南方方言を専攻する秋谷裕幸氏の献身的な協力を得て出典のチェックなどを済ませて提出したのだが、さる事情が発生して気勢を殺がれてしまい、その年六月の十回忌に出版できずに一頓挫を来たしてしまった。

　だが、内山書店の方では続々と原稿が集まった紀念論集を、順序は逆になってしまったが、当初の期日通り刊行して下さり、大変感謝している。中国語学の分野でこのような世界的な論文集が日本で出ることは橋本先生が生前に編集しておられた『アジア・アフリカ語の計数研究』以来のことで、これは第一には橋本先生の遺徳によるものであるが、寄稿せられた諸先生と殊に編集実務に当られた舩越國昭さんや内山書店編集部の方々のご尽力による所が大きく、心から謝意を表する。

　逝去十周年の当日には、午前・午後に中堅・若手研究者による方言学・語法関係の研究会を行った。北京大学での受業生である劉一之さんは無論のこと、日本人メンバーも発表・討論とも中国語のみを使用し、中国語学界の「国際規格」に則った研究会であったが、内容的にも力作揃いで、橋本先生が生前醸成された活発な研究集会の雰囲気を継承するものとして心強く思われた。復旦大学博士課程の大西さんは上海からわざわざ赴いて下さり、筑波大学博士課程の大嶋さんと並び強力な後継者が順調に育ちつつあることを印象づけた。夕方は橋本先生の業績を回顧する講演会で、四人の演者はもとより、百名近く参集された方々に厚く御礼申し上げる。この集まりの案内状に私は「追善」という言葉を使ったが、その意とする所は松尾芭蕉ら江戸の俳人たちが連句を巻いて故人を追善した顰にならい、学問に生き学問に死んだ橋本先生を称えるには学問を以ってするのが最善であると考えたことに因る。夜は出版記念会で、姪御さんの常盤大学教授・石川諄子先生が形見の日記から若き日の橋本先生の文学青年らしさを物語る一節を紹介なさったり、渡米前に亜細亜大学留学生部で同僚であられた岸陽子先生や折から滞日中の陸倹明北京大学教授を始めとする諸先生から心暖まるスピーチをいただいた。ご参会なさらなかった方々からもメッセージをいただき、席上で代読させていただいた。これら全ての方々に心より感謝申し上げる。この熱気を著作集刊行を再び軌道に乗せるための原動力に変えて、橋本先生の学問の記念碑を打ち建て永く後学を裨益するものとしたいと念じている。

（えんどう・みつあき　青山学院大学）

長の三浦勝利さんよりお伺いしていたので早速ご相談したところ、どちらの企画も引き受ける準備があるとのことで、有難いことと思った。

そこで、著作集の方は九六年六月の十回忌に第一巻を刊行し始めることを目標として編集作業を開始し、収録論文の候補を推薦してもらうべく先のグループや平山久雄先生などの専門家に選定を依頼した。

一方、私は平素一次資料にどこまで肉薄できるかが研究の質を決定するものと考えており、この際にも最善の努力をしたいと思い、九五年九月にシアトルなる橋本夫人邸を訪ない、かつ橋本先生が学位を取得されたオハイオ州立大学を訪れることにした。

余靄芹先生は私にとっては橋本先生夫人というよりも、まず *Phonology of Cantonese*, Cambridge University Press, 1972 を始めとする粤語方言学に関する諸著作の著者としてかねてより尊敬していた中国語方言学の専門家であった。もう二十年ほど前になるが私が広東語の一音韻特徴を卒論のテーマとしていた頃、常に座右にあったのが該著である。

余靄芹先生はご多忙中スケジュールをやり繰りして下さり、シアトル郊外にあるシータック空港まで車で出迎えまでして下さった。始めは中国語で話していたのだが、途中から「まだ覚えているかもしれないから」ということで日本語になったが、端正な言葉遣いの流暢な日本語であった。夕食は今世紀初頭にはシアトル近辺でもまだ残っていたアメリカインディアンの写真の展示がある海辺のレストランでご馳走になり、いろいろと橋本先生にまつわる話を聞かせていただいた。いわく、かつてサピアがアメリカインディアン諸語のナデネ語族とシナ・チベット語族が同系であるという説を立てたが、その是非を弟子の李方桂に尋ねたところ、李方桂は遠くの雲を指して「もし関係があったとしてもあの浮き雲のように遥かなものです」と答えた故事にちなんで橋本先生が横浜の書斎を「浮雲閣」と名づけた、とか、橋本先生が英語での名前を Mantaro J. Hashimoto としておられるJとは、アメリカで生成文法を学ぶために就いた初めの師・リーズ教授の奥さんがつけたニックネームの Joseph を使ったものである（私の知る限り、Joseph と全部書いてあるのはユニバーシティー・マイクロフィルム版により見られる博士論文のオリジナルバージョンのみであり、他の論文では J. とのみなっている。なお橋本先生の「姓名の語順」『AA研通信』21、一九七四年に関連記載あり）、とか、ミニバスを買ってアメリカ・ヨーロッパ・日本の各地を乗り回したが、それにちなんで愛車を「おおみや」（「欧・美・亜」）と名づけていた、とか、他では聞けない内容が多かった。

邸宅では旧蔵書のなごりを見せていただき、学会発表のドラフトや私が知らなかった論文や書評、論文の訂正コピー版などを見出すことができ、作成中の著作目録の欠を補うことができた。また、写真アルバムも見せていただき、著作集の口絵を飾るのにふさわしいであろうものを何枚か拝借した（今回の記念論集の巻頭の写真もその中の一枚である）。修論『北方諸方言の比較研究』をコピーさせていただけたのも収穫の一つである。

次の訪問地であるオハイオ州立大学の所在地・コロンバスはアメリカの地理に疎い私など地図でようやくどこにあるかが分かったくらいであるが、シアトルと同様、活気ある堂々たる街で、大学もキャンパス全体を回り図書館の蔵書を検見した（外部者も自由に書庫内に入ることできる！）限りでは東大を上回るレベルであると値踏みされた。現に、例

『橋本萬太郎紀念中国語学論集』刊行に至る道のり

遠藤光暁

あれは一九九四年八月、亡父が群馬県赤城山麓に遺した別荘に避暑に行く道中、電車が太田市に停まった時のことであった。ここは故橋本萬太郎先生の生地であったと思い至り、ゆくりなくも橋本先生のテレパシーを強く感じ、背筋がしびれるような感じになった。

橋本先生の著作集を編む必要性は八七年のご逝去の時から感じていたが、勤務先のアジア・アフリカ言語文化研究所の同僚など当然その役割を担うのにふさわしい人がいるのだから、傍系の弟子ですらない私如きの容喙する余地はないものと考えていた。しかしその辻伸久先生も九三年の暮れに急逝され（拙文「辻伸久先生の思い出」『中国語学研究開篇』12号、一九九四年参照）、今や我々の世代が動かなければ誰もその重責を担う者はいないことは明白であった。

冬になり京大の平田昌司さんが当時主宰しておられた文部省科研費のプロジェクト「中国の方言と地域文化」の集会があり、その場を借りて私が夏に受けたインスピレーションを実現するための行動を起こすべく参会者に呼びかけた。このグループは静岡大学の岩田礼さんが一九八九—九二年に主宰した「漢語諸方言の総合的研究」プロジェクトを継承するもので、橋本先生の幅広い専攻分野の中でも最も中心に位置する中国語方言学の面で、橋本先生の亡き後ＡＡ研の中国語学部門の大幅な活動低下を補う形で実質的に橋本先生の衣鉢を継ぐ中堅・若手研究者の集まりであり、著作集を編集する母体としてはこのグループを置いて他に有り得ない。

そのメンバーに様々な形で協力いただけることが分かり、九四年暮れに橋本夫人余靄芹先生に手紙を出し、著作集刊行の許可をお願いした。翌年正月にすぐに快諾する旨返事が来て、更に橋本先生とゆかりの深かった世界各国の学者が寄稿する記念論文集を逝去十周年を期して刊行したいとの希望が寄せられた。

かねて内山書店では中国語学を始めとする分野の学術書を出版する志がある旨、編集部垣間見たことがきっかけとなっているのではないか。そして一見似たような語でもある一群はある文型を構成できるのに別の一群は駄目だといった現象を正面から説明しようと挑んだものであろう。

　ところで以前ヤーホントフ先生から朱徳熙がソフィア時代に編んだ中国語教科書があってその文法の部分は注目すべきものだとお聞きしていた。この九月にブルガリアを訪れる機会があり、キリル・メトディウス紀念国立図書館でその実物を見ることが出来た。それは、**Джу Дъ-щи и Джан сунфън, Учебник по китайски език** 一九五四年であり（同館図書番号一五九〇三四）、タイプ打ち・漢字手書きをリトグラフでわら半紙に印刷したもので全部で三七九頁、発行部数は二七〇部、大学用のテキストという性格からしてブルガリア国外には殆ど出ていないものと思われる。本文は社会主義革命直後という時代を反映した内容が多く、毛沢東の文も多く採られている。私が同館を訪れたのは土曜日で複写室が閉まっていたのでコピーを入手することはできなかったが、この教科書は趙元任で言えば『国語入門』（ひいてはその底本の『粤語入門』ないし『新国語留声片課本』）に当たるもので、学説史上興味深い資料たることを失わないであろう。

　ソフィア大学の本部はベルリン大学（現名フンボルト大学）やウイーン大学とも比肩し得る荘厳な偉容をもち、ソフィアという街自体もドイツ風の建物を基調としてビザンチン風の教会やモスクが随所に見られ、背後に大きな山をひかえた堂々としてすがすがしい雰囲気のところである。朱徳熙先生が冥土への旅の中で回想されたであろう一生のうち、ここで過ごした青春時代が最も美しい彩りを帯びていたのではないかと想像しつつ先生の魂の安らかならんことを遙かに祈った。

（青山学院大学助教授）

たと記憶するが、早々に辞去しようとする私を座らせて君は何を研究しているのですかと尋ねられた。私は『老乞大』『朴通事』の原刊本をもとに音韻の研究をしていることをお話したのだが、これはもちろん先生がかつて『老・朴』の成立年代を考証しておられる(『北京大学学報』一九五八年二期)ことを踏まえてのことである。その後、私も語言学討論会で『老・朴』について発表したことがあるが、朱先生は丁度会議があって聞きに行けなかったといってその数日後に留学生宿舎の食堂のところの廊下で偶然すれ違ったときにわざわざ私を引き留めておっしゃった。このように一介の留学生に対しても実に丁寧な応対をされる方であった。

一九八三年には梅祖麟先生が半年間講義に来られて、北京大学はますます活気を増した。授業以外にもしばしば討論会が開かれ、橋本・梅・朱といった巨頭が三つ巴になって丁々発止の議論をする様は見ごたえがあった。マティソフ博士が来訪した時だったか、上古漢語の語源の話になって、梅先生が黒板にためらいながら怪しげな甲骨文字を書いていたら、朱先生がやおら立ち上がり壇上にのぼってすらすらと正しい字をお書きになったことがある。先生が西南連合大学で唐蘭に師事した筋金入りの古文字学者でもあることを思い知らされた一瞬であった。

その夏に三年生の方言調査実習に加えてもらって湖南省に行ったが、出発に際して「決起集会」のようなものが開かれた。そこで伝達されたのは朱先生からの「今日は全国人民代表大会があって来られないが、方言研究は非常に重要であるから特に心して頑張ってきてもらいたい」という激励の言葉であった。先生は八十年代からは方言・近代語・古代語も積極的に扱われるようになり、また「シナ・チベット語概論」の授業を北京大学で開講すべく尽力された。

朱徳熙先生が独自の優れた学問を形成されたのは一義的には無論その資質によるであろうが、当初物理学を治めたことと三十代前半にソフィア大学に中国語を教えに行っていたことも大きく与っているものと私は思う。帰国直後に発表された「現代漢語形容詞研究」(一九五六年)は朱徳熙文法の確立を示す作品だが、このような問題意識を得たのは外国人の「病句」に多く接する中で中国語に存在する潜在的なカテゴリーを

朱徳熙先生のいくつかのこと

遠藤光暁

朱徳熙先生の訃報をライデン大学で知り合った中国留学生から知らされ、重病であるとは仄聞していたが哀惜の念を禁じ得なかった。私は先生の主に専攻された現代中国語文法の専門家ではないが、その周辺にまつわるいくつかのことをここに記して追悼文としたい。

若い世代の研究者は恐らく誰しもそうだと思うが、私が朱先生の存在を知ったのは『中国語文』の復刊第一号に載った「"的"字結構和判断句」によってであった。これはあたかも数学の論文のように深い洞察を透徹した論理で最短距離で述べたもので、文革直後であまり内容のない文が多い中でダイヤモンドの如き輝きを放っていた。

ここから私はなんとなく新進の研究者をイメージしていたのだが、一九八二年に北京大学に留学して朱先生の謦咳に接してみると堂々たる大家であった。既に副学長に就任して多忙のためまとまった授業は担当しておられなかったが、同年に橋本萬太郎先生が来られてからは中文系で「語言学討論会」が定期的に開かれるようになり、朱先生もよく出席して活発な議論を展開された（これについては拙文「橋本萬太郎教授の足跡」『開篇』五、一九八八年で触れたことがある）。先生御自身も「自指和転指」を発表されたことがある（『方言』一九八三年一期に掲載）。

そこで分かったことは流石の朱徳熙先生といえども人の子であり、どろどろとした現実の中で奮闘しながらあのような純度の高い作品を提錬しておられることである。またある時ある人の質問に対して非常にきっぱりとした語調で「それは私には分からない」と断じられたことがある。私はある学者が本物か否かを見分ける指標としては「不知為不知」の原則に厳密に則っているかどうかが最も重要であると考えているが、その意味で朱先生は誠に上げ底のない「真金不怕火煉」の学者であった。

ある時、私は用事があって先生の家を訪れたことがある。何か物をことづかってお届けに上がったのだっ知っているから言わなかったけれどもザビヤーロバ女史（北方方言と東干語を専攻、主著『甘粛方言』、一九七九年、またソフローノフ・アストラハーンと共著で『中国の標準語と方言』、一九八五年、長く東京に滞在されていた関係で親交があり、今回のヤーホントフ教授との面会もアレンジしていただいた）ももちろんそうですよ。

話が終わった後、道すがらですから、と私の次の所用場所の東洋学研究所まで送って下さった。来る時に道案内をしてくれた御子息のコンスタンチン君と三人でネヴァ川のほとりに沿って雑談をしながら行った。まだ九月とはいえ既に晩秋・初冬の趣のある北の街レニングラード、薄い日差しにひんやりとした外気が心地よい。そこで、どうして中国語を専攻するようになられたのですか、などという実も蓋もない質問をしてしまった。すると、「当時東洋語学科にはヒンディー語と中国語の二専攻があり、登録のため並んでいたら、私の次の番の学生は中国語専攻はもう二〇人の定員が一杯だからヒンディー語専攻にするよう言われていました。もしその時私が事務室に行くのがもう数秒遅れていたら、今こうして君と話していることもなかったでしょうね。」とまず冗談をおっしゃり、「もともと言語には興味があったけれども、飯が食えそうにないので技術者になろうと思っていました。だが一九四五年に戦争が終わったので、自分の夢を実現できる時代が来たと感じ、できるだけ難しい言語である中国語を選んだのです。英語なんかだったらその辺の通行人で眼鏡をかけた人をつかまえて Do you speak English? と聞けば皆 Yes, I do. と答えるに決まっていて、つまらないでしょう。アラビヤ語とか中国語こそが言語の名に値するのです。」とのこと。

脇にいるコンスタンチン君は『満州語の動詞範疇』という卒論を書いてレニングラード大学を卒業し、今秋から東洋学研究所に入ったばかり、そこで「今の世代だったら中国語はあたりまえすぎて、満州語なんかでないと知的好奇心をそそらないのでしょうね。」と申し上げると、目を細めておられた。上のお嬢さんもやはり東洋学研究所でモンゴル語を研究しておられる。こうして見ると、最近北方諸民族の言語に強い関心を持ち始めているとおっしゃった理由もよく分かるわけだ。

ソ連科学アカデミー東洋学研究所レニングラード支所はエルミタージュ美術館の通りの並びにあり、帝政ロシア時代の貴族の邸宅であったといい、閲覧室は白堊の壁に高い天井、シャンデリヤも掛かっていてエルミタージュと同じ様式の内装である。その優雅な窓からネヴァ川越しに対岸のレニングラード大学の方角を見ると天に向かって鋭くそそり立つペトロパブロフスク要塞の尖塔が望見された。街が人を作る、と言った人があるかどうかは知らないが、ドラグノフなどからも感じられる上昇力のある論理の構築性はこのレニングラードという街が育んだものなのだと感得させられる情景であった。

（えんどう・みつあき　青山学院）

たかが記されており、以て同じ地で同じ時代を過ごされた同教授の心中をいくらか察するにたる。）

——ポリワノフには教わらなかったのですか。

とんでもない、ポリワノフは三〇年代にとっくに獄死しています。

——ああ、そうでした。私はポリワノフ、ドラグノフ、それから先生の三人をレニングラード学派の一つの流れとして理解していたものですから。

ドラグノフは自分の先生はシチェルバだと言っておられました。そうそう、ドラグノフの一代前の教授であるシューツキーが kostj-or という子供むけの雑誌に言語学の連載をしていたことがあって、少年の頃それを読んだことがあります。私が大学に入った時にはすでに粛清されていて直接教わることはありませんでしたが、その意味では先生であるといえますね。そのほか、黄先生という人や実験音声学をやっていたシュプリンツィン先生にも教わりました。

——では、直接教わったというのではないが、学問上影響を受けた人としてはどんな人がいますか。

それは、やはりカールグレンですね。ドラグノフ先生から借りて読みました。王力や李栄などの本はやや後になって読みました。あとは、オードリクールのものを愛読しました。この人には一度モスクワでの国際会議で会ったことがあります。それから、一九六二年の秋から一九六三年の夏休み前にかけて一年間北京大学に行きましたが、そこでは朱徳煕先生に教わりました。

——その時はすでに先生の副博士論文は中国語訳も出ていたわけですね。それに先生と朱先生はあまり年が違わないのではないでしょうか。

それでもやはり師弟関係だといえます。そういえば、朱徳煕はブルガリヤにいた時に中国語教科書を編んでいますが、その中の文法理論は注目すべきものです。もっとも、その本はブルガリヤの留学生に見せてもらったもので、私も手元にはありませんが。それから、その年は王力の授業はなく、呂叔湘は科学院所属なので教えを受けたことはありません。陸倹明や唐作藩の授業にも出ました。

——唐作藩先生は私が北京大学に留学していた時の導師ですが、先生の思い出を語られたことがあります。さて最後に、先生がここ数十年来に教えられた学生の中で際立った人にはどんな人がいますか。

モスクワの世界文学研究所で中国文学を研究しているリーフチンや、レニングラードで挙げるならまずゾーグラフ女史（中古中国語文法の専門家、主著『中古漢語』モスクワ科学出版社〔以下で挙げる文献は特に断らない限りすべて同所で出版〕、一九七九年、『モンゴル語と中国語の接触』、一九八四年ほか）ですね。西夏語をやっているケピング女史（主著『西夏語形態論』、一九八五年）は私よりも有名ですよ。

——ケピングは若い人でしたね。

それはもちろんですよ。女性というのは永遠に若いものです。それからスペーシネフは最近中国俗文学で学位をとりました（『中国民間文学』、一九八六年、ほか『中国語音声学』レニングラード大学出版社、一九八〇年もあり）。あと、古代中国語文法をやっているニキーチナ女史、タイ語比較音韻論のゴーフマン、晩期上古中国語文法のグレービッチ女史（『三―五世紀中国語文法論考』、一九七四年、またゾーグラフと共著で『三―一五世紀中国語史資料選読』、一九八二年）など、それからそもそも君がよくつ必要から古代文法なども手がけるようになりました。

——アジア・アフリカ語シリーズの一冊のDrevne Kitajskij Jazyk（『上古中国語』。雅洪托夫『漢語史論集』、北京大学出版社、一九八六年に抄訳あり）はその頃の研究の成果でしょうか。

ええ。あれは一九六〇年には書き上げていましたが、出版は一九六五年になってのことです。副博士論文の方はレニングラード大学出版社なのですぐに出たのですが。その後は単篇の論文のみを発表しています。

ヤーホントフ教授

——一九六〇年というと、「上古中国語の子音連続」（複声母の第2要素の1と二等介音を関連づけ、両唇音以外にも清次濁音が存在することを示した著名な論文。もっとも一九三〇年に既にマスペロの先駆的な業績がある。）の発表された年ですね。

上古音の面では一九五六年に「上古中国語の音声学」という講義をしています。六〇年代になってからは、一九六七年からアジアの諸言語の研究に転じました。

——それは何故ですか。それまでの研究をさらに展開するうえでなにか内的必然性があったのでしょうか。

いやいや、その年に研究室が改組になり、ビルマ語やベトナム語などの東南アジアの言語も含むようになって、自分のまわりの人が変わったからです。私は皆が興味を持つ問題を扱いたいと日頃思っています。近頃は中国北方の諸民族の言語の歴史に関心が転じて来ました。もっとも、今のところキルギス族の歴史に関する論文を一篇発表しただけですから、四・五篇論文を書いてからでないと「専攻方向が転じた」とは言えないわけですが。それも私の同級生でトルコ語の専門家であるクリャシトルヌイによく質問を出されるから興味を持ち始めたのですよ。一九四五年の入学生は戦後はじめて学生募集をした関係で同級生がとても多いのです（ソ連の大学は5年制）。

——ところで、先生は学生時代どのような先生に教わられましたか。

いちばん主な先生はやはりドラグノフです。中国語学入門という授業があり、ほかは文法方面の授業が多かったですね。上古音は教わったことがなく、自分の興味に従って自学自修しました。ほかはホロドビッチ先生で、日本語と朝鮮語、それから一般言語学のさまざまな理論を教わりました。最近4巻本の中露辞典が出ましたが、これはアレクセーエフ院士が既に戦前から準備していたものです。その頃はスターリン時代で、レニングラードでは東洋学・言語学それからレニングラード案件といわれる三つの闘争が行われていて、そうしたドラグノフよりも上の世代の老教授は皆やめさせられてしまいました。（こうした闘争の結果負けた側はみな銃殺された、といった話を実際にはもう少し詳しくお聞きしたのだが、ここでは記さない。『ショスタコービッチの証言』〔いま中公文庫〕には鋭敏な知性と繊細な感性の持ち主がこのような時代にいかなる思いをし

ヤーホントフ教授を訪ねて

遠藤光暁

レニングラード大学のヤーホントフ教授（一九二六〜）には中国語学の各方面にわたって卓抜な着眼と構築的な論理性に富む業績があり、現代文法や上古音を始めとして古代文法・近世音・方言学・シナチベット語比較研究などでユニークな仕事をしておられる。これらの各分野ごとの専門家は他にも挙げることはできようが、中国語学のほぼ全体にわたり独自の貢献をなしているという意味で、カールグレン・趙元任なき今、同教授は世界の中国語学者の最高峰であるといっても過言ではなかろう。私などにとっては「ヤーホントフ」という名は暗天に閃く稲妻の如きイメージがあり、一種の啓示ですらあった。このほど彼の地を訪れ、教授にお会いする機会があったので、ここでその人となりをご紹介したいと思う。

一九八九年九月一二日、文献学部の門のところで迎えて下さった教授は、鋭い感じの人なのではないかという予想に反し、満面春風の好々爺といった趣であった。案内されたアジア語学科の研究室は小さく簡素ではあったが、窓からは陽光にきらめくネヴァ川が見え、壁には一九世紀以来ドラグノフに至る歴代の教授の写真がかかっていて、レニングラード学派の輝かしい伝統を感じさせるものであった。以下のインタビューはその時のノートによって再現したものだが、文責は私にあり、誤伝するところがないよう希望している。

——先生は今年は何を教えていらっしゃいますか。

講義は古代中国語文法と中国語史ですが、ほかに4年生の演習があって、例年、中国語方言学・中古中国語文法・中国語学史の3つの中からその年の学生が選んだものをやっています。

——先生はいつから教鞭を執っておられるのですか。

私は一九五〇年に学部を卒業したのですが、その年に私の先生であるドラグノフが改組でモスクワの研究所に移ってしまわれたので、その後任として教え始めました。その頃は一学年に数十人から百人くらい学生がいましてね。もっとも三・四年後には十数人になりましたが。そのかたわら大学院生としても勉強を続け、一九五五年に副博士論文を提出しました。

——『中国語の動詞範疇』（橋本萬太郎氏による日本語訳『中国語動詞の研究』、白帝社、一九八七年あり、ただし読んでいて辻褄の合わない箇所は中国語訳の方を参照されたい）ですね。

そう。その頃は現代中国語文法に主な興味がありましたが、その後毎年ちがう授業をもい。大バザールに迷い込むのも不安な喜びで、本屋では小さなグラスに入った濃くて甘い紅茶をふるまってくれた。フェリーに乗って対岸に行くと、そこはもうアジアである。

イスタンブールからカラチ経由で北京に向けて飛び立つ。だが、この飛行機はダマスカスで停機するといい、高度を下げて行くが、見渡す限り真っ白な炎熱の砂漠で、着陸寸前になってようやく街が見えた。まったく想像を絶する世界だ。だが、ヨーロッパと東アジアの間だけをとっても、このような未知の空間が大きく広がっているのだ。それに比べたらヨーロッパは小さく、中国も小さい。自分の視野がいかに狭隘なものであったかを最後に存分に思い知らされることとなった。

エピローグ

ヨーロッパに滞在した六カ月のうち最後の三カ月は移動につぐ移動で、文中では楽しげなことしか記さなかったが、実際には途中で旅を放棄したくなったこともある。もし、調査の目的がなく、楽しみのためだけなのだったら、一ケ月が限度だっただろう。帰国してからは脱力状態になり、研究室で朝から夕まで呆然自失のまま結局何もせずに終わる毎日が半年ほど続いた。

この調査行の結果、本来の第一目標である切韻写本の記述はほぼ完遂したが、皮肉なことに『切韻』を研究する気はかえって消え失せ、最後にイスタンブールで一目見た十四世紀のペルシャ語写本に心を奪われてしまい、その後、日夜その研究に没頭することとなる。本物に触れることは人間を変えてしまう。イスタンブールは九四年にも再訪した。

また、帰国後はフランス語からドイツ語に乗り換えて、やはり膨大な時間をつぎ込んで学校に通った（今は又ロシア語に再挑戦している）。

ヨーロッパの重厚な街並みで芸術の喜びあふれる生活を味わってしまうと、それなしでは過ごせなくなる。そんなある日、伊勢神宮の式年遷宮に関する記事が目にとまり、無性に行きたくなった。神代からの鬱蒼たる森の中にまっさらな白木でできた宮が隣りと寸分違わぬたたずまいで建てられていた。これは何というパラドックスだろう。バルセロナではサグダラ・ファミリア聖堂の尖塔に登ったが、完成にはまだ数百年かかりそうだった。ケルンの大聖堂もそのようにして数百年もかけて作られたのだが、伊勢神宮は木というはかない材質を使いながらも二十年ごとに再生することによって石造りの大伽藍よりも悠久の息吹を伝えているのだ。五十鈴川のせせらぎを聞きながら江戸のよき時代から続く「赤福」の本店でお茶を一服していると、すぐれた文化のみがもつ凛然として落ちついた風格が感じられた。

そこからほど近い松阪に本居宣長ゆかりの旧居や記念館を訪なった。パリにいた頃、井筒俊彦『意識と本質』を読んでいて妙に深く共鳴したくだりがあり、それは宣長の説く日本人独特のアプローチとしての即物的思考法についてのものである。いわく、「物にじかに触れる、そしてじかに触れることによって、一挙にその物の心を、外側からではなく内側から、つかむこと、それが『物のあはれ』を知ること」だという（岩波文庫本三五頁）。これは正に私の目指していたことだった。方言の心を知るには方言に聞き、文献の心を知るには文献に聞くこと。本物を求めての行脚はまだ続く。

（完）

（えんどう・みつあき　青山学院大学）

スレイマニエ図書館の入口から望むモスク

で、ハンガリーはやはりただならぬ国である。

　ルーマニアは首都ブカレストのみを訪れたが、あいにく入試の当日で、大学には入れなかった。だが、東干語に関する論文で知られるヴェクスレル教授は亡命したというので（デレアヌ「ルーマニアの東洋学略述」『東方学』八一、一九九一年）、それ以上は探索しなかった。街の中心部はチャウシェスク王朝倒壊の際の銃撃戦の跡もなまなましく、コマネチのような美少女が邦貨にすると一円以下のパンを売っているのが哀れをさそった。

　ブルガリアはソフィアとリラの寺院に行ったが、拙稿「朱徳熙先生のいくつかのこと」『トンシュエ』五、一九九三年に記したことがあるのでここでは触れない。

イスタンブール

　九月十四日朝、いよいよ最終目的地イスタンブールに到着する。ボスフォラス海峡の両岸に広がる香港のような活気ある街で、立派な尖塔の林立するモスクが至る所にある。駅を降り、本当は第一目標のアヤソフィア・モスクに行かねばならないのに、あまりにも魅惑的なモスクがあるのでついついそこに引き寄せられてしまう。中国留学中にウルムチなどに行ってモスクが好きになってしまったのだが、イスラム教は偶像崇拝を禁止しているため、中は何も飾りがなく、幾何学模様だけのすっきりした空間が好ましい。

　何故アヤソフィアに行く必要があるかというと、そこに目指す資料がある筈だったからだ。それは『脈訣』のペルシャ語訳の十四世紀の写本で、ドラグノフが戦前に一部の写真に基づいて研究し、故橋本萬太郎先生も研究を進めておられたのだが未発表に終わったいわくつきの文献である。それがイスタンブールにあり資料番号が Aya Sofya 3596 であることは英国図書館で目睹したイラン出版の影印本などから知っていた。そこで、アヤソフィア・モスクに行ったわけだが、裏の事務所で聞くと、文献はもう全部スレイマニエ・モスクに移管されたという。

　翌日改めてそこを訪ねて行くと、なあんだ、初めについつい吸い込まれたモスクではないか。どうもここに来るのはアラーの思し召しであったらしい。閲覧許可を得る交渉に手間取ったが、無事原本に対面することができた。大判の立派な写本で、中国音を表記した箇所は赤インクを使っていて一目瞭然、これなら対音の研究も簡単だぞ、と自信がわいた。

　イスタンブールは明るい魅惑的な街だ。トルコ人は人なつこく、日本語をしゃべる人も多い（但し大半は絨毯商人なのだが、あくどくない）。オレンジの生ジュースやサバのサンドやふらりと入った店の料理がたいへん美味しく、重厚であるが威圧するところがなく、軽やかであるが浮薄ではなく、人を高める芸術性に満ちた街ではあるがくつろげるところである。こじんまりとした小さな街であるところがまたよい。プラハを発つ朝、宿の階下のパン屋で適当なパンを買って列車に乗った。それが岩塩と松の実をまぶした見事な歯触りと味わいのパンで、こんな芸術的な感動すら与えるパンをさりげなく売っている街を後にして来たことが取り返しのつかない過ちのように思え暗然とした。私は死ぬならプラハで死にたい。

シュバルニー博士

ブルノ・ブラチスラバ

ブルノはチェコ内だがモラビア地方第一の街である。ドボルザークの組曲『モラビア二重唱』のような哀愁を帯びた雰囲気がある。ここのマサリク大学はヤコブソンやヴァヘックも在任したことがあり、早速英語科を訪れる。ここで *Brno Studies in English* のバックナンバーはありますか、と聞いていたら事務室には置いてない由で、そのやりとりを聞いていた紳士が、私のをあげましょう、とおっしゃる。その研究室に行くと、なんとフィルバス教授その人ではないか。教授は Jan Firbas, *Functional sentence perspective in written and spoken communication*, Cambridge UP, 1992 などで知られるFSP理論の有力な研究者であるが、その論文が載っているので私はここにBSEを求めに来たのである。音韻の研究者である私が何故この文法理論に注目しているかと言うと、それが中国語の文アクセントの分析に重要な役割を果たすものと踏んでいるからである。

ブルノでは博物館でジプシーに関する展示をやっており、インドを数百年前に出発してヨーロッパを放浪する過程を跡づけていた。その推定にはジプシー語の言語材にその経路の諸言語の要素が含まれていることも重要な根拠となっているらしい。

スロバキアの首都（但し当時はまだ独立していなかった）ブラチスラバにはブルノから日帰りで行ったが、寒い寒い一日で、何も収穫はなかった。〔なお、ハルドリチコヴァー「チェコ・スロヴァキアに於ける中国語研究の歴史と現状」『中国語学』八六（一九五九年）も参照。〕

セゲド・ブカレスト・ソフィア

ブルノから再びハンガリーを目指す。国境を越えると高層住宅に衛星放送のパラボラアンテナが林立している。ブダペストに一泊し南端のユーゴとの国境にある街セゲドに行く。ここの大学のアルタイ学科にあるというリゲティ教授の旧蔵書を見に来たのだ。図書館本館にそのコレクションはあり、目録のゲラ刷も見せてもらった。ここも又りっぱな街

北京からパリへ
——ヨーロッパ中国語学の旅(12)

遠藤　光暁

プラハ

またプラハに「帰って」きた。八九年秋に一度訪れてすっかりこの街のとりこになってしまっていたのである。当時は社会主義時代だったため、外国人観光客も少なく、静かな古都のたたずまいを保っていた。ビロード革命（流血事件がなく、移行がなめらかだったためこう呼ばれる）以後も、この落ちついた中世風の石畳の街並みは依然として遊子に安らぎとおだやかな驚きを与えてくれる。

　ここはある種の言語学徒にとっては「ふるさと」でもある。三十年代にマテジウス・ヤコブソン・トルベツコーイといった才人たちが「プラハ言語学サークル」によりつどって現代音韻論の基礎を築き、戦後は「文の実勢分析」（Functional Sentence Perspective, FSP）なる文法理論を開花させた。

　前回はカレル大学東洋学科の中国語学教授ボハラ先生にお会いし、語順のみによって機械的に主語・目的語を決める中国の学者のようなやり方だと、例えば「他死了父親。」では「死」が二価動詞になってしまい不都合である、といった印象的な見解に触れることができた。ヴァレンツ理論はプラハからもほど近い旧東独のライプツィヒで大いに発展していたが、それが中国で本格的に研究され始めるのはごくごく最近のことにすぎない。

　今回は科学アカデミー東洋学研究所のシュバルニー博士を訪れた。同博士は中国語音声学が専門で、K. Ohnesorg, O. Švarný, *Etudes expérimentales des articulations chinoises*, Praha, 1955（日本では稀覯に属すが、例えば日仏図書館に一本蔵する）はレントゲン写真による中国語音声の最早期の研究であるが、その後はアクセントを集中的に研究しておられる。*Archiv Orientální*, 1991 に載った新作二篇の抜刷とテープ付きの『現代漢語語法実例』ブラチスラバ、コメンスキー大学文献学部、一九九一年を頂いたが、文重音・軽声・連読グループを詳細に記述しており、注目される。

　プラハでは四泊したのだが、ただ街を歩いているだけで充足感に満たされてしまい、何もしていないのにあっという間に時間が過ぎていく。ユダヤ人墓地を見てプラハの懐の深さに感じ入り、又そこでやっていたテレジン収容所の児童画展を見て涙をさそわれる。ナチスのユダヤ人収容所は何カ所もあったのだ。夜はフークロアショーを見て、素朴で洗練された歌と踊りにすがすがしい感動を受ける。物価が安いので、中央広場のレストランで食前酒に始まりデザートとコーヒーで終わるフルコースを味わうが、間然する所がない。プラハを形容するには日本語にいい表現がないが、モデストというかモデレートというか、洗練されているが尖ったところがなヤンツェフ教授（主著『現代中国語の声調とイントネーション』一九七二年）の研究室なども見かけた。

夕方ザビヤロバ家に戻り、鯉を揚げたものやヨーグルト入りのさわやかなパンケーキの「昼ご飯」をごちそうになる。私がボルシチなどのロシア料理が大好きなのは専らザビヤロバさんのお蔭である。いまソ連所蔵のアラビヤ文字による西北方言の転写資料を研究中の由で、カードなどを見せて下さる（「中国モスリム文献—文字・音韻・形態論」『言語学の諸問題』一九九二年六号に発表）。

夜はザビヤロバさんのセッティングで譚傲霜女史の家で中華料理をごちそうになった。譚女史は広東語の声調の実験音声学的研究をしておられ、以前抜刷を乞うて送っていただいたことがある。女史は燕京大学卒でモスクワ大学で中国語を教えておられ、その編になる大部の教科書はアクセントの位置も表示している点で注目に値する。

その席にはスターロスチン氏も呼ばれていた。同氏はソ連の若手の東洋語研究者の中の鬼才で、多彩な言語を手がけている（村山七郎氏の何かの本にまるでブーニンに会った音楽ファンのような興奮ぶりの会見記があった）。私は『上古中国語音系の再構』の出版予告を見ていたので、もう出版されましたか、と聞いたら、ちょうどゲラ刷りが出たところだということで、見せてくれた（一九八九年に出版）。中国語は能くせず、むしろ日本語の方が得意の由であった。

翌日はザビヤロバさんの勤務先の極東研究所に赴き、中国語学部門のチーフで西夏語の研究でも著名なソフロノフ（『中国語と中国社会』一九七九年や『国外言語学新動向22中国の言語学』一九八九年などの近著・編訳書あり）や方言語彙を専攻するアストラハン女史、現代語法専攻のリャープスカヤ女史などと歓談できた。前三人による共著『中国の方言と普通話』（一九八五年）は中国語方言地理学における重要な著作だが、ザビヤロバさんから「私たちが日本で共に学んだよき記念として」という献辞入りでいただいた。ここの附属図書室には中国学の特別コレクションがあり、ロシア・ソビエトの中国語学関係の著作がほぼ網羅されている如くであった。

ソ連にはこの他にも北京語アクセント専攻のザドエンコ女史（『中国語の語流のリズム組織』一九八〇年）、上古漢語語法専攻のクリューコフ（『甲骨文字の言語』一九八〇年、甲骨金文も収めた教科書『上古漢語』一九七八年など）、訳経などの文法を専攻するグレービッチ（『三—五世紀中国語文法概要』一九七四年、ゾーグラフと共著の『三—十五世紀中国語読本』一九八二年）、『客家語』（一九八七年）の著者アレクサーヒン、『中国語広州方言』（一九八七年）の著者インキビェル、『中国語理論文法』（一九八九年）の著者ゴレロフ、『現代中国語語彙論』（一九九二年）の著者セメナスなど多くの学者がおり、二年に一度全ソ中国語学会議が開かれていて、第五回会議の紀要『中国語学のアクチュアルな諸問題』（一九九〇年）にはウラジオやフルンゼ、キエフなどの研究者も含む四十人あまりの論文レジュメが載っている。

ソ連崩壊後、いち早く起業家となったタブロフキー氏が東京を訪れ、有楽町のガード下で一杯やったが、非採算部門の科学アカデミーは給料も遅配しがちで、ザビヤロバさんは研究所に出ていない由だった。極めて層が厚く、独自の深みを持つロシア中国語学の探訪も兼ねてまた旧交を暖めに行きたいものだ。

（えんどう・みつあき　青山学院大学）

の『印欧語と印欧民族』を見いだし、読後感をお聞きした。非常に面白い、との由で、この二巨冊は近年の印欧語研究のエポックメーキングな著作だという評判を再確認した（該著は九四年にムートンから英訳が出ている）。ドラビダ語の語順はどうなっていますか、と訊くと、SOVだと言う。なーんだ、と一瞬思ったものの、そういえばアジアの諸言語の基本語順を地図に描いて中国語だけがSVOでその周辺の言語はみんなSOVだということを示した本を見たことがありますが、と言うと、俄然身を乗り出し、これでしょう、と黄色い本を出してこられた（Colin P. Masica, *Defining a linguistic area——South Asia*, Chicago UP, 1976）。この学説には非常に感服しているので、数学者の息子が国際会議でアメリカに行った時に会ってきてもらったんですよ、とおっしゃった。

夕食は私の好物の茄子を使った料理があったりして大変おいしい。ロシア料理でも茄子を使うとは知りませんでした、と言うとこれはゾーグラフ女史の故郷のグルジア料理なのだという。私の妻が中国人であることを女史がご主人に紹介すると、隣に座っていた息子さんの奥さんもエストニア人なのだと言い、ご主人は、こうであってこそ世界は平和になるんだ、と感想を述べられた。

孫娘がもうおやすみの時間だということで、私にも耳元に「スパコイナイ・ノーチ」とささやいてくれた。「静かな夜を＝おやすみなさい」ということだが、ロシア語はなんと美しい響きの言葉だろう、と賛嘆した。

東洋学研究所とレニングラードの夜

翌朝、ゾーグラフ女史の案内でその勤務先の東洋学研究所レニングラード支所で敦煌・ハラホト出土の中国語音韻資料を検見しに行く。すると京大の高田時雄さんがちょうど同じ日に調査を開始されるのに遭遇した。どっさりと収穫を終えたその夜、高田さんが夕食を一緒にしようと誘って下さり、目抜き通りを物色するがたまにあるレストランはどれも「満席」とのことで入れない。一計を案じ一ドル札をもってノックすると、とたんに招じ入れられた。そこはほの暗く、真ん中にステージがあり、まず冷菜とシャンペンが出た。ほどなくすると満席になり、なんとライブショーが始まった。社会主義国とは思えない斬新なエロティシズムに満ちている。ショーが一段落するとダンスタイムで、真ん中のホールで中年男女のカップルの客たちが踊りに興じている。結局、主菜は出ずじまいであった。

モスクワ

レニングラードからモスクワへはホテル代を節約する意味もあって夜行列車で行った。ここではザビヤロバさんは中国語北方方言やソ連領内の西北方言である東干語の研究者で（主著『甘粛方言』一九七九年）、夫君タブロフスキー氏が『新時代』誌の東京特派員だったため一九八一年から八五年まで東京におられ、よく古屋昭弘さんらと共に渋谷のお宅に伺って小研究会をしたものだ。

到着したその日はまず息子さんのフィェージャ君がモスクワ市内を案内してくれた。東京にいたころはまだピオネールの赤いネッカチーフをした少年だったが、もうモスクワ大学中国語科に入り流暢な中国語を話すようになっていて、街娼の見分け方なども教えてくれて、見違えるようだ。モスクワ大学の郊外にある広大な主キャンパスや、アジア・アフリカ学部のある都心の旧キャンパスも案内してくれた。アクセントの研究で名高いルーミ

北京からパリへ

——ヨーロッパ中国語学の旅⑾

遠藤　光暁

ソビエト・ロシアの中国語学

ヨーロッパの中国語学を語る際にソビエト・ロシアを欠かすことはできない。その重要度は、分野にもよるが、恐らく西欧・東欧全部を足したよりも大きく、中国本土・台湾、日本、アメリカに次ぐ地位を占める。だから私も在外研究の主な滞在地をパリではなくモスクワかレニングラードにしようかとも思った程だが、まだ社会主義時代で、私はあの冷漠な官僚主義には生理的に耐えられないので取りやめた次第である。当時は一泊二万円くらいする指定ホテルに予約を入れた日数のみのビザが下りる仕組みになっていたので、九二年の時は行きもしなかった。だから、ここでは一層古くなるが八九年九月訪問時の見聞を記したいと思う。既に「ヤーホントフ教授を訪ねて」（『中国図書』一九九〇年四月号）に書いたことはここでは触れないこととする。

東ベルリンからレニングラードまで

東ベルリンの待合い室もないような殺風景な駅で夜中まで待って、レニングラード急行に乗る。翌朝ワルシャワ駅でロシア人の若夫婦が同じコンパートメントに乗って来た。片言のロシア語でおしゃべりしたが、レニングラード大学の経済学の講師だといい、シベリア開発における日本の役割、といった話も出た。実はこの列車には食堂車がなく、ワルシャワ駅でもプラットホームに売店がなくひもじい思いをしていたのだが、この二人がパンやチーズを分けてくれた。またトマトがすばらしく美味しかった。ポーランドとソ連の国境駅では列車ごと持ち上げて車輪を交換する珍しい体験をした。ソ連はヨーロッパ大陸部より更に広軌なのである。

レニングラードに着くとこの夫婦とタクシーに乗り、ネバ川のほとりにあるロシア革命ゆかりのオーロラ号を望むホテルに無事到着した。ゾーグラフ女史にお電話すると、夕方タクシーで迎えに来て下さり、白樺林の中の高層住宅にあるお宅で夕食をごちそうになる。

ゾーグラフ家での歓談

ゾーグラフ女史は中国語白話語法史が専門で、近年の著作としては元代白話碑の漢語語法を扱った『モンゴル語と中国語の干渉』（一九八四年）や『公文書の文言』（一九九〇年）などがあるが、お家で代表作の『中古漢語・その形成と発展傾向』（一九七九年）や敦煌変文を扱った『雙恩記』第二冊・文法概要と辞書（一九七二年）をいただいた。

ご主人はドラビダ諸語の研究者の由で、はて、何を話題にしたらいいだろう、と一寸窮したが、書架にガムクレリーゼとイヴァノフた。

ちなみに、トルファン資料は既にベルリン・ポツダム通りにある国立図書館の東洋部に収められており、写真複写も送ってくれる。同研究所の隣は（旧東独）国立図書館で、泰西出版の中国語学書がないか見に行ったが、大半は爆撃で焼失している由であった。

ワルシャワとアウシュビッツ

二八日朝ワルシャワに到着し、すぐに大学に行く。まだ夏休み中で東洋語科は閉まっていたが、時間割にキュンストラーの名前が見えた。同氏は漢代の語尾を伴う副詞の形成に関するモノグラフ（一九六七年、ワルシャワ）などで知られている。だが、ポーランドを代表する中国語学者といったら何といってもフミエレフスキである（コターニスキ「ポーランドに於ける中国語研究の歴史と現状」『中国語学』七八、一九五八年参照）。事務室で電話番号を教えてもらって翌日ご自宅でお会いすることができた。先生は音韻の研究をなさっていた筈ですが、と水を向けると、いやいや私は論理学をずっと研究しているんですよ、とのことで、「古代中国論理についてのノート」という連作の抜き刷りを頂いた。はて、音韻や類型論の研究はもうやめたのかな、と思いつつ、「そういえばポーランドは論理学で有名でしたね。」というと（学生の頃読んだ水谷静夫の数理言語学の本で日本語の語順は演算子が後ろにくる「逆ポーランド記法」と同じだ、と書いてあったのを思い出した）、「ポーランドのような貧乏国は紙と筆だけでできる学問だけが取り柄なのですよ。」と謙遜されたが、ごく若い頃から論理学がお好きだった由である。帰り際にむかし国際会議で会った中村元教授に宜しくお伝え下さい、と言われて大いに困惑した。無論その約束は果たせないでいる。

翌日は日曜なので、アウシュビッツに行くことにした。早朝の列車でクラコフまで行き、タクシーを一日借り切って往復する。途中、多くの人が老いも若きも連れだって道を行くのが見え、みんな教会に行くのだという。こんな熱心なキリスト教国は他になく、現在のローマ教皇がポーランド人であるのも必然である。アウシュビッツはものすごく広く整然としたところで、ドイツ人の生真面目さがこんな所にも表れていた。とある収容所の暗い地下室で私はヨーロッパで最もキリスト教的な場所を見た。それはコルベ師のいた部屋で、ロウソクと花が捧げられていた。コルベ師は長崎にも宣教に来たことがあり、収容所で名もない人に代わってガス室の露と消えた。バチカンを始めとする贅をこらした大伽藍などキリストの教えとは何の関係もない自己矛盾の産物だ。アムステルダムではアンネの家を通りがかったが、あそこからここまで何と遠かったことだろう。

フミエレフスキ先生

（えんどう・みつあき　青山学院大学）

に疲れてぐっすりと寝入る時のような功徳がある。以前、禅僧の書を見ていて、飄然としてとらわれることのない自在さに惹かれたが、そのスタイルは大分違うものの、モダンアートにも天衣無縫の赤子の心・飾ることのない原存在のなまなましい顕示が感じられ、二十世紀芸術への共感を新たにした。こんな四十万ほどの人口の小さな町にこんなコレクションがあるとは大したものだ。そういえば、この同僚も現象学の研究に最適の地としてここの大学を選んだのであるから、ドイツないしヨーロッパの文化的底力は恐るべきものである。

ミュンヘンからベルリンまで

月曜はミュンヘンのバイエルン図書館に行く。ここにもヴァロの十八世紀初の『官話文典』の一本（最良の本はパリの国立図書館にあり、私も善本室で一見した）を始めとする中国関係のコレクションがあり、その目録をコピーすることができた。ミュンヘン大学中文系はしまっていて見れなかった。夜ヴィースバーデンに泊まり、翌朝オットー・ハラソビッツに行く。ここは知る人ぞ知る東洋学関係の書店の老舗だが、古書はほとんどなくがっかりした。だが、ここもたいへん立派な街で、地方都市が元気なのはドイツの特徴だ。

八月二五日にベルリンに到着する。ベルリンには実は一九八九年の夏に来ている。お目当ては無論、東独科学アカデミー考古学古代史研究所所蔵のトルファン文書であった。その中の切韻残巻を見たい旨、日本から手紙を書いたらツィーメ博士より不可である旨返事が来た。だがそれしきでめげていては学者魂にもとる。とにかくその土地まで行かねばならぬ、と思い、東ベルリンの目抜き通りウンター・デン・リンデンなる研究所を訪れた。「門を叩け、そうすれば開かれる」という箴言はクリスチャンでなくとも信じた方がよい。ティーロ博士が現れ、請求したもののうち番号が分かるものを出して下さった。だが、伝聞通り二枚のガラスに挟まれた残巻に影印では読めない字がかなりあることを確認しつつも、かたわらで待っておられる博士の研究時間をいたずらに奪うのを恐れ、そそくさと辞去したのであった。

その年末ライプツィッヒでの大デモに端を発し、あっけなくベルリンの壁が崩壊した。前回はベルリンの西から東に歩いて入れるチェックポイント・チャーリーから入境したのだが、実弾を装備した兵士が監視する緩衝地帯をびくびくしながら通った。今回もわざわざ同じ所を通ってみたが、もう普通の通りになっており、殺風景だった東側の街並みは改装中で西側風の活気を取り戻しつつあった。

同研究所を再び訪れると、ツィーメ博士がにこにこ顔で迎えて下さり、来意を告げると「もう二週間早く来ていたらお見せできたのに、先週国立図書館に移管するため運ばれていってしまいましたよ。」とのこと。でも、目録は残っている由で、Shimazaki Liste なるものを見せていただいた。それを通覧すると今まで知られていない音韻資料がたくさん含まれているではないか。ノートをとらせてもらうと、「時に私の同僚のシュミット博士をご存じですか。ぜひ会っていったらよろしいでしょう。」とのことで、早速研究室に面会に行く。すると同博士は日本語でお話になり、現在高句麗の漢字音の研究をしておられるという。私もちょうど推古朝遺文と百済漢字音の関係に興味を持っていたので、思わず話に引き込まれた。『上古音のいくつかの問題・上古南方方言と魚部』なる博士論文を既に二三十年前にものしておられ、こんな学者がいたのか、と無知を悟ると共に歓喜を覚え

北京からパリへ

——ヨーロッパ中国語学の旅⑽

遠藤　光暁

ヘルシンキとんぼ返り行

八月十九日朝アムステルダムを発ち、夜コペンハーゲンに着き、夜行に乗り換えて翌朝ストックホルムに到着する。午前中は当夜のヘルシンキ行きの船を予約し、港を確認しておく。ユーレイルパスだと数千円の追加料金のみで乗れるのだ。午後は王立図書館に赴き、ビブリオテカ・シニカ所載の写本類の請求番号を探しあてた。二度目のチャレンジでようやくそれらの写本と対面できたわけだ。

夜、船上の人となる。大型の豪華客船で、中は高級ホテルのようだ。夕暮れの中を沼沢地帯のような入り江をなめらかに航行し、快適至極だ。夕食は同室になった外務省派遣のキャリア外交官候補氏と一緒に本家本元のバイキング料理をたらふく食べる。だが早くもお上意識がほの見えるので、つい自由の放浪者たる我が身をこよなく尊いものと思ってしまう。まぁ「覚今是、而昨非」なんて言っても官途で上昇中の人には分からないだろうが。

翌朝ヘルシンキに着き、早速大学に行く。図書館で調べると、フィン・ウゴル協会に何かありそうだという。これは由緒ある学会で、優れたアルタイ語学者にして外交官の(駐日大使も務めた)ラムステッドがその学報に朝鮮語関係の古典的論文・モノグラフを出している。そこを探し当てると司書が休暇中の由で結局何も成果は得られなかったけれども、そこの職員の人がとても親切で、さすがはムーミンを生んだほのぼのとした国だと感心した。本当はそのムーミンランド(の舞台となった町)にも行きたかったが、その夜すぐにストックホルムにとって返し、直ちにコペンハーゲンを経由して寝台列車でドイツ南部のケルンに向かう。(なおヘルシンキは京大の高田時雄氏が既に調査に行っておられる。)

ブッパータルでの休日

八月二三日朝ケルン着、大聖堂を見た後、隣町のデュッセルドルフに行く。ここの大学には中文系もあるのだが日曜日なので行かないこととし、近傍の町ブッパータルに留学に来ている同僚を訪ねていく。ドイツ語の先生で、私と同い年で同年に務め始め研究室も隣なのだが、パリにいた頃に遊びに来たのでベルサイユやシャルトルの大聖堂などを案内したが、今度はこちらが「回訪」に来たというわけだ。この町自体には何の期待も抱いていなかったが、案内された美術館に現代美術の質・量ともにずばぬけたコレクションがあり、魅了されてしまった。私は本来は二十世紀の美術のよさが全然分からなかった。だが、ヨーロッパの主な美術館を総なめにし、精緻にして雄大な古典絵画をうんざりするほど見た後の目には、抽象画はなんとすがすがしく自由に映ることか。ここでは俗世の些事前回遊びに来て地質学科だけは見たことがある。

アイルランド

　翌八月十一日朝、グラスゴーから鉄道・フェリーを乗り継ぎ、アイルランドに渡る。雷州半島から海南島へのフェリーに乗った時のような心地がした。ベルファストは装甲車があちこちにあり物々しい町だった。更に列車を乗り継ぎダブリンに夕方到着する。

　ダブリンではトリニティーカレッジと国立図書館に行くがさしたる成果はなかった。期待を寄せていたのはチェスタービーティー・ライブラリーである。ここに江戸本の素晴らしいコレクションがあることを反町茂雄氏の紹介で読んでおり（ちなみに本好きなら誰でも同氏の大河小説の如き自伝『一古書肆の思い出』平凡社、を血沸き肉踊る思いで通読したことであろう）、中国書もなかろうか、と狙っていたのである。同館は郊外にあり、バスで行く。結局、狙いは外れたが、思いもよらぬ余禄にあずかった。そこは美術館のようになっており、東洋関係の展示品の他、新約聖書のパピルス古写本も展示していたのである。それらは年代的には敦煌写本よりも古く、このコレクションは聖書学者の間では非常に著名なものであるらしい。私が中国の韻書の編集史的研究なるものを行なうようになったのも、実は高校生の頃、福音書の編集史的研究の存在を知ったことが背景となっている。ここでパピルスの現物を見るに及んで、泰西の学問を学ぶなら東洋学のような二次的なものでなく、やはりその最も本筋である西洋古典学の枠に触れるべきであることを知らされた。

　中学生の頃「汽車に乗ってアイルランドのような田舎へ行こう」という合唱曲をクラスで歌ったことがあり、景色に期待していたが、大したことはなかった。もっと南部や大西洋沿岸は原始的らしいのだが、そんな時間の余裕はない。ロスレアから船でフランスのル・アーブルに一昼夜かけて渡る（ユーレイルパスで乗れる）。それが夜半にすごく揺れて船酔いし、上海から青島まで台風の時期に船で渡りやはり散々だったことを思いだした。

オランダ

　ル・アーブルでは又フランスパンのサンドイッチを食べて生き返る思いをした。そこからリールに行く。ここの市立図書館にフランスの日本語学者ロニの旧蔵書があることを最近松原秀治教授が発見され、それを検見するつもりだったのだが、当日八月十五日は聖母被昇天の祝日のため休館で、果たせなかった。次はベルギーを通過してオランダを目指す。主目標はライデン大学である。ここは小さな町だがヨーロッパ東洋研究の一拠点で、中国学図書室は完備したもので敬服した。また、この町にあるブリルはヨーロッパでも屈指の東洋学専門の古書肆であり、書庫も見せてもらい、今次の訪欧で最も良質の古書をしこたま仕入れた（最近経営者・名前が変わったが引き続き営業している）。

　アムステルダムでは中央図書館を見たが収穫はなかった。当地には言語学関係の古書肆が多く、後払いで買うことにするほど獲物が見つかり、うれしい悲鳴をあげた。

　宿はアムステルダムから電車で二十分ほどのハーレムでとったが、安くて居心地がよかった。一般的に首都は宿代が高く、少し離れるだけで快適度は飛躍的に向上するものである。

（えんどう・みつあき　青山学院大学）

ジに一時おられたプーリーブランク教授は故国カナダに戻り、先に名を挙げたクラトクビル教授もチェコ出身で、イギリスからは今世紀後半には中国語学者が出ていない。
　古書の相場が極度に安いことも、その不振の表れと言えよう。前回来た時は、大英博物館の前の東洋学関係の小さな古書肆やケンブリッジの有名な老舗ヘファーズで大量の獲物を信じられない位の安価でしとめたが（例えばセリュイスの『方言』を扱った博士論文が十ポンド・二千数百円であり、神田でもし出ればこの十倍や二十倍はするだろう）、これでは儲けが出ないのだろう、今回はどちらの店もつぶれてしまっていた。

オックスフォード大学ボドレイ図書館

スコットランド

ケンブリッジからバスでエジンバラまで行く（イギリスではユーレイルパスは通用せず、鉄道よりバスの方が安く移動できる）。イギリスでは町を少し出るとすぐに人っ子ひとりいない田園風景になり、スコットランドが近づくと空には灰色の雲がたれこめ、雨がしとど降ってきた。そんな中を羊の群が深緑の牧場に見えかくれしている。人を内省的な気分に誘うこの淋しげな情景は私の見た中で最も好きな景色の一つである。
　だが、バスが遅れてエジンバラに着いたのはもう日が暮れかかる頃で、しかも八月初旬だというのに冬のように寒い。さっそくインフォメーションを探すが、生憎もう閉まっている。やむなく自分でいくつか宿に電話してみるがどこも一杯だという。電話するためのコインもなくなって途方にくれていると、日本人旅行者がいてパースに泊まっていてこれから帰るところだと言うので一緒に行くことにした。汽車で一時間半くらい北に行った所にあるその町でようやく宿がとれて一泊した。
　翌朝エジンバラにとって返すと、インフォメーションが開いていて、すぐに宿をとってくれた。同じ町でも夜着いた時と朝着く時とでは天地の差があるのである。日曜日でもあり寒くもあったので、その日は宿で熱いミルクティーを飲みながらぬくぬくと休養した。
　月曜は朝一番にスコットランド国立図書館とエジンバラ大学に行くが収穫はなかった。エジンバラ大学音声学科はユニークな学者を輩出している所なので、一目覗いておいた。
　昼、グラスゴーに移動する。宿を確保してからタクシーを駆ってグラスゴー大学に行く。ビブリオテカ・シニカによるとここのハンター文庫に宣教師資料が相当数あるのである。さて、貴重書室でそれらを請求したら、司書の人が最近やはり日本の学者がそれを見に来ましたよ、と言うのでピンときた。京都大学のタカタ教授でしょう、と聞いたら、名前までは覚えていない由だったが、後に高田時雄氏ご本人より「バイエル旧蔵書のこと」『人文』三八号（一九九二年）を頂いた。閉館まぎわの一時間ほどでそそくさと検見する。グラスゴー大学は弟が留学していたので

北京からパリへ
——ヨーロッパ中国語学の旅(9)

遠藤　光暁

ロンドンへ

八月四日、ブリュッセルから夜行バス・フェリーでロンドンに向かう。翌五日朝到着後、王立アジア協会を訪ねていく。ビブリオテカ・シニカによるとここには多くの宣教師資料の写本があることになっている。だが、そこを探し当てると、夏期は閉館しているのだと言われ落胆する。

気を取り直して、ロンドン大学に行く。ここでは東洋アフリカ学部（SOAS）が有名で、以前来た時に図書館を見て中国のみならず東洋全域の蔵書がまんべんなく揃っているのに舌をまいた。中国語学関係では、さすがに香港を植民地として持っているだけあり、イギリスで出た広東語関係のコレクションはピカ一である。今回はユニバーシティ・カレッジの音声学科を見に行った。ここはダニエル・ジョーンズがいた音声学の総本山である。だが、図書室も何もなくノレンに腕おしだった。次は、英国図書館の東洋写本刊本部に行くが、三年前に来た時にはロンドン大学・大英博物館のすぐ近くにあったのに、今はインド省図書館と統合されて遠くに移転していた。もう敦煌切韻写本の記述は完了していたので、今回は宣教師資料をいくつか見たが、やはり分量が多すぎるので、まずマイクロを取り寄せた上でじっくり調査すべきだと感じ、早々に切り上げた。

翌日はバスでオックスフォードに行き、ボドレイ図書館と東洋学科図書室を見る。実は私は中国留学中に杭州方言の調査を行なったのだが、Mouleというイギリスの宣教師が二十世紀初に杭州方言の教科書を出しており、前回ケンブリッジ大学図書館でコピーを入手したのだが、他にも類似資料がないか探していた。ボドレイ図書館の東洋部でカードを操っていたら、果して聖書の杭州方言訳も出ていることが分った。東洋学科図書室も中国関係の資料が東大文学部漢籍コーナーなみによく揃っている。

次の日はケンブリッジを再訪した。ここの東洋学科の図書室は参考図書程度しか置いてないが、中央図書館の漢籍はやはりオックスフォード東洋学科なみに満遍なく揃っている。ここでは北京語アクセントが専門のクラトクビル先生がおられたが、もう退職された由で、学科事務室で連絡先を聞いたら一寸行きにくい所に住んでおられたので、お会いすることはできなかった。

イギリスはロンドン大学・英国図書館・オックスフォード・ケンブリッジなどの蔵書からすると、資料的にはパリに勝るとも劣らない潜在的条件を持っているのだが、中国語学の分野では現在は特にめぼしい学者がおらず、壊滅状態と言っても過言ではない。かつてはロンドン大学でSimon教授が活躍しておられたのだが、ドイツ出身であり（榎一雄「サイモン教授千古」『東洋学報』六三巻三・四号、一九八二年に紹介あり）、ケンブリッリスボンから再びパリを目指して列車に乗る。ごつごつした岩山が続き、徐行運転なので距離は長くないのに時間がかかる。貴州から雲南にかけての列車と同じだ。一夜明けてスペインとフランスの国境地帯にさしかかる。この辺の景色を見ることを楽しみにしていたので、ずっと眺めていたが、国境の町サン・セバスチャンの近代的な高層アパート群には失望した。実はこの辺は印欧語がヨーロッパを覆う前の土着言語と思われるバスク語の分布地域で、そんな古風な言語を保っているのだからよほど辺鄙な所ではないかと想像していたのだが。フランス側の国境駅で乗り換える時、フランスパンのサンドイッチの朝食をとった。口に広がるパンの香ばしさとバターの豊かな味わいにうっとりとなり、一ヶ月他国を回ったがやはりパンはフランスパンが一番だ、と思った。夕刻にパリに着き、一泊して次の目的地・ブリュッセルに行く。

ベルギー

七月三十一日、昼頃にブリュッセル到着、午後はベルギー高等中国学研究所に行く。それはEC本部の先にあるサンカントネール公園内にある美術歴史博物館の一角にあり、図書室で Leva 師の山西方言辞典を見いだし、コピーさせてもらう。これはタイプで打ったものをガリ版刷りにした二冊本で、橋本萬太郎「中国語崇礼・尚義方言音字彙」（『アジア・アフリカ言語文化研究』十、一九七五年）に同音字表が纏められているが、原本は数冊しか存在しないものと思われる。

Leva 師もそうだが、ベルギーには中国への宣教を目的として設立された宣教会・淳心会があり（略称 CICM、スクート会ともいう）、言語地理学者のグロータース師（『中国の方言地理学のために』好文出版、一九九四年の好著あり）や楊雄『方言』を始めとする古代漢語専攻のセリュイス師、モンゴル語学者のモスタールト師などを輩出している。

ベルギーではグロータース師の学問の揺籃となったルヴェン大学を特に見たいと思っていた。ルヴェンはブリュッセルから電車で数十分の所にあり、あたかもケンブリッジやオックスフォードのように小さいが文化の香り高い大学町である。父君がこの大学でベルギーの方言地理学の創始者として教えておられ、その薫陶の下にあって中国で方言地理学の研究を始められたわけだ。方言研究室や言語学科は探し当てられなかったが、図書館の東アジア語部門を見ることができた。その中ではミュリーの著書が目を引いた。ミュリーは熱河方言の詳細な研究で知られており（『支那及支那語』一九四二年一月号に富田竹二郎とスパーによる業績紹介あり）、グロータース師も神学生時代に古代漢語を教わっている。

ところが、ベルギーは言語戦争をやっているお国がらか、ルヴェン大学もフランス語で教育するキャンパスが分離されており、それは電車で更に数十分のルヴァン・ラ・ヌーヴにあるという。改めてそこに行ってみると自然の中のピカピカの立派なキャンパスがあり、東洋学科の図書室はなかなか完備していた。

ベルギーでは他にブリュッセルの王立図書館を見たが成果はなかった。土日は中世のたたずまいをとどめる小さな町ブリュージュでサイクリングしたり、ルクセンブルクに遊びに行った。ここは神奈川県くらいの小さな国で、こんな国が存在し得るなら河合継之助の長岡共和国の構想もあながち無稽の夢ではないと思った。

（えんどう・みつあき　青山学院大学）

スペイン

ジュネーブから夜行でフランス経由でバルセロナに行く。ちょうどオリンピック開会まぎわで賑わっていたが、そっちは私には関係がない。バルセロナ大学をまず訪ねていくが、東洋学科はあるもののアラビアやヘブライ関係の授業ばかりのようだった。また、カタルニア図書館でも目ぼしい収穫はなかった。

次にマドリードに行くが、国立図書館の主題別カードで中国語の項を繰ってみたが何もなく、漢籍の目録がないかと聞いたが、特に作っていないという。マドリード大学では東洋関係の学科はないようであった。

スペインは中国に宣教師を送る出港地だったのだから、その方面の資料もあろうと少なからぬ期待を抱いていたのに空振りだった。だが、これはひとえに事前の情報収集に遺憾があったために他ならない。帰国後に、榎一雄教授の「漢字の西方伝播」(『榎一雄著作集』第四巻、東西交渉史I所収)を寓目し、エスコリアル図書館やトレド大聖堂図書館を調査すべきことを知ったが、時すでに遅かった。

セビリアではコルディエのビブリオテカ・シニカの記述のお陰でインド公文書館で十八世紀末の中国語文法の稿本を目睹することができた。Rodriguez の Arte de lengua china がそれで、特に珍しいのは主祷文の中国語訳に楽譜が附していることで、そこでは陰平がラ、陽平がド、上声がミ、去声がレ、入声がファとなっている（本文にも同様の説明あり）。これは後日談になるが、帰国途中に北京に寄った際、折から滞在中の古屋昭弘氏にその話をしたら、東洋文庫にもそういう資料がありますよ、とのことで、調べてみたらそちらの方はラテン語による清書本なのであった。ユーラシア大陸の両端に蔵されることとなったこの稿本の命運は奇なるものがある。

セリビアでは万国博覧会の最中で宿をとるのにえらく苦労をした。ここはもう熱帯の夕焼けが椰子の並木にさす南国の地で、往年は新大陸に向かう船がこのそばの港から頻繁に出帆したのであった。

ポルトガル

次はリスボンだが、直通の列車がないため一旦マドリードにとって返して到着した。さすがにここまで来ると、中国で海南島の南端の「天涯海角」まで行った時と同様に大陸の端の端まで来た、という感慨が湧いた。リスボン大学でも国立図書館でもさしたる成果はなかったが、将来彼地に行く人は古い大学町であるコインブラも調査してほしい。

リスボンではすりつぶしたジャガイモの入った温かいスープがどこでも出て、忘れがたい優しい味わいだった。宿のおかみさんは下着まで洗濯してくれ、田舎の純朴さを保つさいはての地という印象が強い。

セビリアのインド公文書館

北京からパリへ
――ヨーロッパ中国語学の旅(8)

遠藤　光暁

イタリア再訪

旅行中、土・日は大学・図書館が休みなので博物館や名所を見るのにあてていた。ユーレイルパスがあるので交通費を気にせずに国を越えて観光することも可能で、ウィーンからスイスへの途中、週末をイタリアで過ごすこととし、ベニス・ボローニア・フィレンツェ・アシジを半日づつ走馬観花した。ベニス大学中文系も訪れたが、実用語学のみの教育を行なっているようであった。他は、純粋に物見遊山のためで、特にアシジはよかった。ここはむろん聖フランシスコゆかりの地だが、可憐な草花の咲き乱れる明るい野山にあり、同じく花鳥風月を友として修道生活を送ったわが良寛の越後の寂しげなわび住まいと比べ何たる違いかと感を催した。

スイス

七月二十日にチューリッヒ大学東アジア学科を訪れる。ここの中国関係の蔵書はなかなか立派なものだが、余所で見られないドイツ語圏出版の研究書は特に目を引いた。当大学の Gassmann 先生は古代漢語語法を生成文法のワク組を使って研究しておられ、その著書が数冊あり、他にも洪振耀氏の口蓋化に関する実験音声学的研究などが見つかり、これまでドイツ語圏の研究をマークしてこなかったことは少なからぬ損失であることを悟った(これは私や日本の研究者だけの通弊ではなく、世界的に戦後のドイツ語圏は中国語学の空白地帯だと見なされているフシがある)。

ここは湖のほとりの美しい街で、シャガールのステンドグラスのある教会が特に印象的だった。白くすっきりした壁にほとばしるような原色で絵が天真爛漫に踊っている。イタリアの教会のごてごてした装飾にうんざりしたあとだったせいもあろうが、二十世紀芸術の自由さに心洗われる思いであった。ほか、リートベルク美術館は東洋美術の優れたコレクションを展示しており、ここの江戸時代の逸品を見て心がおのずとさざ波立った。

首都ベルンは出版社ペーターランクに行くため数時間途中下車したが、清潔な街であった。ここまではドイツ語圏である。

ジュネーブに着いた途端、乱雑な駅の様子にゲルマン系とラテン系の民族性の違いが見てとれた。ラテン系の民も「美」を人一倍愛するのだが、「清潔さ」へのこだわりは薄いようだ。

ジュネーブは二十世紀言語学の祖・ソシュールが教鞭を執った地であり、ジュネーブ大学言語学科に敬意を表しに行く。中文系は歴史が浅いようで、大した蔵書もなかった。

スイスでは他にバーゼルに客家語関係の資料があることが知られているが(橋本萬太郎「バアゼル訪書誌」『中国語学』二一五、一九七五年)、客家語を研究してもいない私が一日二日でそれ以上の収穫を得ることはできまい、と考え、わざと行くのをやめた。

何にして一つの曲が出来上がるかを克明に追ったもので、以前内閣文庫の展示会で付箋・書き込みだらけの狩谷棭斎の『箋注倭名類聚鈔』稿本を見た時と同様の感動とインスピレーションを受けた。東洋美術館には江戸時代のすばらしい日本美術品があり、コレクターの優れた趣味にも敬服した。物価が安いのでオペラも見に行きモーツァルトの「ドンジョバンニ」に陶然とし、レストランではバイオ

ハンガリー科学アカデミー

リンの生演奏つきでディナーを味わった。

八十年から八二年頃の『文藝春秋』か『中央公論』だったかに出ていたコラムに、東欧諸国はポーランドやチェコのような文明度の高い国から順番に社会主義を放棄するであろう、と書いてあった。当時は有り得ない絵空事として私は受け取ったが、恐るべき慧眼だったことになる。たが、その先駆けはハンガリーでいち早く一九五六年に起こり、六八年のプラハがそれに続く。今次のベルリンの壁崩壊もハンガリー政府が東独市民に西側への国境を開いたことが引き金となっている。こうしてブダペストの地を踏んでみると、それが「文化の力」によることが感得される。

ウィーン

こんな具合でブダペストには思いもよらず長居をしてしまった。まだ先を急がねばならない。朝ブダペストを発つと昼にはもうウィーンに着く。地図を見ると科学アカデミーがあるようだから、午後は早速行ってみる。あちこち尋ね歩いた結果、中国部門のロマノフスキー青年に逢うことが出来た。聞くと私と同じ頃北京大学に留学していた由、「一見如故」となり、おしゃべりに花を咲かせる。現在は清代史専攻だが、ウィーン大学での学位論文は元代白話碑に関するものだという (W. Romanovsky, *Die nicht-klassische Kanzleisprache der Yuan aus Sinologischer Sicht*, 1989)。この愉快な出会いに、「我々の友人は天下にあまねく」という文革期の歌を思い出した。むろん「共通の戦闘」は米帝に対するものではなく、中国研究なのだが。

国立図書館では中国語図書の蔵書目録が出ていた (Basilia Fang, ed. *Osterreichische Nationalbibliothek, Sinica-Sammlung*, 1992)。ウィーン大学中文系ではドイツ語圏の博士論文などが蔵されており、龔煌城先生の上古音、Othmar Helwich なる人の一九三四年の北京語実験音声学に関する論文など、今まで目睹し得なかったり存在すら知らなかった研究を見て、ドイツ語圏の中国語研究の侮るべからざることを悟った。

ウィーンではもちろんザッハー・トルテをいの一番に味わい、名にしおう軽やかさに口を喜ばせた。ウインナー・シュニッツェルも豚カツの概念を越えた優雅な味わいであった。シーズンはずれでウィーン・フィルハーモニーの公演が聞けなかったのは心残りだった。

（次号に続く）

チョンゴル夫妻

また適当にDr何々とある家のベルをおした。その主は本当のドクター（医者）だったようで、フランス語は解するというので来意を告げると招じ入れられ、電話で調べてくれている。だが、この家は何という家なのだろう、壁という壁に堂々たる絵画が掛けられているので、「お宅はまるでギャラリーのようですね」とつい不躾なことを言ってしまった。結局、向かい側の建物が目的地だったのだが、ここに迷い込んだおかげで、おんぼろな外観からは窺い知れない高度の芸術的・精神的生活が中では営まれていることが分かった。

　ローランド大学中国学科では中国現代文学専攻のエンデレ先生にお会いでき、チョンゴル先生の電話番号も教えていただいた。

チョンゴル夫妻

　チョンゴル先生はハンガリーを代表する中国語学者で、ウイグル資料による唐代音の研究で名高い。以下は翌日お宅でお会いできた時の話である。先生は一九二三年生まれで、一九四二年にローランド大学中文系に入学し、丁度その年に教授がトルコ語専攻のプレーレからアルタイ語学者のリゲティに代わり、文言の授業が週に一回あり、その時の同学にはチベット学者のウライもいた。一九四八年に助手となり、リゲティ教授からウイグル資料を使い中国語史を研究するよう題目を与えられ、それで学位をとった。もともとは文学の方が好きで、水滸伝や西遊記、杜甫や白居易の訳本も出していたが、リゲティ教授が亡くなられてからは文学の方に専念するようになり、今は荘子を訳しておられるという（やはり歳をとると老荘思想に惹かれるようになるのだろうか、マルムクビスト先生も同じことをおっしゃっていた）。一九六八年から二年間社会党の招待で日本に滞在したことがあり、七一年から一年半、橋本萬太郎氏の招待でプリンストン大学に滞在した由で、当時の橋本先生は美青年でしたよ（まだ四十年前だったのだ）、とのことであった。夫人はチョンゴル先生の教え子だった由で、現在東洋美術館の館長をしておられる。最近夭折した弟子のマールトンフィの話も出た（遺稿集が二種出ている：*On Chinese Phonology*, Csoma de Koros Society, 1992; *Az Irastol a Versig*, ibid, 1992）。また、リゲティの旧蔵書がセゲド大学にあるといい、次回ハンガリーに来る時に行くこととした。

壮麗な街並みと成熟した文化

　国立図書館や科学アカデミー図書館も調べてみたが、さしたる成果はなかった（但し後者には西域出土の資料があるという）。

　ブダペストは古く重厚な街並みで、壮麗にして瀟洒な国会議事堂や王宮などはロンドンと比しても遜色なく、「ドナウ川の真珠」の名に偽りはない。音楽史博物館で見たバルトークの作曲過程に関する展示は刺激的だった。曲想のスケッチや楽譜の草稿を通して如

北京からパリへ

——ヨーロッパ中国語学の旅(7)

遠藤　光暁

ベオグラード・ノビサド

ベオグラードでは国立図書館でカードも繰ってみたが、予想通り何も成果はなかった。国立美術館はなかなか均整のとれたコレクションで気に入った。あと特筆すべきなのは民俗博物館で、殊に民俗衣装の展示はなかなか見ごたえがあった。北京留学中に民族文化宮で苗族の衣装の展覧を見たことがあるが（言語の系譜関係も参考にして分類を行った大変高度のもので、公刊されていないだろうか）、それと匹敵する感銘を受けた。

ほか、ユーゴでは是非ノビサドを訪れてみたかった。ここはベオグラードの北にある小都市だが、イヴィッチ夫妻がおられるところである。同夫妻については『ことばの宇宙』一九六八年十一号に載った服部四郎博士の紹介があり、夫君は方言学・夫人は一般言語学でともに優れた学者である。私が惹かれるのは学問的面もさることながら、その人生の選択においてである。夫妻ともに世界的な学者でありながら、党員であることが条件のベオグラード大学に就職することを潔しとせず、無名の大学に赴任して学問に専心する方を選んだのである。私はノビサドでは宿がとれなくて結局バスで一回りしただけで大学にすら行き着けなかったが、住みよさそうな明るい街であることを確認して、先を急いだ。

ノビサドからブダペストへの列車のコンパートメントでは一人のロシア人と一緒になった。しきりに話しかけてくるのだが、ロシア語の他はエスペラント語のみを話す由で、身振りや図の助けにより理解し得た所によると、ある理科系の（金属学？）研究所の研究員だったのだが、『コムソモールスカヤ・プラウダ』にロシアは大きいのだから北方四島を日本に割譲してもよいという意見を載せたら、その夜警察が来て手錠をかけられ国外退去になり、ベオグラードで数ヶ月過ごし、今ジュネーブの国連難民事務所に行くところなのだという。日本のために人生が台無しになってしまったわけだが、エロシェンコの名前も出して私と日本に親近感を示した（エロシェンコは日本に滞在していた盲目の詩人にしてエスペランティストで、魯迅とも交友があった筈）。靴下やボールペンをプレゼントしてくれるので携帯ラジオとドルをお返しにあげた。

ブダペスト

ブダペストに到着したのは夜半であったが、列車を降りるとすぐに「出迎え」があった。外人と見て、民宿に泊まらないかというお誘いである。その家は高層アパートの一フラットで、部屋は綺麗で「貧困な東欧」というイメージとは全く異なるものであった。

翌朝すぐに大学を訪ねていく。あてずっぽうに入った部屋は理科系の研究室だったらしく、目元すずしい秀才然とした若い先生が中国学科の住所を調べてくれた。その番地の所に行くと一般の住居のようで、やむなくこれの畏敬するシュリーマンが発掘したところで、是非来てみたかった。バスとタクシーを乗り継いで着いたらもう五時すぎで遺跡は閉まっていて入れなかったが、ごつごつとした岩山の中腹の景色を眼に焼き付けてアテネにとって返した。

　翌朝の列車でユーゴスラビアに向かう筈だったが、定刻少し前に行ってみると猛烈な混雑で、指定席にたどりつけそうにない。やむなく夜の便に替えたが、時間が浮いてしまった。そこでガイドブックを見て急遽スーニオン岬に行くこととした。ここは大変すばらしかった。エーゲ海を望む神殿の白く高貴な姿はギリシャ文明の優秀さを私の脳裏深く刻みつけることとなった。また、ギリシャ女性の端麗な容姿は、ギリシャの彫刻が理想化されたものではなくリアリズムの極致なのだということを知らしめてくれた。

スコピエ・ベオグラード

　今度は早めに行って夜行列車に乗ったが、寝台はなく、座って夜を越す。翌朝「ユーゴスラビア」に入ると、列車はガラ空きになる。スコピエで降りる。ここはモダンな現代建築の立ち並ぶ軽快な街で、冬季オリンピックも開催されたことがある筈だ。スコピエ大学に東洋学関係の学科がないかと行ってみるが、なさそうだった。構内で道を尋ねたアルバニア語学科の若い講師たちが近くのモスクに案内してくれた。行く途中フランス語でおしゃべりをしたが、それでようやくここは独立して「マケドニア」という国になったことを知った。バルカン半島はやはり民族のるつぼで、民族感情はなかなか複雑のようだった。

　スコピエからベオグラードに向かう列車では里帰りをする一家と同じコンパートメントになった。若夫婦と小さな男の子と旦那さんの姉妹二人で、奥さんが片言の英語を話す。奥さんはセルビア人で旦那さんはマケドニア人なのだそうだが、前は一つの国だったのに独立してしまったのでいろいろ大変だ、とこぼしていた。この一家が途中の駅で降りると、急に大粒の雨が降り出してきて何やら象徴的で、その後ろ姿を見送りながら幸多からんことを祈った。

　ベオグラードでは例によりまず大学に行った。すると学生達が反戦のストをやっていて門を封鎖していた。だが、中には自由に入れるので中国語・日本語学科に行く。中国語担当の講師は最近中年の先生が亡くなり若い先生一人だという。夕方にその女の先生が来て話してみると私より少し前に北京大学中文系に留学していたことが分かり、校友同士で心おきなく語り合った。ユーゴの戦争の話題が主となったが、私は以前は既に国家という単位が無意味である地球時代が来つつあると思っていたがパリで暮らして民族と民族とが憎み合う現実を知らされ落胆した、今必要なのは互いに自分を相対化し相手に寛容になることだ、と語ると、私たちが政府に求めているのもそういう寛容さなのです、と述べた。校内放送が入り、これから抗議集会がありますから、ということで対話はおしまいになった。大学の隣のカフェで一人で今の心の琴線に触れる会話を反芻する。ここはとても戦争中の国とは思えない明るい雰囲気なのだったが。

記」『東洋の思想と宗教』七、一九九〇年は懇切な利用手引きである）。ここの所蔵する宣教師の編んだ中国語文法書・辞書類の写本はやはりコルディエのビブリオテカ・シニカの補遺の三九〇六頁以下に網羅されており、ヨーロッパで最多の二十数点にのぼる。私は今回は斥候に来ただけなので数点検見したのみだが、マイクロを入手した上で本格的な調査を行うに値する。但しここは午前中しか開かず、一日三点しか閲覧できないのが難点である。

　バチカンのすぐ近くにイエズス会の本部があり、この中の公文書館には宣教師の編んだ最古の中国語辞典『葡漢辞書』（一五八〇年代の稿本）がある。同書はイエズス会士の楊福綿師が研究の先鞭をつけ、榎一雄氏が写真を入手されたのを機に古屋昭弘氏が細緻な研究を進めておられる。その原本を請求したらあっけなく出てきたので拍子抜けした。本来なら随喜の涙を流しつつ検見すべき所だが、もう敦煌写本ずれしてしまい、明代程度では感激しなくなってしまった。

　ローマではバチカン博物館・コロッセオ・カラカラ温泉など一通りの名所は見たが、特に印象的だったのはフォロ・ロマーノである。ローマ時代の都市がそのまま残っており、ラテン語を学んだ時に読んだ歴史人物がここで活躍していたのか、と感慨を催した。ローマは紀元頃の建造物がそこここに残っており、これに匹敵する都市は中国では西安くらいしかあるまい。バチカンではラテン語のミサの式次第も買い、ヨーロッパ文明の一大源流に触れて大満足だった。

ナポリ・ポンペイ

　イタリアの中国研究はむしろナポリの方が古い伝統を持ち、一七三二年に創設されたナポリ東洋学院は現在もローマよりも大きな陣容をもつ。私が訪れた時は丁度期末試験の最中で、中国語科の学生のお嬢さんたちが口頭試問の順番を持ちながら喧しくおしゃべりをしていた。図書室はまずまずの蔵書を揃えているが、私にはむしろ重厚な内装の方が印象的だった。

　ナポリは海辺の明るい街で、モンテサントに登って抜けるような青い空ときらめく紺碧のナポリ湾を眺望すると、「ナポリを見てから死ね」というのも至言だと思った。トマトとチーズの入った「油餅」のようなものを買い食いしたが、北京の街角で食べる小吃のようにおいしかった。

　ポンペイにも足をのばした。ここは紀元七九年にベスビオ山の噴火で埋没した街で、当時の壁画やタイルが色鮮やかに残っており、さながら敦煌の洞窟を見た時のような感動を受けた。暑い日でやけにのどが乾いたが、かき氷の入ったレモンティーが絶妙の味で、立て続けに二杯飲んでしまった。カプチーノにもすっかり病みつきになってしまったが、イタリアはやはり爛熟した文化大国である。帰りはソレントをまわり船でナポリに戻った。

　イタリアでは随分ひどい目に遭った。スリにあいかけたり、ケチャップをかけられたり、ちょくちょく釣り銭をだまされかけたりした。だが、それにもかかわらずイタリアは憎めない所で、また来たくなるのであった。

ギリシャ

　次はギリシャで、イタリア東南部のブリンディシから船でギリシャ西部のイグメニッツァに行き、そこからバスでアテネに着いた。例により国立図書館とアテネ大学を訪ねてみたが、予想通り何の収穫もなかった。そこでパルテノン神殿と博物館を見たが、時間がまだあったのでミケネーに向かった。ここは私

北京からパリへ
——ヨーロッパ中国語学の旅(6)

遠藤　光暁

パリを後にして

六月も終わりに近づき、最後の日曜日は民俗美術館を訪れた。ちょうど、大小さまざまのリコーダーのアンサンブルをやっていて、古雅な調べが高い天井の館内に響きわたり、パリ滞在の最後を飾ってくれた。パリでは夜によくサンジェルマン・デ・プレ教会にコンサートを聞きに行き、声楽曲を堪能した。もともと教会堂で演奏されるために作曲された宗教音楽なのだから、正に本来あるべき場所で聞いたことになる。そして、散会後に街に出てもその余韻は強まりこそすれ醒めることはない。パリはいついかなる時にどこをとっても全てが絵になるのである。フランスの研究者から感ずるのは、「美」というものに格別の価値を置いていることで、その視野の広さがディレッタンティズムから逃れられているとしたら、磨き上げられた美的センスによるところが大きいであろう。

後ろ髪を引かれるような思いを味わいつつも二十六日に夜行列車に乗ってパリを離れた。これからはユーレイルパスの旅だ。一等・三ヶ月有効のものを購入しておいた。これで東欧を除く全ヨーロッパの鉄道や船が乗り放題になる。トーマスクックの時刻表と首っ引きで旅程を立てるのだが、ヨーロッパは大きくないから、大都市間なら大抵どこからどこでも夜乗れば朝到着するインターシティが走っている。夜行ではクシェットというのが中国の「硬臥」に相当し、二千円位の追加料金で乗れるが、実際の乗り心地は「軟臥」なみである。ヨーロッパでは万事余裕があるから一日二日前でもたいてい予約がとれる。

さて、次の訪問地はベルリンにしようかローマにしようかと迷ったが、バチカン図書館は早々と夏休みに入ると聞いていたので、ローマから先に回ることとした。

ローマ・バチカン

あさ目が醒めるともうローマ到着間近で、車窓を眺めるとさんさんたる太陽の下に一面のひまわり畑が広がっている。ああ、イタリアだ、と急に嬉しくなった。パリあたりだと風景はベールをかぶったような彩りでそれ自体が印象派的なのだが、イタリアはやはり風土からしてゴッホが描いたような底抜けの情熱的な明るさをもっている。

ローマではまず国立図書館とローマ大学東洋学科に行ったが、さしたる収穫はなかった。また多く単行本や調査報告を出しているイタリア中東極東研究所（IsMEO）を訪ねていったが、結局番地が見つからずじまいであった。だが最大の目標であったバチカン図書館では期待にたがわぬ獲物に出会った。ここは入館手続きが難しいと聞いていたが、私は大学からの英文の紹介状だけで問題なく入館できた（福井文雅「ヴァチカン図書館訪書あり、サガール氏が今提出している中国語―南島語同系説も南島語の専門家との日常的な接触を経ていることが分かる。

ジャムリ君も一夕マンションに招待してくれた。日本流に言うと三DKといったところで、パリ市内の便利な場所にあるが、家賃を聞くと私の住む地方都市のそれより安いではないか。独身なので一人で悠々と使っていて、書斎のほか白いピアノの置いてある優雅な居間もある。ひとしきりおしゃべりした後で、手ずから夕食を作ってくれる。「今日の献立は……、カルビだ！」とかいってジャッと焼いたのだが、そのタレはなかなかのものだった。それに乾葡萄入りのセモリナ米とグリーンレタスも素晴らしい味で、さすがはフランス人だ。ワインの酔いもほどよく回ってきて四方山話をしていると、ジャムリ君は驚くべき経歴の持ち主であることが分かった。少年時代はアルジェリアで過ごし、だからアラビア語も母語として話すことができ、パリの東洋語学校ではモンゴル語と中国語を専攻し、北京大学に留学する前はむしろモンゴル語の方がうまかった位だという。つまり非常にタイプの異なる四つの言語を母語ないし熟達したレベルで操ることができるのである。

フランスの研究者の特色は自由闊達な着想にあると思うが、さきほどのデル氏なども中国語や留学時に調査した白語のほかタガログ語や北アフリカのベルベル語など様々な言語を扱っており、そうした視野の広さは当然着想の豊かさにつながるわけだ。

ほか、フランスは大学院生も数多く、将来的にもヨーロッパ中国語学の中心であり続けるだろう。その中で特に目を引いたのはファビエンヌ・マルクであり、戦国文字に関する博士論文を準備中だった。文字学理論や上古音の面でも注目され、公表が楽しみだ。

二人の巨匠

中国も含む地域を対象とする言語研究者で最も視野が広い人といったら、文句なしにオードリクール（一九一一―）が挙げられよう。植物学者にして科学技術史家であり、言語学ではヨーロッパ・アジア・オセアニアの諸言語を扱っている（その膨大な著作目録は自伝のA. -G. Haudricourt, Les pieds sur terre, A. M. Metailie, 1987 に見える）。同氏は手術後だったので個人的にお話しすることはできなかったが、六月にパリであった東アジア語学年次大会に矍鑠たる姿を見せ発表をされた。

オードリクール博士

また、現代フランス（のみならず世界）の言語学界の第一人者マルティネの講義を聴くことができた。パリ南郊の自宅で隔週の講義をやっておられ、私が行ったときは丁度生地サヴォアでの方言調査の例などを引きつつ音韻変化における構造の圧力の理論のお話しをなさり、銀髪の老将軍がかつての用兵を語るような風格があった。実はこの理論は私が修士課程の院生だった頃いたく傾倒していたもので、親しくご当人からそれが聞けるとは夢のようだった。

（えんどう・みつあき　青山学院大学）

た。その日は先生もアメリカの学生も承服したかのようだったが、次の日からは又もとの黙阿弥で、日本に対する嫌がらせ発言は続いた。もういたたまれなくなって、次の月は文法のクラスに換わることにした。ところが、そのクラスに出てみると、自己紹介をする時に私の番になり日本人と見て取ると先生はいきなり「あなたは車のセールスマンですか」と露骨な皮肉を言うではないか。だが、このクラスは教科書を使う大人数のクラスだったので、文法の説明やテキストの分析が主で、もう心の平静を乱されるような発言はほとんど聞かずに済んだ。それにしても、日本人がこれほどまで嫌われているとは知らなかった。

さまざまな交友

しかし、東アジア言語研究施設の研究者たちはもともとが他国の研究に一生を捧げるくらいなのだから流石にコスモポリタンばかりだった。

ひょんなきっかけで知り合ったデル博士とは不思議とウマがあった。氏は一九四三年生まれで、一九六四―六年に北京大学に留学し、その後ＭＩＴで学び、現在の専門は生成音韻論である（日本語訳書に『フランス語音韻論』研究社、一九八一年あり）。彼は東アジア言語研究施設の所属なのだが、パリ大学で音声学を専攻している篠原さんという留学生を通して識りあった。三人で大学都市の前にある公園でピクニックをした時、デル氏はパンを持って来た。私がそのパンばかり食べているのを見て「どうして料理を食べないのですか」と聞くので、「このパンは味があるので」と答えたら、実はそのパンはわざわざお気に入りの店で買ってきたもので、成功してよかった、と相好をくずした。

また、サガール氏のところに一緒に夕食によばれた時はさわやかな白ワインをぶら下げてきた。私が、ある都市の成熟度を示すバロメーターはその街においしいお菓子があるかどうかだ、とかいったら、先生も甘党らしく、おいしいケーキ店があるから今度つれていってくれると約束した。

カルチェ・ラタンのとある洋菓子店でガラス・ケースに並んだケーキを一つ一つ指してこれはカシスのやつで素晴らしい、とか講釈してくれるが、いい年をした男が二人してケーキを前に大真面目な調子でトレビアン・トレビアンと連発しているのを見て、売り子のおばさんは笑いをこらえきれない様子だった。

といった具合で、デル博士とは専門が同じであるにも関わらず学問の話しはほとんどせず、一緒に中華街で飲茶したりして、「忘年之交」で「酒肉朋友」としてつきあった。

サガール氏には何度か夕食によばれた。書架には Renfrew の Archaeology and Language とかの関連領域の本が多く、現に人類学者のトッド（近作に『ヨーロッパ大全』あり、日本語訳は藤原書店刊）と世界の家族関係の起源に関する壮大な仮説を提出したりしている。ある学者の学問を理解するには、直にその謦咳に接することが大きな助けになることが多いが、更に研究室や書斎を見たり、一緒に無駄話をしたり食事をしたり一杯やったりするのも非常に重要だと思う。サガール家で出た夕食はアスパラをゆでたものと白身魚を蒸したもので、シンプルではあるがその素材自体の新鮮な味が如実に出ていて感じ入った。奥さんはアメリカ人で美術をやっているという。また、サガール氏の研究所での「同屋」は南島語を専攻するフェルリュース氏で

北京からパリへ

——ヨーロッパ中国語学の旅(5)

遠藤　光暁

写本の検見

パリの国立図書館はルーブルの北側にあり、東洋写本部の閲覧室はその一角のほの暗い部屋である。ここで敦煌所出の切韻写本P2011いわゆる王一を連日検見した。それは単調で、しかも注意力を一刻たりとも緩めることができない辛気くさい作業である。しかも既に何人かの先人が原巻・マイクロフィルムに就いて識読を行ないほぼ九分九厘まで記述が完了しているから、新たな収穫はほとんどなく、労多くして功少ない仕事である。それでも、一次資料を最善の精度を以て掌握するための努力を怠ることはできない。

新たに読めるようになった字は一葉あたり数文字あるかないかではあったが、この長い写本が数人の書写者によって書かれたことを見いだした時はやや興奮した。それはある箇所で朱書すべき小韻所属字数をそのまま本文と同じように黒の墨で書いた数行があり、そこの筆跡は全体と同じ書風ではありながら別人のものと認められ、新人に交替したものの不具合があったためすぐに止めさせられたものと知られる。そこでもう一度前に遡ってみると、書風は全体として統一されているものの、数人で交替して書いていることが浮き彫りになった。この点、北京の故宮博物院にある完本王韻が一筆到底であるのとは異なる。

ほか、切韻系韻書の五代刊本も検見した。これらは文字の印刷物としては最早期のものに属する。

アリアンス・フランセーズ

この作業は二カ月ほどかかったが、その前半は精神状態が平静ではなかった。それというのもフランス語の会話のクラスに毎日午前中出ていたからだ。通ったのは外国人のためのフランス語教育の老舗、アリアンス・フランセーズで、そこの石づくりの階段は人の通るあたりが五センチほど摩滅していて、長い歴史を感じさせる。クラス分けのテストで私は短期クラスの中では最も上のクラスに入れられたが、それは大きな間違いだった。他の学生は実によくしゃべり、そこに割り込んで発言するのは難しかった。中年の女の先生は露骨な日本嫌いで何かというと日本批判をし、十人ほどの学生もイタリア人を除くほとんど全員が毎日誰かしら日本の悪口を言うしまつだった。言葉が理解できることは何と不幸なことだろう。もし単なる旅行者として通り過ぎるだけだったならこんな憎悪や皮肉の対象にならずに済んだのに。午後になって写本を見ながらも憤懣やるかたなく、午前中はああ言って反論してやるべきだった、とか考えて上の空になっていたらくだった。そこで、ある日、日本たたきの根源である経済問題について発表させてもらって誤解を正そうと試み列席していて、おごそかな雰囲気である。ジェルネが司会をし、講演が始まったが、私には一言も理解できなかった。ヴィルはまだ四十代のようで、若きプリンスの戴冠式、といった趣であった（ジェルネとヴィルの業績表は『日仏東洋学会通信』十九号、一九九五年に見える）。

《Que Sais-je?》の1610番のJosé Frêches *La Sinologie*, 1975を読んでいたら『本草綱目』の訳稿が自然史博物館図書室に所蔵されているとあった（p.30）ので見に行った。それはパリ第七大学の隣の植物園の中にあり、テイヤール・ド・シャルダン（今世紀最大のカトリック神学者にして古生物学者、中国にも滞在し北京原人の発見に関与した）の名を冠する図書館なので親しみがわいた。その訳稿は一七三二年のもので、はたして音訳も含まれていたが、どうも既存の辞書の表記を使用したもののようで音韻資料としての価値は薄い如くであった。同書には中国への初期の宣教師はイエズス会士のほかアウグストゥス会士も多い、と書かれており、アウグストゥス会の本部はパリにあるのでその図書室に行きカードを繰ってみたが何も成果はなかった（なお同会の住所はパリ滞在中の同僚の文倉壽子先生にお教えいただいた）。

パリの本屋

大海をゆくには舵取りにたより、世界の古本屋めぐりをするにはこの宝の書にたよる、という本がある。*International Directory of Antiquarian Booksellers* がそれで、私は徳永康元の『ブダペストの古本屋』でその存在を知り、さっそく一誠堂で一本購った。七八千円はしたと記憶するが、その元はすぐにとれる。外国では古本は日本の相場のざっと十分の一であり、神田で出れば数万円の本も数千円で売っていて、わが目を疑うほどである。ここに世界各地の古書店（Antiquarian は中国語で言うところの「古書」を主に扱うところで、単なる古本屋ではない）の住所と守備範囲が載っていて、その情報価値は至上である。オスロで大量の言語学書を釣り上げたのも、ひとえにこのバイブルのおかげであった。

パリでは新本は結構買ったが、古書はそれほどの収穫はなかった。フランスでは新本屋では教員は本を五パーセント割引で買えることになっており、ソルボヌンの前の Presses Universitaires de France でよく買った。ほか、東洋学関係の古書店では Geuthner と Maisonneuve が戦前からの老舗で、ちょくちょくのぞきに行った（坂出祥伸「パリの本屋さん」『東方』一一〇、一一一、一九九〇年、《『東西シノロジー事情』東方書店にも収む》に詳しい紹介あり）。

パリの博物館・美術館

私は社会科学高等研究院の訪問学者ということで身分証をもらったが、これを示すと国立の博物館・美術館は無料で入れるので、日曜ごとに通った。といっても近郊にあるものも含めるとパリには二四もあり、結局そのうち十六しか制覇できなかった。ルーブルやオルセー、それにオランジュリーの「睡蓮」などの素晴らしさは言うまでもないが、他にも印象的だった所は少なくない。ソルボンヌの近くのクリュニーは中世の館の中に中世の美術品を展示したもので、中世が暗黒時代だなんてとんでもない誤解だったと知った。アフリカ・オセアニア美術館では呪術のおどろおどろしい原始的世界と北アフリカのイスラーム圏の洗練されたデザインと色とが鮮明なコントラストをなしており、地下の水族館では全く想像を絶する幻想的世界を垣間見た。

（えんどう・みつあき　青山学院大学）

を見て、背筋がぞくぞくする位感動してしまった。奈良・平安の仏教美術などはインド・中国渡来の上層部に過ぎず、埴輪のような素朴で温かみがありすっきりした美感こそが日本の土着のものであり、そしてその枠はむしろ江戸時代になって開花し、そのセンスはアジア大陸部とは極めて異質のユニークなものであることが実感された。パリのような石づくりの街で過ごしていると、土や木が無性になつかしくなり、日本人としての原意識が露わになったため殊更そう感じたのかもしれない。それと同時に西域の文物の雄大にして細緻なことにも感銘を受けた。

ギメ美術館

　ギメ美術館のすぐ近くにフランス極東学院があり、その図書室も見ることができた。スワミエ夫人が司書をしておられ、目録を見せて下さったが、中国語学関係では目ぼしいものは見当たらなかった。同学院は戦前ハノイにあり、若き日のマスペロがそこを舞台に大活躍していたわけだが、その蔵書も(すべてではないようだが)パリに受け継がれているようであった。ただ、移転間近ということで、残念ながらゆっくり見ることができなかった。

　パリ第七大学の東洋学科の図書室ものぞいて見たが、学習用図書が主だった。その近くにコレージュ・ド・フランスの漢学高等研究図書館があり、ここは善本稀書こそないようだがまんべんなく蔵書が揃っていて通常の研究には便利のようであった。ここにはアジア協会の蔵書のカードもある。

　コレージュ・ド・フランスはフランスでもっともプレステージをもつアカデミーであり、日本なら学士院に相当するが、ここでは各学界の第一人者が授業も開講しており、マスペロもかつてここで教えていた。その年は、中国学ではジャック・ジェルネ、言語学ではアジェージュ(日本語訳書には『言語構造と普遍性』白水社、一九九〇年がある)が開講していたが、四月の時点でもう終了していたためどちらも聴講できなかった。そのかわり、中国近世経済史専攻のヴィルの正会員就任講演を聴くことができた。ジャムリ君に誘われて授業の後に一緒に行ったのだが、広いホールは満席で、普段は名前だけ耳にするような学界の主だったメンバーがそこここに

コレージュ・ド・フランス

北京からパリへ
——ヨーロッパ中国語学の旅(4)

遠藤　光暁

パリの図書館

さて、私のパリでの最優先課題は国立図書館で敦煌資料を見ることにあった。だが、三ヶ月の時間があるので本命は後回しにして、他の図書館を回ってみることとした。その手引きとなったのは『海外漢学資源調査録』（漢学研究資料暨服務中心〔現称は「漢学研究中心」〕、台湾中央図書館内にある堂々たる国立のセンターである〕、台北、一九八二年）で、この本には各国の図書館・大学の中国関係のコレクションが網羅的に記載されていて、たいへん便利である。

ヨーロッパでの図書調査の主目標は無論ヨーロッパでのみ目睹しうる資料であり、むしろ日本・中国・台湾に宋元版などの善本が集中している漢籍は始めから対象とはしなかった。すると、今世紀以来の新出土資料を別にすると、主な攻撃目標は泰西で出された中国語の辞書・文法書・教科書ということになる。それらは既にHenri Cordier, *Bibliotheca Sinica*, Vol. 3, pp. 1577–1754, Paris, 1906–7に網羅されており、東洋文庫と天理図書館が所蔵するものは印をつけておいて、それ以外を一網打尽にすることを志した。

まず、東洋語学校（現称 Institut National des Langues et Civilisations Orientales, INALCO）の図書館に行った。主題別カードを端から繰っていきノートをとるのだが、書名・書誌事項・図書番号を記すだけでも分量があまりにも多く、現物も検見しようなると到底短期日にできる仕事ではないことが分かった。ここは朝鮮資料もなかなか揃っており（「パリにある朝鮮資料」『開篇』十一、一九九三年に報告済み）、ソ連の戦前の珍しい資料も散見した。

収穫があるのは嬉しいことだが、この調子だといくらでも時間を食ってしまう。そこで、やむなく十九世紀以降の刊本は特別の興趣があるもの以外は見ない、という原則に転じた。宣教師が中国に入り中国語の資料を作り始めるのは十六世紀末からのことで、十七・八世紀に限れば写本（稿本のまま出版されなかったもの）が多く、資料の貴重度からしても労力に値するパフォーマンスが期待できた。それらの写本に関してもコルディエの本に詳細な記述があり、パリにも相当数の文献が所蔵されている。国立図書館にあるもののいくつかは現物を検見し得たが、所在がつかめなかったものもある。

ギメ美術館には図書室があり、ここにも稿本を含めかなりの資料がある。太田辰夫氏によると（『中国語学新辞典』二六二頁）、ここにはパスパ字の『孝経直解』が蔵せられるというが、その所在が確認できずじまいだったのは遺憾至極である。ギメ美術館自体は東洋美術の一大集成であり、アフガニスタンから始まりパキスタン・インド・インドシナを経て最後に極東に至り、中国の展示品を見た後でどんづまりに日本の土器や江戸時代の展示させるものであった。教科書もエスプリの香り高く、ビデオを使った『アベック・プレジール』の授業などはほとんど語学教育の理想境を実現したものだと思う。こうして出発直前の三か月などは週十九時間ほど授業に出た。

パリでの授業

パリでは、社会科学高等研究院（EHESS）とソルボンヌにある高等研究院（EPHE）の授業に主に出た。ほか中国語学関係ではパリ第七大学が有名で、現代語法専攻のパリ女史などがおられるが、開講されているのは主に学部レベルの中国語の授業なので聴講しなかった。

EHESS ではジャムリ君（Reduouane Djamouri 羅端）の甲骨文の文法に関する授業が面白かった。羅君は、一九九〇年の台湾での学会の休憩時間に私に「你好面熟啊。」と話し掛けてきて、実は北京大学での老同学であることが分かった。彼は北大では考古系で文字学を専攻し、私は中文系だったので当時は交友がなかったのだが、留学生の修学旅行で一緒にシーサンパンナに行っていることも分かって、とたんにかつて同じ釜の飯を食った親密な戦友同士の間柄になったものだ。パリで再会して、フランス語で tu・toi を使って話す気分はまた格別なものであった。仏独露語などでは二人称に二種類あり、社交相手に対するものと家族・恋人・気のおけない友人同士で使うものの区別があり、tu・toi で呼び合うまでうちとけるには相当の過程が必要なのだが、学生同士はいきなり tu・toi を使う習慣なのである。EHESS は大学院大学なので、ゼミ室のような所で十人前後の院生が聴講しているのだが、デュッセルドルフ大学の若手現代語法研究者のパウル（Waltraud Paul）も滞在中で、毎回出席して派手な反論を展開していた。だが、授業が終わるとあのスコールのような激論はどこに行ったのやら、彼女と羅君は仲良く談笑するのであった。

EPHP では敦煌学の泰斗スワミエ先生と才人ディエニィ先生の授業に出席した。聴講者の顔ぶれは三十代・四十代の若手研究者クラスが主流で、職に就くと早々と「偉く」なってしまい教科書作りや兼職にうつつをぬかす風潮に染まっている日本とは違う悠揚迫らぬアカデミズムの健在に感服した。

スワミエ先生の授業は敦煌写本に関するもので、ある字体は六世紀の写本に固有のものである、といった写本の年代論に関する話しもあり、『切韻』の敦煌写本の記述を主要課題とする私にとってたいへん有益であった。ディエニィ先生の授業は隔回に『論語』と唐代の伝説を講ずるものであったが、そのうち『論語』に関するものは洙泗の『考信録』巻四の講読が主な内容であり、『切韻』の内部差異に基づきその成書過程を探るという編集史的研究を集中的に進めていた私にとってこれまた極度に刺激的なものであった。同書は『論語』の前十五篇と後五篇とが異なる特徴を持つとしてその成書過程に対する犀利な論を展開する。このような泰西の聖書学や本邦の日本書紀研究にも匹敵するような高い水準の編集史的研究の存在を知って、中国の文献学とは校勘学の謂いであるとばかり思っていた無知を恥じた。

実は私は以上の授業を三分の一かせいぜい半分程度しか聞き取れなかった。サガール氏との議論は専門分野が全く同じで、対話形式だからほぼ理解できたものの、分野が違うとまるで分からなくなるものだと悟った。まだまだフランス語の修行が足りなかったのだ。

（えんどう・みつあき　青山学院大学）

さて、私が最も目当てにしていたのは音韻史・方言学が専門のロラン・サガール（Laurent Sagart 沙加爾）氏であった。沙氏は客家語や贛語（江西方言）の研究からスタートしたが、実験音声学や幼児言語学も手がけ、ここ数年来、中国語とオーストロネシア語（インドネシア語や台湾高砂語などを含む東南アジア一帯に分布する一大言語群）が同系だとする説を精力的に展開している。ふつう系統論を手がけるとまともな学者でも大抵は

パリ，人間科学会館

荒唐無稽な立論をなすのが世の常なのだが、沙氏の論に限ってはたいへん真っ当であるように私には見受けられた。世界の若手の中国語学者の中で私が最も畏怖する好敵手である。今回の訪欧でパリを主な滞在地にしたのは、敦煌資料の他に実は沙氏と接したいというのが大きな理由であった。

沙氏の第一印象は、もの静かな人、というものであった。容赦ない批判をする厳しい先生だと沙氏に教わった台湾の留学生から聞いていたのだが、こちらが話すつたないフランス語を話しが終わるまでじっと聴いてくれ、また驚くべきかな、沙氏の話すフランス語もパリ到着初日の私にもほぼ完全に理解できるのであった。

さて、それはともかく、ここの研究条件がお粗末なのには驚いた。アコーディオンカーテンで仕切られただけの三畳くらいのコーナーがいくつか並び、そこに机が二つずつ位あり、本棚を置く余地はほとんどなく、そこを二三人で使っているのである。小さな図書室も一つあるが、量的には日本の平均的研究者の個人蔵書と同程度でしかない（但しフランスの中国語学関係の未発表の修論が多く蔵され、ほかにも日本・中国で見たことのないソ連やアメリカの文献も散見され、質的には優れたものであった）。サガール氏らはこんな条件下で世界的な業績を挙げているのだから、大したものである。

フランス語の学習

出発前までに私は東京で三年間のべ七百時間ほどフランス語の授業を受けた。フランス語の論文を読めるようにするのが第一目標であったが、当地で授業を聴講し、学問的討論ができるようになりたいという野望もあった。フランス政府の運営する東京日仏学院に主に通ったが、ここの教育は特筆に値する極めて斬新なものであった。初級からすべてフランス語で教え、ほとんどがフランス人の先生で、二十人ほどの小クラスで対話を通して授業が進められる。席の配置からして変わっていて、黒板に向かって縦の方向に対面式に机が並べられていて、先生は真ん中の通路にいて、左右両側の学生にどんどん質問していく。席は左右に最大三列ずつしかないから、すみずみまで目が届く。また、よく二三人のグループになって練習をしたり、討論を通して自ら規則を見いだすよう導く heuristic な教授法はフランスの優れた教育伝統を感じ

北京からパリへ
——ヨーロッパ中国語学の旅(3)

遠藤　光暁

大学都市

四月一日にパリに到着し、市の南縁にある「大学都市」に入居する。ここは広大な敷地内に各国の留学生館がゆったりと建つ庭園のような所である。事前に申請すると留学生のほか訪問学者も滞在することが可能で、私も同僚の文倉壽子先生のお世話でまずリュシアン・ペーユ館に入り、一か月後に日本館に移った。ここならベッド・机・本棚もしつらえてあり、食堂ではおいしい料理を安く食べることができて、三か月という中途半端な期間の滞在には好都合であった。その他、本館や各国館で頻繁に留学生たちによるクラシック・コンサートが催され、音楽専攻の留学生も多いのでアットホームな雰囲気ながらレベルは相当のもので、堪能した。

東アジア言語研究施設

さて、私を受け入れてくれたのはフランス科学研究庁（CNRS）および社会科学高等研究院（EHESS）の東アジア言語研究施設（CLAO）であった。それはリュクサンブール公園にほど近いラスパーユ通りの人間科学会館の六階の一隅にあり、研究員の数は十数名にのぼり、中国語のほか日本語・ベトナム語・南島語などの研究者を擁している。ここでは『東亜語言学報』を刊行しており、『中国語言学報』を発行するカリフォルニア大学バークレイ校と並ぶ国際的な中国語学研究のセンターである。

パリに着いたその日に挨拶に出向くと、現施設長のペローブ（Peyraube 貝羅貝）先生の他、同施設の創始者でもあり現代フランス中国語学の長老でもあるリガロフ（Rygaloff 李嘉楽）先生も折りよく居られた。李先生はペリオ・マスペロ・グラネ・ドミエビルといったフランス中国学の最高峰に師事し、「北京語音韻論」（一九五五年）や『中国語基礎文法』（パリ、一九七三年）などで知られている。現在はリタイアしておられるが月に一度ほど同施設で講義があり、その翌日私も聴講することができた。また貝先生は語法史が専門で、『中国語通時構文論——紀元前十四世紀から十八世紀までの授与構造の変化』（国家博士論文）（パリ、一九八八年）などで知られる。私はその前年に台北で国際学会があった折に既にお会いしていたが、きさくな人物である。

また、『漢語語言学論著目録 1975–1982』（パリ、一九八五年）で知られるリュカ氏には会館地下のカフェテリアの利用手続きなどをしてもらった。とてもいい人で、パリ滞在中は何かとお世話になった。ここのカフェテリアはなかなかおいしくてかつ安いので愛用した。グルメの都パリとはいえ外だと千円くらいではろくなものが食べられないのである。

ロラン・サガール氏

のを「ご馳走」して下さった。この家は地上二階・地下一階の立派なもので、デンマーク人の奥さんは音楽家だという。地下の書斎でソ連で出た中国語学書を沢山見せてもらう。そして、今準備中の論文で北京語のアクセントを扱っているのじゃ、といってちょっと見せてくれた。軽音は第一音節に立たない、と書いてあったので、「不敢当」はどうです、と言うと、むう、なるほど、と唸り、直ちに中国人の助手に電話をして確認している。その中国語が悪達者なもので「你這箇該死的…」とか冗談ながらひどいことを言っている。大将は *Aspects of Classical Chinese Syntax* の著で知られるのだが、今はこんなことに夢中になっているのか、と意外だった。北京語の強さアクセントの研究は（ソビエトと並び）日本のお家芸なので、那須清・松本昭・平山久雄などの論文のコピーを送ることを約した。

オスロでは他に乂氏と森林浴をしたり古本屋で大量の掘り出し物があり、充足感とともに三十一日にパリに向けて発った。

（えんどう　みつあき・青山学院大学）

エピンに行く。湖のほとりにあり、ここはアーサー・ランサムの『ツバメ号とアマゾン号』の舞台のようなところだ。生家の番地の所は駅のすぐそばにあったが、モダンな商店街となっていた。お父さんが教えていたギムナジウムもすぐそばにあり、何か伝記資料がないかと尋ねてみたが、空振りだった。

その日の内にヨーテボリに行き、カールグレンの住所の番地の所を訪ねてみたが、そこの建物が旧居であるかは確認できなかった。（以上は拙稿「カールグレンの生涯と学問」『中国語』一九九四年八・九・十月号で触れなかったことを中心に記した。）

オスロ大学

二十九日夜にはオスロに到着する。その直前に車窓からフィョルドを眺めることができた。一九九〇年に台北であった国際会議でオスロ大学の助手をしているアイフリンク（乂晧徳）氏と知り合い、三十日に東洋学科で発表をする約束になっていた。乂氏は現代語・近代語の語法が専門で、『老乞大・朴通事』なども手がけていて、九〇年の会議のあと東京にも立ち寄られたので、東大文学部の小倉文庫に案内したことがある。その縁で、私は「近代漢語研究与朝鮮資料」という発表を用意して行った。大学に行くと主任のハープスマイヤー（何莫邪）教授に紹介され、また丁度ペテルスブルグ大学のヤーホントフ（雅洪託夫）先生が客員として一学期教えにきておられると知った。雅先生にはレニングラードに会いに行ったことがある（「ヤーホントフ教授を訪ねて」『中国図書』九〇年四月号）が、オスロで再会できるとは思わなかった。当日が第一回目の授業で、数人の院生と共に私も聴講することができた。Linguistic Areas of East & South East Asia という題の視野の大きな話であった。

休憩をはさんで今度は私が話す番となった。聴衆は七八人とはいえ、強豪ぞろいで誠に張り合いがあった。私はハングル創製（十五世紀）以後の資料を包括的に紹介したのだが、雅先生はそれ以前の歴史書にも音訳資料があることを補足された。ほか、何先生やもう一人の院生がアクセントのことに深く興味を示したのは意想外の喜びだった。これは私の修論の一部で、十六世紀の朝鮮資料により当時の官話の強さアクセントが窺い知れるという内容で、私としては得意の説なのだが、北京大学の『語言学論叢』十三、一九八四年に発表以来まるで反響がなかったものである。

怪人ハープスマイヤー博士

何先生には気に入られたらしく、発表後、家でアクセントの話をサシでしないか、とさそわれた。夕刻だったから、おっ、ご馳走してくれるのか、と思い、直ちに招待を受けた。何先生は髭を蓄えた熊のような風貌で登山帽をかぶり、歩きながら四方山話しをした。ワシはゲッティンゲンの神学者の息子で、オックスフォードで古典学を学んだのじゃ、ラテン語が好きで、これを「愛不釈胸」で、毎日ついつい読みふけってしまって研究時間がつぶれるのじゃよ（その胸ポケットにはセネカの本が入っていたから『人生の短さについて』でも読んでいたのかも知れない）。おぬしは何で中国語なぞ始めたのじゃ、と聞くので、小学生の頃「文革」で、まるで異質の世界があると思ったので、と答えると、おぬしは怪童だったのじゃのう、と言われてしまった。

家につくと途中のスーパーで買ったタイ製のインスタントラーメンをどんぶりに入れ、お湯をかけて皿でふたをして手ずから作った曲・小説などもスウェーデン語訳しておられる。

馬先生とも極東文物博物館でお会いしたのだが、中国のある文人から馬先生が譲り受けた漢籍のコレクションを見せていただいた。敦煌資料のような古いものはありませんか、とお聞きしたら、人類学博物館に何かあるようですよ、ということで、車で送って下さった。そこで日本書道教育会議編『スウェン・ヘディン楼蘭発現残紙・木牘書法選』一九八八年なる写真集が既に出ていることを知ったが（「灯台もと暗し」だ）、時間の都合で現物は検見できなかった。

マルムクビスト教授（右）と著者（左）

カールグレン令嬢宅

それというのも、馬先生がカールグレンの令嬢が健在ですが会ってみますか、と提案され、人類学博物館から電話を掛けて下さって、すぐに訪ねに行くことになったからである。そこは郊外の別荘地のようなところで、大きな美しい邸宅にエルラ・ケーラー女史は一人で住んでおられた。女史はかつて裁判長まで任ぜられたといい、堂々たるいでたちであった。家庭でのカールグレンの様子をあれこれお聞きし、遺品や写真などを見せていただいた。また、カールグレンの以前の住所をお聞きすると、即座にノートに記して下さった。生家の住所は Barnarpsgatan, 6, Jönköping で、ヨーテボリは Föreningsgatan, 6, Göteborg で、ストックホルムは Mosebacketorg, 6, II であり、全て六番地であった。最後に伝記を書いて下さいとお願いして、いとまを告げた。

カールグレンゆかりの地

翌二十七日はカールグレンの母校ウプサラ大学を訪ねた。ここはストックホルムから列車で四十分ほどのところで、ちょうどケンブリッジのような静かな大学街である。

夕方にはカールグレンのストックホルムでの旧居を訪ねた。丘の上の広場に面した六階建てのクリーム色のアパルトマンであることはつきとめたが、どのフラットかは分からなかった。丘からは入り江ごしに極東文物博物館のあるシェップスホルメン島が眺望できた。

ストックホルムでは他に王立図書館も調査したが、この時はさしたる収穫はなかった。

二十八日にはカールグレンの生地イェンシ

エルラ・ケーラー女史

北京からパリへ
――ヨーロッパ中国語学の旅(2)

遠藤　光暁

ストックホルム大学

三月二十五日朝にストックホルム中央駅に到着し、宿をとって荷物を置くと直ちに郊外にあるストックホルム大学に向かった。東洋学科を探しあてると、そこの秘書は日本語が話せる人だった。お目当てはマルムクビスト先生と趙承福（Seung-bog Cho）先生であったが、お二人とも既に退職された由だった。

趙先生は朝鮮出身で東大哲学科を卒業し、後にカールグレンの弟子となり、日本語学や朝鮮語学の著作がある（『国外語言学』一九八一年第四期に「東方学趙承福」という紹介記事あり）。実はその息子さんが私と丁度同じ年に北京大学に留学していたので、その縁で何度か手紙のやりとりをしたことがある。だが、もう夫人の故国であるフランスに移住しておられ、お会いすることはできなかった。

現在ストックホルム大学の中国学の担当者はLodén教授であり、そのゼミがちょうど当日午後から極東文物博物館であるというので、出席してみた。Joakim Enwallという院生がMinority Language Policies in the PRCという題で発表し、発表・討論とも英語で行われ、学生十六人のうち八人までが中国人であったのが印象的だった。

授業の後、博物館の展示を見て、またカールグレン在任中の館長室（今は事務室になっている）で筆記具や眼鏡などの遺品を見せてもらった。館の出版物も販売していて、一九一八年出版のKarlgren, *A Mandarin Phonetic Reader*が買えたのは収穫だった。

マルムクビスト教授との面会

その翌日マルムクビスト（馬悦然）先生にお会いすることができた。馬先生はストックホルム大学でのカールグレンの後任者であるが、私は中国留学中に四川方言の記述を行ない、その時に馬先生が大戦直後に行なわれた精密にして組織的な四川方言の研究を知り、敬慕の念を抱き続けていた。馬先生はカールグレンと同じイェンシェピンの出身で、小学校も同じだったという。後にウプサラ大学で希・羅古典学を修めたが、将来性がないと思ってストックホルム大学に移り中国語学を始めた由である。一九四八年から五十年まで中国に留学した。カールグレン先生が四川方言を知らなかったので、四川に行って調査をするよう提案されたといい、馬先生は結局その研究で博士号を取得された。当時成都の華西大学の裏に住み、夫人ともそこで知り合われたという。一九五六―五八年には北京に住み、一九五九年からはオーストラリア国立大学で教鞭を取り東洋学部長も務められたが、一九六五年から九十年までストックホルム大学に在任された。中国を離れてからは方言が研究できず、古代漢語語法と音韻学を研究するようになり、水滸伝・西遊記や現代詩・戯

zi”, Acta Orientalia, 36, 1974 の抜刷を下さった。エゲロッド先生はもう退職された由で、その記念論集も下さった（East Asian Institute, University of Copenhagen, Occasional Papers, 6, 1990）。これにはエゲロッド博士の略伝と著作目録も含まれ、重要である。学科の図書室も案内してもらったが、本が割合よく揃っていた。

Scandinavian（現称はフィンランドも運営に参加しているので、Nordic）Institute of Asian Studies も現在では大学の中に付置されている。

コペンハーゲンは言語学者イエルムスレウがいたことで重要な地であり、その弟子のヨーアンセン女史は著名な音声学者である。そのせいか、独立の音声学科があり、これはロンドン大学以外類例を知らない。音声学科の蔵書も見たが非常に完備したものであった。

エゲロッド博士は手術をしたばかりだったので、電話でお話しすることができただけであった。橋本萬太郎教授の招きで私も東京に滞在していたことがありますよ、とおっしゃっていた。

（次号に続く）

（えんどう・みつあき・青山学院大学）

ロンドン・ヒースロー空港に着くと、トランジットカウンターはすぐに見つかり、パソコンの端末をたたきながら係員がコペンハーゲンならもう一つ早い便に空席がありますよ、とにこやかに言ってくれた。ああ、やはりヨーロッパは違う、こちらがむきにならなくても全てがスピーディーかつ快適に進むのだから、と感を催した。こうしてスカンジナビア航空機でコペンに到着し、日程は結局一日半の遅れだけで済んだ。

デンマーク王立図書館

コペンハーゲン

当地は現存する中では西欧随一の中国語学者と私が仰ぐエゲロッド博士がおられるところである。まず、コペンハーゲン大学を訪ねよう。地図によると市の中心部に大学があることになっているが、そこに行くと歴代の大学者の銅像（その中には比較言語学者のラスムス・ラスクのものがあったと記憶する）が立ち並ぶ古風な建物があるだけで、聞いてみると主キャンパスは郊外に移転したという。

順路からすると王立図書館の方がすぐ近くにあるので、そちらに先に行くこととした。そこには主題別の手書きのカタログがあり、その中国語学書の部分をコピーさせてもらった。西洋人の編んだ中国語文法書・辞書・教科書類がかなり多く収蔵されている。一応念のため、中国の古文献はないか、と尋ねると、数点ながら敦煌資料があるという（Jens O. Petersen, *"The Dunhuang Manuscripts in the Royal Library in Copenhagen"*, ed. by Litrup, Analecta Hafniensia(Scandinavian Institute of Asian Studies,Occasional Papers, No.3), 1988 にその記述がある）。

アーレンドロップ女士

大学では東アジア学科を訪ね、時間割を見るとちょうど中国語の授業をやっている所だったので、終わる時間を見計らって教室の外で待っていた。アーレンドロップ先生に来意を申し上げると、じゃあ私の研究室に行きましょう、ということになった。先生御自身の研究テーマは、と聞くと、古代漢語語法である由で、Birthe Arendrup, *"The First Chapter of Guō Xiàng's Commentary to Zhuāng-*

下ではその成果を報告し、かつその珍道中の苦楽を共に味わっていただこうという趣向である。

そもそも私はなまけ者で出不精なのだが、放浪癖がついてしまったのは御多分に漏れず中国留学中であった。休暇中や学期中すら北京から大陸の東西南北に向けて旅立ち、本物にじかに触れる喜びを覚えてしまった。当時は方言学に主な興味があったので、よく方言調査を行ったが、生きた方言そのものは紙の報告上では筆舌に尽くし難い微妙で確固たるものだということを思い知った。その頃の一次資料への密着願望が帰国後に文献学に傾倒していった時にも出てきて、敦煌資料を扱うに際しても原本探訪の旅に出ずには気が済まなくさせたともいえる。

中国とヨーロッパはほぼ同じ大きさで、両者の地図をミラーイメージにして重ね合わせると北京とパリはちょうど同じ位置にあたる。小文の主眼はあくまでもヨーロッパでの見聞を描くことにあるのだが、十年前の中国留学中の体験とコントラストしたり二重写しにすることも多くなるので、標題には私が本拠地とした北京とパリを挙げて中国とヨーロッパの全体を含み示すこととする。

出発からコペンハーゲンまで

ヨーロッパ中国語学の旅の第一の訪問地はどこがよいか。その答は直ちに出てくる。現代中国語学の創始者カールグレンの故国スウェーデンである。最後の訪問地はどこがよいか。これまた答は直ちに出てくる。ヨーロッパとアジアの接点であるイスタンブールである。そしてその往復に北京にも寄りたい。こういう条件を満たすのはパキスタン航空であった。ただしストックホルムには行っておらずコペンハーゲンが最寄りの停機地だったが、それは妥協することとした。

一九九二年三月十六日に成田を発ち、二十日には北京からイスラマバード経由でコペンハーゲンに行く筈だった。ところが北京空港に行くと故障のため飛行機は飛ばず、その日は空港近くのホテルで待機させられた。イスラマからコペンまでは週一便しかないが、それに乗り遅れることは必至であった。しかし全然いやな気持ちはしなかった。旅にハプニングはつきものだから、それを逆手に取って楽しもうではないか、「車到山前必有路」なのだから、といった境地に既に留学中に達していたからだ。その高級ホテルを発つ時、ロビーでバイオリンとピアノの生演奏をしており、ちょうどショパンの「別れの曲」をやっていた。そこで私は「ユモレスク」をリクエストして北京での最後のひとときを味わった。

さて、搭乗機は翌日早朝にカラチに到着し、ここでロンドン行きの便に乗り換える手筈になっていた。やっとのことでトランジット・オフィスを捜し当て航空券を見せると、係りのお姉さんは「この便はもう出発したからだめだ」とにべもない。荒野に放り出されたような気分を持ち直して、いや北京―イスラマ便が一日遅れたのです、と言うと、「One day delayed?」とびっくりするので、こっちも驚いた。自社の便の遅延情報も知らないとは何たる無責任会社か！あれこれやりとりがあって結局ロンドン便の搭乗券は手にしたのだが、この調子だとロンドン―コペン間の便もあやしい気がした。空港の食堂でナーンとヨーグルトの朝食が供されたが、まずくて口に入らない。ナーンは大好きで、本場のものが食べられると期待していたのに。カラチは一刻も早く離れねばならない。

北京からパリへ
——ヨーロッパ中国語学の旅(1)

遠藤　光暁

プロローグ

一九八九年一月。ロンドンの英国図書館の東洋写本刊本部で私はスタイン将来の敦煌出土『切韻』残巻の請求をして、不安と期待まじりで現物が出てくるのを待っていた。ほどなくして若い中国系の女性館員が閲覧席まで来て、オリジナルは見せられないからマイクロフィルムを見るよう告げた。ここまでは予想通りだった。そこで、東洋文庫で焼き付けてもらった写真を見せながら、写真ならもう充分見ていて、現物に就いて照合を行うためにわざわざ日本から来たのです、と言うと、事前に連絡をとって部長の許可を得たか、と聞かれた。閲覧証の手続用紙を日本から請求した時に敦煌資料を閲覧したいと希望を書きましたが、と言ったが、部門が違うので話が通じていなかったようだ。ともかく、私はこのためだけにわざわざロンドンまで飛んできたのですから是非是非お願いします、と懇願したら、熱意が通じたのか、じゃあ今請求した分だけ見るのはいいことにしますが、他の写本をついでにあれこれ請求しないようにするのですよ、ということでついに交渉に成功した。

唐代写本の迫力は圧倒的だった。千数百年前の人の肉筆を自ら手にすることができるとは何と稀有のことだろう。朝一番で来たのだが、結局昼食にも行かず、トイレにも立たず(それほど強度の興奮状態にあった)、夕刻の閲覧終了を告げる鈴が鳴るまで一心不乱で識読に没頭した。その夜レストランでほっと一息をついて自分一人で三十一歳の誕生日を祝った。実にすばらしい三十代のスタートへの贈り物だった。

こうして敦煌資料の原本を実見することができることが分かり、『切韻』唐代写本を求めての行脚が始まった。その時はパリにも行き、同年七・八月にはロンドン・パリ・東ベルリン・レニングラードをまわり、十二月には北京・故宮博物院で『完本王韻』を実見し、翌一九九〇年七月には台北・故宮博物院でいわゆる『王二』を実見し、残る大物はパリのP二〇一一・いわゆる『王一』と五代刊本だけとなった。

以上は全部自費で行ったのだが、その頃そろそろ勤務先の方の在外研究の順番が回ってきそうだったので、パリを本拠地として残りの写本記述を片づけてしまい、あわせてこの際ヨーロッパ全土の中国語史資料を偵察し、主だった研究者に会おうと計画を立てた。それを実行に移したのが一九九二年三月から九月までで、パリに三ケ月滞在し、残りの三ケ月間でアルバニアとアイスランドを除く全ヨーロッパ諸国を踏査した。大抵どこでもまず大学と図書館と古本屋まわりをし、できる限り当地の研究者にも会い、余力があれば名所旧跡めぐりもする、といった具合だった。以

漢語方言論稿

遠藤光暁著作分類目録

A. 著書

1. 『《翻訳老乞大・朴通事》漢字注音索引』『開篇』単刊３，東京，好文出版，1990 年 12 月 20 日。
2. 『中国音韻学論集』，東京，白帝社，2001 年 3 月 10 日。(略称[音])
3. 『漢語方言論稿』，東京，好文出版，2001 年 6 月 11 日。(略称[方])

B. 論文

a. 音韻学

i. 『切韻』

1. 「P3696 の第 10・12・13 片について」『開篇』6，25-29 頁，1988 年 12 月 24 日。[方]
2. 「切韻の韻序について」『藝文研究』54，312-299 頁，慶応義塾大学藝文学会，1989 年 3 月。[音]
3. 「『切韻』反切の諸来源――反切下字による識別――」『日本中国学会報』41，253-240 頁，1989 年 10 月 1 日。[音]
4. 「『切韻』小韻の層位わけ」『青山学院大学一般教育論集』30，93-108 頁，1989 年 11 月 16 日。[音]
5. 「臻櫛韻の分韻過程と荘組の分布」『日本中国学会報』42，257-270 頁，1990 年 10 月 1 日。[音]
6. 「『切韻』における稀少反切上字の分布」『中国語学』237，1-11 頁，1990 年 10 月 10 日。[音]
7. 「『切韻』「序」について」『青山学院大学一般教育論集』31，129-145 頁，1990 年 11 月 16 日。[音]
8. 「『切韻』における唇音の開合について」『日本中国学会報』43，247-261 頁，1991 年 10 月 1 日。[音]
9. "Formal Characteristics of the Different Versions of the Ch 'ie-yun", *Transactions of the International Conference of Orientalists in Japan*，38，152-153，1993. [方]
10. 「《広韻》中音位頻率的研究」，鄒嘉彦・黎邦洋・陳偉光・王士元編『漢語計量与計算研究』95-111 頁，香港城市大学語言資訊科学研究中心，1998 年 12 月。[音]

ii. 等韻学・悉曇学・訓詁学

1. 「『悉曇蔵』の中国語声調」尾崎雄二郎・平田昌司編『漢語史の諸問題』39-53 頁，京都大学人文科学研究所，1988 年 3 月 21 日。[音]
2. 「三つの内外転」『日本中国学会報』40，247-261 頁，1988 年 10 月 1 日。[音]

3.「敦煌文書P2012「守温韻学残巻」について」『青山学院大学一般教育論集』29，87-105頁，1988年11月16日。[音]

4.「従編集史的角度剖析揚雄《方言》」『語苑擷英——慶祝唐作藩教授七十寿辰学術論文集』，253-364頁，北京語言文化大学出版社，1998年1月；『中国における言語地理と人文・自然地理』6，87-98頁，2000年3月。[音]

5.「《爾雅》的体例類型」『訓詁論叢』掲載予定。[音]

iii. 近世音

1.「《翻訳老乞大・朴通事》里的漢語声調」『語言学論叢』(北京大学中文系編委会編)，13，162-182頁，北京，商務印書館，1984年12月。[音]

2.「老舎の le と liăo」『日本語と中国語の対照研究』11，84-103頁，1986年3月。[音]

3.「アンズとドンス——唐音の中国原音における鼻音韻尾の音価——」『国語学』164，77-80頁，1991年3月30日。[音]

4.「《重刊老乞大諺解》牙喉音字顎化的条件・附パリにある朝鮮資料」『開篇』11，102-109頁，1993年12月31日。[方]

5.「『四声通解』の所拠資料と編纂過程」『青山学院大学一般教育論集』35，117-126頁，1994年11月16日。[音]

6.「中原音韻の成書過程」『東洋学報』76:3/4，424-448頁，1995年3月24日。[音]

7.「王叔和『脈訣』ペルシャ語訳に反映した14世紀初中国音」，余靄芹・遠藤光暁共編『橋本萬太郎紀念中国語学論集』，内山書店，1997年6月7日。[音]

b. 方言学

i. 記述

1.「成都方言の声調」『均社論叢』13，26-38頁，京都大学文学部中文研究室内・均社，1983年5月22日。[方]

2. "Aspirates and tones in the Shaoyang dialect of Chinese", *Proceedings of the 31st International Congress of Human Sciences in Asia and North Africa*, II, 821-822, The Tôhô Gakkai, April, 1984. [方]

3.「邵陽方言の声調」『中国語学』231，39-49頁，1984年10月27日。[方]

4.「桂林・貴陽・宜良方言の声調」『均社論叢』15，5-21頁，1984年12月31日。[方]

5.「杭州方言の音韻体系」『均社論叢』16，25-57頁，1989年9月30日。[方]

ii. 通時的考察

1.「北京語"er"の来歴」『日中学院創立三十周年記念文集』88-93頁，東京，日中学院，1982年4月10日。[方]

2.「"了"音の変遷」『中国語学』233，35-45頁，1986年10月10日。[音]

3.「粤語咸摂一等牙喉音の主母音について」『開篇』2，1-12 頁，早稲田大学文学 564 研究室，1986 年 10 月。[方]

4.「獲嘉方言の変韻とそれに関連する音変化の相対的順序」『開篇』3，2-5 頁，1987 年 7 月。[方]

5.「粤語変音の起源」『青山学院大学一般教育論集』28，197-208 頁，1987 年 11 月 16 日。[方]

6.「襄垣方言における母音韻尾の鼻音韻尾への変化過程」『開篇』4，20-21 頁，1987 年 11 月。[方]

7.「河北省・遼寧省・山東省に於ける声調の地理分布と変遷」『開篇』8，8-33 頁，1991 年 4 月 10 日。[方]

8.「元音与声調」『第二届中国境内語言曁語言学国際研討会論文集』200-219 頁，台北，中央研究院歴史語言研究所，1991 年 8 月 11 日；『中国境内語言曁語言学』2，487- 515 頁，中央研究院歴史語言研究所，1994 年 5 月。[音]

9.「北方方言における声調調類分岐のタイプについて」『漢語諸方言の総合的研究』，1，35-42 頁，平成 1-3 年度科学研究費総合(A)研究成果報告書，研究代表者・岩田礼，1992 年 3 月。[方]

10.「中国語諸方言から帰納した声調調値変化の方向性」『アジア・アフリカ言語文化研究所通信』97，60 頁，1999 年 11 月 25 日。[方]

11. "A Historical Study of Chinese Stress Accent", Hana Třisková, ed, *Tone, Stress and Rhythm in Spoken Chinese*, Journal of Chinese Linguistics Monograph Series, forthcoming.

C. 紹介

a. 学者の伝記・追悼文

1.「橋本萬太郎教授の足跡〈附〉"粤語とタイ語の関係"の検討」『開篇』5，1-21 頁，1988 年 6 月 7 日。[方]

2.「中国の言語地理学の父・グロータース神父」『ピスティス』3，16-20 頁，青山学院大学経済学部，1989 年 3 月 24 日。[方]

3.「ヤーホントフ教授を訪ねて」『中国図書』第 2 巻 4 月号，2-5 頁，内山書店，1990 年 4 月 1 日。[方]

4.「朱徳熙先生のいくつかのこと」，*Tongxue*，5，13-16 頁，同学社，1993 年 2 月 15 日。[方]

5.「現代中国語学の創始者カールグレンの生涯と学問」『中国語』1994:8，52-54 頁;9，52-54 頁;10，52-54 頁，1994 年 7 月 15 日;8 月 15 日;9 月 15 日。[方]

6.「辻伸久先生の思い出」『開篇』12，1-3 頁，1994 年 12 月 31 日。[方]

7.「『橋本萬太郎紀念中国語学論集』刊行までの道のり」『中国図書』1997:9，17-19 頁，

1997 年 9 月 1 日。[方]

8. 「『橋本萬太郎著作集』刊行開始と言語類型地理論シンポジウム」『中国図書』1999:12, 2-5 頁, 1999 年 12 月 1 日。[方]

9. 「橋本萬太郎博士著作目録」、「あとがき」『橋本萬太郎著作集』第 3 巻・音韻、507-528 頁、529-530 頁、内山書店、2000 年 10 月 10 日。[方]

b. 書評

1. (書評)「地の利を生かした実験音声学――林燾・王理嘉等著『北京語音実験録』」『鄔其山』13, 12 頁, 東京, 内山書店, 1986 年 9 月 30 日。[方]

2. (書評)「S.R.ラムゼイ『中国の諸言語』」『中国図書』1991:1, 17-18 頁, 1991 年 1 月 1 日。[方]

3. (書評)「Nicole Revel, *Le riz en Asie du Sud-Est* [東南アジアにおける稲]」『中国の方言と地域文化』3, 96-106 頁, 平成 5-7 年度科学研究費総合研究(A)(課題番号 05301056)研究成果報告書－第 3 分冊, 書評集中国地域文化研究の諸相(1), 研究代表者：京都大学文学部・平田昌司, 1995 年 4 月 10 日。[方]

4. (書評)「待望の『華夷訳語』研究書：丁鋒著『琉漢対音与明代官話音研究』」『東方』181, 31-33 頁, 1996 年 4 月 5 日。[方]

5. (書評)「高田時雄編『東洋学の系譜(欧米篇)』」『中国図書』1997:4, 15-17 頁, 1997 年 4 月 1 日。[方]

6. (書評)「日本の中国語学の現在：神奈川大学中国語学科編『現代中国語学への視座』」『東方』213, 30-33 頁, 1998 年 11 月 5 日。[方]

7. 「一九九九年読書アンケート」『中国図書』2000:1, 4-5 頁, 2000 年 1 月 1 日。[方]

c. 研究動向

1. 「プラハの春――口語中国語の声調・ストレス・リズム国際ワークショップ参加報告」『東方』222, 10-13 頁, 1999 年 8 月 5 日。[方]

2. 「研究活動の概要」『中国における言語地理と人文・自然地理』7, 1-4 頁, 平成 9-11 年度科学研究費基盤(A)(課題番号 09301022)研究成果報告書－第 7 分冊,「言語類型地理論シンポジウム論文集」, 研究代表者・遠藤光暁, 2000 年 3 月。[方]

D. その他

1.「在欧のいくつかの中国語音韻史資料について」『開篇』7, 25-44 頁, 1990 年 6 月 1 日。[方]

2. 「中国語の言語習得と言語障害研究文献目録」『開篇』9, 123-132 頁, 1992 年 4 月 23 日。[方]

3. 「中国語史データベース作成のための画像処理」『青山インフォメーション・サイエン

ス』Vol.23，No.1，7-17 頁，1996 年 3 月。

4. （分担、佐藤進編集責任）「戴震『方言疏證』巻一訳注」『中国における言語地理と人文・自然地理』6、21-22 頁、36-38 頁、2000 年 3 月。

5. （佐藤進、大和加寿子、松江崇と共編）「揚雄『方言』研究文献目録（稿）」『中国における言語地理と人文・自然地理』6、135-144 頁、2000 年 3 月。

6. 「テクスト記述・祖本再構・編集史の内的再構――中国語音韻史資料の場合」、宮下志朗・丹治愛編『書物の言語態』、東京大学出版会、近刊。

E. 学習者・一般読者向けの文

1. 「中国語発音教育に関するメモ」『*JIAOXUE*（教学）』10，20-32 頁，日中学院出版局，1986 年 10 月 25 日。［方］

2. 「中国語と日本語＜音韻＞：音節言語とモーラ言語」『中国語』368，14-17 頁，1990 年 8 月 1 日。［方］

3. 「石畳と闇の街・プラハ」『青山学報』150，75 頁，1990 年 10 月 15 日。［方］

4. 「アジア留学の現状と課題」『留学交流』3:11，14-15 頁，1991 年 11 月 10 日（文部省留学生課監修・日本国際教育協会編集・株式会社ぎょうせい発行）。［方］

5. 「ヨーロッパ諸国の図書館」『青山学院大学図書館報 AGULI』25，4-5 頁，1993 年 11 月 1 日。［方］

6. 「北京からパリへ――ヨーロッパ中国語学の旅」『中国図書』1995:4，2-5 頁；1995:5，2-5 頁；1995:6，2-4 頁；1995:7，2-4 頁；1995:8，6-8 頁；1995:9，7-9 頁；1995:10，7-9 頁；1995:11，7-9 頁；1995:12，2-4 頁；1996:1，14-16 頁；1996:2，9-11 頁；1996:3，6-9 頁，1995 年 4 月 1 日－1996 年 3 月 1 日。［方］

7. 「北京語と“普通話”」『中国語』96:7，4-13 頁，1996 年 6 月 15 日。［方］

8. 「中国語のエッセンス」『中国語』98:4，54-56 頁；98:5，54-56 頁；98:6，60-62 頁；98:7，60-62 頁；98:8，60-62 頁；98:9，60-62 頁；98:10，54-56 頁；98:11，60-62 頁；98:12，54-56 頁；99:1，62-64 頁；99:2，54-56 頁；99:3，60-62 頁，1998 年 3 月 15 日－1999 年 2 月 15 日。

9. 「失われた漢字音を復元する――声調調値の推定を例として」『しにか』第 9 巻第 5 号，34-41 頁，1998 年 5 月 1 日。［方］

10. 「中国語のポイント」『中国語』2001:4，4-19 頁，2001 年 3 月 15 日。

F. 教科書・参考書（この項はすべて董燕と共著）

1. 『話す中国語』基礎篇，朝日出版社，1998 年 4 月 1 日。（附・教授用資料・準拠ビデオ）

2. 『話す中国語』初級～中級篇，朝日出版社，1998 年 4 月 1 日。（附・教授用資料・準拠ビデオ）

3. 『我是猫』1，白帝社，1998 年 11 月 20 日。（附・教授用資料）

4.『話す中国語』スリム版，朝日出版社，1999 年 4 月 1 日。（附・教授用資料・準拠ビデオ）
5.『読む中国語』，朝日出版社，1999 年 4 月 1 日。（附・教授用資料）
6.『中国語プロムナード』，好文出版，1999 年 4 月 1 日。（附・教授用資料）
7.『我是猫』2，白帝社，1999 年 5 月 20 日。（附・教授用資料）
8.『書く中国語』，朝日出版社，2000 年 4 月 1 日。（附・教授用資料）
9.『わかる中国語単語 1000』，朝日出版社，2000 年 5 月 1 日。
10.『話す中国語 北京篇』1，朝日出版社，2001 年 4 月 1 日。（附・教授用資料・準拠ビデオ）
11.『話す中国語 北京篇』2，朝日出版社，2001 年 4 月 1 日。（附・教授用資料・準拠ビデオ）
12.『話す中国語 北京篇』3，朝日出版社，2001 年 4 月 1 日。（附・教授用資料・準拠ビデオ）
13.『話す中国語 北京篇』4，朝日出版社，2001 年 4 月 1 日。（附・教授用資料・準拠ビデオ）

G. 出版への関与

1.（平山久雄・相原茂・砂岡和子・古屋昭弘と共編）『藤堂明保中国語学論集』，汲古書院，1987 年 3 月 31 日。（「藤堂明保博士著作要目」も編成）
2.（余靄芹と共編）『橋本萬太郎紀念中国語学論集』，内山書店，1997 年 6 月 7 日。
3.（研究代表者）『中国における言語地理と人文・自然地理』（1998-2000 年度文部省・学術振興会科学研究費基盤（A）報告書，課題番号 09301022）1，O.I.Zavyalova & E.B.Astrakhan, *The Linguistic Geography of China*, March, 1998；2，佐藤進編『宋刊方言四種影印集成』，1998 年 3 月；3，『漢語方言学論文集』，1998 年 3 月；4，松江崇『揚雄《方言》逐条地図集』，1999 年 3 月；5，岩田礼（編集責任）『漢語方言地図集（稿）第 3 集』，1999 年 3 月；6，佐藤進編『揚雄方言研究論文集』，2000 年 3 月；7，『言語類型地理論シンポジウム論文集』，2000 年 3 月。
4.（平田昌司・Christine Lamarre・秋谷裕幸・大田斎・岩田礼・古屋昭弘・吉池孝一・池田巧と共編）『橋本萬太郎著作集』，第 1 巻「言語類型地理論・文法」，内山書店，2000 年 1 月 8 日；第 2 巻「方言」，1999 年 11 月 20 日；第 3 巻「音韻」，2000 年 10 月 10 日。

あとがき

“我在年青時候也曾経做過許多夢，……”と魯迅が記したのは41歳の時だが、私もいつしかそれよりも年嵩が増していることとなった。ここに集めた漢語方言学関係の文は主に20代の前半にした調査・研究に基づくものだが、いま少し読み返してみると面映い気がする。いずれも習作であって、個別方言の記述をしたり個別の音韻現象を扱うことによってデッサンの技術を習得しようとしたり方法論を磨こうとしたりしたものだが、生きた言語に肉薄しようという気迫は現在の私よりも濃厚で、問題意識もより尖鋭かもしれない。

当時は声調に主な関心があり、音声細部の記述、共時的な音韻論的体系の把握、音声生理学的なメカニズムの理解、歴史的資料の研究、通時的変遷を跡付けるための原理・方法の探索などに従事した。しかしなお初歩的な試みにとどまっており、全面的な展開は今後の課題である。

ここ20年ほどの間に漢語の方言記述は飛躍的に増え、比較研究のための基盤はすでに十二分に据えられたといってよい。20世紀初頭にカールグレンが全中国の30地点ほどの記述を元にして中古音の再構を行い、60年代・70年代にかけてアメリカの漢語方言学者たちがProto YueやProto Minなどの個別方言群の祖語の再構を行ったが、今や全国2000地点ほどについてそのような比較研究を行うことが可能であり、かつ必要である。中国の方言学者はそもそもそのような問題意識が希薄のようで、いまそのような研究を行う態勢が最も整っているのは他ならぬこの日本である。

橋本萬太郎先生の薫陶を受けた世代が今や中堅を担うようになり、若手もあわせると日本には2～30人ほど漢語方言学を手がける研究者がいることになる。そして、岩田礼氏の唱導により10年ほど前から科研費プロジェクトを継続して行い、グロータース神父によって種をまかれた漢語方言地理学は日本の地において開花期を迎えることとなった。

外国人であっても本国人・本地人に劣らぬ方言記述をなすことはかなりの程度に可能であるが、それをやっているだけでは亜流になるだけであり、やはり日本人の研究者は日本の方言学や欧米の方言学を梃子として本国ではあまりやられていない領域の開拓を手がけるのが有利であり、また中国の方言学の進展にとっても好ましいと思う。例えば本書に収めた「北方方言における声調調類分岐のタイプについて」は徳川宗賢氏による音類の統合パターンに基づく系統樹作成とその地理分布の投影という方法を中国語に適用したものだが、これを声調のみならず子音・母音全般にも及ぼし、かつ音類のみならず音価についても考察を進めることは意義深いことであると思う。ほか、日本語の方言学では、ある連続した線をなす諸地点について10代から70代に至る年齢層ごとにくまなく調査を行い、地理差と共に世代差を系統的に求めるグロットグラムなる方法があり、このような調査方法で中国語方言も調査してみる価値がある。

歴史的研究というと、古文献の音価を推定して終わりか、諸方言を比較する場合でも祖形を推定するとそれで終わり、ということが多いが、本来の音韻史は最古の段階から現在の諸方言への変化過程をくまなく跡付け、その原因を考究するものでなければならない。本書の「方言の通時的考察」の章に収めた諸論考はいずれもごく細かな個別の現象を扱ったものに過ぎず、なお未成熟の段階に止まってはいるが、このような問題意識で系統的な研究を行っていく必要があると考える。本来は全中国の全地点について音韻体系全体について各項目ごとにくまなく系統樹を作るのが理想であるが、容易なわざではない。やはり粤語なり西南官話なりの方言群ごとに近い関係にある方言から一歩一歩たどっていくのが現実的であろう。

その際、古い特徴をよく保存し、またその一方では一層激しい変化を経た東南部方言のみならず、西南官話のように漢語諸方言の中でも音韻体系が最も単純化した方言の比較研究も重視してよいと思う。いきなり複雑な連立方程式を解こうとせずに、簡単な問題から片付けて行き、経験を蓄積して行く方が着実だろうからである。同様にして、同一方言に存在する世代差や19世紀や20世紀初頭の欧米の宣教師などの記述と現代語を比較して、どのような変化が起こりうるのかを帰納的に跡付けることも重要であろう。このような研究は既にいくつか現れているが、更に精度を高める余地があるように見える。このようにして難度の低い問題を確実に解いていくうちに経験論的基礎を固めることによって、よりタイムスパンの長い変化過程も一層高い確度において推定できるようになることが期待される。

漢語という個別言語は人類言語のもつ潜在的特徴の一つの具現であり、その共時的・通時的なふるまいを律しているのは言語普遍性に他ならない。そのような世界諸言語の音的側面の諸体系を一つの枠組みで捉えようとしたのがヤコブソンらの弁別特徴理論であり、その構造の中に存する階層性を幼児の言語習得過程と失語症における言語崩壊過程に見てとろうとする。そして、そこに垣間見られる有標性は通時的変化においても働いており、世界諸言語の類型論的特徴にも現れている。漢語における言語習得と失語症の研究は近年ますます盛んに行われるようになってきており、その成果を一般の研究者にも概観しやすいようにすることは重要な課題である。それとともに、現今では脳波レベルで言語を研究することが可能になっており、理論的にとらえられた言語能力や運用というものが脳内では具体的にどのようなメカニズムで行われているのか、ということを漢語についても検証することが望まれる。

……といったように見果てぬ夢はまだまだ続くが、これらを夢のまま終らせないで可能なものから順次現実のものとしていきたいと念じている。

最後に、本書の出版が実現したのは好文出版の尾方敏裕社長のご好意によるものであり、厚く御礼申し上げる。

遠藤 光暁　　　　2001年4月

■遠藤　光暁（えんどう・みつあき）

1958年　新潟県長岡市生まれ
1976年　日中学院本科卒業
1980年　慶応義塾大学卒業
1982年　東京大学大学院修士課程終了（1985年博士課程単位未取得退学）
1982-84年　文部省アジア諸国等派遣留学生として北京大学中文系に留学
1985年　東京大学助手
1987年　青山学院大学専任講師（1991年助教授，1999年教授）
1992年　フランス 社会科学高等研究院ほか欧州諸国で在外研究

中国語音韻史・方言学専攻

漢語方言論稿

■発行日　2001年6月11日 初版発行

■著者　遠藤光暁

■発行人　尾方敏裕

■発行所　株式会社 好文出版
〒162-0041　東京都新宿区早稲田鶴巻町540-106
電話　03-5273-2739
FAX　03-5273-2740
http://homepage2@nifty.com/KOHBUN/

■表紙装幀　関原直子

■印刷製本　モリモト印刷（株）

■制作　日本学術書出版機構（*JAPO*）

ISBN4-87220-049-7